Sonderseiten

METHODE — Hier kannst du naturwissenschaftliche Arbeitsweisen trainieren.

PINNWAND — Hier findest du Zusatzinformationen für inhaltliche Vertiefungen.

STREIFZUG — Hier findest du Verknüpfungen mit anderen Fachgebieten.

LERNEN IM TEAM — Hier findest du Vorschläge für die Projektarbeit mit offen formulierten Handlungsaufträgen.

AUF EINEN BLICK — Hier findest du die Inhalte des Kapitels in kurzer und übersichtlicher Form dargestellt.

BASISKONZEPTE — Hier findest du Anregungen zum Betrachten der Inhalte unter bestimmten Blickwinkeln, den Basiskonzepten.

LERNCHECK — Hier findest du Fragen zur Selbstüberprüfung und vielfältige Aufgaben zum Wiederholen und Vertiefen der Inhalte des Kapitels.

Förder- und Forderseiten

 Die **Förderseiten** stellen die Inhalte des Bereiches anschaulich und sprachlich vereinfacht dar.

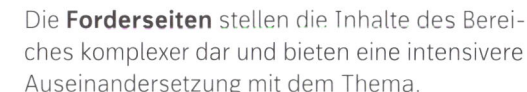 Die **Forderseiten** stellen die Inhalte des Bereiches komplexer dar und bieten eine intensivere Auseinandersetzung mit dem Thema.

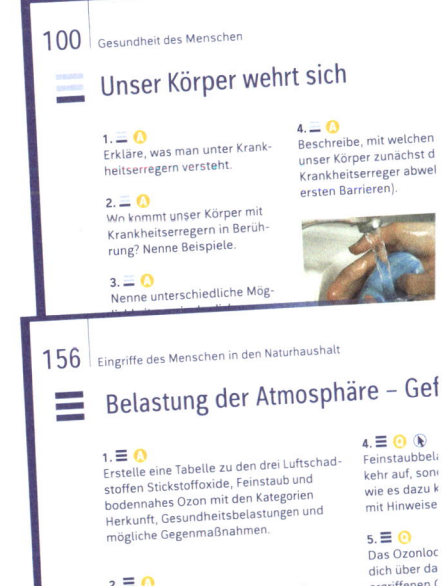

Imme Freundner-Huneke
Ralph Möllers
Siegfried Schulz
Annely Zeeb

3

ERLEBNIS

Biologie

Ein Lehr- und Arbeitsbuch
9./10. Schuljahr

Schroedel
westermann

ERLEBNIS 3

Biologie

9./10. Schuljahr

differenzierende Ausgabe

Herausgeber
Imme Freundner-Huneke,
Ralph Möllers, Siegfried Schulz,
Annely Zeeb

Autoren
Heike Claßen,
Anke Roß

Redaktion
Henning Behrens

Illustrationen
2 5 3d design Renate Diener, Wolf-gang Gluszak, Atelier *tiger*color
Tom Menzel, Jan Bintakies, Birgit
Biermann-Schickling, Franz-Josef
Domke, Julius Ecke, Eike Gall, Christi-ne Henkel, Wolfgang Herzig, Brigitte
Karnath, Heike Keis, Silke Leisse,
Liselotte Lüddecke, Karin Mall, Olav
Marahrens, Walther-Maria Scheid,
Birgit + Olaf Schlierf, Ingrid Schobel,
Werner Wildermuth

**Grundlayout
und Umschlaggestaltung**
SINNSALON
Agentur für Kommunikation
und Design

Fotos
Michael Fabian,
Volker Minkus,
Hans Tegen

Mit Beiträgen von
Gerd-Peter Becker, Jasmin Dittmar,
Nicole Fischer, Imme Freundner-Huneke, Marietta und Dieter Keller,
Silke Kraft, Olga Leuchtenberg,
Ralph Möllers, Siegfried Schulz,
Anja Thesing, Andrea Timcke,
Annely Zeeb

westermann GRUPPE

© 2017 Bildungshaus Schulbuchverlage Westermann Schroedel Diesterweg Schöningh Winklers GmbH,
Georg-Westermann-Allee 66, 38104 Braunschweig
www.westermann.de

Druck A⁴ / Jahr 2022
Alle Drucke der Serie A sind im Unterricht parallel verwendbar.

Satz: ottomedien, Darmstadt
Druck und Bindung: Westermann Druck GmbH, Georg-Westermann-Allee 66, 38104 Braunschweig

ISBN 978-3-507-**78080**-4

Inhalt

Die Zelle als System

Fortpflanzung und Vererbung

Evolution der Lebewesen

Anhang

Die Zelle als System

Elektronenmikroskopische Bilder von Zellen sehen aus wie ein graues Durcheinander. Was kann man darin erkennen?

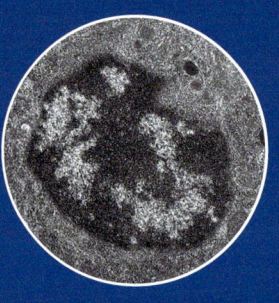

Wie ist unsere Erdsubstanz aufgebaut?

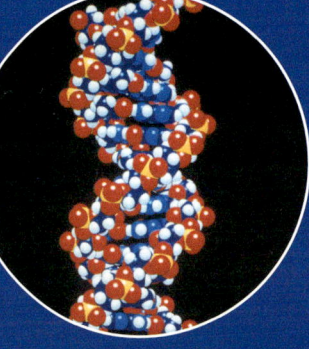

Wie entstehen Mutationen und was können sie bewirken?

Zellen im Lichtmikroskop

1. ☰ Q ⦿

a) Ordne in einer Tabelle die Teile eines Lichtmikroskops den jeweiligen Funktionen zu.

b) Formuliere die wichtigsten Mikroskopierregeln und schreibe sie auf.

2. ☰ A

Erstelle eine Tabelle, in der du Tier- und Pflanzenzellen miteinander vergleichst.

3. ☰ A ⦿

a) Zeichne die Zellen A, B und C ab und beschrifte die Zellbestandteile von A und B.

b) Benenne die Zellen A und B und begründe deine Zuordnung.

c) Gib für jede Zelle ihre natürliche Größe in Millimeter an. Nutze den abgebildeten Maßstab.

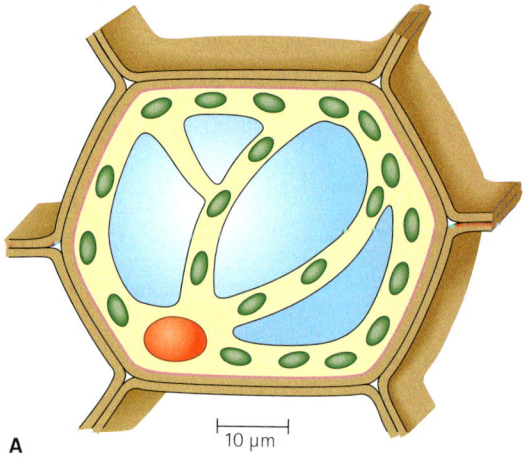

A

10 µm

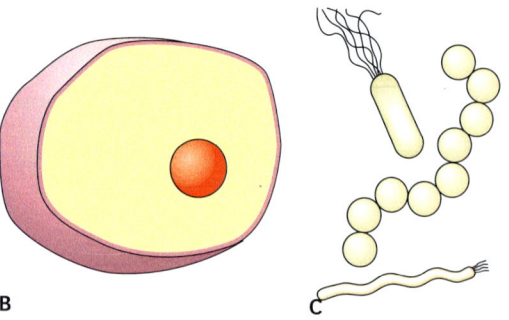

B

C

4. ☰ V ⦿

a) Mikroskopiere ein Häutchen der roten Küchenzwiebel. Zeichne eine Zelle mit den angrenzenden Zellen groß und genau ab.

b) Mikroskopiere etwas Fruchtfleisch der roten Paprika. Nutze dabei die Bilder A-D als Anleitung. Zeichne einige Zellen, achte dabei auf die Form der Zellen.

c) Vergleiche die Präparate und erkläre, wie sie jeweils zu ihrer roten Farbe kommen.

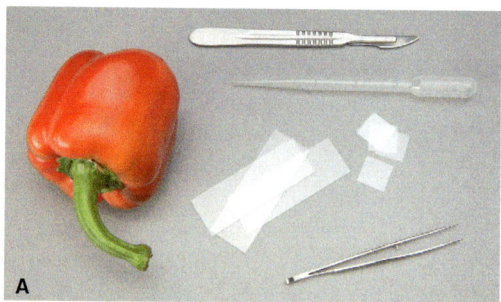

A

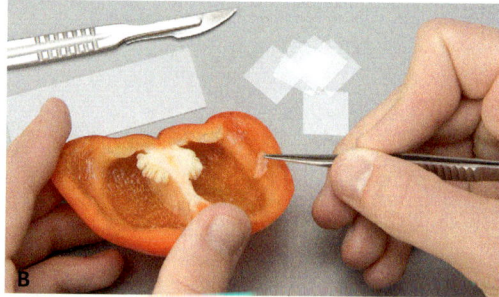

B

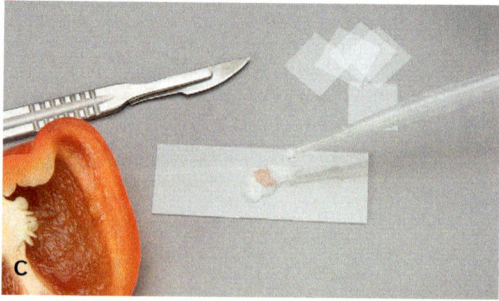

C

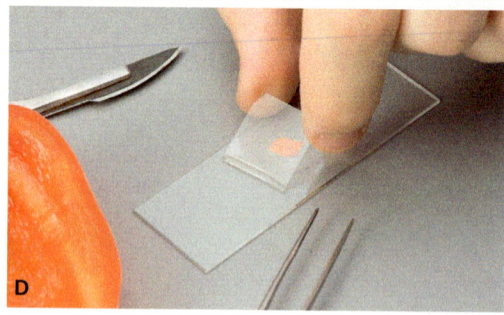

D

Bakterien im Lichtmikroskop

Verdünnt man einen Tropfen Naturjoghurt mit
Wasser, kann man im Lichtmikroskop die
Joghurt erzeugenden **Bakterien** erkennen. Sie
bilden kurze Ketten aus mehreren kugelförmi-
gen Zellen. Mehr Details sind im Lichtmikroskop aber nicht zu erkennen. Bakterien gibt es
in vielen Formen. Viele davon sind für Menschen nützlich, einige aber sind auch krank-
heitserregend.

Pflanzenzellen

Legt man ein Blättchen der Wasserpest unter
das Mikroskop, sieht man schon bei geringer
Vergrößerung die Zellen, aus denen das
Blättchen besteht. Die Zellen bilden das **Blatt-
gewebe**. Hell durchscheinend lassen sich die
Zellwände der einzelnen Zellen gut erkennen.
Sie grenzen die Zelle zu allen Seiten nach
außen ab. Auch die **Chloroplasten**, die in
großer Zahl in den Zellen liegen, sind gut zu
erkennen. Sie enthalten den grünen Farbstoff
Chlorophyll und sind für die Fotosynthese
verantwortlich.

Auf den ersten Blick erscheint es so, als seien
die Chloroplasten gleichmäßig in der ganzen
Zelle verteilt. Schaut man aber genauer hin
und stellt mit dem Feintrieb die verschiedenen
Ebenen einer Zelle scharf, entdeckt man, dass
die Chloroplasten nur am Rand der Zelle zu
finden sind. In ausgewachsenen Pflanzenzellen drückt eine zentrale, mit Flüssigkeit
gefüllte **Vakuole** das **Zellplasma** mit den
darin enthaltenen Chloroplasten und dem
Zellkern an die Zellwand. Die dicht an der Zellwand liegende **Zellmembran** ist bei Pflanzenzellen oft nicht zu erkennen.

Tierzellen unterscheiden sich von Pflan-
zenzellen

In einer angefärbten Mundschleimhautzelle
ist der Zellkern deutlich zu erkennen. Er liegt
mitten in der Zelle im Zellplasma. Tierzellen
haben im Gegensatz zur Pflanzenzelle keine
Vakuole, keine Chloroplasten und keine
Zellwand. Als Zellbegrenzung dient hier nur
die Zellmembran.

Du kannst das lichtmikroskopische Bild von
Bakterien, Pflanzen- und Tierzellen beschreiben
und die Unterschiede zwischen Tier- und
Pflanzenzellen erklären.

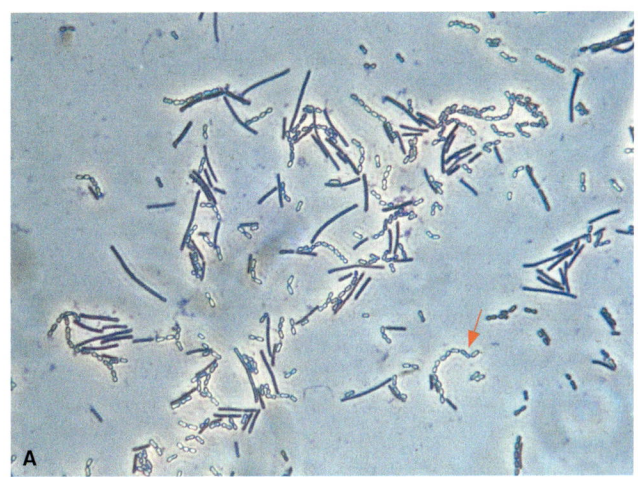

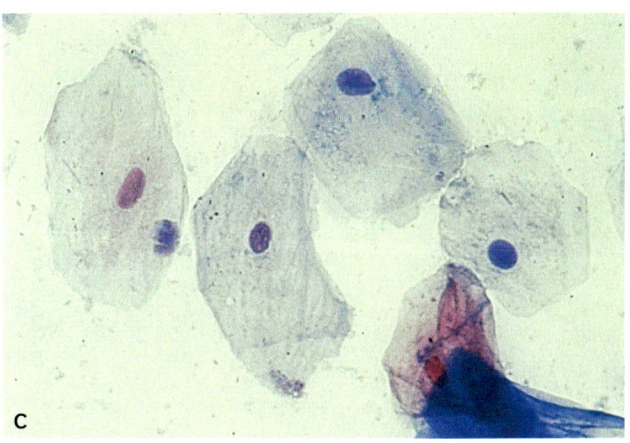

1 Zellen im Lichtmikroskop: **A** Bakterien (durch Pfeil gekennzeichnet), **B** Blattzellen der Wasserpest, **C** Mundschleimhautzellen

Zellen im Elektronenmikroskop

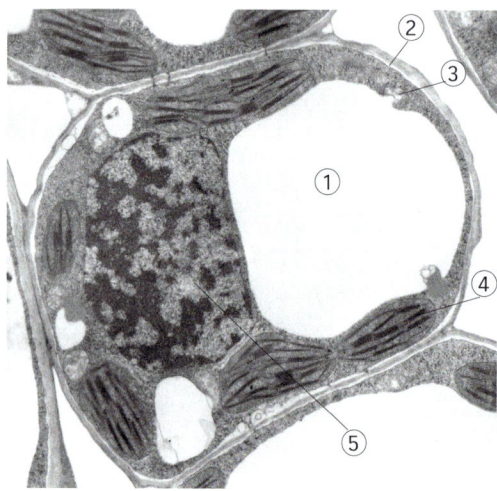

3. ≡ Ⓐ
a) Nenne wichtige Eigenschaften von Membranen.
b) Erkläre, warum diese Eigenschaften für die Zelle notwendig sind.

4. ≡ Ⓠ ⓚ
a) Recherchiere zu unterschiedlichen Typen von Elektronenmikroskopen, zum Beispiel Transmissions-Elektronenmikroskop und Rasterelektronenmikroskop.
b) Vergleiche die Abbildungen, die die Mikroskope erzeugen, nenne jeweils Vor- und Nachteile.

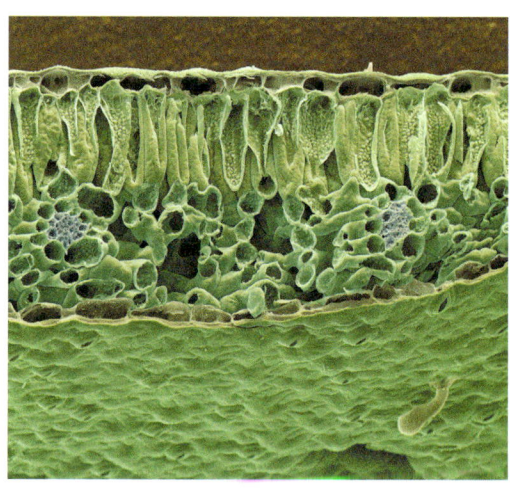

1. ≡ Ⓐ
Die Zelle oben zeigt eine Pflanzenzelle, die mit dem Elektronenmikroskop aufgenommen wurde.
a) Benenne die bezifferten Bestandteile der Zelle.
b) Fertige eine beschriftete Schemazeichnung der Zelle an.

2. ≡ Ⓐ
Erstelle eine Tabelle, in der du Tier- und Pflanzenzellen miteinander vergleichst.

1 Elektronenmikroskop

Das Elektronenmikroskop

Mit dem Lichtmikroskop kann man Objekte bis zur Größe eines Bakteriums erkennen. Ein Elektronenmikroskop vergrößert bis zu 1000-mal stärker als ein Lichtmikroskop und lässt Details von Zellen erkennen. Diese Vergrößerung wird erreicht, weil Elektronenmikroskope nicht mit Licht- sondern mit Elektronenstrahlen arbeiten, die von magnetischen Linsen umgeleitet werden. Das Bild erscheint dann auf einem Monitor. Mit aufwändigen Methoden müssen die Präparate für die Elektronenmikroskopie vorbereitet werden. Lebende Objekte kann man so nicht untersuchen.

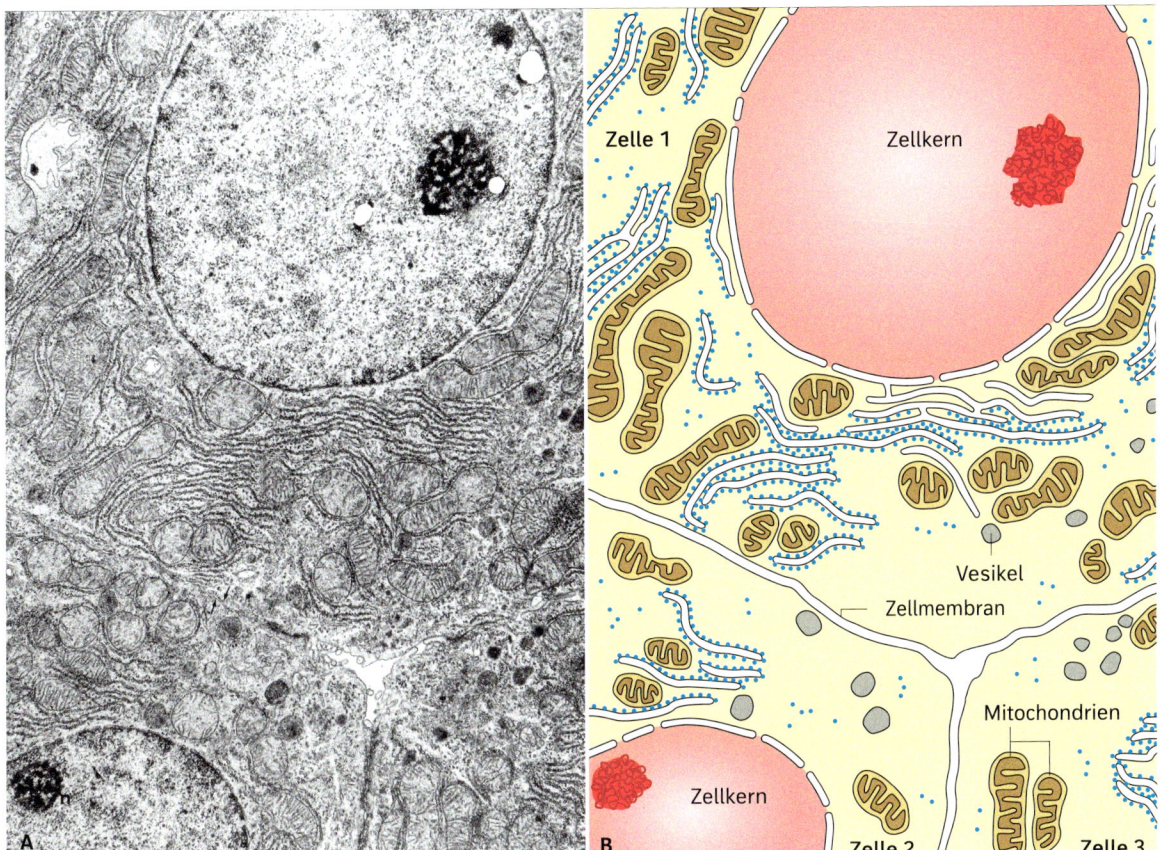

2 Zelle im Elektronenmikroskop: Original-Aufnahme und Schemazeichnung

Organellen im Elektronenmikroskop

Bei allen Zellen, die man im Elektronenmikroskop betrachtet, ist die **Zellmembran** als dünnes Häutchen deutlich zu erkennen. Aber auch innerhalb der Zelle findet man viele verschiedene Strukturen, die von **Membranen** umgeben sind. Diese Membranen unterteilen das Zellinnere in verschiedene Reaktionsräume, die **Kompartimente**. Die membranumgrenzten Strukturen wie zum Beispiel Zellkerne oder Chloroplasten heißen auch **Organellen**. Jede Zelle besitzt viele verschiedene Organellen, die alle unterschiedliche Aufgaben in der Zelle erfüllen. Im Innern vieler Organellen, wie zum Beispiel Chloroplasten und Mitochondrien, gibt es noch weitere Membranen, die innere Kompartimente voneinander abgrenzen. Damit können viele unterschiedliche Reaktionen in einem Organell gleichzeitig ablaufen.

Dies ist auch bei den Mitochondrien, den „Kraftwerken" der Zelle, der Fall.

Membranen haben wichtige Eigenschaften

Membranen sind so aufgebaut, dass sie für die Zelle wichtige Eigenschaften erfüllen. Sie lassen Wasser passieren, sind aber für Ionen und große Moleküle wie zum Beispiel Zucker nicht einfach durchlässig. Solche Moleküle werden über Kanäle in den Membranen transportiert. So kontrolliert die Zelle die Aufnahme und Abgabe von Stoffen.

Membranen können kleine Bläschen, die **Vesikel**, abschnüren, die sich dann wieder mit anderen Membranen verbinden können. In diesen Vesikeln können Stoffe von einem Organell zum nächsten oder auch aus der Zelle heraus transportiert werden.

Membranen können vielfach gefaltet sein. In Chloroplasten sind zum Beispiel die Enzyme für die Fotosynthese an die vielfach gefaltete Membran gebunden. Durch diese **vergrößerte Oberfläche** können viele Enzyme gleichzeitig arbeiten.

Du kannst Zellorganellen im elektronenmikroskopischen Bild erkennen und benennen. Du kannst Eigenschaften von Membranen benennen.

Die Pflanzenzelle im Elektronenmikroskop

1.

a) Erstelle eine Tabelle mit den einzelnen Zellorganellen und ihren Funktionen.
b) Erkläre an einigen Beispielen das Prinzip der Oberflächenvergrößerung.

2.

In der Zellwand werden auch Proteine benötigt. Stelle mit einem Fließdiagramm dar, wie vom ER bis zur Zellwand der Weg der Proteine in der Zelle verläuft.

Organellen in einer Pflanzenzelle

In einer jungen Pflanzenzelle erkennt man viele verschiedene Organellen. Der Zellkern, die Mitochondrien und die Chloroplasten werden von zwei Membranen zur Umgebung hin abgegrenzt. Man spricht dann auch von einer **Doppelmembran**. Alle anderen Organellen haben nur eine Membran.

Ribosom

Ribosomen werden nicht durch eine Membran abgegrenzt. Sie sind an das ER gebunden oder liegen frei im Plasma. An den Ribosomen werden die Erbinformationen des Zellkerns in Proteine übersetzt.

Zellkern

Der Zellkern ist meist kugelförmig. Poren in der Doppelmembran sorgen dafür, dass nur bestimmte Stoffe den Kern verlassen oder in ihn aufgenommen werden können. Im Innern sind häufig ein oder mehrere Kernkörperchen zu erkennen. Der Zellkern enthält die Baupläne aller Proteine der Pflanze. Sie sind in Form eines Riesenmoleküls, der DNA, gespeichert. Damit enthält er alle Informationen für das Leben.

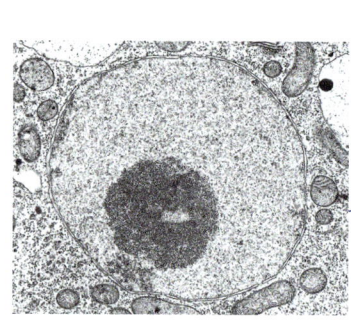

Endoplasmatisches Reticulum – ER

Das ER ist ein System von Röhren und flachen Hohlräumen, die eng mit dem Zellkern verbunden sind. Ein Teil des ER, das raue ER, ist mit Ribosomen besetzt. Hier werden Proteine gebildet und durch das Röhrensystem geleitet, in Vesikel verpackt und an das Dictyosom verschickt. Das glatte ER enthält keine Ribosomen. Hier werden andere wichtige Stoffe für die Zelle gebildet.

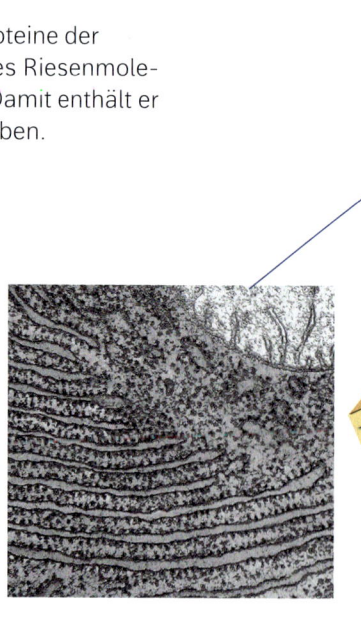

1 Elektronenmikroskopisches Bild einer Pflanzenzelle (Schema und Organellen)

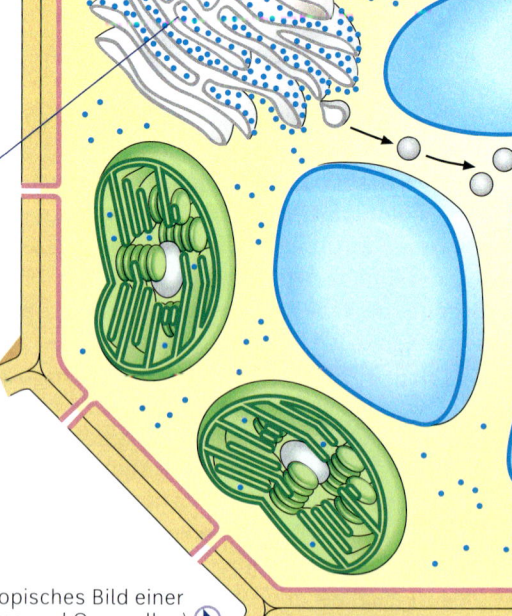

Chloroplasten

Pflanzenzellen enthalten viele Chloroplasten. Deutlich zu erkennen sind die Membranstabel, die die Enzyme für die Fotosynthese enthalten. Die Energie des Lichtes, das auf

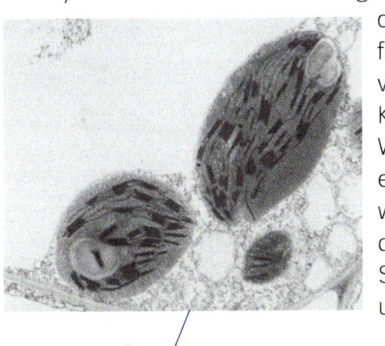

die Membranstapel fällt, wird zum Aufbau von Traubenzucker aus Kohlenstoffdioxid und Wasser genutzt. Dabei entsteht Sauerstoff. Oft wird im Chloroplasten der Traubenzucker zu Stärke umgewandelt und gespeichert.

Mitochondrium

Die Mitochondrien sind die Kraftwerke der Zelle. Die innere Membran der Mitochondrien

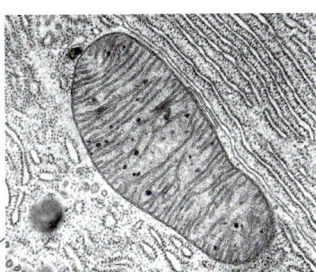

ist vielfach gefaltet. Dies dient der Oberflächenvergrößerung, denn an dieser inneren Mitochondrienmembran findet die Zellatmung statt. Hierbei wird Energie aus Traubenzucker unter Verbrauch von Sauerstoff so umgewandelt, dass sie überall in der Zelle genutzt werden kann. Dabei entstehen Kohlenstoffdioxid und Wasser.

Dictyosom

Das Dictyosom ist ein System aus flachen Hohlräumen. Oft gelangen Stoffe in Vesikeln verpackt vom ER zum

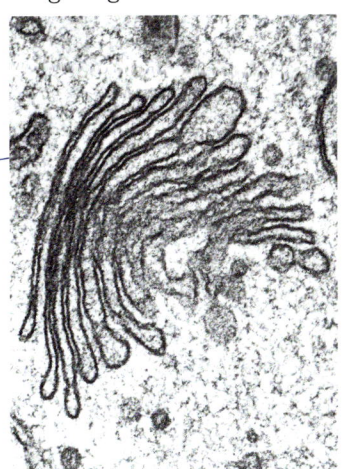

Dictyosom. Diese Vesikel verschmelzen mit der Membran des Dictoysoms und die Inhalte werden in die Hohlräume freigesetzt. Im Dictyosom werden die Stoffe dann verändert. Auf diese Weise stellt das Dictyosom zum Beispiel Zellwandmaterial her. Dies wird dann vom Dictyosom wieder in Vesikel verpackt und zur Zellmembran verschickt.

Die Erbinformationen liegen im Zellkern

1.

a) Beschreibe schrittweise, wie im abgebildeten Versuch vorgegangen wurde und welches Ergebnis man erhielt.

b) Ziehe aus dem Versuchsergebnis Rückschlüsse auf die Rolle des Zellkerns.

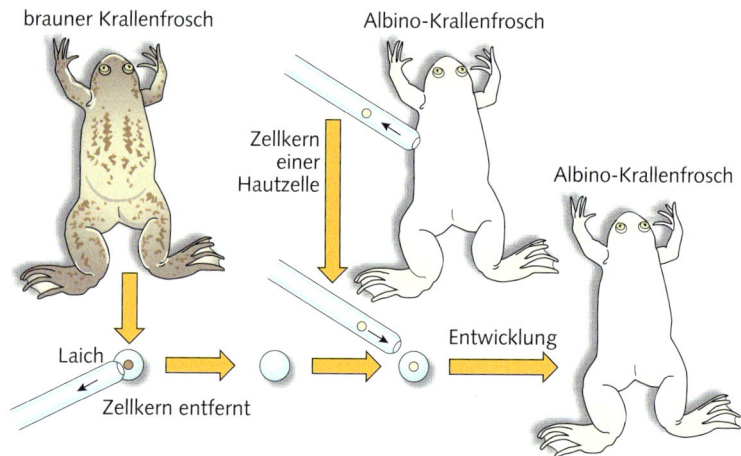

brauner Krallenfrosch
Albino-Krallenfrosch

Zellkern einer Hautzelle

Albino-Krallenfrosch

Laich
Zellkern entfernt
Entwicklung

HINWEIS

Ihr braucht: Mörser und Pistill, 2 Reagenzgläser, Erlenmeyerkolben, Reagenzglasständer, Messer, Trichter, Kaffeefilter (kein Laborfilter), Spiritus, Kochsalz

2.

a) Führt einen Versuch zur Gewinnung von DNA aus Paprika durch:

- Stellt zunächst etwas Spiritus in den Kühlschrank oder auf Eis. Bereitet dann 20 ml Lösung vor, indem ihr 2 ml Spülmittel und 18 ml Wasser zusammengebt, danach etwa 0,5 g Kochsalz hinzufügt und umrührt.
- Schneidet etwa 1/8 Paprika in kleine Würfel. Gebt sie in den Mörser zusammen mit etwa 10 ml der hergestellten Lösung. Zerreibt nun die Paprikastücke etwa 10 min lang gründlich. Durch das Reiben brechen die Zellen mechanisch auf und das Spülmittel löst die fetthaltigen Zell- und Kernmembranen auf.
- Schneidet aus Kaffeefiltern einen passenden Rundfilter und faltet ihn zum Filtrieren. Filtriert das Material aus dem Mörser in ein Reagenzglas.
- Füllt in ein zweites Reagenzglas etwa 2 cm hoch eiskalten Spiritus. Lasst nun langsam 1 bis 2 ml des Filtrats in den Spiritus laufen. Versucht DNA-Fäden mit dem Holzstab hochzuziehen.

b) Beschreibt eure Beobachtungen und erklärt sie im Zusammenhang mit dem Bau der DNA.

3.

Baut Modelle der DNA-Doppelhelix. Präsentiert und erklärt diese anschließend. Geht dabei auf folgende Fragen ein:

a) Wie sind die Zucker-Phosphat-Ketten der Einzelstränge und wie sind die vier Basen im Modell dargestellt?

b) Wie wird die Paarung der zusammenpassenden Basen gezeigt?

c) Lässt sich die Doppelhelixstruktur erkennen?

d) Lässt sich mit dem Modell auch die DNA-Replikation zeigen?

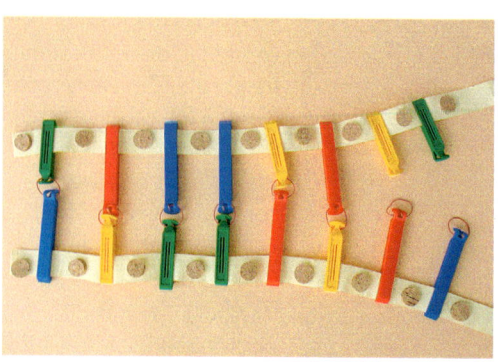

Die DNA – ein sehr großes Molekül

Die DNA bildet einen mehrere Zentimeter langen, extrem dünnen Faden, der um Proteine gewickelt ist.
Sie besteht aus folgenden Bausteinen:
Dazu gehört ein bestimmter **Zucker,** die Desoxyribose, dazu **Phosphorsäure,** die der DNA ihre saure Eigenschaft gibt, sowie vier organische **Basen:** Adenin (A), Guanin (G), Cytosin (C) und Thymin (T). Jeweils ein Zucker- und ein Phosphorsäurebaustein sowie eine der vier Basen sind zu einem verbunden.
Wie Millionen dieser Nukleotide zu einem sehr großen Molekül verbunden sind, erklärt das **Doppelhelix-Modell** der DNA.
Die DNA bildet einen wendeltreppenartig gewundenen Doppelstrang. Die beiden Stränge werden jeweils aus abwechselnd aneinandergehängten Zucker- und Phosphorsäurebausteinen gebildet. An den Zuckerbausteinen hängt zusätzlich noch jeweils eine der vier Basen. Immer zwei gegenüberliegende Basen bilden eine "Treppenstufe". Dabei liegen sich immer Adenin und Thymin oder Guanin und Cytosin gegenüber. Es gibt also eine feste **Basenpaarung.**

> Du kannst den Bau der Chromosomen und der DNA beschreiben.

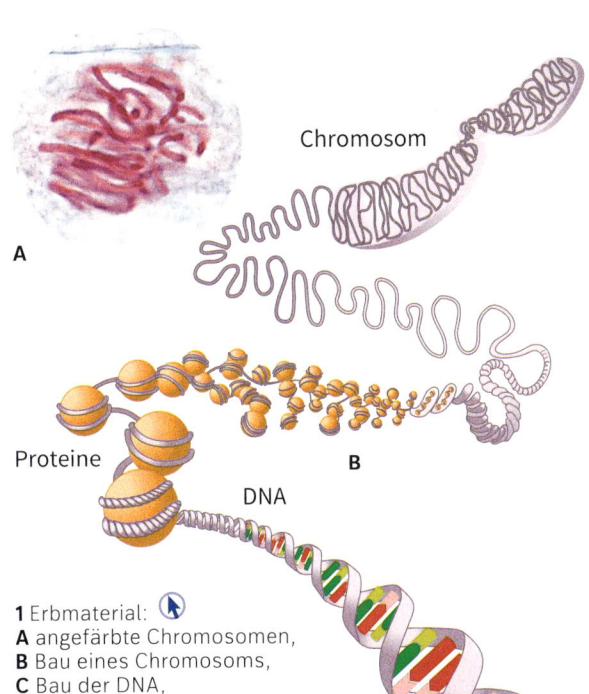

Chromosom

Proteine

DNA

B

C

DNA-Doppelhelix

D

1 Erbmaterial:
A angefärbte Chromosomen,
B Bau eines Chromosoms,
C Bau der DNA,
D Bausteine der DNA

Phosphorsäure

Zucker

G = Guanin
A = Adenin
C = Cytosin
T = Thymin

Im Zellkern

Zellen, deren Zellkern entfernt oder zerstört wurde, gehen meist bald zugrunde. Auch Versuche mit ausgetauschten Zellkernen zeigen, dass die Informationen, die das Zellgeschehen steuern, im Zellkern liegen.

Chromosomen

Mikroskopiert man Zellkerne im Lichtmikroskop, so findet man dort Material, das sich mithilfe bestimmter Farbstoffe anfärben lässt. Während dieses Material meist locker verteilt im Zellkern liegt, bildet es bei einer Zellteilung dichtere, aufspiralisierte Packungen. In diesem Zustand sind die **Chromosomen** gut sichtbar.

Vor Zellteilungen verdoppelt sich das Chromosomenmaterial. Bei der Zellteilung selbst werden die Chromosomen in zwei Hälften gespalten, die dann auf beide Tochterzellen verteilt werden.
Chromosomen bestehen chemisch aus **Proteinen** (Eiweißstoffen) und aus **DNA.**

Genetische Information der DNA

1. ≡ Ⓐ

Vergleiche die Abbildungen 1 und 2 in Bezug auf:

- Art der Informations-speicherung
- Lesevorgang
- Bauteile
- Produkt

die Schwungscheibe an den Drehmomentwandler inklusive Kupplungsglocke anflanschen, dann...

Bauanleitung in Fachsprache

passende Bauteile

Fachmann: versteht Information und setzt sie um

funktionierendes Getriebe

1 Informationen umsetzen: Von der Bauanleitung zum funktionierenden Getriebe

Die DNA als Informations-träger

Die DNA lässt sich als Bau- und Betriebsanleitung für die Zelle und letztlich für den Körper auffassen. Die Anleitung ist als stabile DNA-Doppelhelix im Zellkern gespeichert.

Bevor sich Zellen teilen, wird durch eine identische DNA-Ver-dopplung die Anleitung kopiert und die Information an die Tochterzellen weitergegeben. Nützlich wird die Anleitung aber erst, wenn sie gelesen und umgesetzt wird. Ähnlich wie ein Text mit 26 Buchstaben in einer Fachsprache geschrieben und vom Fachmann gelesen und umgesetzt werden kann, ist die Information auf der DNA in der **Reihenfolgen** der vier **Basen** verschlüsselt.

In den Zellen sorgt nun ein chemischer Lese- und Überset-zungsmechanismus dafür, dass anhand der Reihenfolge der Basen die entsprechenden **Prote-ine** gebildet werden. Dies be-zeichnet man als Proteinbio-synthese.

Vom Gen zum Merkmal

Einen Abschnitt auf der DNA, der die Information zum Aufbau eines bestimmten Proteins enthält, nennt man **Gen.**

Manche Proteine dienen direkt zum Aufbau des Körpers, andere wirken als Enzyme. Dort ermög-lichen sie chemische Reaktionen, die beispielsweise für die Struktur des Kopfhaares verantwortlich sind. Letztlich werden alle Merk-male eines Organismus auf der Grundlage der Gene ausgebildet. Diese Ausbildung wird aber durch Umwelteinflüsse mitgesteuert.

Du kannst erklären, wie Informa-tionen in der DNA gespeichert sind und wie diese in Merkmale umgesetzt werden.

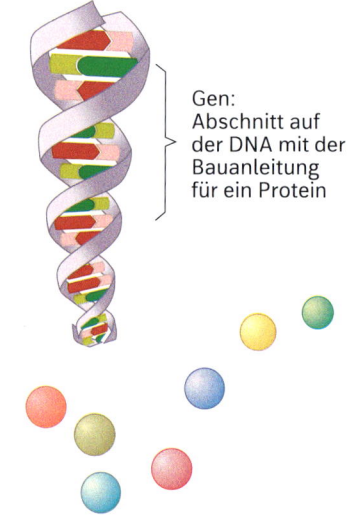

Gen: Abschnitt auf der DNA mit der Bauanleitung für ein Protein

Aminosäuren (Bausteine)

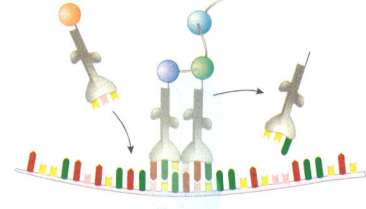

Proteinbiosynthese: chemischer Lese- und Übersetzungs-mechanismus

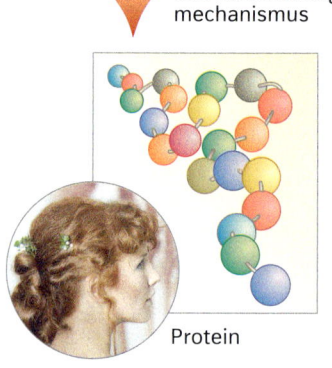

Protein

2 Informationen umsetzen: Vom Gen zum Merkmal (lockiges Haar)

Die Entschlüsselung der DNA – eine Erfolgsgeschichte

Die DNA-Doppelhelix – ein tragfähiges Modell

Die chemischen Bestandteile der DNA waren bereits bekannt. Man konnte sich aber nicht vorstellen, wie das Molekül genau aussieht, das Informationen zum Aufbau eines ganzen Organismus enthält.

Francis Crick und der junge James Watson machten sich 1951 daran, die DNA-Struktur zu entschlüsseln. Um sich genauere Vorstellungen von der möglichen Molekülstruktur machen zu können, bauten sie Modelle der DNA-Bausteine und probierten verschiedenste Zusammensetzungen aus.

Dabei nutzten sie die Erkenntnisse von Rosalind Franklin. Die Forscherin hatte Röntgenstrahlen durch Kristalle isolierter DNA geschickt und aus den Röntgenmustern geschlossen, dass das DNA-Molekül kreis- oder schraubenförmige Strukturen aufweisen muss. Auch Ergebnisse von Erwin Chargaff flossen in die Arbeiten ein: Er hatte festgestellt, dass Adenin immer in der gleichen Menge wie Thymin in der DNA vorkommt und dass dasselbe auch für Guanin und Cytosin gilt. Dies brachte Watson und Crick auf die Idee der Basenpaarung.

1953 war es dann so weit: Watson und Crick präsentierten ihr Modell der DNA-Doppelhelix. Es erklärt alle bekannten Eigenschaften der DNA und ist bis heute gültig. 1962 erhielten die Forscher den Nobelpreis für ihre Entdeckung.

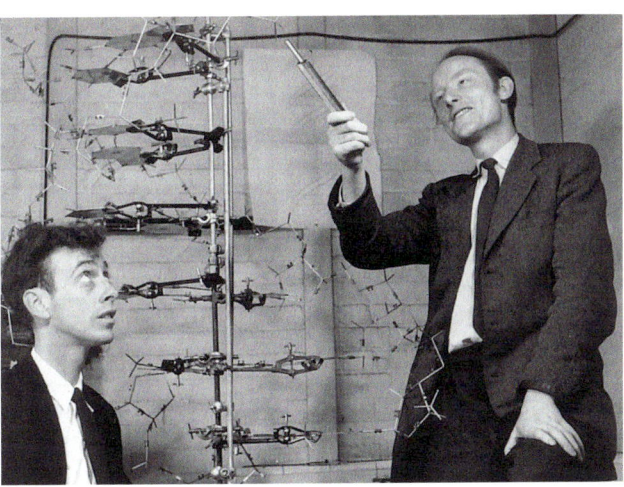

1 James Watson und Francis Crick an ihrem Modell der DNA

Das Human-Genom-Projekt

Forschergruppen aus zahlreichen Ländern schlossen sich 1990 – anfangs unter der Leitung von James Watson – zum Human-Genom-Projekt zusammen. Ziel war es, innerhalb von etwa zwanzig Jahren die Reihenfolge der Basen in der menschlichen DNA zu entschlüsseln. Es kam anders. Rasante Fortschritte in der biochemischen Technik ermöglichten eine ungeahnte Automatisierung der DNA-Analyse. So konnte bereits 2001 die Abfolge der 3 Milliarden Basenpaare des Menschen vorgestellt werden.

Nun kennt man zwar die Buchstabenfolge des Lebens und kann auf etwa 25000 menschliche Gene schließen, aber in weiten Bereichen der DNA ist der Sinn der dort gespeicherten Information noch unbekannt. Um sie zu entschlüsseln, arbeiten mehr als 1000 Forschergruppen in der Human-Genom-Organisation (HUGO) heute weltweit zusammen. Die Erkenntnisse über die Funktion von Genen und über ihr Zusammenspiel sind von großer Bedeutung, weil sie auch für die Entwicklung neuer Behandlungsmethoden gegen Krankheiten genutzt werden.

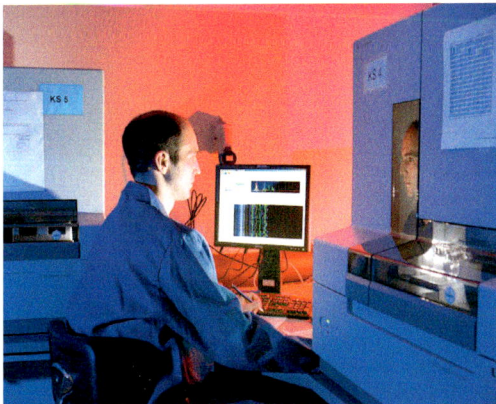

2 Automatisierte DNA-Analyse und Ausgabe der Basenabfolge am Computer

1. Ⓐ
Erläutere, wie die Vorarbeiten anderer Forscher in die Entwicklung des DNA-Modells von Watson und Crick einflossen.

2. Ⓐ
Begründe mithilfe eines geeigneten Vergleichs, warum die Kenntnis der Basenfolge der DNA noch nicht die dort niedergelegte Information liefert.

Zellteilung führt zu Vermehrung und Wachstum

1. ≡ V

In den Wurzelspitzen austreibender Zwiebeln finden viele Mitosen statt.

Du kannst selbst Präparate zur mikroskopischen Untersuchung der Mitosestadien anfertigen:
a) Entferne die äußere Schale einer Küchenzwiebel und setze sie auf ein Glas mit Wasser. Im Glas sollte so viel Wasser sein, dass die Zwiebel die Wasseroberfläche gerade nicht berührt.
b) Nach 2 bis 4 Tagen haben sich kleine Wurzeln gebildet. Schneide etwa 3 mm lange Spitzen ab und gib sie alle zusammen in ein kleines Becherglas. Bedecke sie mit etwas Karmin-Essigsäure. Koche die Wurzelspitzen kurz auf.
c) Bringe 3 bis 4 Wurzelspitzen mit der Pinzette auf einen

Objektträger und lege ein Deckgläschen auf. Fertige nun ein Quetschpräparat an: Lege dazu den Objektträger auf den Tisch als ebenen Untergrund. Falte ein Stück Filterpapier mehrfach und lege es auf das Deckgläschen. Drücke dann von oben mit dem Daumen kräftig auf das Filterpapier, möglichst ohne seitliches Verrutschen.

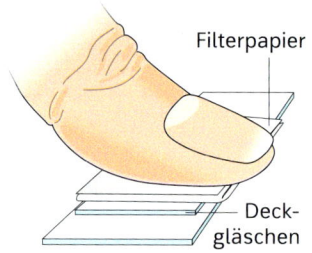

Filterpapier

Deckgläschen

d) Mikroskopiere die Wurzelspitzen. Suche bei geringer Vergrößerung Zellen in verschiedenen Mitosestadien. Mikroskopiere dann bei starker Vergrößerung (z. B. 500-fach). Fertige Zeichnungen einzelner Mitosestadien an.

2. ≡ V

a) Stellt die Phasen der Mitose mithilfe eines Modells aus Pfeifenputzern nach.

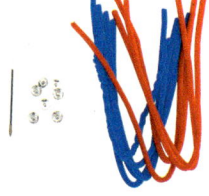

b) Erklärt bei einer Präsentation, was das Modell gut zeigt.
c) Nennt die Vorgänge der Mitose, die mit diesem Modell nicht so gut oder gar nicht dargestellt werden.

3. ≡ A

a) Gib die Phasen der Mitose an und erläutere dabei die Veränderungen und die Bewegungen der Chromosomen.
b) Begründe, warum einer Zellteilung eine Mitose vorausgehen muss.

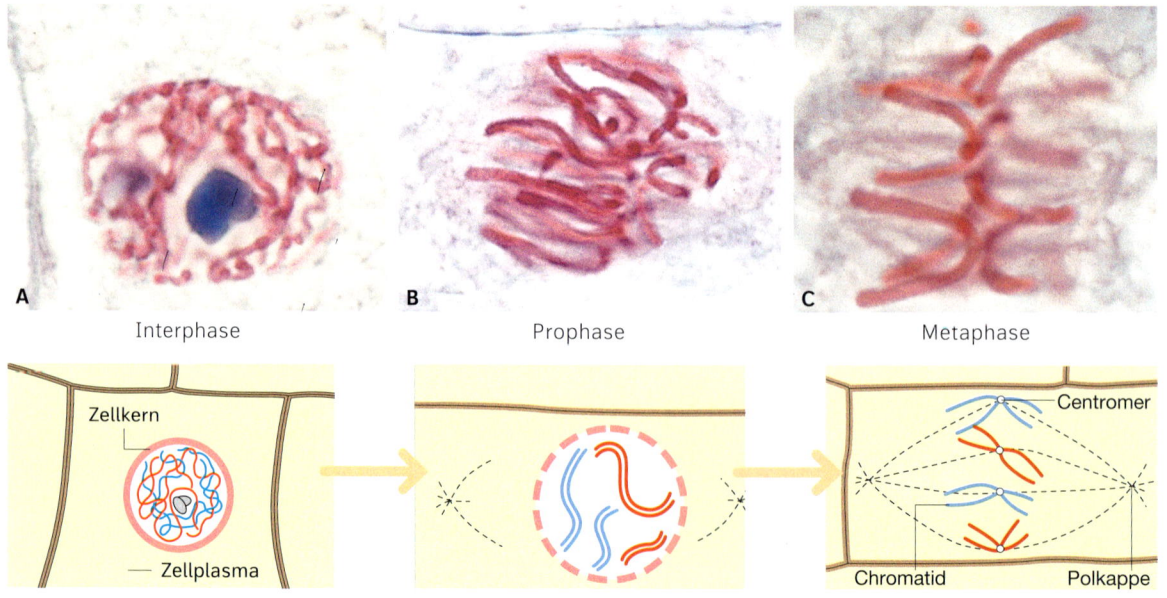

A Interphase

B Prophase

C Metaphase

Zellkern

Zellplasma

Centromer

Chromatid   Polkappe

1 Mitose und Interphasen

Vermehrung und Wachstum durch Zellteilung

Einzellige Lebewesen vermehren sich durch Zellteilung. Vielzeller wie Pflanzen und Tiere wachsen, indem sich Zellen teilen.

Bei jeder Zellteilung findet auch eine **Kernteilung,** die **Mitose,** statt. Mehrere Phasen lassen sich dabei unterscheiden:

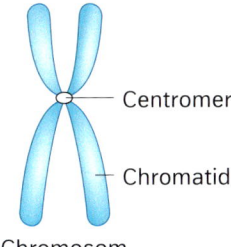

Centromer

Chromatid

Chromosom

Prophase: Die Chromosomen beginnen sich aufzuspiralisieren. Die Kernmembran löst sich auf. Außerdem bildet sich der **Spindelapparat.** Damit werden die Chromosomen bewegt.

Metaphase: Die Chromosomen haben jetzt ihre dichtest gepackte Form erreicht und sind daher unter dem Mikroskop am deutlichsten zu sehen. Jedes Chromosom besteht aus zwei Hälften, den beiden **Chromatiden,** die genetisch identische Erbinformationen enthalten. Diese hängen nur noch an einer leicht eingeschnürten Stelle, dem Centromer. Der Spindelapparat verbindet sich mit den Centromeren, wodurch die Chromosomen in der Mitte der Zelle angeordnet werden.

Anaphase: Jetzt werden die Chromosomen in ihre Chromatiden getrennt, die vom Spindelapparat zu den beiden Polen der Zelle gezogen werden. Dabei gelangt von jedem Chromosom ein Chromatid in jeweils eine Zellhälfte. Jede neue Zelle erhält also einen kompletten Satz Chromosomen, die jeweils aus einem Chromatid bestehen. Damit hat jede Zelle die vollständige Erbinformation.

Telophase: Die Chromosomen entspiralisieren sich wieder. Der Spindelapparat löst sich auf. Es bilden sich Kernmembranen, und die beiden neuen Zellen werden voneinander getrennt, indem sich Zellmembranen und Zellwände neu bilden.

Der Zellzyklus

Zwischen zwei Zellteilungen, in der Interphase, wachsen die Zellen zu ihrer ursprünglichen Größe heran. Die Chromosomen sind entspiralisiert und es findet intensiver Stoffwechsel statt. Durch identische Verdopplung entstehen wieder zwei Chromatiden an jedem Chromosom. Dieser Kreislauf aus Zellteilung und Interphase wiederholt sich in schnell wachsenden Geweben innerhalb etwa eines Tages.

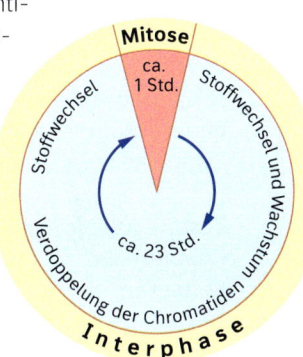

Mitose

ca. 1 Std.

Stoffwechsel

Stoffwechsel und Wachstum

Verdoppelung der Chromatiden

ca. 23 Std.

Interphase

2 Zellzyklus

Du kannst die Phasen der Mitose benennen und beschreiben. Du kannst die Funktionen von Interphase und Mitose im Zellzyklus erklären.

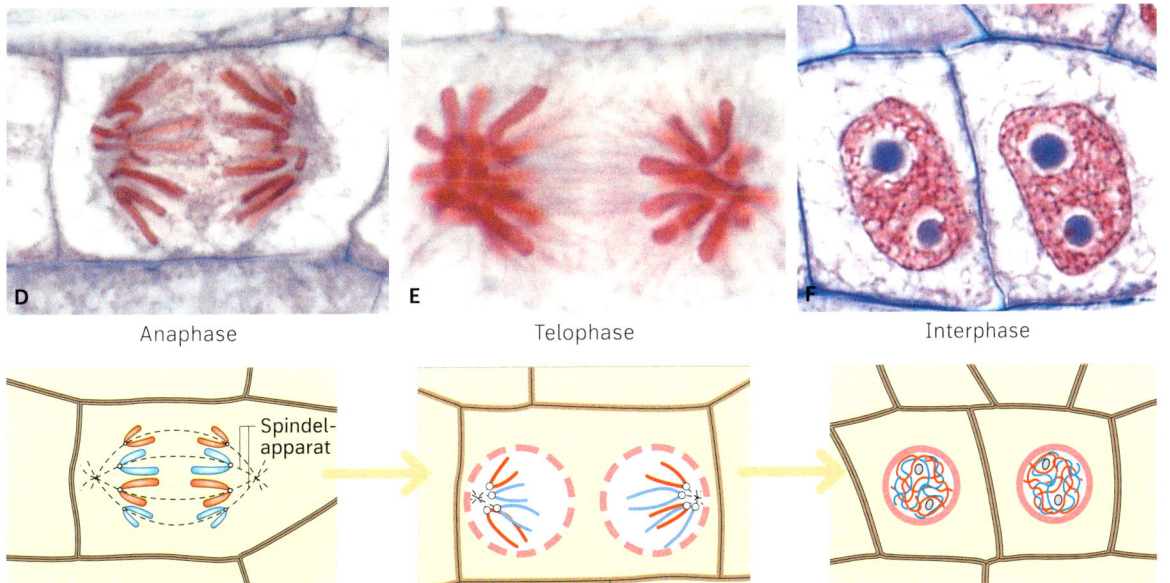

D — Anaphase

E — Telophase

F — Interphase

Spindelapparat

1 Elektronenmikroskopisches Bild einer Pflanzenzelle (Schema und Organellen)

Basiskonzepte S. 27

Die DNA wird identisch verdoppelt

1. ≡ Ⓥ

a) Benutzt DNA-Modelle aus der Schulsammlung oder selbst konstruierte Modelle, um daran die Verdopplung der DNA zu zeigen. Geht dabei folgendermaßen vor:

- Öffnet den Doppelstrang in Längsrichtung zu zwei Einzelsträngen, indem ihr die gepaarten Basen an einer Stelle voneinander trennt.
- Ergänzt nun jeden der beiden Einzelstränge durch die passenden Molekülbausteine wieder zu einem Doppelstrang. Achtet auf die korrekte Basenpaarung.

b) Vergleicht die Reihenfolge der Basenpaare und die Verteilung von "altem" und neuem Material der beiden entstandenen Doppelstränge.

2. ≡ Ⓐ ⓘ

Erläutere die Bedeutung der DNA-Replikation im Zellzyklus.

3. ≡ Ⓐ ⓘ

Beschreibe, welche Auswirkungen der Einbau einer falschen Base in diesem Molekül und nach weiteren Replikationsschritten hat.

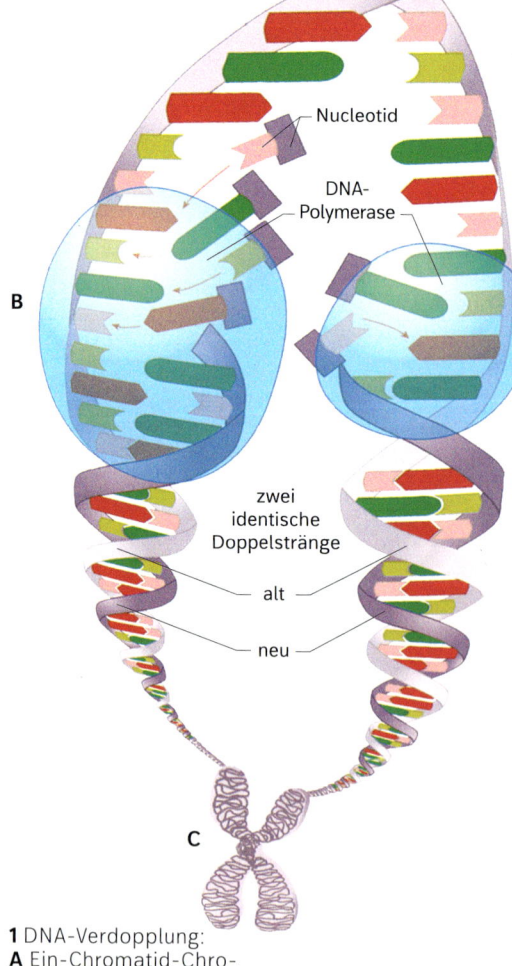

alter DNA-Doppelstrang

A

Strang 1
Strang 2

Nucleotid

DNA-Polymerase

B

zwei identische Doppelstränge

alt

neu

C

1 DNA-Verdopplung: **A** Ein-Chromatid-Chromosom, **B** DNA-Replikation, **C** Zwei-Chromatid-Chromosom ⓘ

DNA-Verdopplung und Zellteilung

Bevor sich eine Zelle teilt, wird die DNA verdoppelt, sodass die gleiche Information zweimal vorliegt. Nur so kann bei der Zellteilung jede Tochterzelle die gesamte Erbinformation erhalten. Dieser Vorgang findet in der Interphase zwischen zwei Mitosen statt. Aus jedem Chromosom mit nur einem Chromatid entsteht dabei ein Chromosom mit zwei Chromatiden, also mit zwei identischen DNA-Fäden.

Die Replikation

Bei der identischen DNA-Verdopplung, der **Replikation,** öffnet sich der DNA-Doppelstrang in Längsrichtung wie ein Reißverschluss. Nun lagern sich der Basenpaarung entsprechend passende Nukleotide an die offenen Einzelstränge an und werden miteinander verknüpft. So entstehen wieder zwei komplette Doppelstränge. Diese Vorgänge werden durch verschiedene Enzyme ermöglicht. Ein wichtiges Enzym ist die **DNA-Polymerase,** die den geöffneten Einzelstrang entlang läuft und die neu angelagerten Nukleotide verkettet.

Die gebildeten Doppelstränge bestehen je zur Hälfte aus altem DNA-Strang und aus einem neu gebildeten Strang. Durch die festgelegte Basenpaarung haben beide DNA-Doppelstränge dieselbe Basenreihenfolge wie der alte Doppelstrang. Sie enthalten also identische Informationen und geben diese bei der Zellteilung an die Tochterzellen weiter.

Du kannst beschreiben, wie die identische Replikation der DNA abläuft und ihre Funktion im Zellzyklus erläutern. ⓘ

Eiweißbildung – vom Gen zum Eiweiß bis zum Merkmal

im Zellkern:

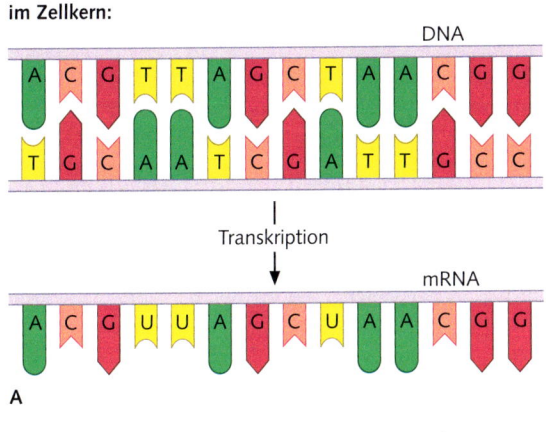

A

im Zellplasma:

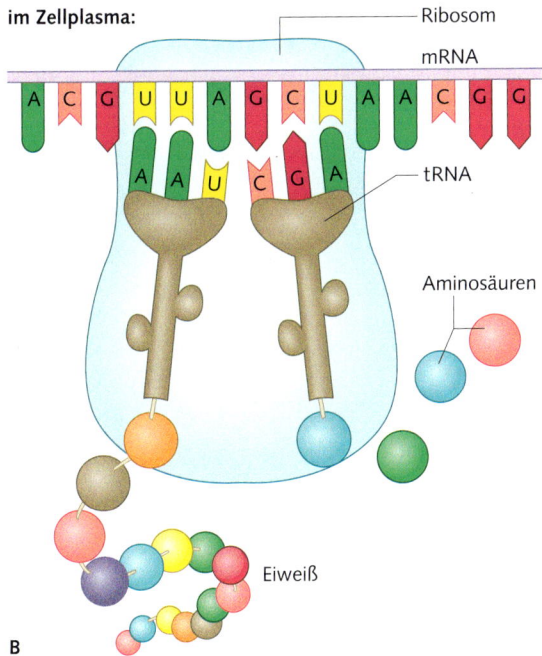

B

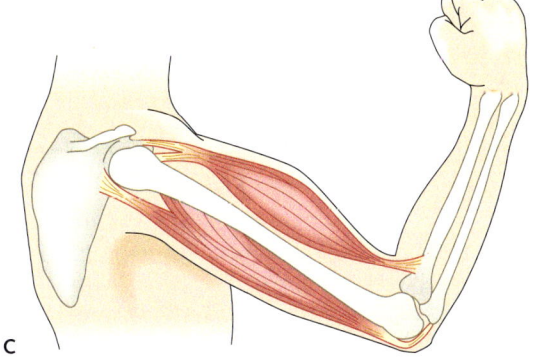

C

1 Eiweißbildung: **A** Transkription, **B** Translation, **C** Eiweiß

Du kannst durch die Transkription und Translation die Eiweißbildung erklären.

1. ≡ Ⓐ
a) Benenne die beiden Hauptschritte der Eiweißbildung.
b) Erkläre die Bedeutung der Boten-RNA (m-RNA) und der transfer RNA (tRNA) für die beiden Vorgänge.

2. ≡ Ⓐ
Erkläre, warum ein defektes Gen zu einer Erkrankung wie z. B. Muskelschwund führen kann. Bedenke, dass Muskeln aus Eiweißen aufgebaut sind.

Das Gen

Auf der DNA ist die Erbinformation gespeichert. Sie ist in der Reihenfolge der vier Basen "aufgeschrieben".
Ein Gen ist ein Abschnitt auf der DNA, der die Information für die Bildung eines bestimmten Eiweißes, also eines Proteins, enthält.

Die Transkription – das Abschreiben

Von der DNA wird zunächst eine Kopie angefertigt, die einzelsträngige **Boten-RNA.**
Die Boten-RNA wird auch **mRNA** (messenger RNA) genannt. Sie bringt die Information aus dem Zellkern in das Zellplasma. Dort findet dann die eigentliche Bildung der Eiweiße statt.

Die Translation – die Übersetzung

An den Ribosomen wird das Eiweiß aus Bausteinen, den 20 verschiedenen Aminosäuren, zusammengebaut. Die richtige Reihenfolge der Aminosäuren im Eiweiß wird dabei durch die Reihenfolge der Basen auf der Boten-RNA bestimmt. Bei der Informationsübersetzung helfen die **tRNA**s (transfer RNA).

Eiweiße bestimmen Merkmale

Jedes Eiweiß hat eine wichtige Funktion. Manche Eiweiße sind Baustoffe, die zum Beispiel beim Aufbau der Haare oder der Muskeln beteiligt sind. Viele andere Eiweiße sind Enzyme, die bestimmte Stoffwechselreaktionen im Körper bewirken. Der Körper ist auf die Bildung dieser Stoffe angewiesen.

Basiskonzepte S. 27

Proteinbiosynthese – die Information wird lebendig

1. ≡ Ⓐ
a) Benenne die zwei Hauptschritte der Proteinbiosynthese und die Produkte, die dabei jeweils entstehen.
b) Benenne die RNA-Typen, die bei der Proteinbiosynthese eine Rolle spielen und beschreibe jeweils ihre Funktion.

2. ≡ Ⓐ
Erläutere, wie bei der Translation die Reihenfolge der Basen auf der mRNA in die Reihenfolge der Aminosäuren des Proteins übersetzt wird.

3. ≡ Ⓥ
a) Konstruiert in Gruppen Modelle, mit denen ihr die Vorgänge der Transkription und der Translation veranschaulichen könnt.
b) Präsentiert die Proteinbiosynthese mithilfe des Modells.
c) Diskutiert darüber, was an dem Modell gut gezeigt werden kann und welche Nachteile das Modell hat.

4. ≡ Ⓐ
Genmutationen sind Veränderungen der DNA. Erläutere mögliche Auswirkungen einer veränderten Reihenfolge der DNA-Basen auf die Reihenfolge der mRNA-Basen und auf das gebildete Protein.

5. ≡ Ⓐ
Der Triplettcode wird häufig als Codesonne dargestellt. Die Buchstaben stehen für die Basen der mRNA. Eine Kombination aus drei Basen, ein Triplett, ist von innen nach außen zu lesen. Dann gelangt man zu einer Abkürzung für eine der Aminosäuren. So liest man beispielsweise für CCA die Abkürzung Pro ab, die für die Aminosäure Prolin steht. Daneben lässt der Triplett-code noch Raum für Start- und Stopp-Triplets. Manche Aminosäuren sind mehrfach codiert.
Ermittle mithilfe der Codesonne,
a) welche Aminosäuren jeweils durch AAA und UGC codiert werden.
b) welche Triplets für die Aminosäure Alanin (Ala) codieren können.
c) bei welchen Triplets die Translation beendet wird (Stopp-Signal).

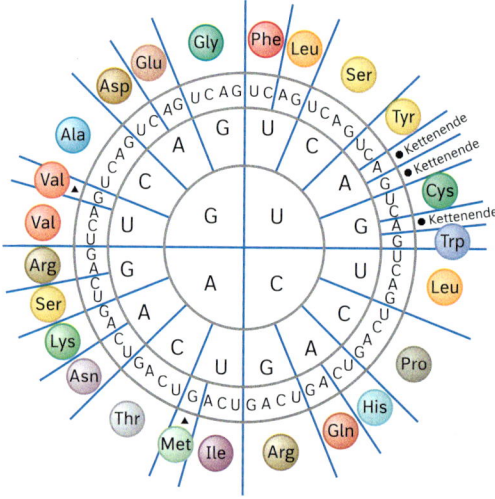

▲ Start - Codons: hier beginnt die Translation
● Stopp - Codons: hier endet die Tanslation

1 Codesonne

Proteinbiosynthese in zwei Schritten

Proteine sind lange, räumlich aufgeknäulte Ketten aus oft Hunderten von Aminosäurebausteinen. Es gibt 20 verschiedene Aminosäuren. Die Reihenfolge, in der sie in der Kette vorliegen, bestimmt die Funktion eines jeden Proteins.
Die Herstellung von Proteinen in der Zelle läuft in zwei Schritten ab. Zuerst wird bei der **Transkription** im Zellkern eine Abschrift der auf der DNA gespeicherten Erbinformation angefertigt und in Form einer Boten-RNA ins Zellplasma geschickt. Dort wird im zweiten Schritt, der **Translation,** das Protein gebildet.

Die Transkription

Soll ein Protein gebildet werden, öffnet sich die DNA-Doppelhelix im Bereich des Gens, das die Bauanleitung für ein bestimmtes Protein enthält. Entlang der DNA-Vorlage wird nun aus Nukleotiden eine Boten-RNA (**mRNA** von engl. messenger RNA) mit passender Basenfolge synthetisiert. Im Unterschied zur DNA enthält RNA als Zucker Ribose anstatt Desoxyribose und die Base Uracil anstatt Thymin. Die einzelsträngige mRNA transportiert so von der DNA kopierte Informationen ins Zellplasma zu den Ribosomen.

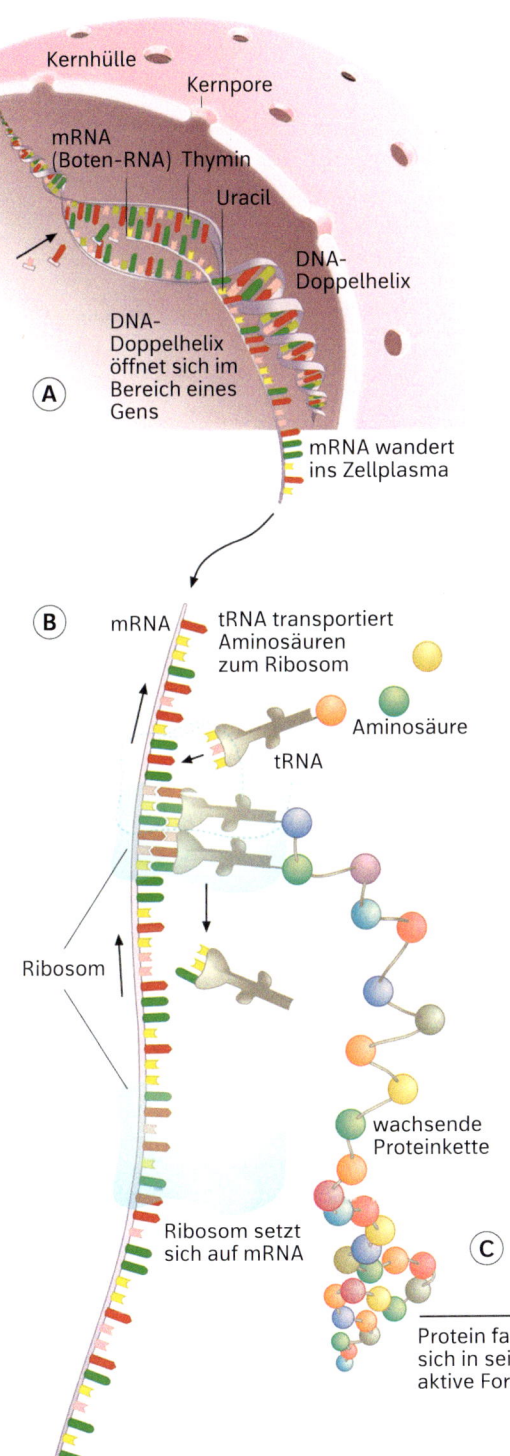

Kernhülle

Kernpore

mRNA
(Boten-RNA) Thymin

Uracil

DNA-
Doppelhelix

DNA-
Doppelhelix
öffnet sich im
Bereich eines
(A) Gens

mRNA wandert
ins Zellplasma

(B) mRNA

tRNA transportiert
Aminosäuren
zum Ribosom

Aminosäure

tRNA

Ribosom

wachsende
Proteinkette

Ribosom setzt
sich auf mRNA

(C)

Protein fallet
sich in seine
aktive Form

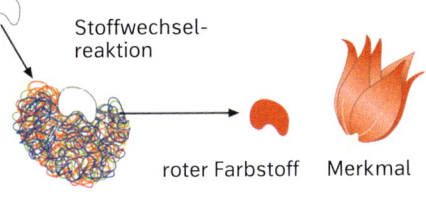

Stoffwechsel-
reaktion

roter Farbstoff   Merkmal

2 Proteinbiosynthese: **A** Transkription, **B** Translation, **C** Protein und Merkmalsentstehung

Die Translation

Im Zellplasma lagern sich **Ribosomen** an die mRNA an. Anschließend wird die Reihenfolge der Basen der mRNA schrittweise in die Reihenfolge der Aminosäuren des sich bildenden Proteins übersetzt. Welche Aminosäure als nächstes in eine wachsende Proteinkette eingebaut werden soll, wird jeweils durch die Kombination von drei Basen, einem so genannten **Triplett,** auf der mRNA bestimmt. Diese Zuordnung zwischen einem Basentriplett und einer Aminosäure bezeichnet man als **genetischen Code.** Der Code ist bei allen Lebewesen derselbe, er ist **universell.**

Für den Transport zu den Ribosomen werden die Amino-säuren an sogenanntem **tRNA**s **(transfer RNA)** gebun-den. Da es 20 verschiedene Aminosäuren gibt, sind auch 20 verschiedene tRNAs nötig. Jede tRNA besitzt auf der einen Seite eine Kombination von drei Basen, die be-stimmt, welche Aminosäure auf der anderen Seite der tRNA angekoppelt wird. Wenn eine mit einer Aminosäure beladene tRNA eine Basenkombination besitzt, die zum Basentriplett auf der mRNA passt, dann kann sie sich in ein Ribosom einlagern. So werden die Aminosäuren in der richtigen Reihenfolge miteinander verbunden.
Die tRNA, die ihre Aminosäure abgegeben hat, löst sich vom Ribosom. Dieses "rutscht" auf der mRNA ein Triplett weiter und die nächste beladene tRNA lagert sich an. So wächst die Proteinkette, bis ein Stopp-Signal kommt, das die Translation beendet. Das Protein faltet sich schon während seiner Bildung auf und nimmt schließlich die für seine Funktion entscheidende Form ein.

Proteine bestimmen Merkmale

Proteine sind entweder direkt am Aufbau der Zellen beteiligt oder sie wirken als **Enzyme** im Stoffwechsel. Dann ermöglichen sie bestimmte Reaktionen, die zu bestimmten **Merkmalen** führen wie der Farbe einer Blüte oder der Fähigkeit, Fette zu verdauen.

Du kannst den Ablauf und die Bedeutung der Proteinbio-synthese erklären.

Basiskonzepte S. 27

Mutationen – Veränderungen der DNA

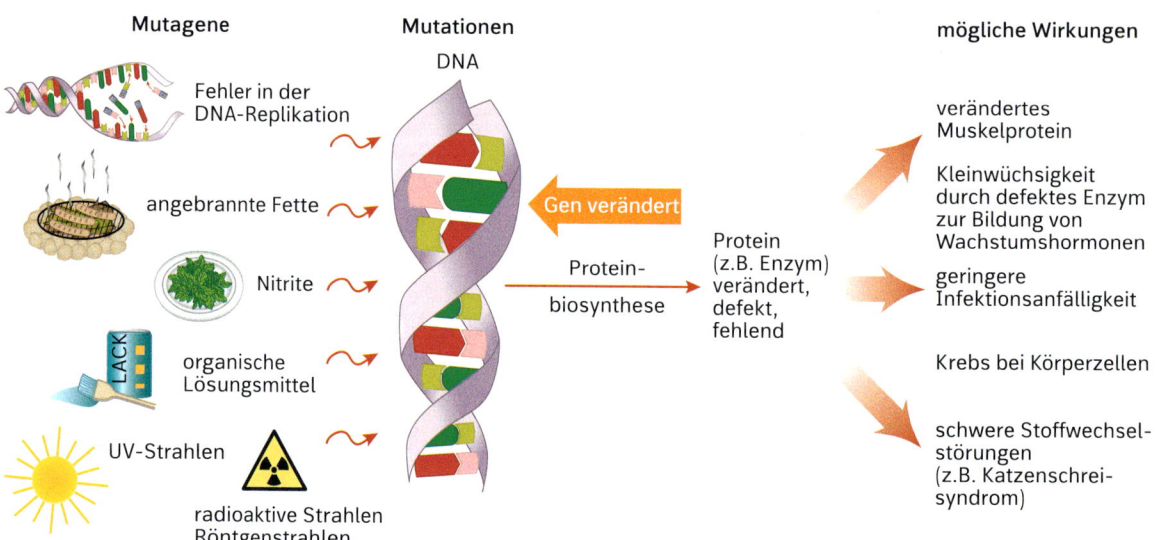

Mutagene

Fehler in der DNA-Replikation

angebrannte Fette

Nitrite

organische Lösungsmittel

UV-Strahlen

radioaktive Strahlen Röntgenstrahlen

Mutationen

DNA

Gen verändert

Protein-biosynthese

Protein (z.B. Enzym) verändert, defekt, fehlend

mögliche Wirkungen

verändertes Muskelprotein

Kleinwüchsigkeit durch defektes Enzym zur Bildung von Wachstumshormonen

geringere Infektionsanfälligkeit

Krebs bei Körperzellen

schwere Stoffwechsel-störungen (z.B. Katzenschrei-syndrom)

1.
Mutationen können das Erbgut von Körperzellen oder von Keimzellen betreffen. Erläutere die unterschiedlichen Konsequenzen.

2.
Schreibt einen kleinen Praxisratgeber „Mutagene – wie lassen sich unnötige Belastungen vermeiden?".

Mutationen

Ungerichtete Veränderungen des Erbgutes bezeichnet man als Mutationen. Sie kommen natürlicherweise relativ selten vor. Man unterscheidet drei Typen von Mutationen.

Genmutationen verändern ein einzelnes Gen. Hierbei können in der DNA Basen ausgetauscht werden, verloren gehen oder ergänzt werden. Dies kann sich auf den Organismus auswirken, muss es aber nicht.

Bei **Chromosomenmutationen** sind größere Bereiche eines Chromosoms betroffen. Ganze Stücke mit mehreren Genen können zum Beispiel verloren gehen.

Bei **Genommutationen** wird die Zahl der Chromosomen verändert. Diese Mutationen haben meist schwerwiegende Folgen.

Unbemerkt, schädlich oder nützlich

Viele Mutationen zeigen keine oder kaum Auswirkungen auf den Organismus. Da Organismen aber bereits sehr gut an ihre Lebensbedingungen angepasst sind, führen die Mutationen oft zu schädlichen Effekten. Sie sind häufig auch deshalb schädlich, weil sie beim Menschen die Ursache von Erbkrankheiten mit schwerwiegenden Folgen sind.

Nur selten findet eine Mutation statt, die für ihren Träger zufällig von Vorteil ist. Aber gerade solche kleinen Veränderungen durch Mutationen bilden eine wesentliche Grundlage für die Entwicklung der Arten, also für die Evolution und für den Erfolg von **Züchtungen** bei Nutzpflanzen und Nutztieren.

Mutationen betreffen Keimzellen oder Körperzellen

Finden Mutationen in **Keimzellen** statt, ist der gesamte Organismus in der nachfolgenden Generation betroffen. Diese Veränderungen können weitervererbt werden. Mutationen in **Körperzellen** werden nicht weitervererbt, können aber dem Körper Probleme bereiten, beispielsweise Krebs auslösen.

Mutagene

Energiereiche Strahlen, bestimmte Chemikalien und Einflüsse, die die Häufigkeit von Mutationen erhöhen, nennt man **Mutagene.** Belastungen durch Mutagene sollten möglichst gering gehalten werden.

Du kannst verschiedene Typen von Mutationen beschreiben und ihre Auswirkungen erläutern.

Schutz vor Mutagenen

Radioaktive Strahlen

Die DNA wird durch radioaktive Strahlen geschädigt. Nach den Atombomben in Hiroshima und Nagasaki und nach dem Reaktorunfall in Tschernobyl wurden viele missgebildete Kinder geboren. Zahlreiche Menschen erkrankten an Leukämie oder anderen Krebsformen.
Nach dem Reaktorunfall 2011 in Fukushima wurde die umliegende Bevölkerung evakuiert. Rettungskräfte konnten nur in Schutzkleidung und für kurze Zeit die verstrahlten Bereiche betreten. Zum Schutz vor Unfällen mit radioaktiver Verstrahlung werden in Deutschland und manchen anderen Ländern die Kernkraftwerke nach und nach stillgelegt. Die Gefahr, die von radioaktiven Abfällen ausgeht, bleibt noch über Jahrtausende problematisch.

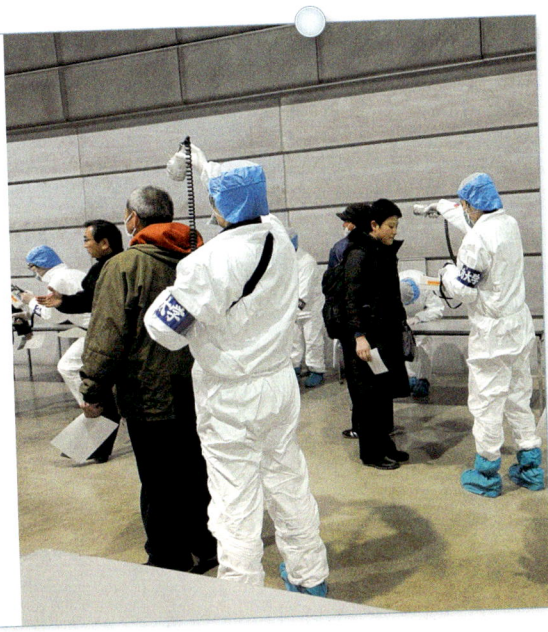

PINNWAND

Zigarettenrauch

Wie anderer Rauch enthält auch Zigarettenrauch Teerstoffe. Diese setzen sich in die DNA und

verändern die Basenabfolge. Die veränderten, also mutierten Gene können zu unkontrollierten Zellteilungen führen. Dann entsteht Krebs. Nichtraucher vermeiden dieses Mutagen.

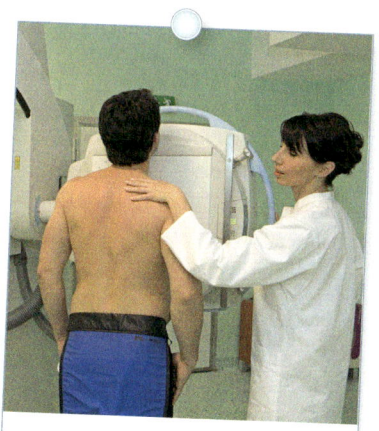

Röntgenstrahlen

Auch Röntgenstrahlen wirken als Mutagene. Sie können die DNA schädigen und dadurch Krebs verursachen. Daher führt man Röntgenuntersuchungen nur durch, wenn sie medizinisch nötig sind, und man verwendet moderne Geräte mit einer geringen Strahlenbelastung. Bleischürzen schirmen außerdem die Strahlung ab.

1.
Erkläre, warum Rauchen die häufigste Ursache für Lungenkrebs ist.

2.
a) Erkläre, warum die Patienten bei Röntgenuntersuchungen beispielsweise der Wirbelsäule Bleischürzen um die Hüfte gelegt bekommen.
b) Erkläre, warum die Ärzte oder technischen Assistenten während der Röntgenaufnahme den Raum verlassen.

Die Zelle als System

Zellen im Elektronenmikroskop

Im Elektronenmikroskop erkennt man viele Organellen einer Zelle. Diese Organellen arbeiten zusammen und ermöglichen so das Leben. Die Baupläne für alle Proteine sind im Zellkern gespeichert. Die Pläne werden benötigt, um am ER oder freien Ribosomen Proteine aufzubauen. Diese werden dann durch die Membransysteme von ER und Dictyosom weiterverschickt und verändert. Diese Organellen stehen durch Membranvesikel miteinander in Verbindung. Chloroplasten bauen Traubenzucker auf, der von den Mitochondrien zur Energiegewinnung genutzt wird.

Bau der DNA

Die DNA ist im Zellkern in Chromosomen organisiert. Diese bestehen aus DNA und Proteinen. DNA enthält die Bausteine Desoxyribose, ein Zucker, Phosphorsäure und vier verschiedene Basen. Durch die jeweils spezifische Basenpaarung von Adenin und Thymin sowie Guanin und Cytosin ist die DNA wie eine Strickleiter organisiert. Diese windet sich als Doppelhelix umeinander.

Verdopplung der DNA

Vor jeder Zellteilung muss sich die DNA identisch verdoppeln. Dazu nutzt sie das System der festen Basenpaarung aus. Die Basen werden zunächst voneinander getrennt, dann werden jeweils neue Nukleotide gebunden. So entsteht ein neuer Strang.

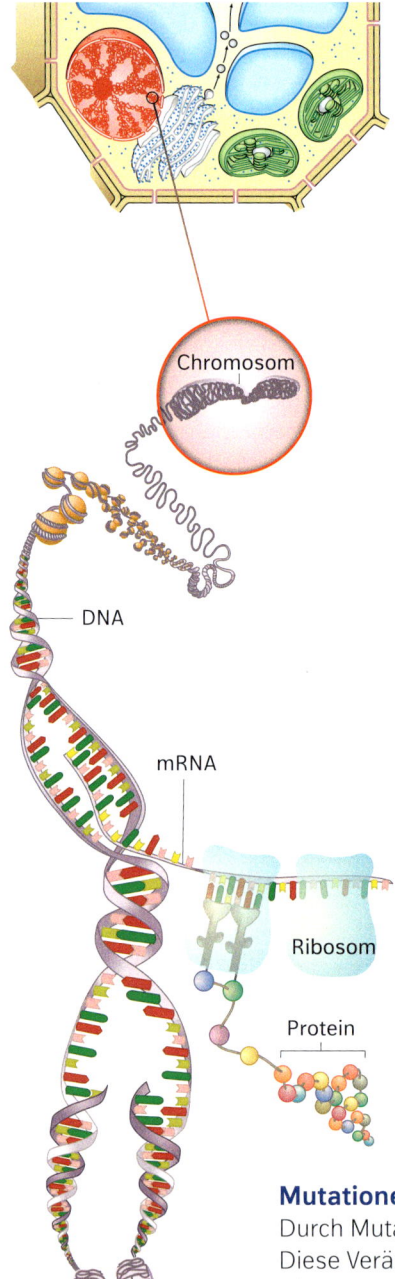

Chromosom

DNA

mRNA

Ribosom

Protein

Mitose und Zellteilung

Wenn in der Replikation aus den Ein-Chromatiden-Chromosomen Zwei-Chromatiden-Chromosomen geworden sind, kann die Kernteilung beginnen. Dabei werden die Chromatiden auf die beiden Tochterzellen verteilt.

Proteinbiosynthese

Wenn die in der DNA festgeschriebene Erbinformation in Proteine übersetzt wird, muss zunächst der entsprechende DNA-Abschnitt im Zellkern in mRNA umgeschrieben werden. Bei dieser Transkription wird ein einzelsträngiges RNA-Molekül gebildet, das aus dem Zellkern heraus in das Cytoplasma transportiert wird. Hier wird es am Ribosom in Protein übersetzt. Dabei ist die Reihenfolge der Basen auf der mRNA entscheidend. Spezifische tRNA-Moleküle bringen für jeweils ein Basentriplett die entsprechende Aminosäure mit. Die Aminosäuren werden miteinander verknüpft bis ein Stopp-Signal die Proteinbiosynthese beendet.

Mutationen und Mutagene

Durch Mutationen wird die DNA verändert. Diese Veränderungen können ganze Genome, Chromosomen oder einzelne Gene betreffen. Dabei können die Fehler so gravierend sein, dass Krankheiten entstehen. Andererseits beruht auch die evolutionäre Entwicklung der Lebewesen auf Mutationen.
Menschen sollten sich vor Stoffen, die Mutationen auslösen können, schützen. Dies sind zum Beispiel UV-Strahlen, Röntgen-Strahlen oder Zigarettenrauch.

Struktur
und
Funktion

System

Entwick-
lung

Struktur und Funktion

1.

a) Beschreibe am Beispiel des Chloroplasten das Prinzip der Oberflächen-vergrößerung.
b) Erkläre, welchen Zweck die Oberflächenvergröße-rung bei Chloroplasten und Mitochondrien erfüllt.

➜ S. 16

System

2.

a) Benenne die einzelnen Elemente der Abbildung.
b) Erläutere, wie die einzelnen Elemente zusammen-wirken, um aus der Information der DNA ein Protein herzustellen.

➜ S. 21, 23

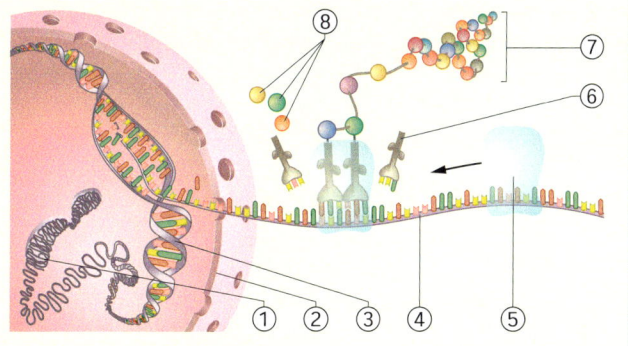

Struktur Eigenschaft – Funktion

3.

a) Aus welchen Phasen des Zellzyklus stammen die rechts stehenden Bilder?
b) Erkläre, welche Funktionen die Chromosomen in unterschiedlichen Phasen haben.

➜ S. 19

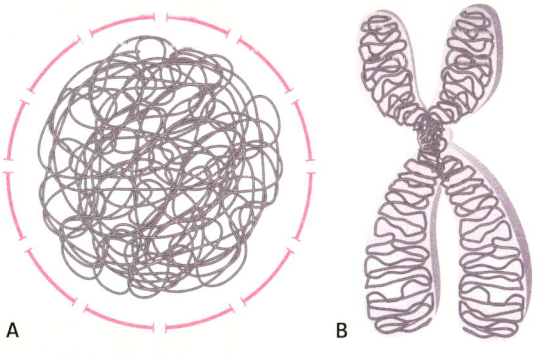

A   B

Die Zelle als System

Zellen im Elektronenmikroskop

Kannst du schon ...
... das lichtmikroskopische Bild einer Tierzelle von einer Pflanzenzelle unterscheiden? (S. 9)
... erklären, was Organellen und Kompartimente sind? (S. 11)
... den Bau und die Funktion verschiedener Organellen in einer Pflanzenzelle beschreiben? (S. 12 -13)

Zeig, was du kannst!

1. ☰ Ⓐ
Benenne alle Strukturen 1-10 auf dem Bild. Bestimme den Zelltyp und begründe.

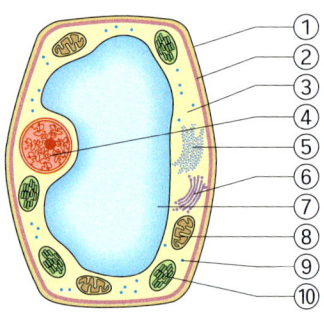

2. ☰ Ⓐ
Erkläre, welches Organell auf dem Bild dargestellt ist und beschreibe seine Aufgaben in der Zelle.

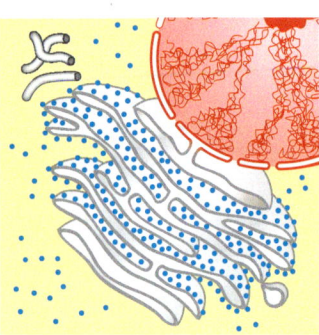

Bau der DNA

Kannst du schon ...
... den Bau eines Chromosoms beschreiben? (S. 15)
... das Doppelhelix - Modell der DNA erläutern? (S. 15)
...den Bau der DNA beschreiben? (S. 15)
... die Bedeutung der Basenpaarung erklären? (S. 15)

Zeig, was du kannst!

3. ☰ Ⓐ
Erkläre anhand der Abbildung den Bau eines Chromosoms.

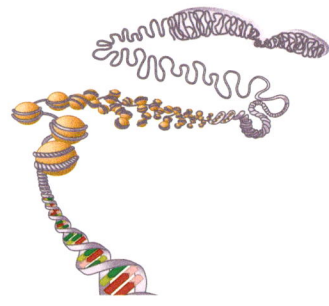

4. ☰ Ⓐ
a) Benenne die verschiedenen Strukturen 1-6 auf dem Bild.
b) Erläutere das Prinzip der Basenpaarung.

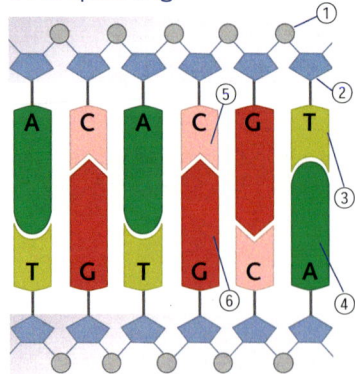

Verdopplung der DNA und Mitose

Kannst du schon ...
... erläutern, warum eine identische Verdopplung der DNA notwendig ist? (S. 20)
... die Vorgänge erklären, die bei der indentischen Replikation der DNA ablaufen? (S. 20)
... die Vorgänge der Zellteilung und ihre Auswirkungen beschreiben? (S. 18-19)

Zeig, was du kannst!

5. ☰ Ⓐ
a) Erkläre, warum die DNA sich vor jeder Zellteilung identisch verdoppeln muss.
b) Beschreibe die Vorgänge der DNA-Verdopplung.

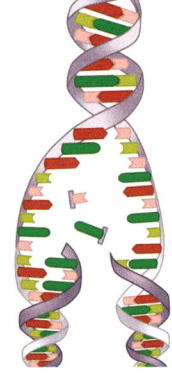

6. ☰ Ⓐ
a) Bringe die dargestellten Mitosephasen A-D in die richtige Reihenfolge.
b) Beschreibe die Vorgänge der Mitosephasen.

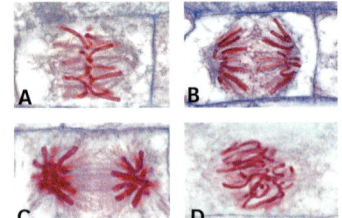

Proteinbiosynthese

Kannst du schon ...

... die Schritte der Proteinbiosynthese benennen? (S. 22-23)

...den Ablauf der Proteinbiosynthese beschreiben? (S. 22-23)

... die Bedeutung der Proteinbiosynthese für den Organismus erklären? (S. 22-23)

Zeig, was du kannst!

7. ☰ Ⓐ
Benenne die beiden Vorgänge der Proteinbiosynthese. Beschreibe auch, wo sie jeweils stattfinden und welche Organellen beteiligt sind.

8. ☰ Ⓐ
a) Beschreibe die Vorgänge der Proteinbiosynthese genau. Nutze dafür die Abbildung oben.
b) Beschreibe die Bedeutung der Proteinbiosynthese für den Organismus.

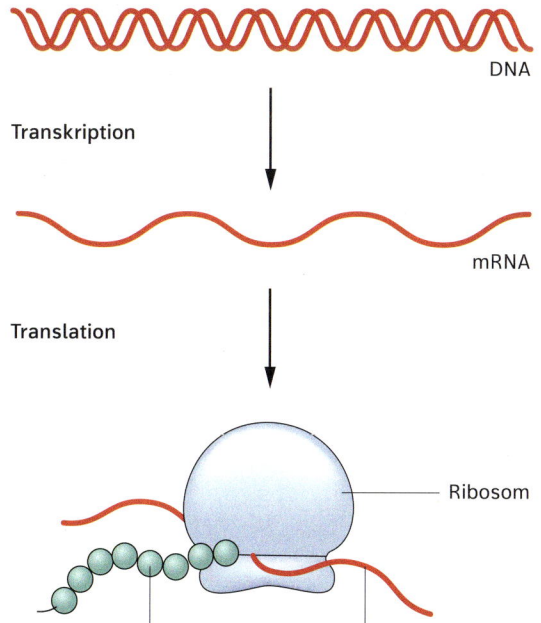

DNA

Transkription

mRNA

Translation

Ribosom

Proteinkette

mRNA

Mutationen und Mutagene

Kannst du schon ...

... erklären, was eine Mutation ist? (S. 24)

... verschiedene Arten von Mutationen benennen und beschreiben? (S. 24)

... die möglichen Folgen einer Mutation an Beispielen erklären? (S. 24-25)

... erklären, was Mutagene sind und mögliche Mutagene benennen (S. 24-25)

Zeig, was du kannst!

9. ☰ Ⓐ
Erkläre die Begriffe Genom-, Chromosomen und Genmutation.

10. ☰ Ⓐ
Nenne einige Mutagene und erläutere, welche Probleme sie verursachen können.

11. ☰ Ⓐ
Erkläre den Unterschied zwischen der Mutation in einer Körperzelle und der Mutation in einer Keimzelle. Erläutere, welche Folgen diese Mutationen jeweils haben können.

Wichtige Begriffe

- Organellen: Zellkern, Endoplasmatisches Reticulum, Dictyosom, Chloroplast, Mitochondrium
- Kompartiment
- DNA
- Replikation
- Proteinbiosynthese: Transkription, Translation
- Zellzyklus
- Zellteilung, Mitose

Fortpflanzung und Vererbung

Was bedeutet es für sich selbst und für andere Verantwortung zu übernehmen?

Wie werden Merkmale vererbt und welchen Einfluss hat die Umwelt?

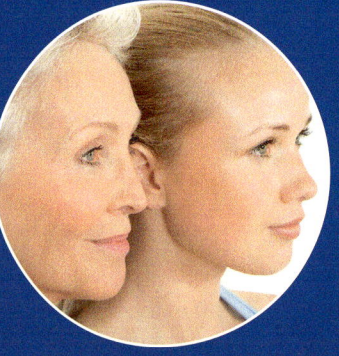

Welche Möglichkeiten und Risiken liegen in der Gentechnik?

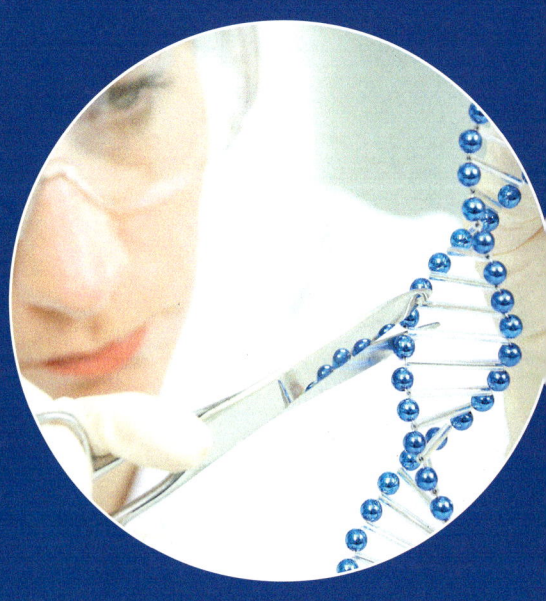

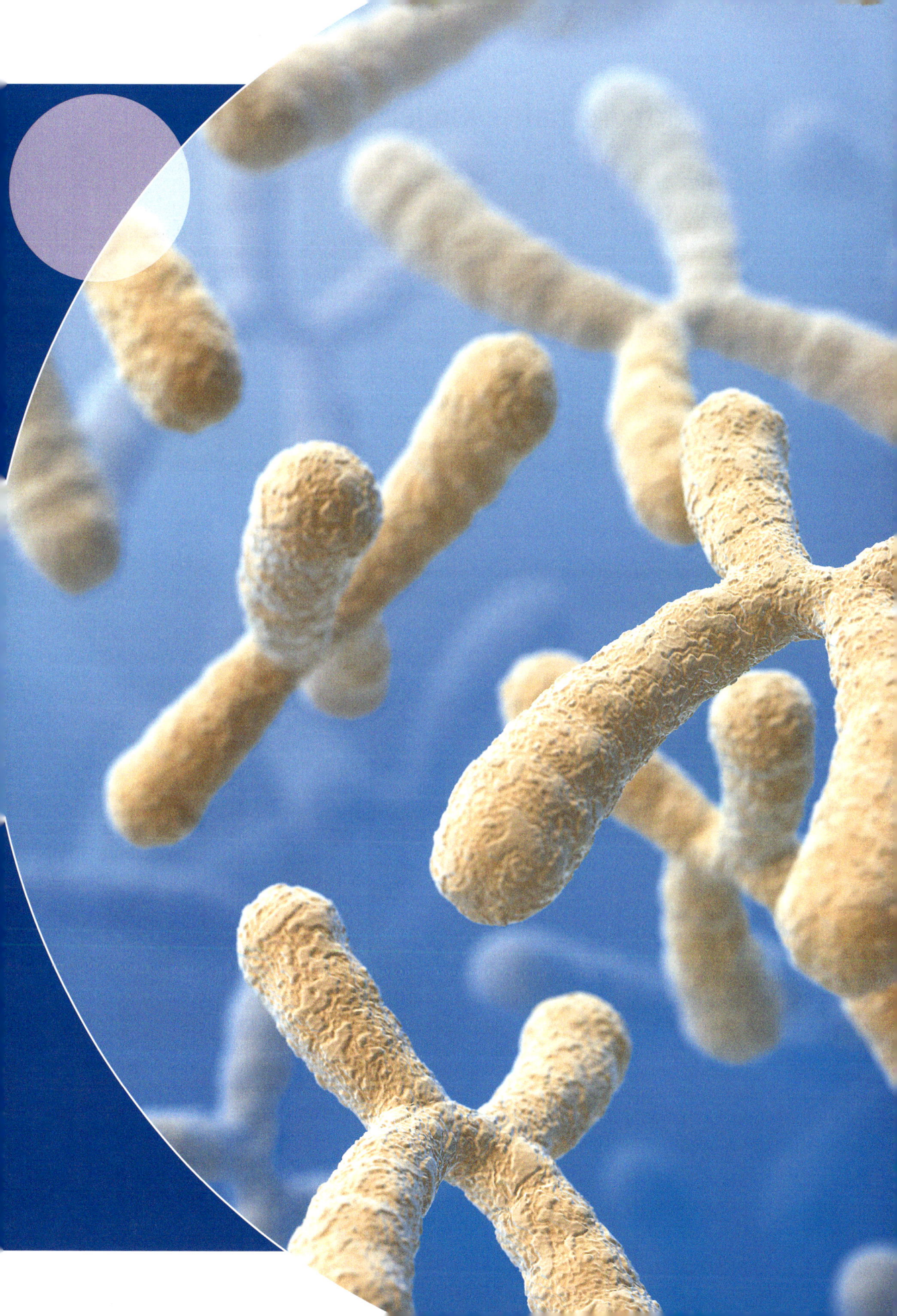

Liebe – Partnerschaft – Kinder

1. ≡ Ⓐ
Nenne mindestens vier verschiedene Bereiche, in denen Jugendliche Verantwortung übernehmen müssen.

2. ≡ Ⓐ
Eltern zu werden und Kinder zu haben, ist heute nicht mehr selbstverständlich. Nennt Gründe, weshalb sich Paare für ein Leben mit oder ohne Kindern entscheiden.

3. ≡ Ⓐ
Versetze dich in die Lage des Jungen auf dem Foto. Formuliere mögliche Gedanken und Gefühle des Jungen.

Erwachsen werden bedeutet Verantwortung zu übernehmen

Kinder und Jugendliche werden im Laufe ihrer Entwicklung selbstständiger. Sie setzen sich intensiver mit ihrer Umwelt auseinander und übernehmen mehr und mehr Verantwortung für ihr Leben. Wer erwachsen wird, schmiedet Pläne für die Zukunft. Dabei muss man sich beispielsweise mit beruflichen Möglichkeiten auseinandersetzen. Man entwickelt Wünsche im Hinblick auf partnerschaftliche Beziehungen oder vielleicht auf Gründung einer Familie. Mit dem Alter wächst auch die Verantwortung für die nächste Generation.

Veränderung von Beziehungen

In der Pubertät erreichen Jugendliche die Geschlechtsreife. Mädchen können schwanger werden und Jungen sind in der Lage, Kinder zu zeugen. Dieser Reifungsprozess verändert das Verhältnis zwischen Menschen: Neben freundschaftlichen Beziehungen entstehen Liebesbeziehungen, bei denen die Sexualität eine ganz wichtige Rolle spielt. Viele Paare stehen irgendwann vor der Entscheidung, ob sie Kinder bekommen möchten oder nicht. Daher müssen sich die Paare über Schwangerschaftsverhütung Gedanken machen oder darüber, wie ein Leben mit Kind aussehen könnte.

Das Leben mit Kindern

Entscheidet man sich für Kinder, bedeutet dies eine große Bereicherung, aber auch eine große Veränderung der persönlichen Situation. Als Eltern übernimmt man viel Verantwortung, eben nicht nur für sich selbst, sondern auch für die Kinder. So ist man dafür verantwortlich, dass die Kinder nicht nur versorgt und gepflegt werden, sondern auch, dass es ihnen emotional gut geht. Den Alltag mit Kindern bei gleichzeitiger Berufstätigkeit zu organisieren, ist nicht immer einfach und kann ein Grund sein, warum sich Paare manchmal für ein Leben ohne Kinder entscheiden.

1 Familie bei der Essenzubereitung

> Du kannst beschreiben, wie sich Beziehungen in der Pubertät verändern und inwiefern man Verantwortung für sich und andere übernehmen muss.

Sich selbst finden und andere respektieren

1 Wer bin ich?

Sich selbst finden

In der Pubertät verändert sich bei Jugendlichen das Verhältnis zu ihrer eigenen Sexualität. Die meisten verlieben sich irgendwann und suchen dabei Sexualkontakte eher zu Partnern des anderen Geschlechts. Es gibt auch Jugendliche, die zunächst nicht genau wissen, zu welchem Geschlecht sie sich hingezogen fühlen. Wenn man dies schließlich für sich herausgefunden hat, ist es für viele sehr befreiend.

Allerdings treten manchmal Probleme im Umgang mit anderen auf, da nicht immer alle Formen der Sexualität von allen toleriert werden. So kann es sehr belastend sein, wenn Jugendliche spüren, dass sie schwul oder lesbisch sind. Viele Bemerkungen, die besonders unter männlichen Jugendlichen kursieren, sind sehr verletzend und führen bei den Betroffenen zu großer Unsicherheit und teilweise auch zu Scham. Dabei verdient jede

1. ≡
Stell dir vor, ein guter Freund erzählt dir, dass er schwul ist. Beschreibe seine möglichen Sorgen und Ängste.

Form der Sexualität Respekt und Toleranz, auch wenn sie nicht der eigenen entspricht. Nicht zu tolerieren ist hingegen, wenn die Rechte anderer verletzt werden, wie das z.B. bei einer Vergewaltigung der Fall ist.

Transgender und Transsexualität

Der Begriff "Transgender" bezeichnet Menschen, deren körperliches Geschlecht nicht mit ihrem gefühlten Geschlecht übereinstimmt. Manche Transgender lehnen die Zuordnung zu den Geschlechtern ganz ab. Andere, die Transsexuellen, möchten ihr Geschlecht umwandeln. Sehr schwierig ist es für Jugendliche in der Pubertät, wenn sie das Geschlecht des eigenen Körpers nicht akzeptieren können. Durch die Ausprägung körperlicher Merkmale wie Brüste oder Bartwuchs, die allgemein sichtbar sind, steigt der Leidensdruck und es verstärkt sich das ablehnende Gefühl dem eigenen Körper gegenüber.
Wie Betroffene mit dieser einschneidenden Lebensphase umgehen, ist unterschiedlich. Sie sollten dabei aber auf keinen Fall allein gelassen werden, sondern Unterstützung beispielsweise von Eltern und Therapeuten bekommen. Die vermutete Transsexualität kann eine vorübergehende Phase sein. Wenn dies aber nicht der Fall ist, erhoffen sich viele Betroffene eine Angleichung an das gewünschte Geschlecht durch eine Hormontherapie oder auch durch eine geschlechtsangleichende Operation. Vielen verhilft die Geschlechtsangleichung zu einem besseren Körpergefühl, allerdings verläuft sie nicht immer ohne Komplikationen.

Um sich über solche Möglichkeiten auszutauschen oder um andere Betroffene kennenzulernen, nutzen Transsexuelle, Angehörige und Interessierte häufig Internet-Plattformen.

STREIFZUG

2 Eine Frau nach der Geschlechtsangleichung

 Basiskonzept S. 75

Schwanger – was nun?

1.
Julia ist schwanger, und Tom ist der Vater des Kindes.
a) Betrachte die beiden Fotos und mache Vorschläge, was Julia und Tom jeweils denken könnten. Begründe kurz.
b) Erläutere, wie sich das Leben von Jugendlichen verändert, wenn sie Eltern werden.
c) Beschreibe Möglichkeiten, wie Tom und Julia mit ihrer Situation umgehen könnten.

2.
a) Informiere dich über die Beratungsstellen, die in der Abbildung 1 auf der nächsten Seite genannt werden.
b) Suche und nenne Adressen von Beratungsstellen in deiner Umgebung.
c) Es gibt verschiedene Möglichkeiten der Beratung, vom direkten Gespräch über die telefonische bis zur E-Mail-Beratung. Informiere dich über diese Beratungsarten und nenne die jeweiligen Vor- und Nachteile.

3.
Eine Freundin vertraut dir an, dass sie ungewollt schwanger ist und nicht weiß, was sie tun soll. Versuche sie davon zu überzeugen, zu einer professionellen Beratung zu gehen. Nenne deine Argumente.

Schwangerschaftskonfliktberatung

Julia, 17 Jahre, ist ungeplant schwanger. Sie verspürt eine gewisse Freude, hat zugleich aber auch Angst vor der Zukunft. „Jetzt schon Mutter werden, wo ich doch gerade die Ausbildung begonnen habe? Wer soll das alles bezahlen? Wie wird mein Freund reagieren? Was werden bloß meine Eltern sagen?" Solche und viele andere Fragen entstehen oft, wenn es zu einer ungewollten Schwangerschaft gekommen ist.
Erste Ansprechpartner für Fragen und Probleme können neben dem Partner Eltern, Freunde oder Lehrer sein. Es gibt außerdem anerkannte Beratungsstellen, an die sich schwangere Frauen und ihre Partner wenden können. Die Beratungen sind kostenlos und auf Wunsch anonym.

Die Beratungsstellen informieren beispielsweise über die Durchsetzung rechtlicher Ansprüche, über finanzielle Unterstützungsmöglichkeiten wie das Mutterschafts- und Elterngeld sowie über Hilfen bei der Wohnungssuche oder der Kinderbetreuung.
Das Ziel der so genannten **Schwangerschaftskonfliktberatung** liegt darin, ungeborenes Leben zu schützen und deutlich zu machen, dass das Ungeborene ein eigenes Recht auf Leben hat. Paare bekommen in schwierigen Situationen Möglichkeiten aufgezeigt, wie sie ihr Leben mit dem Kind gestalten können.

Schwangerschaftsabbruch

Grundsätzlich besteht im Falle eines Schwangerschaftskonfliktes auch die Möglichkeit, einen Schwangerschaftsabbruch vornehmen zu lassen. In Deutschland ist ein Schwangerschaftsabbruch, auch Abtreibung genannt, nach § 218 des Strafgesetzbuches grundsätzlich rechtswidrig, er bleibt aber unter bestimmten Bedingungen straffrei.

Kommt für eine Schwangere eine Abtreibung in Frage, muss sie sich von einer anerkannten Beratungsstelle spätestens drei Tage vor dem Eingriff beraten lassen. Sie hat in jedem Fall eine gewisse Bedenkzeit.

Die Betroffene erhält eine Bescheinigung als Beratungsnachweis, mit der sie zu einem Arzt oder einer Ärztin gehen kann. Diese können dann den Schwangerschaftsabbruch entweder medikamentös oder durch einen operativen Eingriff vornehmen. Zwischen Befruchtung und Abbruch dürfen allerdings nicht mehr als zwölf Wochen vergangen sein. Bei unter 16-Jährigen verlangen die Frauenärztinnen oder -ärzte in der Regel eine schriftliche Einverständniserklärung zum Schwangerschaftsabbruch zumindest eines Elternteils. In seltenen Fällen ist ein Schwangerschaftsabbruch nicht rechtswidrig, beispielsweise nach einer Vergewaltigung oder wenn der körperliche oder seelische Zustand der Frau durch die Schwangerschaft schwerwiegend beeinträchtigt ist.

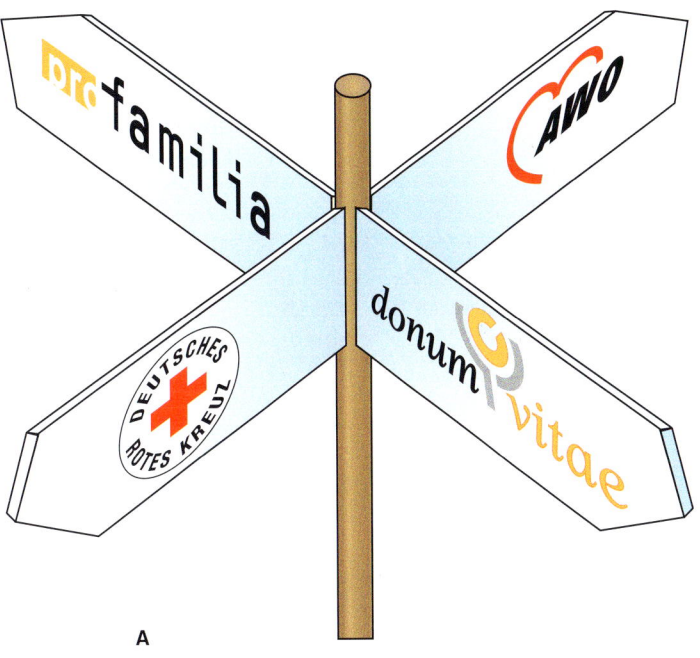

A

Persönliche Entscheidung

Die Beratung, die Voraussetzung für einen möglichen Schwangerschaftsabbruch ist, wird ergebnisoffen geführt und die Schwangere wird nicht dazu gedrängt, das Kind auf jeden Fall auszutragen. Kann sich die Schwangere ein Leben mit dem Kind überhaupt nicht vorstellen, bekommt sie Informationen über andere Möglichkeiten, wie die Unterbringung des Kindes in einer Pflegefamilie, die Freigabe zur Adoption oder auch zum Schwangerschaftsabbruch.

Die endgültige Entscheidung liegt allein bei der Schwangeren. Die Frau kann auch für den Fall, dass sie das Kind austragen möchte, weiterhin die Beratung und darüber hinausgehende Hilfsangebote in Anspruch nehmen.

B

1 Schwangerschaftsberatung: **A** mögliche Ansprechpartner, **B** Beratungsgespräch

> Du kannst Beratungsmöglichkeiten für Frauen nennen, die im Falle eines Schwangerschaftkonfliktes helfen können. Die Entscheidung für ein Kind oder für einen Schwangerschaftsabbruch trifft letztlich jede Frau selbst.

Pränataldiagnostik – Möglichkeiten und Grenzen

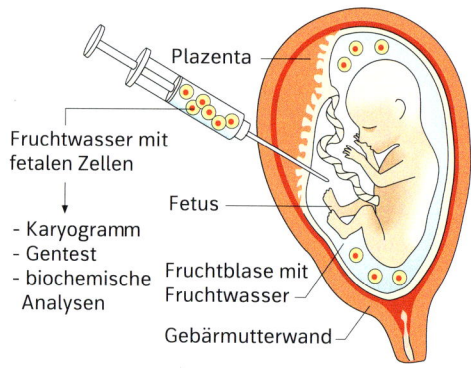

Plazenta

Fruchtwasser mit fetalen Zellen

- Karyogramm
- Gentest
- biochemische Analysen

Fetus

Fruchtblase mit Fruchtwasser

Gebärmutterwand

1. **A**
Beschreibe die Fruchtwasseruntersuchung und nenne Diagnosemöglichkeiten des Verfahrens.

2. Q
Sammelt Argumente für und gegen die PND.
Entwickelt aus den Argumenten ein Streitgespräch und führt es der Klasse vor.

Vorsorgeuntersuchung

Die meisten Schwangerschaften verlaufen normal, und ein gesundes Kind kommt zur Welt. Trotzdem sorgen sich werdende Eltern oft um die Gesundheit ihres Kindes. Bei regelmäßigen Untersuchungen im Rahmen der Schwangerenvorsorge werden Blut- und Urinanalysen der Schwangeren durchgeführt und ihr Gewicht kontrolliert. Mit Methoden der **Pränataldiagnostik,** kurz **PND,** kann auch das Kind vor der Geburt untersucht werden.

Ultraschalluntersuchung

Fast jede Schwangere lässt Ultraschalluntersuchungen des ungeborenen Kindes machen. Diese Methode ist sehr schnell durchführbar und für Mutter und Kind ohne Risiko. Die Ultraschalluntersuchung erlaubt einen Blick in die Fruchtblase und macht das Kind und seine Organe sichtbar. Man erhält Hinweise auf das Wachstum und die Entwicklung des Kindes.

Fruchtwasseruntersuchung

Wenn bei der Ultraschalluntersuchung Auffälligkeiten beim Kind zu erkennen sind, die Mutter über 35 Jahre alt ist oder in den Familien der Eltern Erbkrankheiten auftreten, kann eine **Fruchtwasseruntersuchung** durchgeführt werden. Dabei wird eine Hohlnadel durch die Bauchdecke und die Gebärmutter in die Fruchtblase eingeführt und eine kleine Menge Fruchtwasser abgesaugt. Die darin enthaltenen Zellen des Embryo werden zunächst vermehrt und anschließend auf Erbkrankheiten untersucht. So kann zum Beispiel mithilfe eines Karyogramms der Embryo auf **Trisomie 21,** die Ursache für das DOWN-Syndrom, untersucht werden. Außerdem können **Gendiagnosen** Aufschluss über andere Erbkrankheiten geben.
Eine Fruchtwasseruntersuchung ist nicht ohne Risiko, da es in seltenen Fällen zu einer Fehlgeburt kommen kann. Inzwischen kann eine Diagnose des DOWN-Syndroms einfach über eine Blutuntersuchung der Mutter erfolgen.

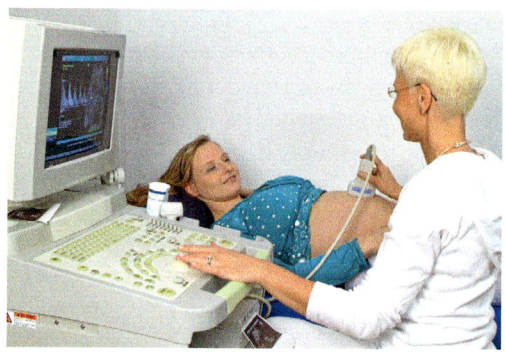

1 Ultraschalluntersuchung

Folgen der PND

Ergebnisse von Ultraschalluntersuchungen können nur Wahrscheinlichkeiten für Gesundheit oder Krankheit des Kindes bestimmen. Andere diagnostische Verfahren können nur bestimmte Krankheiten feststellen oder ausschließen. Ob das Kind dann wirklich gesund ist, kann niemand garantieren.
Zudem gibt die Diagnose einer Krankheit noch keinen Aufschluss darüber, wie schwer diese verlaufen wird.
Im Falle einer diagnostizierten schweren Krankheit müssen Eltern entscheiden, ob sie sich ein Leben mit einem kranken oder behinderten Kind vorstellen können oder einen Schwangerschaftsabbruch vorziehen. Diese Entscheidung kann ihnen niemand abnehmen.

Du kannst verschiedene Methoden der Pränataldiagnostik beschreiben und einige Probleme benennen.

Über Werte diskutieren

Biotechnologie fordert zur Diskussion heraus

Die Möglichkeiten der Biotechnologie fordern immer wieder unser ethisches Urteilsvermögen ein. Wir müssen uns entscheiden, wie sehr Biotechnologie unser Leben bestimmen soll. Darf über Gesundheit und Krankheit eines Kindes vor der Zeugung entschieden werden? Soll ein Ungeborenes auf Trisomie 21 untersucht werden? Darf an Embryonen geforscht werden, damit unheilbare Krankheiten geheilt werden können?

Häufig geraten wir beim Nachdenken über solche Fragen in eine **Dilemmasituation:** Bei den verschiedenen Handlungsmöglichkeiten gibt es keine eindeutig gute Variante, verschiedene **Werte** und **Normen** geraten miteinander in Konflikt. Die Methode der **Dilemmadiskussion** zeigt, wie man in solchen Situationen vorgehen kann.

Werte und Normen

Werte sind allgemeine Zielorientierungen einer Gemeinschaft. Sie sind immer abhängig von Gesellschaft, Erziehung und Religion. Beispiele für Werte sind Leben, Freiheit, Gleichheit, Ehrlichkeit.

Normen sind Verhaltensregeln, die sich aus Werten ableiten. Genauso wie die Werte sind sie also von gesellschaftlichen Bedingungen abhängig. Dem Wert Leben kann man die Norm zuordnen, dass Töten verboten ist. Dem Wert Gleichheit kann man die Norm zuordnen, dass alle Menschen vor dem Gesetz gleich sind.

Beispiel: (K)ein Spender für Timo

Timos Eltern haben schon drei Kinder. Timo leidet an einer unheilbaren Blutkrankheit. Er kann nur durch eine geeignete Stammzellenspende gerettet werden. Es findet sich kein Spender. Seine Eltern haben gehört, dass es in England erlaubt ist, Embryonen einer künstlichen Befruchtung auszuwählen. Damit könnten Timos Eltern selber einen geeigneten Stammzellenspender erzeugen.

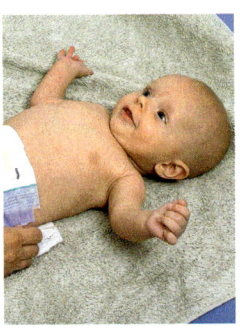

Sie möchten mit einer IVF möglichst viele befruchtete Eizellen bekommen, von denen dann eine ausgesucht wird, die für Timo passende Eigenschaften hat. Dieses Kind wird Timos Mutter dann austragen, die anderen Embryonen werden eingefroren. Es ist ein Wunschkind und kann außerdem Timos Leben retten.

METHODE

Erste Zuordnung	**Gruppeninterne Diskussion**	**Diskussion im Plenum**	**Zweite Zuordnung**
Formuliert das Dilemma als „Ja-Nein-Frage", die sich in der Situation stellt. Ordnet Euch jeweils einer der beiden Alternativen zu. Es entstehen zwei Gruppen.	Diskutiert innerhalb der Gruppen über eure Zuordnung. Formuliert: • den Grund der Entscheidung • die Werte, die betroffen sind • konkurrierende Werte • Gewichtung der Werte • Argumente für oder gegen diese Entscheidung	Tauscht Argumente, Wertvorstellungen und Standpunkte zwischen den Gruppen aus. Bedenkt: • Sachlichkeit • oft gibt es keine richtige oder falsche Entscheidung	Ordnet euch erneut einer der zwei Gruppen zu. Wie viele haben ihre Meinung geändert? Haltet die Hauptargumente beider Seiten und die Gewichtung der dahinter stehenden Werte in einem Schaubild fest.

1. ≡
Führt eine Dilemmadiskussion an Timos Beispiel durch.

Wenn kein Kind kommt

STREIFZUG

Ungewollt kinderlos

Für die meisten Paare gehören Kinder zu einem glücklichen Leben dazu. Nicht alle Paare bekommen aber Kinder auf natürlichem Weg und für manche dieser Paare ist diese ungewollte Kinderlosigkeit eine so große Belastung, dass sie die Beratung eines Reproduktionsmediziners in Anspruch nehmen. Die **Reproduktionsmedizin** ist ein Zweig der Medizin, die sich damit befasst, den Kinderwunsch zu erfüllen. Dabei wird zunächst nach den Ursachen der Kinderlosigkeit geforscht. Möglicherweise produzieren die Hoden des Mannes nicht ausreichend oder zu unbewegliche Spermien. Auch bei der Frau können die Ursachen liegen, wenn zum Beispiel die Reifung der Eizellen gestört ist oder diese nicht durch den Eileiter wandern können.

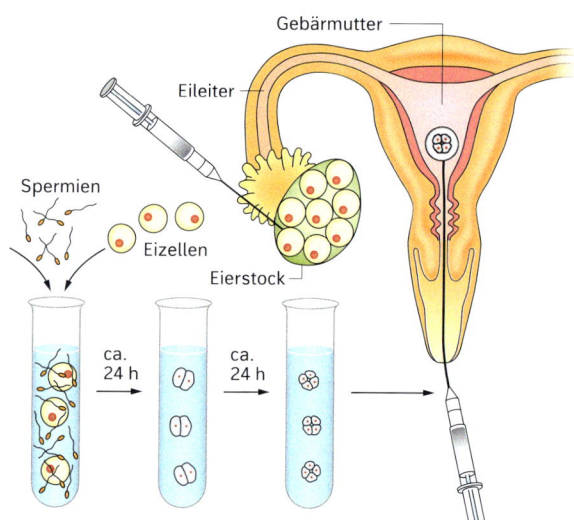

2 Ablauf der In-Vitro-Fertilisation

1 Beratung bei einer Reproduktionsmedizinerin

Insemination und IVF

Um den Kinderwunsch zu erfüllen, kann es schon helfen, wenn ein Arzt den Zeitpunkt des Eisprunges der Frau bestimmt und dann das Sperma direkt in die Gebärmutter oder in den Eileiter überträgt. Dieser Eingriff wird auch **Insemination** genannt. Sehr viel aufwändiger und belastender ist das Verfahren der **In-Vitro-Fertilisation (IVF).** Dabei muss sich die Frau zunächst einer Hormonbehandlung unterziehen, damit mehrerer Eizellen gleichzeitig heranreifen. Diese werden ihr dann im Rahmen eines operativen Eingriffs entnommen. Im Labor werden später Spermien und Eizellen in einer speziellen Nährlösung zusammengebracht.

Dabei werden die Eizellen befruchtet und beginnen sich zu teilen. Die so entstehenden Embryonen werden in die Gebärmutter der Frau eingesetzt, wo sie sich weiter entwickeln und zu einem Kind heranwachsen sollen. Bei etwa 50 % der Paare, die sich für eine solche Methode entscheiden, kommt es zur Erfüllung des Kinderwunsches.

Kritik an der IVF

Um die Chancen zu erhöhen, dass eine der befruchteten Eizellen zu einem Kind heranwächst, erzeugt man zunächst mehrere solcher Embryonen und bringt sie in die Gebärmutter der Frau ein. Dabei steigt die Wahrscheinlichkeit von ungewollten Mehrlingsgeburten, was für die Mutter und die Kinder ein Risiko darstellt. Daher dürfen in Deutschland bei jeder IVF höchstens drei Embryonen eingepflanzt werden.
Eine IFV bedeutet für die Frau eine hohe körperliche und für das Paar eine hohe psychische Belastung, vor allem, wenn viele Versuche misslingen. Daher entscheiden sich viele Paare bewusst gegen eine IVF.

1. Ⓐ
Beschreibe die Verfahren Insemination und IVF.

2. Ⓠ
Recherchiere, was das ICSI-Verfahren ist. Erkläre das Verfahren.

Experimente ohne Tabu?

1.
Beschreibe das Verfahren der PID und benenne die Möglichkeiten ihres Einsatzes.

2.
Recherchiere die rechtlichen Bestimmungen bezüglich der PID.

3.
a) Beschreibe das rechts abgebildete Plakat und formuliere eine dazu passende Aussage.
b) Beschreibe einen Zusammenhang zur Diskussion um PID und schreibe deine Gedanken in einem kurzen Text auf.

Präimplantationsdiagnostik (PID)

In manchen Familien tauchen immer wieder die gleichen schweren Erkrankungen auf. Mukoviszidose ist so eine Erbkrankheit. Liegt bei einem Paar bei beiden Partnern eine erbliche Vorbelastung vor, besteht die Möglichkeit, dass auch die Kinder des Paares an Mukoviszidose erkranken. Die Eltern haben Sorge, dass ein Kind mit einer so schweren Erkrankung sehr leiden muss oder sogar früh stirbt. Hinzu kommt die Belastung, ein Kind Tag und Nacht pflegen zu müssen – und das ein Leben lang. Besonders Paare, die schon ein erkranktes Kind haben, erleben bei einem weiteren Kinderwunsch große Angst, ein zweites schwer krankes Kind zu bekommen. Bei solchen Paaren kann der Wunsch nach einer **Präimplantationsdiagnostik (PID)** aufkommen.

Die PID ist ein Verfahren, bei dem Embryonen, die in einer künstlichen Befruchtung erzeugt wurden, auf mögliche Krankheiten hin untersucht werden können. Dabei entnimmt man einem Embryo zwei bis drei Tage nach der Befruchtung eine Zelle und untersucht sie auf genetische Defekte. Dem Embryo schadet man dabei nicht.

Danach werden der Frau nur Embryonen eingepflanzt, die die Erbkrankheit nicht haben. So wird nicht nur ein krankes Kind vermieden, sondern es kann auch gewährleistet werden, dass diese Erbkrankheit nicht mehr weiter vererbt wird.

Embryonen, die Träger der Krankheit sind, werden abgetötet.

Kritik an PID

Immer wieder wird heftig darüber diskutiert, in welchem Umfang die PID in Deutschland erlaubt sein soll.

Gegner der PID geben zu bedenken, dass die Auswahl bestimmter Embryonen in keinem Fall erlaubt sein sollte, da jeder Mensch ein Recht auf Leben hat. Auch manche behinderte Menschen fühlen sich durch die Diskussion um die PID in ihrer Menschenwürde verletzt. Viele befürchten auch, dass Verfahren wie die PID auf weitere erwünschte und unerwünschte Eigenschaften von Kindern ausgeweitet werden. Einige befürchten, dass dies zu einer Welt führen könnte, in der Eltern sich ihre Kinder „aus dem Katalog" bestellen können.

Andererseits betonen die Befürworter der PID, dass das Verfahren großes Leid verhindert. PID kann Paaren zu einem gesunden Kind verhelfen, die ansonsten vielleicht – aus Angst vor einem behinderten Kind – gar keine Kinder bekommen hätten. PID kann auch Abtreibungen verhindern, denn laut § 218 ist die Abtreibung behinderter Kinder straffrei gestellt.

Du kannst die Möglichkeiten der PID erklären und Pro- und Contra-Argumente vorbringen.

Ganz der Vater – ganz die Mutter?

Paar A

Paar B

1.  A

a) Die Fotos oben zeigen zwei Elternpaare (A und B), die jeweils zwei Kinder haben. Ordne die vier Kinder ihren Eltern zu.
b) Begründe, warum die Eltern ihren Kindern ähneln.
c) Erkläre, weshalb sich Geschwister äußerlich durchaus unterscheiden können, obwohl sie die gleichen Eltern haben.

2. A

Erläutere die Aussage der Karikatur.

3. A

a) Erkläre, was man unter einem Karyogramm versteht.
b) Gib die Chromosomenzahl sowohl von menschlichen Keimzellen als auch von Körperzellen an und vergleiche.
c) Erkläre, warum jede Körperzelle des Menschen einen doppelten oder diploiden Chromosomensatz hat.

4. A

Die Tabelle zeigt die Chromosomenzahl verschiedener Lebewesen. Vergleiche diese Zahlen und erläutere, was dir auffällt.

Art	Anzahl der Chromosomen
Mensch	46
Schimpanse	48
Goldhamster	44
Goldfisch	94
Stechmücke	6
Champignon	8
Wurmfarn	164

Beim Blick in ein Familienalbum fallen häufig bemerkenswerte Übereinstimmungen auf. So ähneln Kinder oft in ihrem Gesichtsausdruck oder ihrer Statur den Eltern und Großeltern. Diese Ähnlichkeiten beschränken sich nicht nur auf äußerlich sichtbare Merkmale. Auch bei Verhaltensweisen, Charaktereigenschaften oder ausgeprägten Fähigkeiten kann man häufig Übereinstimmungen feststellen. Wie kommt es zu dieser Familienähnlichkeit?

Unsere Erbanlagen

Voraussetzung für die Entstehung eines Kindes ist die Befruchtung, bei der Ei- und Spermienzelle verschmelzen. Diese Zellen enthalten mütterliche bzw. väterliche **Erbanlagen, die Gene.** Bei der Befruchtung kommen also Gene zusammen, die Informationen von Mutter und Vater enthalten und schließlich für die Ausbildung bestimmter Merkmale verantwortlich sind.

Die Gene befinden sich auf **Chromosomen.** Jedes Lebewesen besitzt in seinen Körperzellen eine typische Anzahl von Chromosomen, beim Menschen sind es 46.

Diese Chromosomen sind phasenweise gut sichtbar und lassen sich in einem Karyogramm, wie es unten zu sehen ist, geordnet darstellen. Dabei fällt auf, dass es immer zwei Chromosomen gibt, die sich in ihrer äußeren Gestalt wie beispielsweise der Größe, stark ähneln.

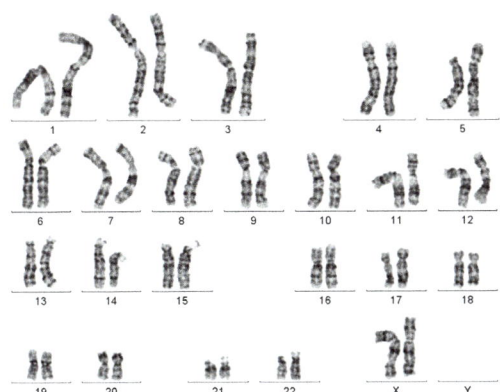

2 Karyogramm mit diploidem Chromosomensatz einer Frau

Homologe Chromosomen

Diese Chromosomen mit vergleichbarer Gestalt nennt man **homologe Chromosomen.** Je ein Chromosom eines homologen Chromosomenpaares stammt dabei von der Mutter und eines vom Vater.

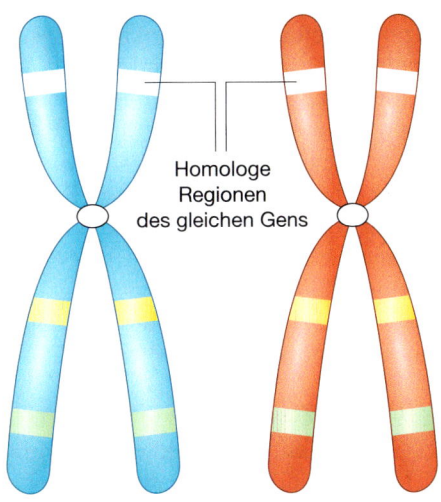

Homologe Regionen des gleichen Gens

Alle Körperzellen besitzen 46 Chromosomen, von denen je zwei homolog sind. Man spricht von einem doppelten oder **diploiden Chromosomensatz.**

Mikroskopische Untersuchungen zeigen, dass Ei- und Spermienzellen beim Menschen jeweils nur 23 Chromosomen enthalten. Von jedem homologen Chromosomenpaar gibt es in diesen Zellen nur ein Chromosom. Sie haben einen einfachen oder **haploiden Chromosomensatz.**

Bei der geschlechtlichen Fortpflanzung verschmelzen zwei Keimzellen mit je 23 Chromosomen. Die befruchtete Eizelle und der daraus entstehende Mensch haben demzufolge wieder einen diploiden Chromosomensatz mit 46 Chromosomen.

Zusammen mit den Chromosomen werden die Gene für bestimmte Merkmale von Mutter und Vater an die Kinder weitergegeben. Diese Weitergabe der Gene ist der Grund für die beobachtete Familienähnlichkeit.

Du kannst Familienähnlichkeiten erklären, indem du die Weitergabe der Gene bei der geschlechtlichen Fortpflanzung an die Nachkommen erläutern kannst.

Keimzellbildung und Befruchtung

1. ≡ Ⓥ
a) Baue aus verschiedenfarbigen "Pfeifenputzern" und Druckknöpfen zwei Chromosomenmodelle. Wickle die Pfeifenputzer um eine Kugelschreibermine spiralförmig auf. Ziehe die Mine heraus und befestige einen spiralisierten Pfeifenputzer an einem Druckknopf. Ein weiterer Pfeifenputzer derselben Farbe wird am Gegenstück des Druckknopfs befestigt, sodass man die beiden zusammendrücken kann. So erhält man ein Chromosomenmodell, bestehend aus zwei Chromatiden. Baue in gleicher Weise ein zweites Modell in einer anderen Farbe.
b) Vergleiche die Teile eines Modells mit den Bestandteilen eines Chromosoms.
c) Führt folgende Partnerarbeit durch: Einer liest den Text über die Meiose, während der andere die Vorgänge mithilfe der Chromosomenmodelle nachvollzieht.

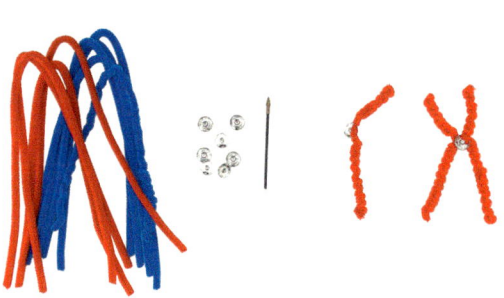

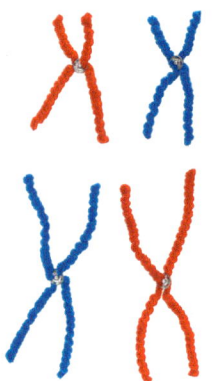

2. ≡ Ⓥ ⓚ
Baue entsprechend den Abbildungen vier Chromosomenmodelle aus zwei unterschiedlichen Farben. Verdeutliche mithilfe der Modelle, wie sich Chromosomen während der Meiose verteilen können und gib die Zahl möglicher Kombinationen an.

3. ≡ Ⓐ
Gib die Zahl möglicher Kombinationen mit drei, vier und 23 Chromosomenpaaren an.

4. ≡ Ⓐ
Erkläre die Bedeutung folgender Begriffe: haploid, diploid, homologe Chromosomen, Keimzellen, Rekombination, Befruchtung.

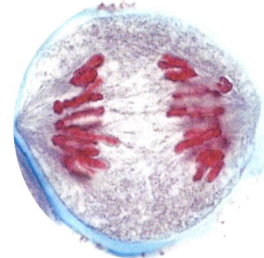

5. ≡ Ⓐ
a) Benenne die in der lichtmikroskopischen Aufnahme gezeigte Phase der Meiose.
b) Erläutere mithilfe der Fachbegriffe, was hier passiert.

Keimzellbildung

Die zur geschlechtlichen Fortpflanzung notwendigen **Keimzellen,** also die Spermien und Eizellen, werden aus spezialisierten Zellen der Eierstöcke und Hoden gebildet. Der diploide Chromosomensatz dieser Zellen muss dabei zum haploiden Satz der Eizellen und Spermien vermindert werden. So wird sichergestellt, dass es von einer Generation zur nächsten nicht zu einer Verdopplung der Chromosomenzahl kommt.

Meiose – Kernteilung bei der Keimzellbildung

Bei der Bildung der Keimzellen findet eine besondere Kernteilung statt, die Meiose. Sie lässt sich in zwei Abschnitte unterteilen: **Meiose I** und die **Meiose II.** Dabei findet in der Meiose I die Trennung der homologen Chromosomen und in der Meiose II die Trennung der Chromatiden statt.

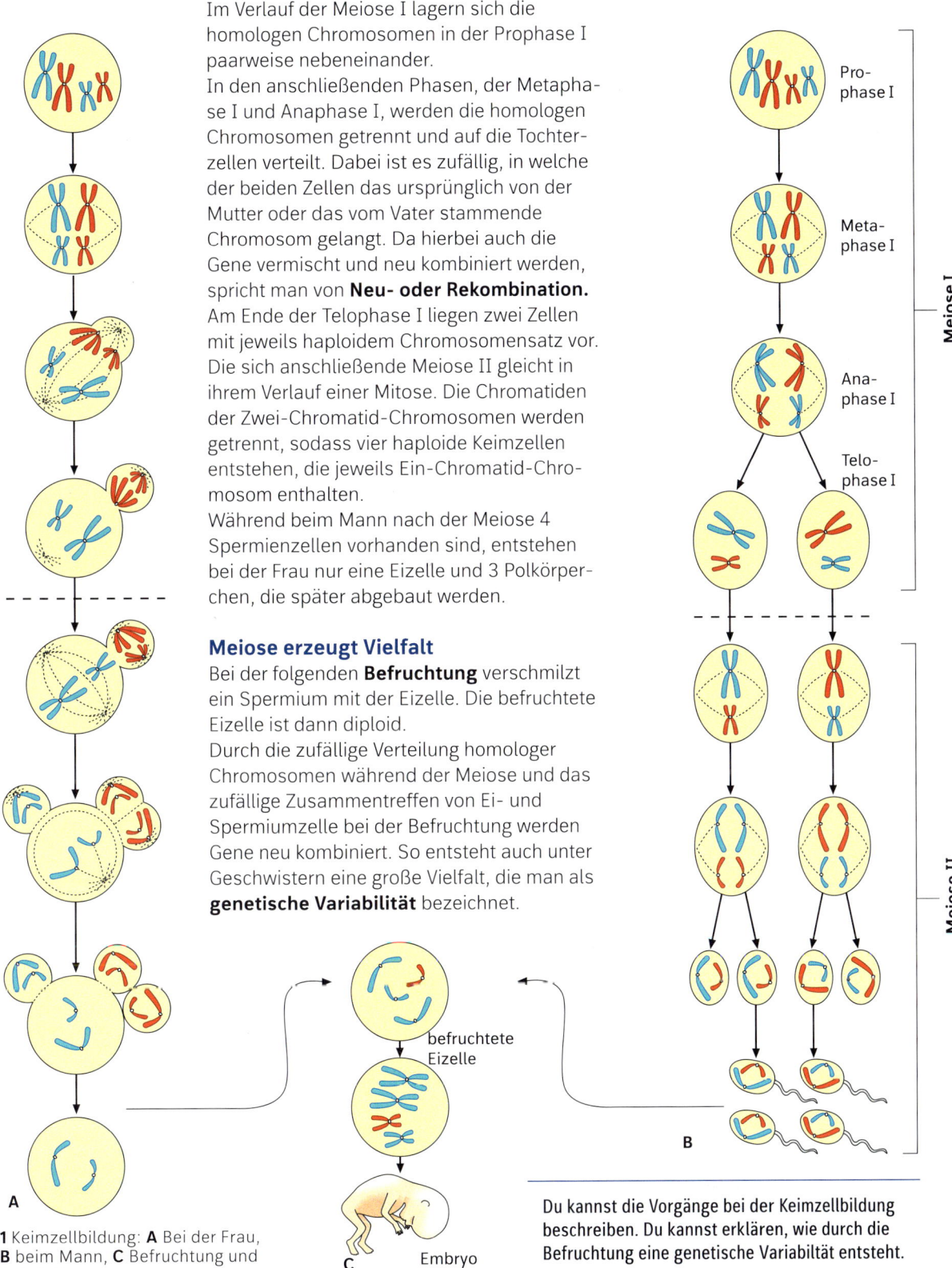

Im Verlauf der Meiose I lagern sich die homologen Chromosomen in der Prophase I paarweise nebeneinander.

In den anschließenden Phasen, der Metaphase I und Anaphase I, werden die homologen Chromosomen getrennt und auf die Tochterzellen verteilt. Dabei ist es zufällig, in welche der beiden Zellen das ursprünglich von der Mutter oder das vom Vater stammende Chromosom gelangt. Da hierbei auch die Gene vermischt und neu kombiniert werden, spricht man von **Neu- oder Rekombination.**

Am Ende der Telophase I liegen zwei Zellen mit jeweils haploidem Chromosomensatz vor. Die sich anschließende Meiose II gleicht in ihrem Verlauf einer Mitose. Die Chromatiden der Zwei-Chromatid-Chromosomen werden getrennt, sodass vier haploide Keimzellen entstehen, die jeweils Ein-Chromatid-Chromosom enthalten.

Während beim Mann nach der Meiose 4 Spermienzellen vorhanden sind, entstehen bei der Frau nur eine Eizelle und 3 Polkörperchen, die später abgebaut werden.

Meiose erzeugt Vielfalt

Bei der folgenden **Befruchtung** verschmilzt ein Spermium mit der Eizelle. Die befruchtete Eizelle ist dann diploid.

Durch die zufällige Verteilung homologer Chromosomen während der Meiose und das zufällige Zusammentreffen von Ei- und Spermiumzelle bei der Befruchtung werden Gene neu kombiniert. So entsteht auch unter Geschwistern eine große Vielfalt, die man als **genetische Variabilität** bezeichnet.

Pro-phase I

Meta-phase I

Ana-phase I

Telo-phase I

Meiose I

Meiose II

befruchtete Eizelle

A

B

C Embryo

1 Keimzellbildung: **A** Bei der Frau, **B** beim Mann, **C** Befruchtung und Entwicklung

Du kannst die Vorgänge bei der Keimzellbildung beschreiben. Du kannst erklären, wie durch die Befruchtung eine genetische Variabiltät entsteht.

Ein Mönch entdeckt die Gesetzmäßigkeiten der Vererbung

1 JOHANN GREGOR MENDEL

G. MENDEL experimentierte

In der Mitte des 19. Jahrhunderts führte der Augustinermönch JOHANN GREGOR MENDEL in seinem Klostergarten Kreuzungsexperimente mit der Gartenerbse durch. Er entdeckte dabei die grundlegenden Prinzipien der Vererbung und stellte allgemein gültige Vererbungsregeln auf. Dass MENDEL seine Entdeckungen machen konnte, bevor man die Meiose kannte, lag nicht zuletzt an seiner Vorgehensweise: MENDEL plante seine Versuche sorgfältig, führte sie exakt durch und deutete die Beobachtungen auf geniale Weise.

Versuchsobjekt Erbse

Das Versuchsobjekt eignete sich in besonderer Weise für diese Versuche: Die Gartenerbse lässt sich in großen Mengen anbauen und erzeugt innerhalb kurzer Zeit zahlreiche Samen als Nachkommen. Sie hat erbliche Merkmale, die stets in zwei klar zu unterscheidenden Merkmalsformen vorkommen.

So tritt das Merkmal Blütenfarbe nur in Form einer weißen oder purpurfarbenen Blüte auf. Bei der Erbsenpflanze treten keine Mischformen wie beispielsweise rosa Blüten auf. Die Blüten von Erbsenpflanzen enthalten männliche und weibliche Geschlechtsorgane. Gelangt Pollen von den Staubblättern auf den Fruchtknoten derselben Blüte, so findet Selbstbestäubung statt.

Reinerbige Elterngeneration

MENDEL sorgte wiederholt für Selbstbestäubung bei den Erbsenpflanzen mit einer be-

3 Erbsenblüte und Früchte mit Samen

stimmten Merkmalsform und sortierte dabei solche mit unerwünschten Merkmalsformen aus. So erhielt er Pflanzen, die für diese Merkmalsform reinerbig waren. In vielen Generationen durfte nur eine einzige Form auftreten. Eine Pflanze mit weißen Blüten ist beispielsweise reinerbig, wenn ihre Samen immer wieder Pflanzen mit weißer Blüte hervorbringen.

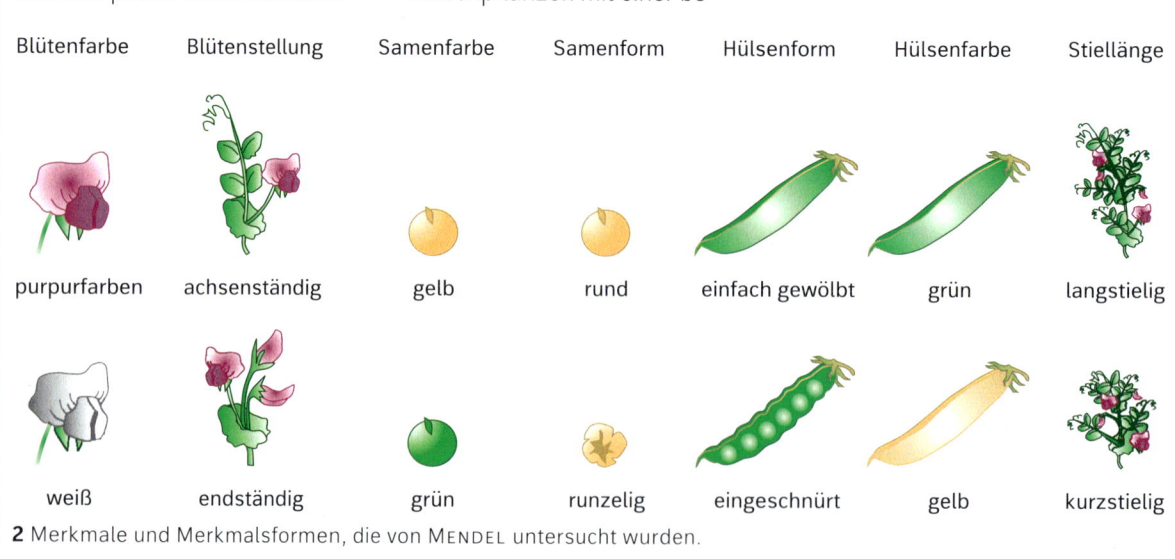

Blütenfarbe	Blütenstellung	Samenfarbe	Samenform	Hülsenform	Hülsenfarbe	Stiellänge
purpurfarben	achsenständig	gelb	rund	einfach gewölbt	grün	langstielig
weiß	endständig	grün	runzelig	eingeschnürt	gelb	kurzstielig

2 Merkmale und Merkmalsformen, die von MENDEL untersucht wurden.

Kreuzungsexperimente

Mit den erhaltenen reinerbigen Pflanzen führte MENDEL dann Kreuzungsexperimente durch. Zum Beispiel kreuzte er eine Pflanze mit purpurfarbenen Blüten mit einer, die weiße Blüten besaß. Erst entfernte er die Staubgefäße der purpurfarbenen Blüte, um eine Selbstbestäubung zu verhindern. Bei der anschließenden **Fremdbestäubung** übertrug er mithilfe eines Pinsels den Pollen der weißen Blüte auf die Narbe der purpurfarbenen Blüte. Im Fruchtknoten entwickelten sich dann die Samen, aus denen sich nach dem Aussäen neue Erbsenpflanzen bildeten.

Die Samen und die entstehenden neuen Pflanzen sind **mischerbige** Individuen oder **Hybriden.** Sie bildeten die erste Tochtergeneration, die man erste Filialgeneration (**F$_1$-Generation**) nennt.

Die Pflanzen, die den Pollen lieferten und empfingen, waren die Eltern- oder Parentalgeneration (**P-Generation**). In weiteren Experimenten ließ MENDEL die F$_1$-Generation sich selbst bestäuben und erhielt so die zweite Tochtergeneration (**F$_2$-Generation**).

MENDELS Ergebnisse

MENDEL wiederholte seine Versuche viele Male und notierte exakt, welche Merkmalsform wie häufig in jeder Generation auftrat. Über einen Zeitraum von sieben Jahren kultivierte er etwa 28000 Erbsenpflanzen. Aus 355 Fremdbestäubungen mit unterschiedlichen Merkmalen zog er 12980 Pflanzenhybriden. Auf diese Weise erhielt er umfangreiches und gesichertes Zahlenmaterial. Zufällige Ergebnisse einzelner Kreuzungen, etwa infolge einer gestörten Fruchtbarkeit einzelner Pflanzen, konnten so das Gesamtergebnis nicht nachhaltig beeinflussen. Seine Experimente protokollierte er sorgfältig, sodass andere Forscher die Versuche wiederholen und überprüfen konnten.

1865 veröffentlichte MENDEL sein Werk: "Versuche über Pflanzenhybriden", in dem er seine Beobachtungen und Deutungen beschrieb. Bei der mathematischen Auswertung seiner Experimente waren ihm bestimmte Gesetzmäßigkeiten aufgefallen, die später als MENDELsche Erbregeln bezeichnet wurden.

MENDELS Werk wurde zunächst nicht beachtet und geriet in Vergessenheit. Erst um 1900 gelangten verschiedene Forscher unabhängig voneinander zu den gleichen Beobachtungen und Folgerungen. Auch heute noch bilden die MENDELschen Regeln die Grundlagen der Genetik.

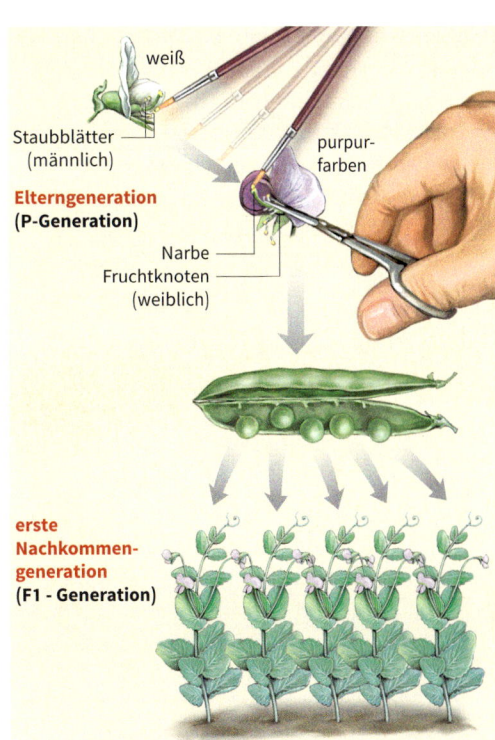

4 Fremdbestäubung bei der Erbse und anschließende Aussaat der Samen

5 MENDELS ehemalige Wirkungsstätte, der Klostergarten in Brünn

1. **A**
Erkläre den Unterschied zwischen einem Merkmal und einer Merkmalsform.

2. **A**
Erläutere, warum Erbsenpflanzen für Kreuzungsexperimente gut geeignet sind.

3. **A**
Erkläre, warum MENDEL so viel Mühe auf die Züchtung reinerbiger Elterngenerationen verwandte.

STREIFZUG

Keimzellbildung und Befruchtung

Jede Körperzelle eines Menschen hat 46 Chromosomen. Jeweils zwei davon sehen gleich aus. Man nennt sie homologe Chromosomen. Es handelt sich um Chromosomenpaare. **Keimzellen** (Ei- und Spermienzellen) enthalten nur halb so viele Chromosomen, nämlich 23. Hier liegt jedes Chromosom nur einmal vor. Wenn bei der Befruchtung zwei Keimzellen mit je 23 Chromosomen verschmelzen, entsteht ein doppelter Chromosomensatz. Jede Körperzelle des neuen Lebewesens hat wieder 46 Chromosomen.

Die folgende Abbildung zeigt die Bildung der Keimzellen. Diesen Vorgang bezeichnet man als **Meiose.** Dabei wird sichergestellt, dass sich der Chromosomensatz nicht von Generation zu Generation verdoppelt.

Keimzellbildung

Trennung der homologen Chromosomen

Zelle mit doppeltem Chromosomensatz (hier Zelle mit 2 Chromosomenpaaren)

Zwei Tochterzellen mit einfachem Chromosomensatz

Trennung der Chromatiden

Keimzellen mit einfachem Chromosomensatz Chromosomen, bestehend aus je einem Chromatid

Befruchtung

eine Keimzelle von der Mutter

eine Keimzelle vom Vater

Verschmelzung von Ei- und Spermienzelle

Befruchtete Eizelle mit doppeltem Chromosomensatz

Verdopplung der Chromatiden

Körperzellen mit doppeltem Chromosomensatz

Entwicklung zum Embryo

1 Keimzellbildung und Befruchtung

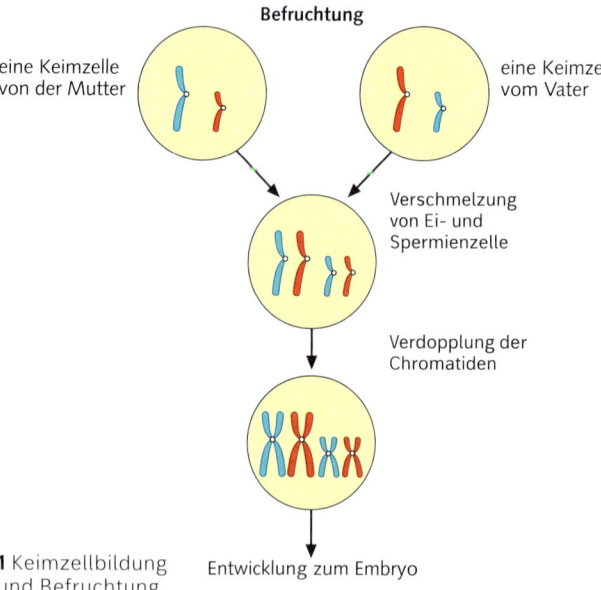

1.

a) Erkläre, warum sich bei der Bildung von Ei- und Spermienzellen die Chromosomenzahl halbieren muss.
b) Wie viele Keimzellen entstehen aus einer Zelle mit doppeltem Chromosomensatz?

Du kannst erklären, wie sich Keimzellen bilden. Du kannst erklären, wie durch die Befruchtung ein Embryo mit einem doppelten Chromosomensatz entsteht.

Die 1. und 2. MENEDLsche Erbregel

Gregor MENDEL hat durch Kreuzungsversuche an Erbsenpflanzen die Grundlagen der Vererbung entdeckt. Er verwendete für die Versuche reinerbige Pflanzen, das sind solche mit zwei gleichen Anlagen für ein Merkmal, hier die Samenfarbe.

MENDEL fand heraus, dass jedem Merkmal zwei Erbanlagen zugrunde liegen. Manchmal ist eine Erbanlage stärker, die man dann als dominant bezeichnet. Die schwächere Anlage heißt rezessiv.

Kreuzung Elterngeneration

Die reinerbigen Elternpflanzen (P-Generation) haben entweder 2 Anlagen für die Samenfarbe grün (gg) oder für die Samenfarbe gelb (GG).

Die Anlagen werden getrennt und jede Keimzelle erhält eine Anlage für die Blütenfarbe, also entweder G oder g. Bei der Befruchtung gelangen wieder zwei Erbanlagen zusammen, sodass in diesem Fall eine mischerbige Pflanze entsteht, die die Anlagen Gg enthält. Die Erbsen sind alle gelb, da die Anlage G dominant ist und die Anlage grün, (g), überdeckt.

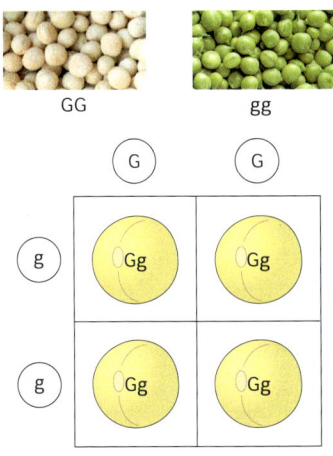

1. MENDELsche Erbregel (Uniformitätsregel):

Kreuzt man zwei reinerbige Individuen einer Art, die sich in einem Merkmal unterscheiden, so sind die Nachkommen untereinander gleich.

Kreuzung 1. Tochtergeneration

Die 1. Tochtergeneration (F_1-Generation) bildet Keimzellen, die entweder die Anlage G oder g enthalten.

Die Pflanzen der F_2-Generation besitzen entweder die Anlagen GG, Gg oder gg. Es gibt nur 2 verschiedene Farben.

Da die gelbe Samenfarbe dominant ist, entstehen nur dann grüne Samen, wenn zwei rezessive Anlagen zusammenkommen, also gg. Daher ist das Verhältnis der gelben und grünen Erbsen 3:1.

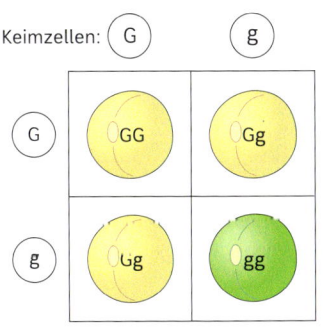

Kreuzung der Individuen der F_1-Generation

2. MENDELsche Erbregel (Spaltungsregel):

Kreuzt man die Individuen der F_1-Generation untereinander, so treten in der nächsten Generation beide Merkmalsformen in einem bestimmten Zahlenverhältnis auf. Bei dem dominant-rezessiven Erbgang ist dieses Zahlenverhältnis 3:1.

---

1. ≡
Erkläre, was die Uniformitätsregel aussagt.

2. ≡
Erkläre, warum Pflanzen mit gelben Erbsen auch Nachkommen mit grünen Erbsen haben können.

Du kannst die Uniformitäts- und die Spaltungsregel (1. und 2. MENDELsche Erbregel) erläutern.

MENDELsche Erbregeln

1. ≣ **V**

a) Mische gleich viele blaue und rote Karten. Ziehe dann zufällig und blind jeweils zwei Farbkarten und lege diese zu Paaren nebeneinander, bis alle Karten gezogen sind.

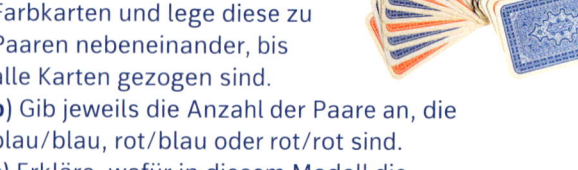

b) Gib jeweils die Anzahl der Paare an, die blau/blau, rot/blau oder rot/rot sind.

c) Erkläre, wofür in diesem Modell die Karten und Kartenpaare stehen. Welche MENDELsche Erbregel soll hier veranschaulicht werden?

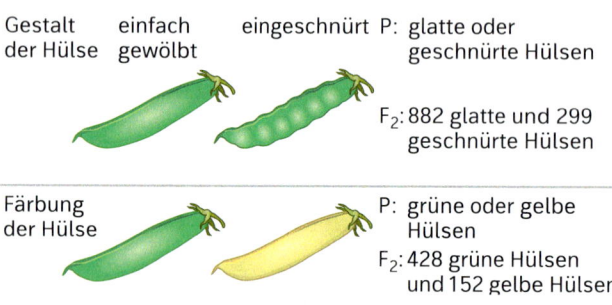

Gestalt der Hülse	einfach gewölbt	eingeschnürt	P: glatte oder geschnürte Hülsen
			F_2: 882 glatte und 299 geschnürte Hülsen

Färbung der Hülse			P: grüne oder gelbe Hülsen
			F_2: 428 grüne Hülsen und 152 gelbe Hülsen

2. ≣ **A** 👆

a) Ermittle anhand der oben stehenden Kreuzungsergebnisse für jede Merkmalsform, ob sie dominant oder rezessiv vererbt wird.

b) Erstelle ein Kreuzungsschema ähnlich der Abb.1 auf der rechten Seite für die Kreuzung einer Erbsenpflanze mit glatter Hülse und einer Pflanze, die geschnürte Hülsen ausbildet. Verwende dabei folgende Buchstaben: G für glatte Hülsen und g für geschnürte Hülsen.

c) Erkläre, wie das Zahlenverhältnis in der F_2-Generation zustande kommt.

3. ≣ **A**

Erkläre die Bedeutung folgender Begriffe: Allel, Genotyp, Phänotyp, reinerbig, mischerbig, dominant, rezessiv.

4. ≣ **A** 👆

Erläutere mithilfe der Abbildung, wie die Erkenntnisse Mendels über die Verteilung der Erbanlagen mit heutigen Erkenntnissen zu erklären sind.

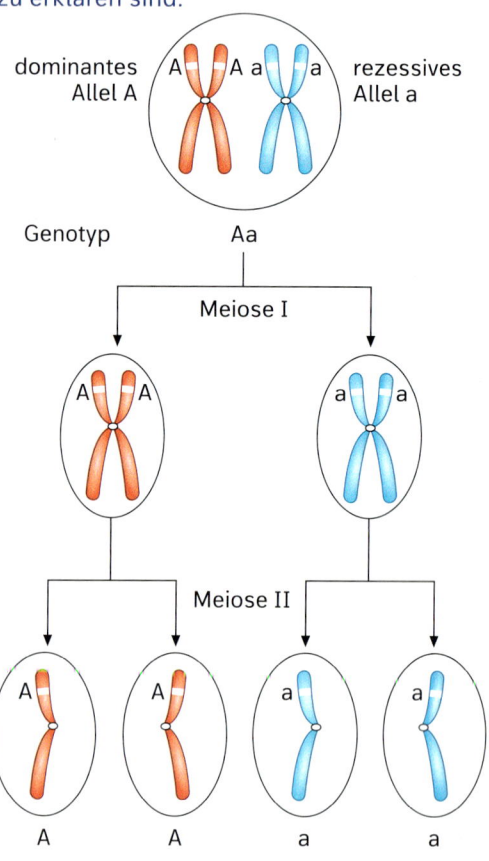

Keimzellen mit dem Allel A bzw. a

Kreuzungsversuche

Die Wunderblume ist eine beliebte Pflanze für Vererbungsversuche. Man kreuzt reinerbige Elternpflanzen (P-Generation) der Wunderblume, die sich nur im Merkmal Blütenfarbe unterscheiden. Werden die rotblühenden mit Pollen einer weißblühenden Sorte bestäubt, so haben die Nachkommen rosa Blüten. Diese Pflanzen haben eine Anlage für „rot" und eine für „weiß". Sie sind mischerbig.

Einen solchen Erbgang, bei dem das Erscheinungsbild zwischen denen der Eltern liegt, bezeichnet man als **intermediären Erbgang.**

Kreuzt man die Mischlinge der 1. Tochtergeneration, auch F_1-Generation genannt, wieder untereinander, so erhält man rotblühende, rosablühende und weißblühende Pflanzen im Verhältnis 1:2:1.

MENDEL experimentierte statt mit Wunderblumen mit reinerbigen Erbsenpflanzen, die sich ebenfalls nur im Merkmal Blütenfarbe (rot und weiß) unterschieden. Auch hier sehen alle Pflanzen der F$_1$-Generation gleich aus. Sie bilden jedoch rote Blüten. Die rote Anlage überdeckt also die Anlage für weiß, sie ist **dominant.** Die weiße Anlage ist hier **rezessiv.** Daher spricht man von einem dominant-rezessiven Erbgang. Aus solchen Ergebnissen leitet sich eine Regel ab.

1. MENDELsche Erbregel (Uniformitätsregel)

Kreuzt man die Individuen einer Art, die sich in einer Merkmalsform reinerbig unterscheiden, so sind die Nachkommen in der F$_1$-Generation untereinander gleich.

MENDEL kreuzte anschließend die Mischlinge der F$_1$-Generation miteinander. Daraus gingen Pflanzen mit roten und weißen Blüten hervor. Das Zahlenverhältnis betrug im dominant-rezessiven Erbgang ungefähr 3:1.
Aus diesen und ähnlichen Versuchen leitete er eine weitere Regel ab.

2. MENDELsche Erbregel (Spaltungsregel)

Kreuzt man die Mischlinge (Hybriden) der F$_1$-Generation untereinander, so treten in der F$_2$-Generation beide Merkmalsformen in einem bestimmten Zahlenverhältnis auf.

Erklärung der MENDELschen Erbregeln

MENDEL nahm an, dass Pflanzen zwei Anlagen für die Bildung eines Merkmals besitzen. Heute wissen wir, dass es sich hierbei um Gene handelt, die auf homologen Chromosomen liegen. Das Gen, das für die Blütenfarbe verantwortlich ist, kommt in zwei unterschiedlichen Formen vor, einer für rote Blüten und einer anderen für weiße Blüten. Diese unterschiedlichen Formen eines Gens nennt man **Allele.**
Die reinerbigen Eltern besitzen zwei gleiche Allele. Sie bilden das Erbbild der Eltern, den **Genotyp.** Der Genotyp bestimmt das äußere Erscheinungsbild, den **Phänotyp.** Elterliche Allele werden während der Keimzellenbildung in der Meiose getrennt und bei der Befruchtung neu zusammengeführt. So entstehen mischerbige Pflanzen, die ein Allel vom einen Elternteil und ein Allel vom anderen Elternteil bekommen haben. Dabei überdecken dominante Allele die rezessiven Allele.

Du kannst die 1. und 2. MENDELsche Erbregel nennen und sie unter Berücksichtigung heutiger Erkenntnisse erklären.

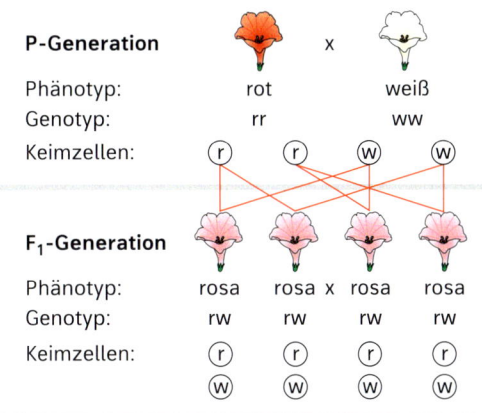

1 Intermediärer Erbgang

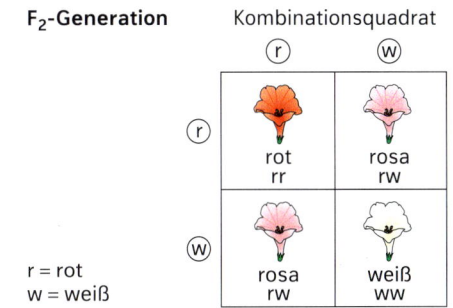

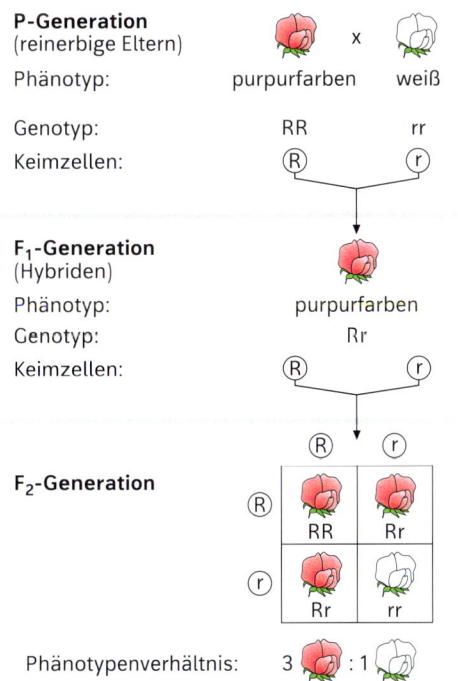

Phänotypenverhältnis: 3 : 1

Genotypenverhältnis: 1 RR : 2 Rr : 1 rr

2 Dominant-rezessiver Erbgang

Erbanlagen können neu kombiniert werden

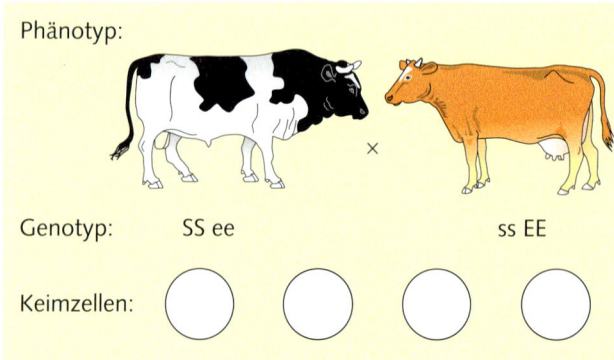

Phänotyp:

Genotyp: SS ee   ss EE

Keimzellen:

1. ▤ Ⓐ

a) In einem Kreuzungsexperiment wurde die Vererbung der Fellfarbe (schwarz/rotbraun, Symbole S bzw. s) und die der Fellmusterung (einfarbig/gescheckt, Symbole E bzw. e) bei Rindern untersucht. Erläutere, welches Allel jeweils dominant und welches rezessiv vererbt wird.
b) Ermittle mithilfe von Kombinationsquadraten die Genotypen und die Phänotypen der F_1- und der F_2-Generation.
c) Finde heraus, welche neuen Phänotypen entstehen.

2. ▤ Ⓥ

Für einen Modellversuch der 3. MENDELschen Regel werden vier Münzen benötigt, z. B. zwei 1-Euro-Münzen und zwei 50-Cent-Münzen. Die Münzen werden jeweils auf den Tisch fallen gelassen. Dabei soll die Zahl jeweils für ein dominantes Allel (A bzw. B) und das Wappen der Münze für das rezessive Allel (a bzw. b) stehen. Insgesamt werden 48 Würfe durchgeführt und die Ergebnisse nach folgendem Muster notiert. Beispiel:

	Genotyp	Phänotyp
1. Wurf	Aa BB	A B
2. Wurf	aV bb	A b

a) Erläutere, warum es sich hier um einen Modellversuch zur 3. MENDELschen Regel handelt.
b) Ermittle, in welchem Zahlenverhältnis die vier möglichen Phänotypen im Spiel auftreten.
Vergleiche dieses Zahlenverhältnis mit dem erwarteten Verhältnis von 9 : 3 : 3 : 1. Begründe mögliche Abweichungen.
c) Tragt die Ergebnisse der Klasse zusammen und vergleicht erneut das erwartete Zahlenverhältnis mit dem ermittelten Ergebnis.

3. ▤ Ⓐ 🖰

Die Gefiederfärbung von Wellensittichen ergibt sich durch das Zusammenspiel zweier Gene: Ein Gen bestimmt die Färbung der äußeren Teile der Feder, ein zweites die Färbung des Federkerns.
Ist das dominante Allel Y vorhanden, so erzeugt dies eine Gelbfärbung des äußeren Teils der Feder. Das rezessive Allel y erzeugt einen farblosen äußeren Teil. Im Federkern führt das dominante Allel B zur Blaufärbung. Beim rezessiven Allel b bleibt der Federkern weiß. Es entstehen vier unterschiedliche Phänotypen, nämlich grüne, blaue, gelbe und weiße Wellensittiche.
a) Erkläre, wie die grüne Gefiederfärbung beim Wellensittich entsteht.
b) Bestimme den Genotyp und den Phänotyp der F_1- und der F_2-Generation einer Kreuzung zwischen reinerbig grünen (YYBB) und weißen Vögeln (yybb). Erstelle dazu Kombinationsquadrate.

Phänotyp: weiß
Genotyp: yybb

kein gelber Farbstoff   kein blauer Farbstoff

gelb YYbb

gelber Farbstoff   kein blauer Farbstoff

blau yyBB

kein gelber Farbstoff   Farbstoffkörnchen

grün YYBB

gelber Farbstoff   Farbstoffkörnchen

Vererbung zweier Merkmale

MENDEL untersuchte die Vererbung bei Erbsenpflanzen, die sich in zwei Merkmalen unterschieden. Als Merkmale wählte er die Samenfarbe und die Samenform, die jeweils in zwei Merkmalsformen vorkommen. Bei der Farbe sind dies gelbe oder grüne Samen, bei der Form runde oder runzlige Samen.

MENDEL wählte als Elterngeneration reinerbige Erbsenpflanzen mit gelben und runden Samen sowie Pflanzen mit runzligen und grünen Samen. Entsprechend der Uniformitätsregel sahen die Mischlinge der F_1-Generation gleichartig aus. Ihre Samen waren gelb und rund. Diese Merkmalsformen, rund und gelb, mussten also dominant sein.

Als MENDEL die Pflanzen der F_1-Generation untereinander kreuzte, erhielt er in der F_2-Generation 315 gelb-runde, 101 gelb-runzlige, 108 grün-runde und 32 grün-runzlige Samen. Es entstanden also Samen vier verschiedener Phänotypen, die ungefähr im Zahlenverhältnis 9:3:3:1 aufspalteten. Neben den Merkmalskombinationen, die schon in der P- und F_1-Generation zu beobachten waren, traten jetzt aber auch zwei völlig **neue Phänotypen** auf: gelb-runzlige und grün-runde Samen. Offensichtlich konnten die Merkmalsformen unabhängig voneinander neu kombiniert werden. Daraus lässt sich eine weitere Regel ableiten.

3. MENDELsche Erbregel (Unabhängigkeitsregel)

Kreuzt man Individuen, die sich in mehreren Merkmalen reinerbig unterscheiden, so werden die einzelnen Merkmalsformen unabhängig voneinander vererbt.

Die **Neukombination** von Merkmalsformen erklärt sich dadurch, dass die Gene beider Merkmale auf unterschiedlichen, nicht homologen Chromosomen liegen. Das heißt, befinden sich die Gene für die Samenfarbe und für die Samenform auf verschiedenen Chromosomenpaaren, werden sie im Verlauf der Meiose neu kombiniert. So können aus den F_1-Pflanzen mit dem Genotyp GgRr vier unterschiedliche Keimzellen gebildet werden: GR, gR, Gr und gr. Sie führen nach der Befruchtung zu 16 Genotypen, die die vier Phänotypen gelb-rund, gelb-runzlig, grün-rund und grün-runzlig im Verhältnis 9:3:3:1 hervorbringen.

In der Tier- und Pflanzenzucht spielt die Neukombination von Merkmalsformen eine wichtige Rolle. Je nach Züchtungsziel lassen sich so gewünschte Eigenschaften neu zusammenführen.

Du kannst die 3. MENDELsche Erbregel und ihre Bedeutung für die Tier- und Pflanzenzucht erläutern.

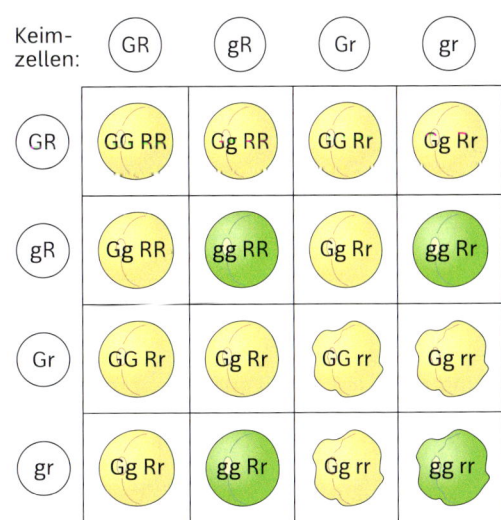

P-Generation
Phänotyp:

Genotyp: GG RR   x   gg rr

Keimzellen: GR   GR   gr   gr

F₁-Generation

Phänotyp und Genotyp: Gg Rr   Gg Rr   Gg Rr   Gg Rr

F₂-Generation

Keimzellen: GR   gR   Gr   gr

	GR	gR	Gr	gr
GR	GG RR	Gg RR	GG Rr	Gg Rr
gR	Gg RR	gg RR	Gg Rr	gg Rr
Gr	GG Rr	Gg Rr	GG rr	Gg rr
gr	Gg Rr	gg Rr	Gg rr	gg rr

1 Erbgang mit zwei unterschiedlichen Merkmalen (G = gelb, g = grün; R = rund, f = runzlig)

Erbregeln gelten auch für den Menschen

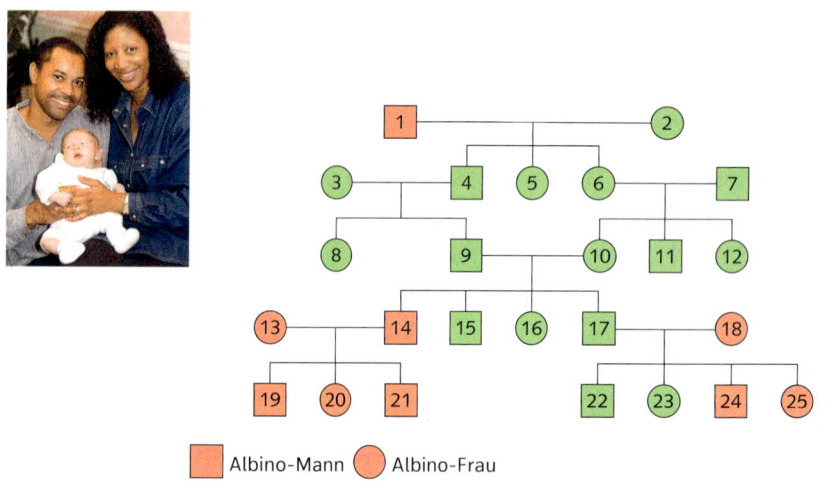

Albino-Mann ☐ Albino-Frau ⬤

1. 🅐

Beim Albinismus wird aufgrund eines Gendefekts der dunkle Farbstoff Melanin nicht gebildet. Albinos besitzen daher weiße Haare, eine sehr helle Haut und rötliche Augen. Sie sind sehr lichtempfindlich und müssen sich vor UV-Strahlen schützen.

a) Ermittle anhand des Stammbaums, ob Albinismus dominant oder rezessiv vererbt wird.

b) Ordne den Allelen die entsprechenden Groß- bzw. Kleinbuchstaben zu und gib die Genotypen sämtlicher Personen an.

2. 🅐

In einer Familie mit zwei Kindern besitzen die Eltern die Blutgruppe A bzw. B. Gib die möglichen Genotypen der Eltern und die möglichen Genotypen und Phänotypen der Kinder an.

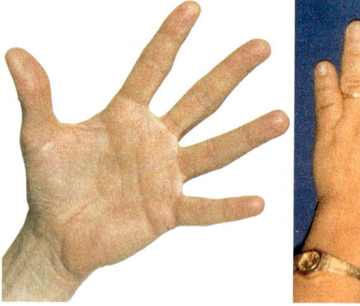 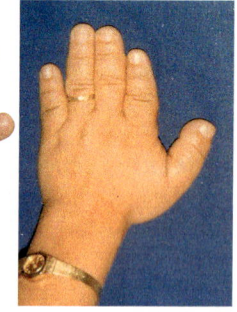

4. 🅐

a) Manche Menschen besitzen erblich bedingt verkürzte Finger. Ermittle anhand des Stammbaumes, ob Kurzfingrigkeit dominant oder rezessiv vererbt wird.

b) Ordne den verschiedenen Allelen entsprechend Groß- bzw. Kleinbuchstaben zu und gib für alle Personen des Stammbaumes die Genotypen an.

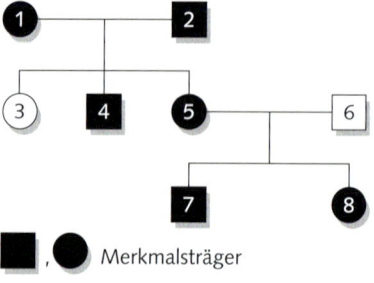

■, ● Merkmalsträger

3. 🅐

Auf einer Säuglingsstation wurden vier Kinder mit den Blutgruppen A, B, AB und 0 geboren. Die Blutgruppen der Eltern sind:

Eltern 1: 0/0, Eltern 2: AB/0, Eltern 3: A/B, Eltern 4: B/B.

Gib die möglichen Genotypen aller Personen an und ordne die vier Kinder begründet den jeweiligen Eltern zu.

Stammbaumanalyse

Viele Merkmale des Menschen wie die Haut- oder Haarfarbe werden nicht nur durch ein Gen, sondern durch mehrere Gene bestimmt. In diesen Fällen lassen sich keine einfachen Erbgänge darstellen. Anders ist es bei Merkmalen, deren Ausprägung nur von einem Gen bestimmt wird. Ein Beispiel dafür ist die Form des Haaransatzes. Dieser kann glatt oder dreieckig sein. Der dreieckige Haaransatz wird Witwenspitz genannt. Wie wird das Gen für die Ausprägung des Haaransatzes vererbt? Man führt eine **Stammbaumanalyse** durch: Dabei verfolgt man das Auftreten einer Merkmalsform über mehrere Generationen und schließt dann vom Phänotyp zurück auf den Genotyp.

Durch den Stammbaum bekommt man einen ersten Hinweis auf eine dominante Vererbung, wenn ein Merkmal in jeder Generation auftritt. Man erkennt in dem hier abgebildeten Stammbaum im unteren Abschnitt, dass die Eltern und deren Tochter A einen Witwenspitz haben, Tochter B jedoch nicht. Nimmt man an, dass das Allel für Witwenspitz dominant vererbt wird (Symbol W), lassen sich sämtlichen Personen des Stammbaumes bestimmte Genotypen zuordnen, ohne dass dabei Widersprüche auftreten. Bei rezessiver Vererbung wäre dies nicht möglich: Die Eltern mit Witwenspitz müssten dann den Genotyp ww besitzen und könnten nur Kinder mit Witwenspitz zeugen. Das Ergebnis der Stammbaumanalyse ist eindeutig: Der Witwenspitz wird dominant vererbt.

1 Haaransatz: **A** Witwenspitz, **B** kein Witwenspitz

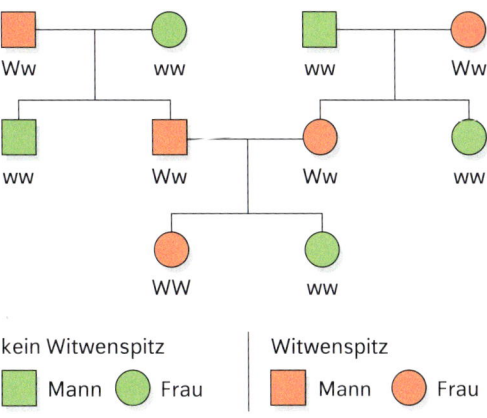

2 Stammbaum zur Vererbung des Witwenspitzes

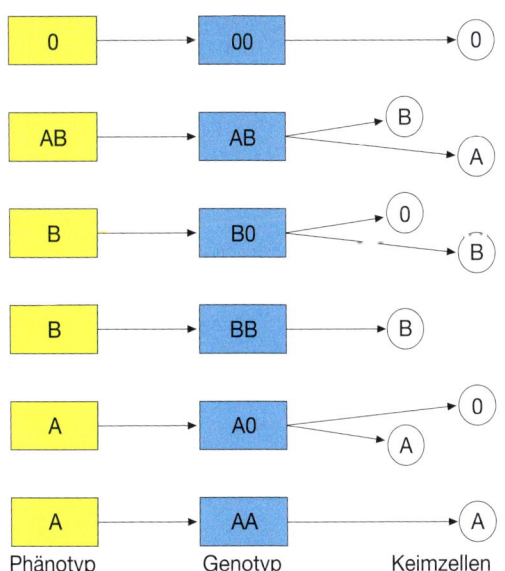

3 Allele bei der Vererbung der Blutgruppen

Vererbung der Blutgruppen

Auch die Blutgruppen des Menschen werden vererbt. Man unterscheidet hier vier verschiedene Phänotypen, die Blutgruppen A, AB, B und 0. Die Vererbung ist besonders, da das entsprechende Gen nicht in zwei, sondern in drei verschiedenen Allelen vorliegt, die man als A, B und 0 bezeichnet. Jeder Mensch besitzt stets zwei dieser drei Allele. Die Allelkombination AA führt beispielsweise zur Blutgruppe A. Da die Allele A und B dominant über das rezessive Allel 0 sind, ergeben die Kombinationen A0 oder B0 die Blutgruppen A bzw. B. Bei der Allelkombination AB entsteht die Blutgruppe AB. In diesem Fall wirken beide Allele dominant, man spricht von **Kodominanz.**

Du kannst einen Stammbaum erläutern und analysieren. Du kannst die Vererbung der Blutgruppen des Menschen erklären.

Vererbung des Geschlechts

1.
Beschreibe die abgebildeten Karyogramme. Erläutere dabei auch, wie sich das Karyogramm eines Mannes von dem einer Frau unterscheidet.

2.
Beschreibe die Vererbung des Geschlechts. (Abbildung 3)

3.
a) Erläutere das zu erwartende Verhältnis bei Geburten von Mädchen und Jungen.
b) Im Jahre 2010 wurden in Deutschland 677 947 Kinder geboren, von denen 347 237 Jungen und 330 710 Mädchen waren. Beschreibe den Unterschied zum erwarteten Geschlechterverhältnis und versuche, diesen zu erklären.

> **HINWEIS**
> X- und Y-Chromosomen werden wie homologe Chromosomen auf die Keimzellen verteilt.

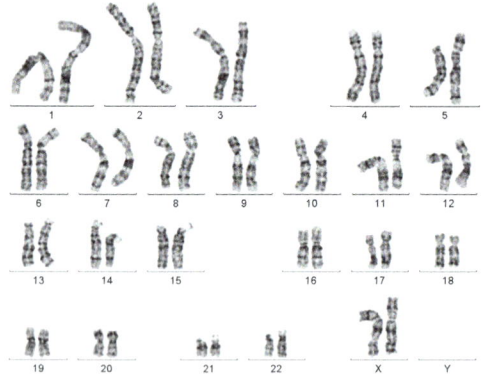

1 Karyogramm einer Frau

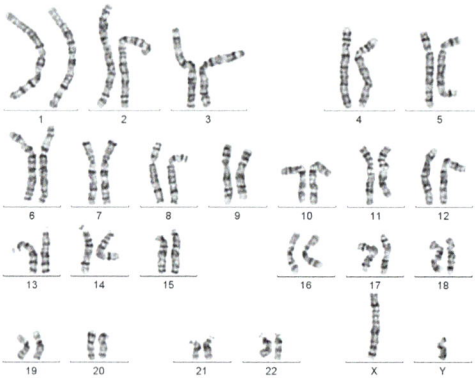

2 Karyogramm eines Mannes

Der Unterschied zwischen Mann und Frau

Beim Vergleich der Karyogramme von Mann und Frau erkennt man, dass der Mann ein ungleiches Chromosomenpaar besitzt mit einem kleineren, so genannten Y-Chromosom und einem größeren Chromosom, dem X-Chromosom.

Im Gegensatz dazu kommt bei der Frau das X-Chromosom doppelt vor. Da diese Chromosomen das Geschlecht des Menschen bestimmen, werden sie als **Geschlechtschromosomen** bezeichnet.

Verteilung der Geschlechtschromosomen

Im Verlauf der Meiose werden beide Geschlechtschromosomen und die übrigen 44 Chromosomen getrennt. Bei der Frau entstehen so Eizellen mit einem X-Chromosom und 22 weiteren Chromosomen. Beim Mann bilden sich Spermien, die neben den 22 Chromosomen entweder ein X-Chromosom oder ein Y-Chromosom enthalten. Befruchtet zufällig ein Spermium mit X-Chromosom die Eizelle, entsteht ein Mädchen. Ein Spermium mit Y-Chromosom führt nach der Befruchtung zu einem Jungen.

3 Vererbung des Geschlechts

> Du kannst die Unterschiede im Karyogramm von Mann und Frau beschreiben und erklären, wie das Geschlecht vererbt wird.

Geschlechtsgebundene Vererbung

1. ≡
a) Finde heraus, welche Hinweise der Stammbaum in Abbildung 1 für eine rezessive, geschlechtsgebundene Vererbung der Bluterkrankheit liefert.
b) Erkläre den Begriff Überträgerin.
c) Überlege, ob es auch bluterkranke Frauen geben kann. Begründe.
d) Entwickle eine Vermutung, warum die Bluterkrankheit gehäuft in Adelsfamilien auftrat.

2. ≡ Ⓠ
Recherchiere, wie die Bluterkrankheit heute behandelt wird, sodass die Betroffenen ein fast normales Leben führen können, obwohl die Krankheit nicht heilbar ist.

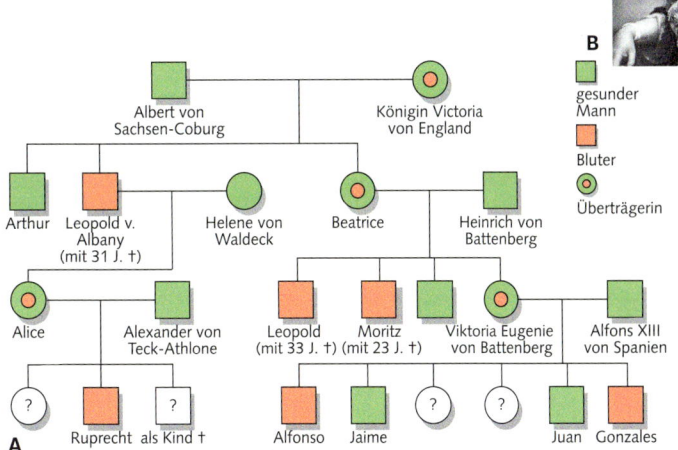

B

■ gesunder Mann

■ Bluter

◉ Überträgerin

1 Bluterkrankheit: **A** Stammbaum der Bluterkrankheit im europäischen Adel, **B** Königin Victoria von England

3. ≡
Die Rot-Grün-Sehschwäche ist erblich. Betroffene erkennen beispielsweise an einer Ampel statt der Farben Rot und Grün nur einen graue Farbtöne.
Erkläre, warum Männer die Rot-Grün-Sehschwäche wesentlich häufiger haben als Frauen.

4. ≡ Ⓠ
a) Recherchiert im Internet Farbsehtests und überprüft euer Farbsehvermögen.
b) Nennt Berufe, die man mit einer Rot-Grün-Sehschwäche nicht ausüben darf.

Bluterkrankheit

In europäischen Adelshäusern findet man gehäuft eine sonst recht seltene Erbkrankheit, die **Bluterkrankheit.** Bei Betroffenen ist die Blutgerinnung gestört, sodass bereits harmlose Verletzungen lebensbedrohlich sein können. Von der Bluterkrankheit sind im oben abgebildeten Stammbaum ausschließlich Männer betroffen. Dies lässt einen Zusammenhang zwischen der Krankheit und den Geschlechtschromosomen vermuten. Tatsächlich weiß man heute, dass ein Gen auf dem X-Chromosom für die Blutgerinnung verantwortlich ist und dass die Bluterkrankheit rezessiv vererbt wird (Symbol X^a). Männer besitzen nur ein X-Chromosom. Dem wesentlich kleineren Y-Chromosom fehlt das Gen für

die Blutgerinnung. Das rezessive Allel a führt folglich bei ihnen stets zur Bluterkrankheit. Bei Männern kann man daher nur zwischen Blutern (Genotyp X^aY) und Gesunden (Genotyp X^AY) unterscheiden. Bei Frauen findet man auch mischerbige Genotypen X^AX^a. Diese Frauen sind gesund, können aber das Allel a auf ihre Kinder übertragen. Man bezeichnet sie daher als **Überträgerinnen.**

Die Bluterkrankheit ist ein Beispiel für einen geschlechtsgebundenen oder **x-chromosomalen** Erbgang. Ebenfalls x-chromosomal wird die **Rot-Grün-Sehschwäche** vererbt.

Du kannst Beispiele für geschlechtsgebundene Erbgänge nennen und diese anhand von Stammbäumen erläutern.

Mutationen als Ursache für Krankheiten

1. ≡ **A** 🔎
Die Abbildung zeigt verschiedene Mutationstypen.
a) Nenne verschiedene Mutationstypen und definiere sie kurz.
b) Ordne die Abbildungen A bis D einem Mutationstyp zu und begründe dies.

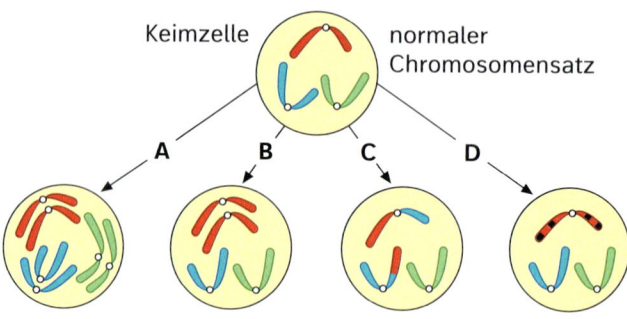

2. ≡ **A**
a) In seltenen Fällen werden in der Meiose die Chromosomen des Paares 21 nicht getrennt. Beschreibe die in der Abbildung gezeigten Vorgänge und erläutere die Konsequenzen dieser Nichttrennung.
b) Zeichne ein vergleichbares Schema, bei dem in der Meiose II die Schwesterchromatiden von Chromosom 21 nicht getrennt werden und erläutere auch hier die Konsequenzen.

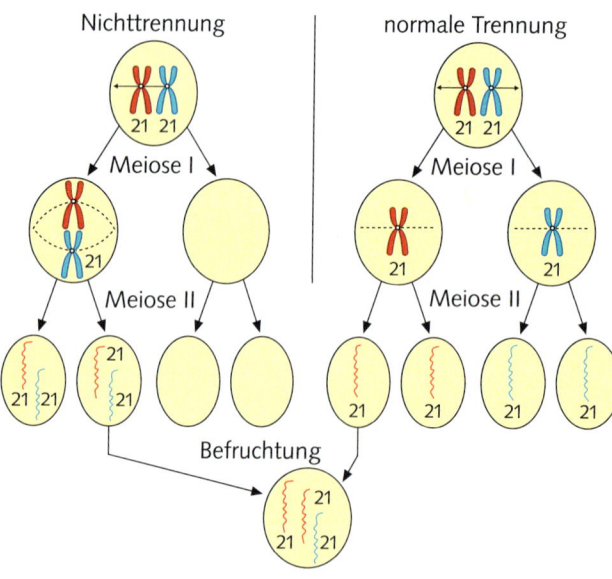

4. ≡ **A**
Die Abbildungen A bis D zeigen schematisch mögliche Chromosomenmutationen. Beschreibe die Abbildungen und erläutere, wie sich die Information der DNA dabei ändert.

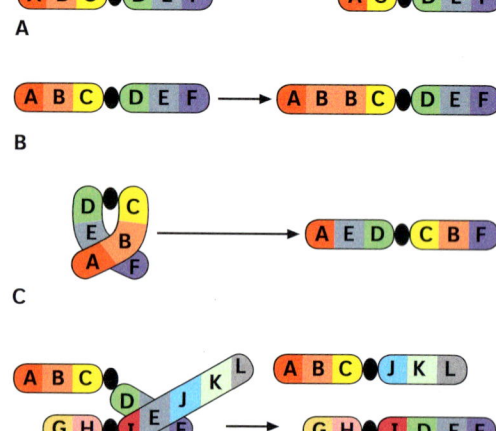

5. ≡ **A**
1990 waren nur 5 Prozent der gebärenden Mütter älter als 35 Jahre, 2005 waren es bereits 16 Prozent. Erläutere mithilfe der Grafik zur Häufigkeit des Down-Syndroms auf der rechten Seite die Problematik, die sich daraus ergibt.

3. ≡ **A**
a) Verdeutliche, wie bei Genmutationen die Erbinformation verändert wird. Streiche dazu beispielsweise aus der Basenabfolge ...GAC GAC GAC... eine Base. Erstelle dann die Tripletts neu.
b) Verfahre ähnlich mit dem Text: WAS HAT DIE DNA MIT MIR VOR?
c) Nenne die Folgen, die das Fehlen einer Base in der DNA haben kann.

6. ≡ **A**
a) Erkläre, wie es zur Sichelzellanämie kommt, und begründe, warum diese Krankheit gehäuft in Afrika auftritt.
b) Nimm Stellung zu der Aussage: „Mutationen sind stets schädlich."

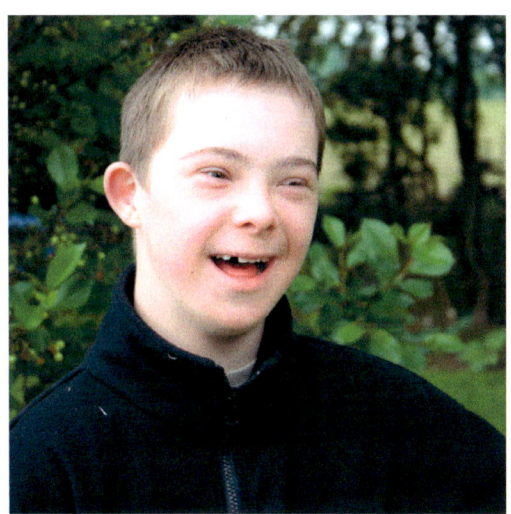

1 Junge mit Down-Syndrom

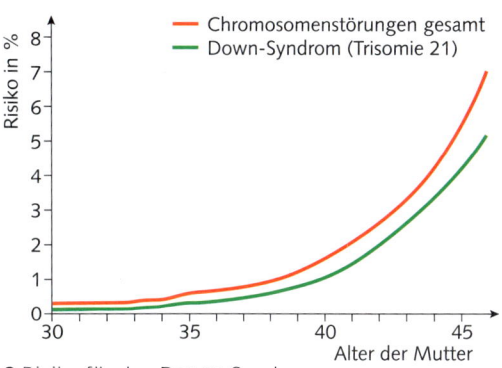

2 Risiko für das DOWN-Syndrom

Trisomie 21 – Folge einer Genommutation

Bei einer Genommutation wird die Zahl der Chromosomen verändert. Die bei Neugeborenen häufigste Chromosomenzahlveränderung ist die Trisomie 21. Das Chromosom 21 liegt dann nicht wie üblich doppelt, sondern dreifach vor. Nach seinem Entdecker wird das Krankheitsbild auch als **Down-**Syndrom bezeichnet. Äußere Merkmal sind eine geringe Körpergröße, die rundliche Kopfform sowie eine schmale Lidfalte der Augen. Daneben kommt es auch zur Fehlentwicklung innerer Organe. Die geistigen Fähigkeiten sind verringert, die Kinder können aber durch frühe und intensive pädagogische Betreuung gefördert werden. Das Risiko, ein Kind mit **Down-**Syndrom zu gebären, wächst mit steigendem Alter der Mutter deutlich an.

Katzenschrei-Syndrom – Folge einer Chromosomenmutation

Das **Katzenschrei-Syndrom** ist eine Chromosomenmutation, bei der größere Bereiche eines Chromosoms verändert sind. Ursache ist hier der Verlust mehrerer Gene des Chromosoms 5. Durch eine Missbildung des Kehlkopfes schreien die betroffenen Säuglinge wie junge Katzen. Weitere Symptome sind Wachstumsstörungen und eine verringerte geistige Entwicklung. Diese Erbkrankheit ist sehr selten und tritt einmal bei etwa 50 000 Geburten auf.

Sichelzellanämie – Folge einer Genmutation

Eine besonders in Afrika häufig auftretende Erbkrankheit ist die **Sichelzellanämie.** Erkrankte haben im Blut veränderte, sichelförmige rote Blutkörperchen.

Ursache der Sichelzellanämie ist die Mutation eines Gens, das die Information für die Bildung des roten Blutfarbstoffes Hämoglobin enthält. Hämoglobin ist Bestandteil der roten Blutkörperchen und dort für den Sauerstofftransport verantwortlich. Als Folge der Genmutation werden sichelförmige rote Blutkörperchen gebildet. Die Schwere der Erkrankung hängt vom Genotyp ab: Bei reinerbigen Merkmalsträgern sind sämtliche rote Blutkörperchen verändert.

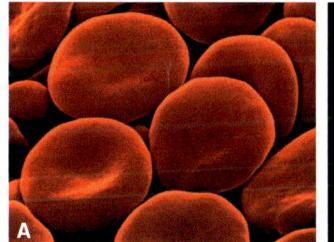

3 Rote Blutkörperchen: **A** normal entwickelt, **B** bei Sichelzellanämie

Dadurch kann weniger Sauerstoff transportiert werden. Betroffene zeigen eine geringere körperliche Leistungsfähigkeit.

Da die Zellen zudem häufiger zerbrechen, leiden Erkrankte auch an Blutarmut. Die Lebenserwartung ist deshalb deutlich vermindert. Mischerbige zeigen fast keine Symptome, da hier nur wenige der Blutkörperchen deformiert sind. Die Genmutation verleiht jedoch den Betroffenen eine besondere Eigenschaft: Sie sind resistent gegen Malaria, was in vielen Gebieten Afrikas von Vorteil ist.

Du kannst Beispiele für Krankheiten, die nach Mutationen auftreten, nennen und ihre Ursachen und Folgen erläutern.

Basiskonzepte S. 75

Erbe und Umwelt ergänzen sich

1. ≡ Ⓥ

a) Säe in zwei gleiche Schalen auf etwa gleich großen Portionen Watte etwa die gleichen Mengen Kressesamen aus. Verwende dazu Samen aus derselben Samentüte. Begieße sie mit gleichen Wassermengen. Stelle eine Schale in einen dunklen Schrank, die andere an einen hellen Ort. Die Temperaturen sollten in etwa gleich sein. Beide Schalen werden möglichst gleich feucht gehalten und etwa eine Woche stehen gelassen.

b) Notiere nun alle Unterschiede, die du zwischen den Pflanzen der beiden Schalen feststellen kannst. Mache auch eine "Kostprobe".

c) Werte das Versuchsergebnis aus.

d) Erkläre, warum Temperatur und Feuchtigkeitsmenge in beiden Versuchsansätzen etwa gleich sein müssen.

e) Übertrage die Ergebnisse des Versuchs auf Lebensbedingungen von Pflanzen in der Natur. Beschreibe, welche Vorteile sich für das Überleben der Keimpflanzen aus den unterschiedlichen Wuchsformen ergeben.

2. ≡ Ⓐ

a) Begründe, warum der Stammbaum der Familie Bach manchmal als Beleg für die Erblichkeit der Musikbegabung angesehen wird.

b) Finde eine weitere mögliche Ursache für das gehäufte Auftreten von Musikern in einer Familie.

c) Nimm Stellung zu der Frage: Ist Musikalität erblich oder erlernt?

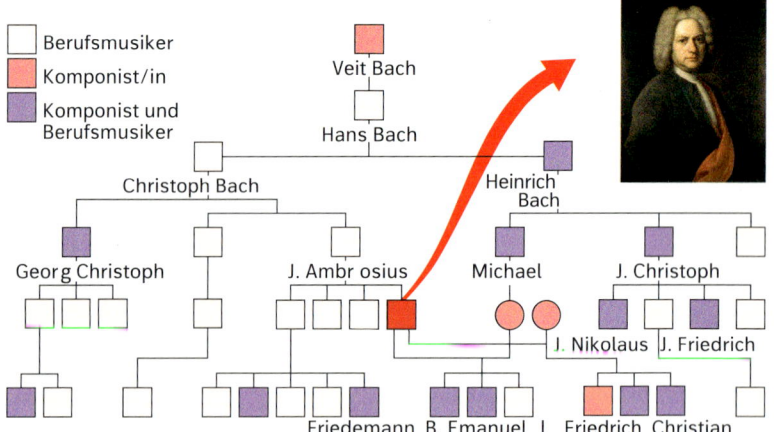

4. ≡ Ⓐ

CopyCatCC, das erste geklonte Kätzchen, und seine genetisch identische Klonmutter. Beschreibe und erkläre das Aussehen der Tiere.

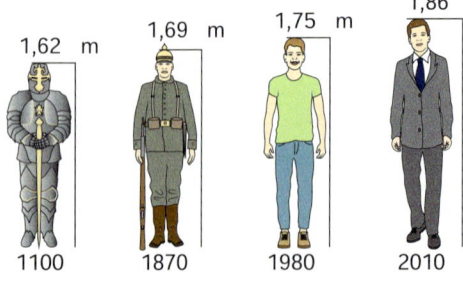

3. ≡ Ⓐ Ⓘ

Beschreibe die Körpergöße von Menschen zu verschiedenen Zeiten. Stelle Vermutungen auf, um diese Entwicklung zu erklären.

1 Löwenzahn
aus einer Wiese

Modifikationen

Jeder hat schon beobachtet, dass Pflanzen wie der Löwenzahn je nach Standort unterschiedlich wachsen. Unterschiedliche Wasser- und Mineralstoffversorgung, Temperaturunterschiede sowie mehr oder weniger Fußtritte zeigen ihre Wirkung. Die Veränderung von Merkmalsausprägungen durch Umwelteinflüsse bezeichnet man als Modifikationen. Modifikationen werden nicht vererbt und müssen von den Mutationen, den Veränderungen des Erbgutes, unterschieden werden.

2 Löwenzahn aus einer Pflasterritze

Gene und Umwelt

Es gibt Salatsorten, die schöne, dicke Köpfe bilden, und andere, wie Pflücksalat, die nur kleine Blättchen bilden. Sie unterscheiden sich genetisch. Deshalb lässt sich aus Pflücksalat-Samen auch bei bester Pflege kein Salatkopf ziehen.

Aber auch Kopfsalatpflanzen können sich sehr unterschiedlich entwickeln. Bekommen junge Pflanzen nicht genug Licht, „vergeilen" sie. Sie bilden kaum Blattgrün, werden lang und bleiben schwach. Unter solchen Bedingungen stecken Pflanzen nicht unnötig Material und Energie in die Synthese von Chlorophyll stecken, das im Dunkeln doch nicht gebraucht wird.

Der Lichtmangel schaltet dagegen Gene für ein schnelleres Längenwachstum an. Da in der natürlichen Vegetation Licht meist von oben kommt, hat die Pflanze durch den längeren Stängel bessere Überlebenschancen, denn vielleicht trifft sie so auf mehr Licht. Allerdings wird die Pflanze den Rückstand gegenüber gut belichteten Pflanzen kaum mehr aufholen können. Aus einmal vergeilten Salatsetzlingen kann man keine kräftigen Köpfe ziehen, obwohl sie die genetische Ausstattung dazu haben.

Veranlagung und Entwicklung

Auch Menschen können sich auf der Grundlage ihrer Gene sehr unterschiedlich entwickeln. Die

Gene geben eine gewisse Variationsbreite vor. Aber sowohl körperliche Eigenschaften als auch geistige, handwerkliche oder künstlerische Fähigkeiten werden von Umwelteinflüssen beeinflusst: So kann jemand eine Veranlagung für Diabetes haben, das Auftreten der Krankheit aber durch Ernährung beeinflussen. Für die Leistung eines Spitzensportlers ist eine gewisse genetische Voraussetzung notwendig, aber sie ist auch nicht ohne hartes Training zu erreichen.

4 Frühkindliche Förderung

Bei Kindern und Jugendlichen sollten „Begabungen" früh gefördert werden. Aber auch durch intensives Arbeiten können Leistungen verbessert werden.

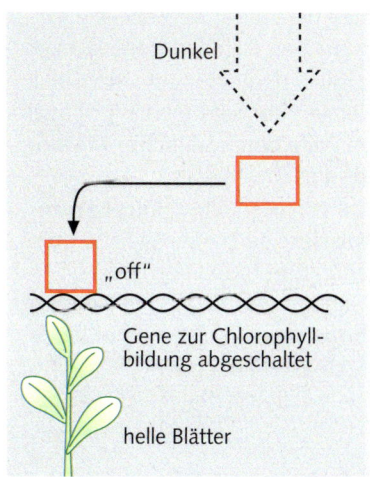
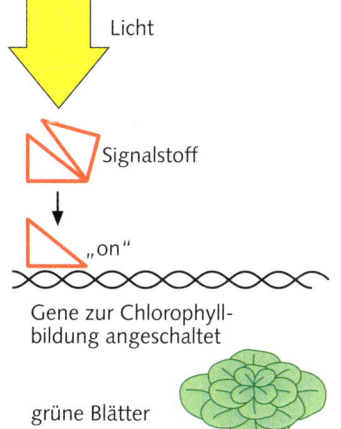

3 Genregulation durch Umwelteinflüsse

Dunkel — „off" — Gene zur Chlorophyllbildung abgeschaltet — helle Blätter

Licht — Signalstoff — „on" — Gene zur Chlorophyllbildung angeschaltet — grüne Blätter

Du kannst erklären, wie sich genetische Veranlagung und Umwelteinflüsse ergänzen.

Genetische Beratung

1.

a) In einer genetischen Beratungsstelle wird das unten abgebildete Karyogramm erstellt. Ermittle das Geschlecht und die hier vorliegende Mutation.
b) Erkläre, wie die Mutation entstanden sein könnte.

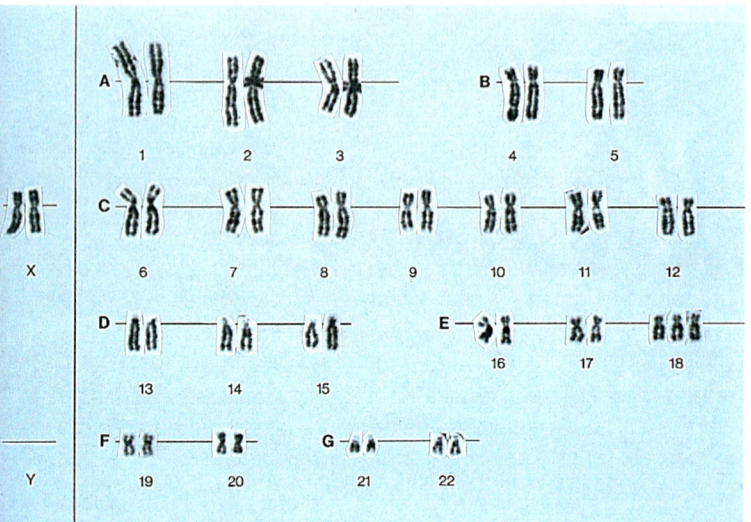

2.

Recherchiere im Internet, welche Erbkrankheit in Aufgabe 1 vorliegt und welche typischen Symptome auftreten.

3.

Ein junges Paar mit zwei Kindern sucht eine genetische Beratungsstelle auf. Bei Verwandten des Mannes ist die unheilbare Nervenkrankheit Chorea Huntington aufgetreten. Erste Anzeichen dieser Krankheit treten mit 35 bis 40 Jahren auf. Chorea Huntington nimmt immer einen schweren Verlauf und führt im Durchschnitt 15 Jahre nach den ersten Anzeichen zum Tod. Durch einen Gentest kann die dominant vererbte Krankheit nachgewiesen werden.
a) Erläutere, welche Ängste und Hoffnungen der Mann vor einem möglichen Gentest haben könnte.
b) Angenommen, der Gentest hätte erbracht, dass der Mann mischerbig für Chorea Huntington ist. Wie groß ist dann die Wahrscheinlichkeit, dass auch die Kinder erkranken?

Genetische Beratung

Paare mit Kinderwunsch können eine **genetische Beratungsstelle** aufsuchen, um sich hier über das Risiko einer genetischen Erkrankung des Kindes zu informieren. Dies ist beispielsweise dann sinnvoll, wenn innerhalb der Verwandtschaft eines Partners bestimmte Krankheiten gehäuft auftreten oder wenn gesunde Eltern bereits ein Kind mit einer genetisch bedingten Behinderung haben. Ein höheres Alter des Paares oder schädigende Umwelteinflüsse während einer bestehenden Schwangerschaft sind weitere Gründe für ein Beratungsgespräch.

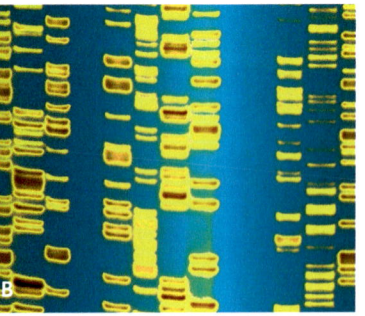

1 Genetische Beratung: **A** Gespräch,
B Gendiagnose (DNA-Autoradiogramm)

Die Ratsuchenden werden zunächst eingehend über die Krankheit informiert. Dann wird ein Familienstammbaum erstellt. Mithilfe einer **Stammbaumanalyse** kann dann das Wiederholungsrisiko für eine Erbkrankheit berechnet werden. In manchen Fällen lassen sich erblich bedingte Stoffwechselstörungen der künftigen Eltern auch mithilfe **biochemischer Methoden** nachweisen.
Daneben erlauben **Karyogramme** der Eltern Aussagen zu möglichen Chromosomen- oder Genommutationen. Mit **Gendiagnosen** lassen sich einige Gendefekte direkt nachweisen.

Das Ergebnis der Untersuchungen kann die Ratsuchenden in bestimmten Fällen vor große Probleme stellen: Sollen sie sich beispielsweise für oder gegen ein Kind aussprechen, wenn die Wahrscheinlichkeit für eine schwere Behinderung bei 25 % liegt? Traut sich das Paar ein Leben mit einem behinderten Kind zu, oder fühlen sie sich dieser Aufgabe nicht gewachsen?

Bei den Antworten auf diese Fragen kann eine genetische Beratung nur Informationen liefern, beispielsweise wie sich eine genetische Erkrankung entwickeln könnte. Sie kann daneben über die Möglichkeiten und Risiken vorgeburtlicher Untersuchungen informieren. Die letztliche Entscheidung muss aber allein von den Ratsuchenden getroffen werden.

Du kannst Möglichkeiten, aber auch Grenzen einer genetischen Beratung erläutern.

„Erbgesundheitspflege" im Nationalsozialismus

1 Nationalsozialistisches Propagandaplakat

Am 14.7.1933 beschloss die Reichsregierung unter ADOLF HITLER das „Gesetz zur Verhütung erbkranken Nachwuchses" Es zielte darauf ab, durch Unfruchtbarmachung (Sterilisation) erbkranker Menschen der Zunahme „ungünstiger Erbanlagen" entgegenzuwirken. Als „erbkrank" im Sinne des Gesetzes wurden u. a. angesehen: „Angeborener Schwachsinn, Schizophrenie, manisch-depressives Irresein, erbliche Fallsucht (Epilepsie), erbliche Blind- und Taubheit, schwere körperliche Missbildungen". Nach dem Gesetz konnte die Sterilisation gegen den Willen der Betroffenen durchgeführt werden. Ab 1933 begann man mit der Zwangsverwahrung, Zwangsarbeit und Zwangssterilisation. Allein zwischen 1934 und 1936 wurden rund 167 000 Menschen sterilisiert.
Mit Erlass vom 1.9.1939 ermächtigte HITLER die Ärzte, unheilbar Kranken den „Gnadentod" zu gewähren. Daraufhin wurden mehrere tausend Kranke, davon viele Kinder, in Tötungsanstalten ermordet.

STREIFZUG

1. ≡ Ⓐ
a) Beschreibe das abgebildete Plakat.
b) Erläutere, was damit bezweckt werden sollte. Nimm Stellung.

2. ≡ Ⓐ
Vergleiche die „Erbgesundheitspflege" im Nationalsozialismus mit der genetischen Beratung heute und beschreibe wichtige Unterschiede.

Was Stammzellen alles können

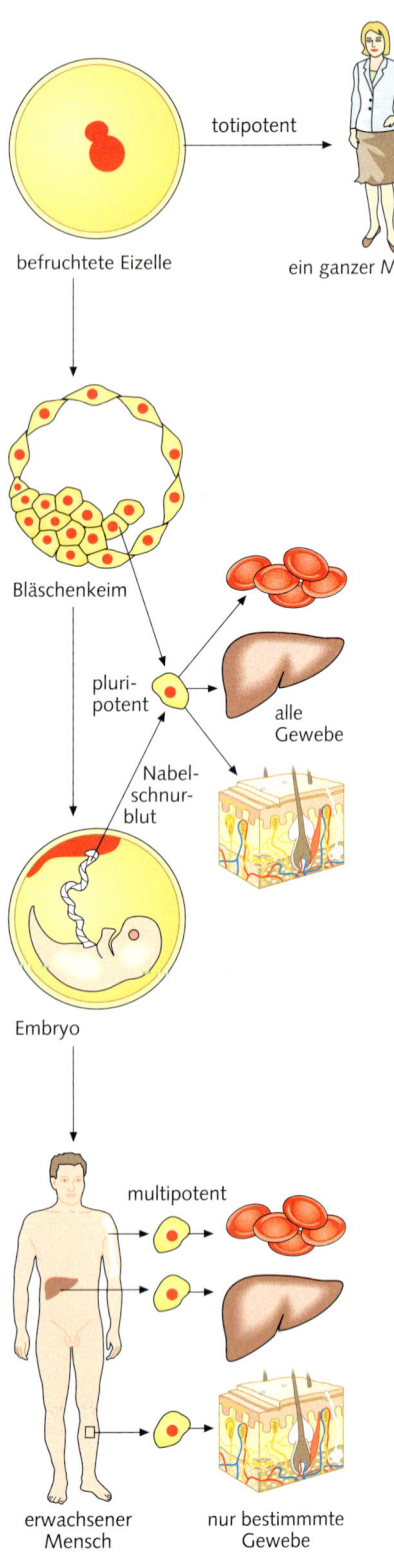

1 Verschiedene Stammzellentypen

(Bildbeschriftungen:)
- befruchtete Eizelle — totipotent — ein ganzer Mensch
- Bläschenkeim
- pluripotent — alle Gewebe
- Nabelschnurblut
- Embryo
- erwachsener Mensch — multipotent — nur bestimmmte Gewebe

1. Erläutere anhand der Abbildung und des Informationstextes die unterschiedlichen Stammzelltypen: multipotente, pluripotente, totipotente.

2.
a) Recherchiere im Internet nach dem aktuellen Embryonenschutzgesetz.
Berichte, welche gesetzlichen Bestimmungen es zur Forschung mit Embryonen gibt.
b) Recherchiere nach den Begriffen Stichtagsregelung und Stammzellforschung.

3.
Bestimmt habt ihr schon gehört, dass zur Stammzellenspende aufgerufen wird, wenn Menschen an Leukämie erkrankt sind.
a) Findet heraus, welche Stammzellen für die Behandlung benötigt werden und was ein möglicher Spender tun muss.
b) Erstellt ein Werbeplakat für Stammzellenspende.

4.
a) Beschreibe das Verfahren des therapeutischen Klonens.
b) Erläutere die Vorteile, die das therapeutische Klonen gegenüber Transplantationen von Geweben oder Organen Verstorbener hat.

5.
Recherchiere, was iPS-Zellen sind und erläutere die Vorteile.

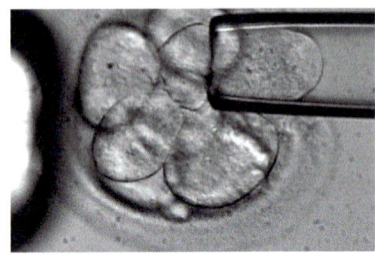
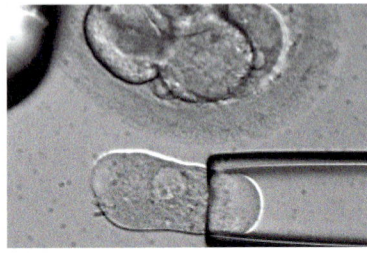

2 Entnahme einer embryonalen Zelle

Differenzierte Zellen

Aus einer einzigen befruchteten Eizelle entsteht durch Zellteilungen zunächst ein kleiner Haufen identischer Zellen. Irgendwann im Laufe der Entwicklung eines Embryos müssen sich seine zunächst identischen Zellen unterschiedlich entwickeln. Dazu werden in den Zellen unterschiedliche Gene aktiviert. Man spricht vom An- und Abschalten von Genen. Zellen, die eine Leberzelle, Hautzelle oder Herzmuskelzelle geworden sind, können sich nicht mehr teilen und nicht mehr zu anderen Zellen werden, sie sind **differenzierte Zellen.**

Stammzellen

Überall im Körper sterben Zellen ab und müssen durch neue ersetzt werden. Daher muss es in allen Geweben Zellen geben, die diese Funktion übernehmen und sich noch teilen können. Solche Zellen heißen Stammzellen. **Stammzellen** ersetzen abgestorbene Zellen, bauen Gewebe und den ganzen Körper des Menschen auf.

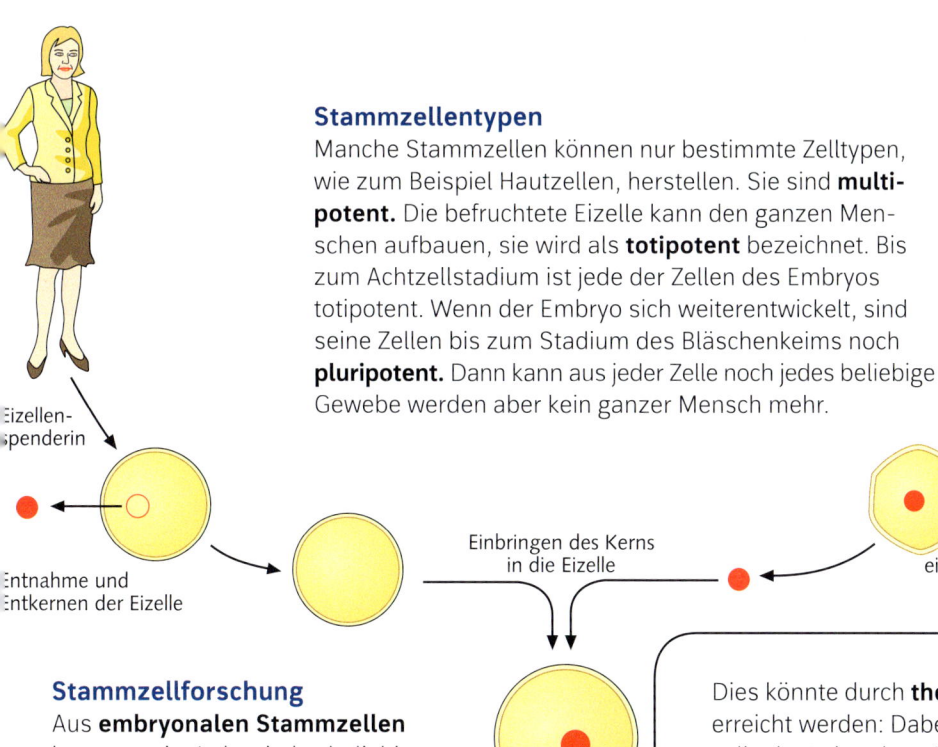

Stammzellentypen

Manche Stammzellen können nur bestimmte Zelltypen, wie zum Beispiel Hautzellen, herstellen. Sie sind **multipotent.** Die befruchtete Eizelle kann den ganzen Menschen aufbauen, sie wird als **totipotent** bezeichnet. Bis zum Achtzellstadium ist jede der Zellen des Embryos totipotent. Wenn der Embryo sich weiterentwickelt, sind seine Zellen bis zum Stadium des Bläschenkeims noch **pluripotent.** Dann kann aus jeder Zelle noch jedes beliebige Gewebe werden aber kein ganzer Mensch mehr.

Eizellenspenderin

Entnahme und Entkernen der Eizelle

Einbringen des Kerns in die Eizelle

Herzinfarktpatient

Entnahme einer Körperzelle

Entwicklung zum Bläschenkeim

Entnahme der embryonalen Stammzellen

Herzmuskelzellen unter Zugabe von Wachstumshormonen

3 Therapeutisches Klonen

Stammzellforschung

Aus **embryonalen Stammzellen** kann man im Labor jedes beliebige Gewebe züchten. Dies macht vielen kranken Menschen Hoffnung auf Heilung.

Erleidet ein Mensch einen Herzinfarkt, wird die Sauerstoffversorgung der Herzmuskelzellen unterbrochen. Dadurch sterben viele von ihnen ab. Der Körper kann das zerstörte Gewebe nicht ersetzen und die Herzfunktion ist dauerhaft eingeschränkt. Vielen Patienten könnte geholfen werden, wenn man die abgestorbenen Zellen durch neue ersetzen könnte. Bei Mäusen ist es bereits gelungen, im Labor aus embryonalen Stammzellen Herzmuskelzellen zu züchten. Nach einer Transplantation übernahmen diese Zellen ihre Funktion im Herzen der Maus.

Therapeutisches Klonen

Möglicherweise könnten in Zukunft auch für Menschen neue Herzmuskelzellen im Labor gezüchtet werden. Dabei wäre es möglich, dass sie die gleichen Erbinformationen haben wie der Patient. So werden sie vom Immunsystem nicht abgestoßen.

Dies könnte durch **therapeutisches Klonen** erreicht werden: Dabei wird aus einer Körperzelle des erkrankten Menschen der Zellkern gewonnen. Dieser wird in die entkernte Eizelle einer Frau eingebracht. In dieser Umgebung erlangt der Zellkern einen totipotenten Zustand. Die Eizelle beginnt mit der Embryonalentwicklung. Nach einigen Teilungen können Zellen entnommen werden. Diese werden dann zu Herzmuskelzellen weitergezüchtet und dem Herzinfarktpatienten transplantiert. Dort übernehmen sie dann die Funktionen der abgestorbenen Zellen.

Ethische Bedenken

Eine Eizelle mit einem fremden Kern, die die Embryonalentwicklung begonnen hat, könnte sich zu einem ganzen Menschen entwickeln. Daher ist dieses Verfahren ethisch bedenklich. In Deutschland ist therapeutisches Klonen verboten. Mit der Stammzellforschung sind aber viele Hoffnungen auf Heilung verbunden. Daher besteht hier ein **ethisches Dilemma.** Inzwischen wird nach anderen Möglichkeiten mit sogenannten **iPS-Zellen** geforscht, die nicht aus Embryonen gewonnen werden.

Du kannst verschieden Typen von Stammzellen nennen und das Verfahren des therapeutischen Klonens und seine Probleme erläutern.

Gentechnik – Übertragung von Genen

1. ≡ **Q**
Erkundige dich nach Ursachen, Symptomen und Folgen der Erkrankung Diabetes Typ I und II.

2. ≡ **A**
Beschreibe anhand des Textes und der Abbildung 2 die Herstellung eines transgenen Bakteriums, das menschliches Insulin herstellen soll. Nutze dafür die Fachbegriffe Restriktionsenzym, Gen-Taxi, Ligase, Plasmid.

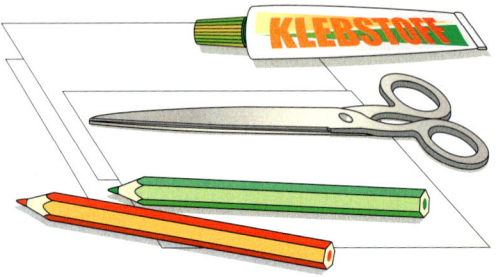

3. ≡ **V** ⬉
a) Entwickelt in Gruppenarbeit ein Modell, mit dem ihr den Einbau eines Gens in einen Plasmidring vorführen könnt. Überlegt dabei genau, welche Materialien ihr verwenden wollt.
b) Präsentiert euer Modell der Klasse. Erläutert dabei die einzelnen Schritte und verwendet die Fachbegriffe.

4. ≡ **A**
a) Erkläre die Begriffe horizontaler Gentransfer und transgene Bakterien.
b) Erläutere, welche Bedeutung der universelle genetische Code für den horizontalen Gentransfer hat.

5. ≡ **Q**
a) Recherchiert, welche Proteine in der Medizin noch durch transgene Bakterien hergestellt werden.
b) Recherchiert nach Krankheiten, die mit Medikamenten, die mithilfe transgener Bakterien hergestellt werden, behandelt werden können.

TIPP
Nutzt zum Beispiel die Kombination „transgene Bakterien" und „Medizin" für die Suchmaschine.

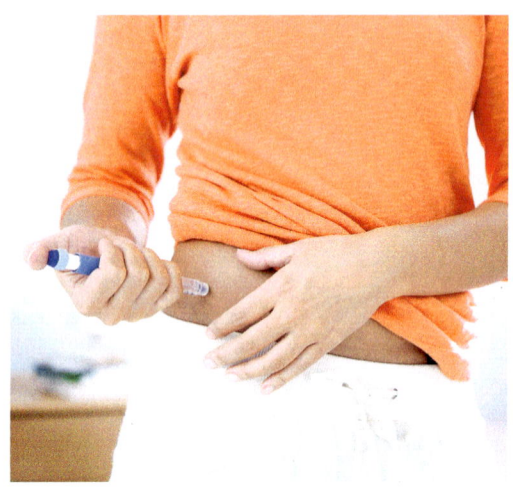

1 Diabetikerin spritzt sich Insulin

Viele Diabetiker benötigen Insulin

Viele Diabetiker können kein oder nicht mehr genug von dem Hormon Insulin bilden. Dadurch ist die Aufnahme von Traubenzucker in die Körperzellen gestört. Diabetiker verlieren Gewicht, haben dauernd Durst, fühlen sich schlapp und im Urin lässt sich Zucker nachweisen. Wenn man die Krankheit nicht früh genug erkennt, ist sie lebensgefährlich.
Viele Diabetiker sind daher auf die Zufuhr von Insulin angewiesen. Sie müssen es täglich spritzen. Früher wurde Insulin aus den Bauchspeicheldrüsen von Schweinen gewonnen. Da das so gewonnene Insulin dem menschlichen Insulin aber nicht vollkommen gleicht, gab es manchmal allergische Reaktionen.

Inzwischen kann menschliches Insulin in großen Mengen gentechnisch hergestellt werden. Für die Herstellung von menschlichem Insulin nutzt man heute Bakterien. Sie bieten viele Vorteile: Sie sind klein, lassen sich leicht manipulieren und vermehren sich schnell. Zwar weisen Bakterienzellen eine Reihe von wichtigen Unterschieden zu menschlichen Zellen auf. Dennoch können Bakterien menschliches Insulin herstellen. Dies ist nur deshalb möglich, weil Gene sich in allen Organismen gleichen: Die Abfolge der Nukleotide A, C, G und T in einem Bakterium hat die gleiche Bedeutung wie bei einem Menschen. Man sagt, der **genetische Code** ist **universell.**

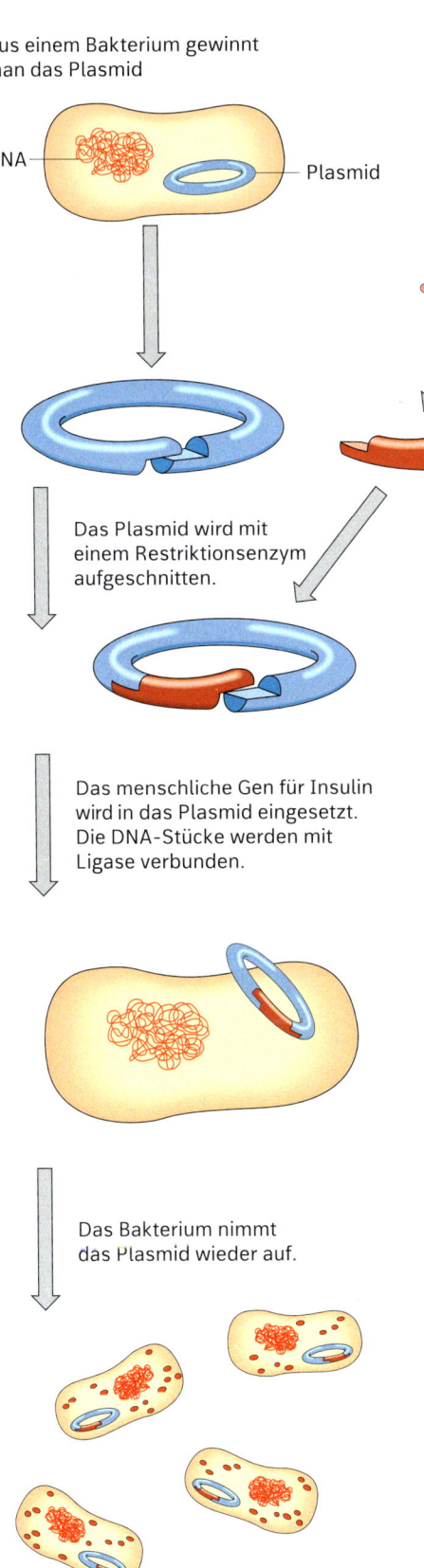

Aus einem Bakterium gewinnt man das Plasmid

DNA

Plasmid

Das Plasmid wird mit einem Restriktionsenzym aufgeschnitten.

Das menschliche Gen für Insulin wird in das Plasmid eingesetzt. Die DNA-Stücke werden mit Ligase verbunden.

Das Bakterium nimmt das Plasmid wieder auf.

2 Gentechnische Herstellung von Insulin

Spenderzelle

Aus einer menschlichen Spenderzelle (Inselzelle aus der Bauspeicheldrüse) wird mit einem Restriktionsenzym das Insulin-Gen herausgeschnitten

DNA-Abschnitt mit Insulin-Gen

Gentechnisch veränderte Bakterien stellen Insulin her

Zur gentechnischen Herstellung von Insulin muss man den Bakterien das menschliche Gen für Insulin künstlich einsetzen. Erst dann können sie es herstellen. Dabei nutzt man die schnelle Vermehrung und den besonderen Aufbau der Bakterien für die Gentechnik aus. Viele Bakterien enthalten zusätzlich zu ihrer normalen Zell-DNA kleinere DNA-Ringe, sogenannte **Plasmide.** Plasmide können den Bakterien entnommen werden. Außerhalb des Bakteriums kann man die Plasmide künstlich verändern. Dazu schneidet man das Bakterien-Plasmid mit einem Restriktionsenzym auf. Das **Restriktionsenzym** ist ein Enyzm, das DNA an einer bestimmten Basensequenz aufschneiden kann. Mit dem gleichen Restriktionsenzym wird das Insulin-Gen der DNA einer menschlichen Zelle herausgeschnitten und in das Plasmid eingesetzt. Damit die DNA-Stücke sich miteinander verbinden, benötigt man das **Enzym Ligase.** Damit ist das Plasmid ein sogenanntes **Gen-Taxi** geworden. Die Bakterien können nun das gentechnisch veränderte Plasmid wieder aufnehmen und werden dann vermehrt.

Das menschliche Insulin wird in großen Mengen in den gentechnisch veränderten Bakterien produziert. Um es zu gewinnen, muss man die Bakterien zerstören. Dann wird es gereinigt und als Medikament zum Spritzen für die Diabetiker zur Verfügung gestellt.

Solche gentechnisch veränderten Bakterien werden auch **transgene Bakterien** genannt. Die Übertragung von Genen zwischen verschiedenen Arten heißt auch **horizontaler Gentransfer**.

Du kannst erklären, wie Gene mit Gentaxis in Bakterien eingefügt werden und so zum Beispiel menschliches Insulin von Bakterien hergestellt wird.

Heile Welt durch Gentherapie?

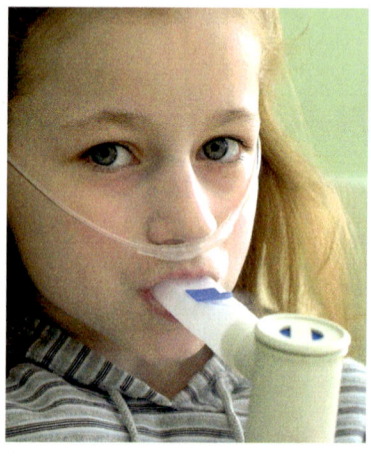

1. ≡ Ⓐ
a) Beschreibe, welche Symptome die Krankheit Mukoviszidose kennzeichnen.
b) Erkläre mithilfe des Textes und der Abbildung unten,
wie die einzelnen Symptome der Mukoviszidose
bislang behandelt werden.

2. ≡ Ⓐ ⓚ
a) Erkläre, warum in der Gentherapie Viren genutzt werden.
b) Gib die Schritte an, die nötig sind, um die Viren in
der Gentherapie als Gen-Taxis einzusetzen.
c) Beschreibe die weiteren Schritte der Gentherapie am
Beispiel der Mukoviszidose. Nutze dafür die Abbildung.

3. ≡ Ⓐ ⓚ
Die häufigste Genmutation, die zu Mukoviszidose führt,
ist in der Abbildung dargestellt.
a) Beschreibe die Veränderung der DNA.
b) Erkläre den Zusammenhang zwischen Genmutation,
entstehendem Protein und der Krankheit Mukoviszidose.

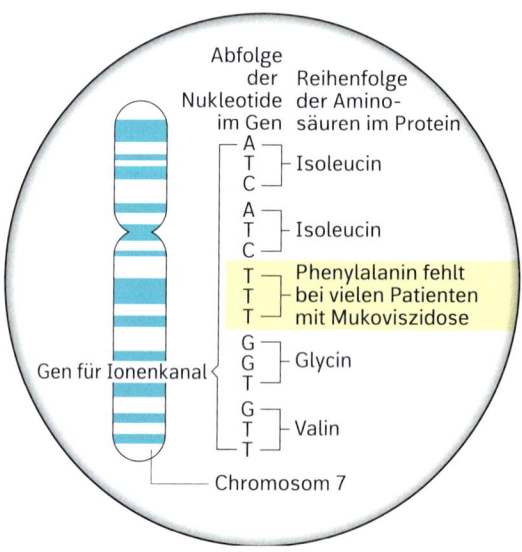

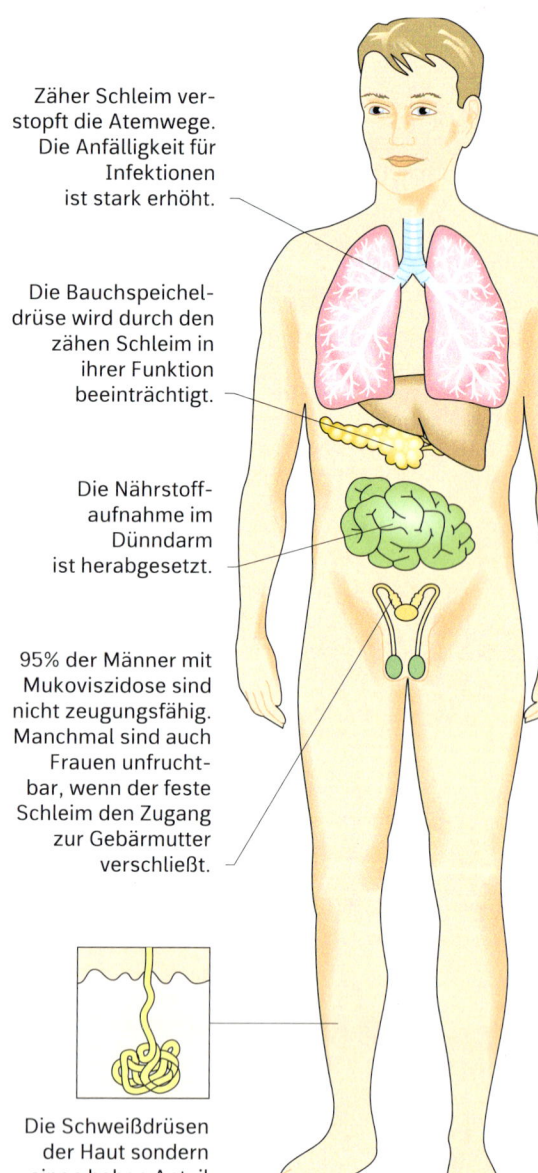

Zäher Schleim ver-
stopft die Atemwege.
Die Anfälligkeit für
Infektionen
ist stark erhöht.

Die Bauchspeichel-
drüse wird durch den
zähen Schleim in
ihrer Funktion
beeinträchtigt.

Die Nährstoff-
aufnahme im
Dünndarm
ist herabgesetzt.

95% der Männer mit
Mukoviszidose sind
nicht zeugungsfähig.
Manchmal sind auch
Frauen unfrucht-
bar, wenn der feste
Schleim den Zugang
zur Gebärmutter
verschließt.

Die Schweißdrüsen
der Haut sondern
einen hohen Anteil
an Salz ab.

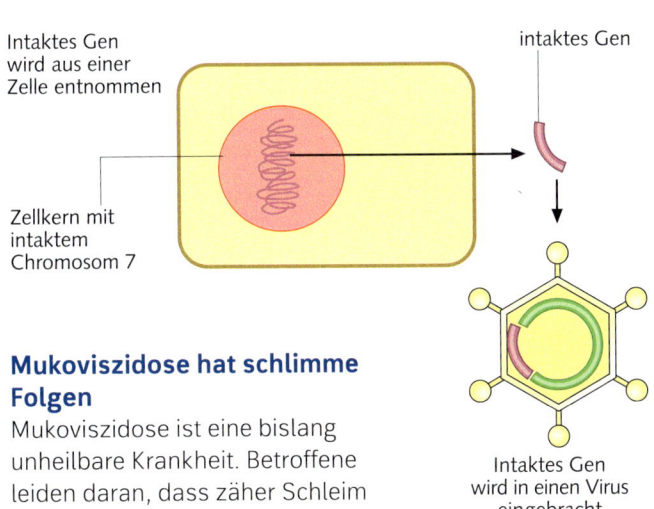

Intaktes Gen wird aus einer Zelle entnommen

Zellkern mit intaktem Chromosom 7

intaktes Gen

Intaktes Gen wird in einen Virus eingebracht

Vermehrung des Virus

Aufbringen der veränderten Viren auf die Schleimhaut

DNA des Virus wird in die Zelle aufgenommen, die bislang nur ein defektes Protein bilden kann.

Durch die Mutation kann das Protein nicht richtig gebildet werden und der Schleim bleibt zäh. Eine Mutation kann nicht rückgängig gemacht werden, sodass eine Heilung nicht möglich ist. Bislang kann man nur die Symptome behandeln.

Wollte man Krankheiten wie Mukoviszidose wirklich bekämpfen, müsste man den Defekt direkt im Zellkern beheben. Dies versucht die Gentherapie.

Mukoviszidose hat schlimme Folgen

Mukoviszidose ist eine bislang unheilbare Krankheit. Betroffene leiden daran, dass zäher Schleim die Atemwege verstopft. Außerdem sind auch noch viele andere Organe, wie zum Beispiel die Bauchspeicheldrüse, von dem zähen Schleim betroffen. Menschen mit Mukoviszidose müssen regelmäßig inhalieren und spezielle Übungen machen, damit die Lunge den zähen Schleim loswerden kann. Es müssen Verdauungsenzyme und Antibiotika eingenommen werden. Für viele Betroffene wird irgendwann eine Lungentransplantation notwendig. Trotz aller Therapien verkürzt die Krankheit die Lebenserwartung doch sehr.

Mukoviszidose ist eine Erbkrankheit

Etwa eines von 2500 Neugeborenen erkrankt an Mukoviszidose. Die Ursache ist ein Gendefekt auf Chromosom Sieben. Bei gesunden Menschen enthält dieses Gen die Information für ein Protein, das dafür sorgt, dass fester Schleim flüssiger wird.

Gentherapie nutzt Viren als Taxis für Gene

In der **Gentherapie** soll versucht werden, intakte Gene in die Schleimhautzellen von Menschen mit Mukoviszidose mithilfe von Viren einzuschleusen. Viren haben die Fähigkeit, ihre Gene in menschliche Zellkerne einzubringen, sich in den Zellen zu vermehren und uns krank zu machen. Für die Gentherapie werden die krankmachenden Gene aus den Viren mithilfe von Restrikionsenzymen herausgeschnitten und an diese Stelle das gewünschte Gen eingesetzt. Im Fall der Mukoviszidose also das Gen von Chromosom Sieben. Die so veränderten Viren werden vermehrt und mithilfe eines Nasensprays auf die Schleimhäute aufgebracht. Diese Viren dringen als **Gen-Taxis** in die Schleimhautzellen ein und bringen das intakte Gen mit. In der Zelle kann dann das Protein für die Verflüssigung von Schleim gebildet werden.

Dieses Verfahren birgt in der Anwendung noch viele Probleme, sodass eine zuverlässige Therapie noch nicht möglich ist und weiter daran geforscht wird.

Du kannst am Beispiel der Mukoviszidose erklären, wie in der Gentherapie versucht wird, intakte Gene in Zellen einzuschleusen.

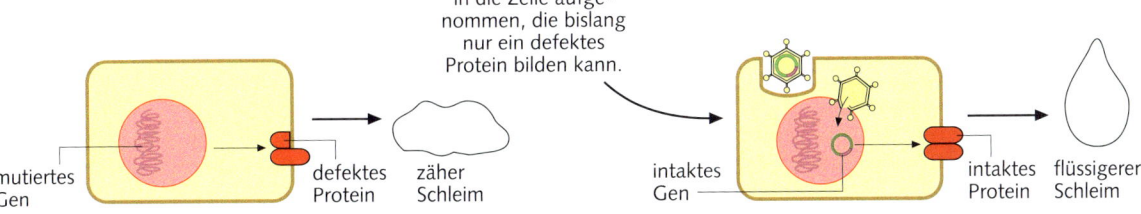

mutiertes Gen · defektes Protein · zäher Schleim

intaktes Gen · intaktes Protein · flüssigerer Schleim

1 Schritte der Gentherapie

Methoden der Tier- und Pflanzenzüchtung

1. ≡ Ⓐ
a) Beschreibe die nebenstehende Abbildung und ordne sie einer Züchtungsform zu.
b) Erkläre die Begriffe Auslese- und Kombinationszüchtung.

2. Ⓠ
a) Informiere dich über die Milchleistung heutiger Hochleistungskühe. Finde heraus, wie die Leistung vor ca. 50 Jahren war und vergleiche mit der heutigen Leistung.
b) Recherchiere unter der Begriffskombination „Hochleistungskuh" und „Qualzuchten". Stelle Argumente verschiedener Websites zusammen. Nutze dabei die Methodenseite am Beginn des Kapitels.

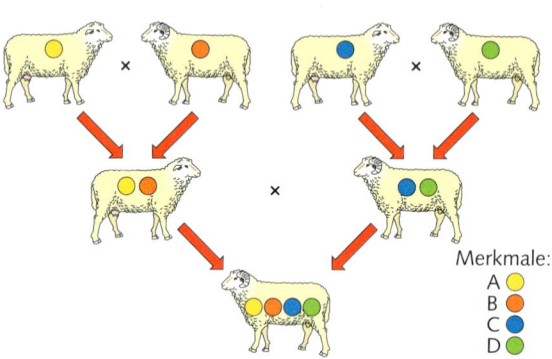

Merkmale:
A 🟡
B 🟠
C 🔵
D 🟢

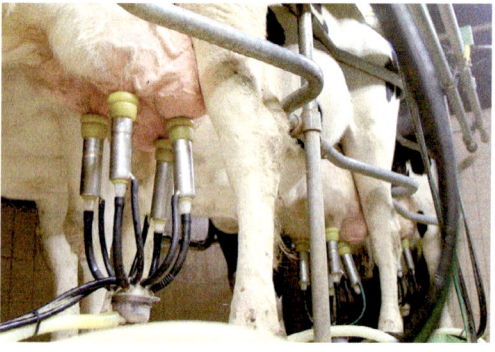

3. ≡ Ⓐ
a) Beschreibe die Schritte beim Embryonentransfer.
b) Erläutere mithilfe von Abbildung 2, warum die Klone bei der Embryonenteilung zwei Mütter haben.

5. Ⓠ
Recherchiere, ob der Heterosiseffekt auch in der Tierzucht eine Rolle spielt. Berichte anhand von Beispielen.

6. ≡ Ⓐ
Erkläre anhand des Textes und der Abbildung unten die Begriffe Inzucht, reinerbige Linien, F1-Hybriden und Heterosiseffekt.

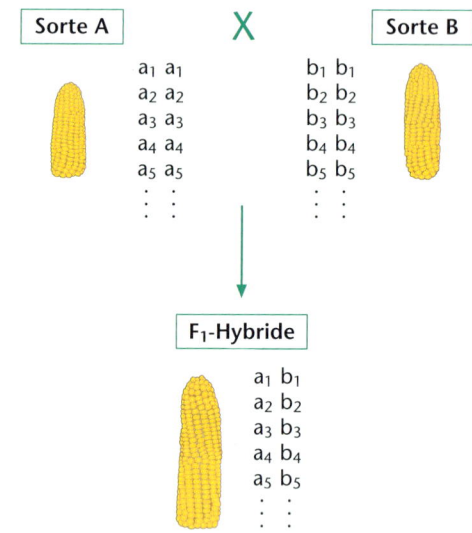

Sorte A	X	Sorte B
$a_1 \; a_1$		$b_1 \; b_1$
$a_2 \; a_2$		$b_2 \; b_2$
$a_3 \; a_3$		$b_3 \; b_3$
$a_4 \; a_4$		$b_4 \; b_4$
$a_5 \; a_5$		$b_5 \; b_5$
⋮ ⋮		⋮ ⋮

F₁-Hybride

$a_1 \; b_1$
$a_2 \; b_2$
$a_3 \; b_3$
$a_4 \; b_4$
$a_5 \; b_5$
⋮ ⋮

4. Ⓠ
Erstelle ein Plakat mit verschiedenen Vorgehensweisen Pflanzen zu klonen. Recherchiere zu den Stichworten „Stecklinge", „Ableger", „Zellkulturen".

7. Ⓠ
Recherchiere zu geklonten Tieren und berichte, welche Schwierigkeiten diese Tiere häufig haben.

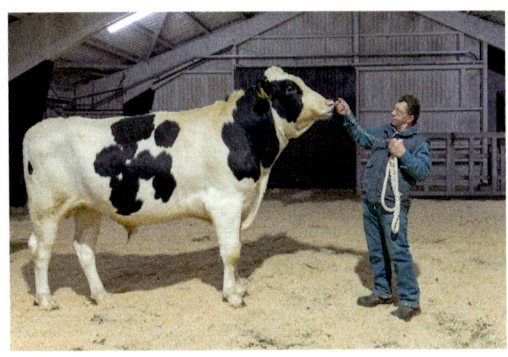

1 Hochleistungsbulle in der Besamungsstation

Klassische Verfahren in der Rinderzucht

Rinder werden schon seit vielen tausend Jahren als Nutztiere gehalten. Schon früh erkannten die Menschen, dass eine gezielte Auswahl der Zuchttiere beispielsweise die Milchleistung verbesserte. Diese **Auslesezüchtung** wurde auf viele Tier- und Pflanzenarten angewandt, um immer bessere Erträge zu erzielen.

Die Auslesezüchtung wurde durch die **Kombinationszüchtung** erweitert. Hier kreuzte man Rinder mit unterschiedlichen Eigenschaften, sodass gute Milch- und Fleischleistung sich möglichst in einem Tier vereinten. So entstand auch das so genannte **Zweinutzungsrind,** das zur Milch- und Fleischproduktion genutzt wird.

Biotechnologie in der Rinderzucht

Um in der Rinderzucht gezielt bestimmte Eigenschaften bei den Nachkommen erzeugen zu können, wendet man biotechnologische Verfahren an. So werden die meisten Rinder durch **künstliche Besamung** von Hochleistungsbullen erzeugt. Diese Bullen werden nur für die Spermienabgabe gezüchtet und gehalten. So entstehen Rinder, die immer höhere Milchleistungen und noch mehr Fleisch erbringen.

Auch **Embryonentransfer** wird in der Tierzucht erfolgreich eingesetzt. Durch eine Hormonbehandlung löst man bei Hochleistungskühen die Reifung von mehreren Eizellen aus. Nach Besamung und Befruchtung entstehen mehrere Embryonen, die aus der Gebärmutter ausgespült werden. Diese Embryonen werden in Leihmutterkühe (Ammenkühe) eingesetzt. So erhält man viele Nachkommen des leistungsstarken Muttertieres, die aber nicht genetisch identisch sind.

Genetisch identische Tiere, sogenannte **Klone** dagegen, können zum Beispiel durch die **Embryonenteilung** erzielt werden. Hierbei wird ein Embryo in einem frühen Stadium (Maulbeerkeim) entnommen und geteilt. Jedes Teilstück entwickelt sich danach weiter und kann in der Gebärmutter eines Ammentieres zu einem kompletten Individuum heranwachsen.

Auch **Klone erwachsener Tiere** kann man heute erzeugen. Diese Methode findet aber keine weite Verbreitung, da sie sehr aufwändig und wenig erfolgversprechend ist.

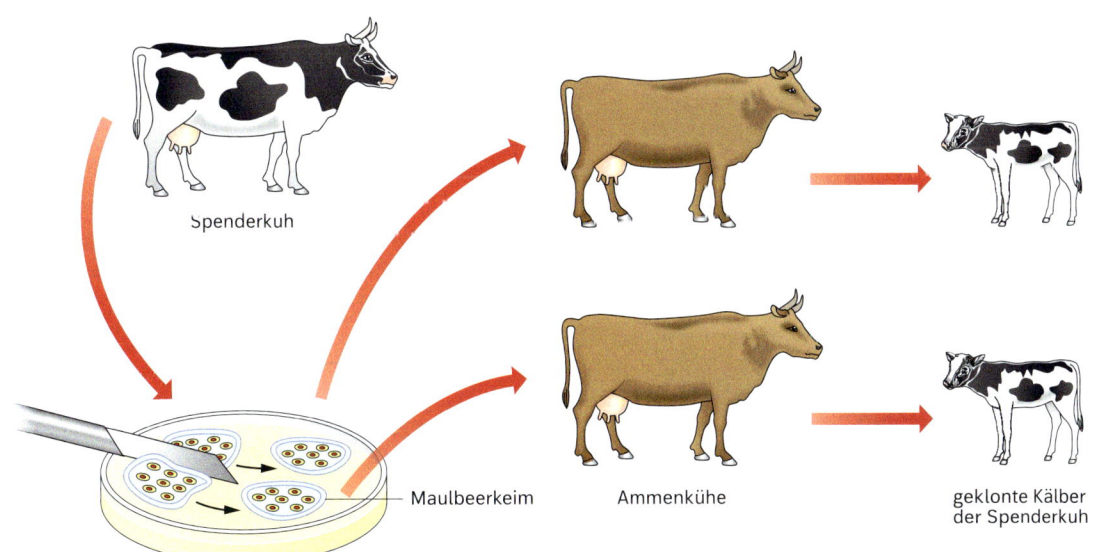

Spenderkuh

Maulbeerkeim   Ammenkühe   geklonte Kälber der Spenderkuh

2 Klonen durch Embryonenteilung

Mutationszüchtung

Natürlicherweise sind Mutationen die Ursache dafür, dass sich Merkmale bei Pflanzen und Tieren verändern. Durch Auslese- und Kombinationszüchtung haben Menschen diese zufällig entstandenen Merkmale neu kombiniert und optimiert. So entstanden zum Beispiel unsere Getreidesorten.

Möchte man schneller neue Merkmale erhalten, kann man die Mutationsrate künstlich erhöhen. Bei dieser **Mutationszüchtung** bestrahlt man Pflanzen mit Röntgenstrahlen oder behandelt sie mit bestimmten Chemikalien. Diese lösen Mutationen aus, von denen die meisten schädlich oder tödlich für die Pflanzen sind. Manchmal erhält man so aber auch Veränderungen, die günstig sind und mit denen man dann weiterzüchten kann.

Polyploidie

Eine besondere Art der Mutation ist die **Polyploidie.** Hierbei ist der gesamte Chromosomensatz einer Pflanze vervielfacht. So liegt bei einigen Getreidesorten jedes Chromosom sechsmal vor (6n), bei Erdbeersorten zum Teil zehnmal. Pflanzen mit Polyploidie sind oft kräftiger und ertragreicher als ihre diploide Wildform. Auch die Polyploidie kann in der Natur spontan entstehen oder vom Menschen künstlich ausgelöst werden. Durch Zugabe des Giftes Colchizin wird bei der Mitose die Trennung der Chromatiden verhindert und so wird die Chromosomenzahl in einer der entstehenden Zellen verdoppelt.

3 Ergebnisse der Polyploidiezüchtung bei Kartoffeln: **A** Wildsorte (2n) **B** Polyploide Züchtungen (4n)

4 Pflanzensamen als F_1-Hybride

Reinerbige Linien und Heterosiseffekt

Wenn eine Pflanze sehr günstige und Ertrag bringende Eigenschaften hat, möchte man diese Pflanzensorte möglichst reinerbig erhalten, damit sie die guten Eigenschaften immer wieder sicher an die nächste Generation weitergibt. Solche reinerbigen Linien erhält man durch **Inzucht,** also durch Kreuzung nah verwandter Individuen. Dabei werden aber auch unerwünschte Gene reinerbig weitergegeben und so sind Inzuchtlinien häufig weniger vital und fortpflanzungsfähig.

Wenn besonders hohe Erträge erzielt werden sollen, werden zum Beispiel bei Saatgut oft sogenannte **F_1-Hybriden** angeboten. Diese wurden erzeugt, indem reinerbige Linien miteinander gekreuzt wurden. Die aus dieser Kreuzung hervorgehenden mischerbigen Pflanzensamen werden dann verkauft. Bei dieser Kreuzung wird der sogenannte Heterosiseffekt erzeugt: Die F_1-Hybriden bringen höhere Ernteerträge als ihre reinerbigen Eltern. Der **Heterosiseffekt** entsteht, weil die unerwünschten Eigenschaften, die durch die Reinerbigkeit aller Gene der Elterngeneration entstehen, durch eine einmalige Durchmischung vielfach aufgehoben werden.

Diesen Effekt kann man allerdings nur einmal erzielen, mit den F_1-Hybriden kann man nicht weiterzüchten. Ein Landwirt, der mit F_1-Hybriden arbeitet, muss immer wieder neues Saatgut einkaufen.

Du kannst einige Methoden der Tier- und Pflanzenzucht beschreiben und anhand von Beispielen erklären.

Gene gezielt verändern

Gene gezielt verändern

Wissenschaftler verändern Gene in Lebewesen gezielt, um Krankheiten zu erforschen, Ernteerträge zu steigern oder auch Medikamente herzustellen. Der Prozess eines Genaustausches mit Viren als Gen-Taxis ist sehr langwierig, aufwändig und teuer. Oft nehmen die Zellen das neue Gen nicht auf. Ebenso landen die Gene im Genom der Zielzelle an zufälligen Orten und können dort Krebs auslösen. Außerdem muss für jedes auszuschneidende Gen ein eigenes Restriktionsenzym künstlich hergestellt werden. Auch von der Viren-DNA bleibt im Zielorganismus häufig etwas zurück.

CRISPR-Cas9 hat Vorteile

2012 wurde in Bakterien ein Immunsystem entdeckt, das diese vor einem Virenbefall schützt. Dieses **CRISPR/Cas9-System** wird inzwischen gentechnisch genutzt, um sehr schnell, preiswert und sicher Gene aus fast allen Organismen auszuschneiden und durch andere Gene zu ersetzen. Dazu müssen keine Restriktionsenzyme mehr hergestellt werden, die DNA wird zielsicher entfernt und kann auch durch neue ersetzt werden. Es bleibt auch keine Fremd-DNA im Zielorganismus zurück. Die Erfolgsrate des Genaustausches ist viel höher und die Gefahr eines Einbaus an falschem Ort viel geringer als bei Viren als Gen-Taxis.

Wie CRISPR/Cas9 funktioniert

Das CRISPR/Cas9-System enthält eine Leit-RNA und das Cas9-Enzym. Die Leit-RNA wird im Labor künstlich hergestellt und passt genau zu dem Gen der DNA, die ersetzt werden soll. In der Zelle findet die Leit-RNA die gesuchte DNA und bindet an sie, dann schneidet das Cas9-Enzym die DNA an beiden Strängen durch. Dadurch wird das betroffene Gen zerstört.

Wenn ein anderes, gewünschtes Gen in die Zelle eingebracht wird, baut das Reparatursystem der Zelle dieses in die entstandene Lücke ein und ersetzt das alte Gen.

Will man gezielt ganze DNA-Stücke oder auch einzelne Basen komplett aus der DNA entfernen und danach ersetzen, kann man das CRISP/Cas9-System entsprechend verändern.

Dieses System wird in sehr vielen Bereichen von der gezielten Pflanzenzucht, über die Erforschung von Krankheiten bis hin zur Gentherapie erprobt.

Da man die neu eingefügte DNA später nicht nachweisen kann, wenn sie von derselben Art stammt, ist nicht klar, ob ein so veränderter Organismus auch als GVO gilt.

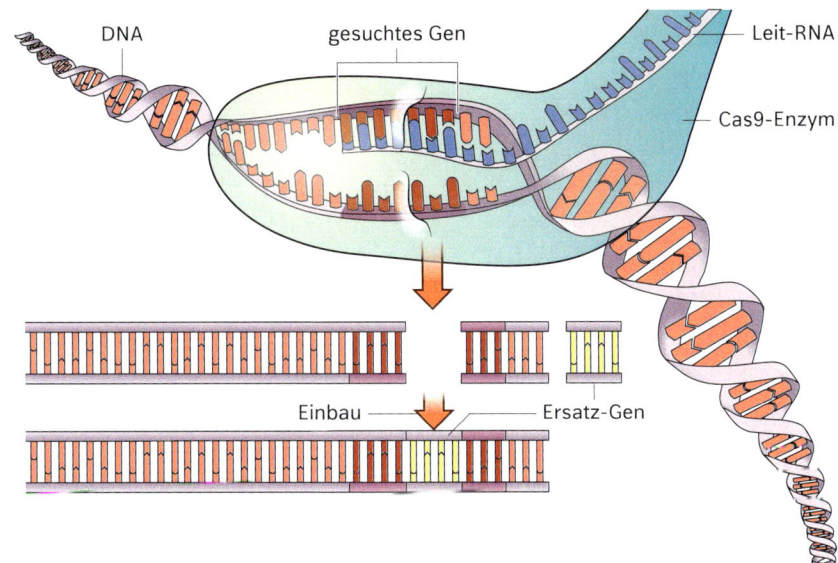

1 Das CRISPR/Cas9-System der Gentechnik

DNA — gesuchtes Gen — Leit-RNA — Cas9-Enzym — Einbau — Ersatz-Gen

STREIFZUG

1. ☰ Ⓐ
Erkläre, warum das CRISPR-Cas9-System Vorteile gegenüber Viren als Gen-Taxis hat.

2. ☰ Ⓐ
Erläutere den Ablauf eines Genaustausches mit CRISPR/Cas9.

3. ☰ Ⓠ
Mit dem CRISPR/Cas9-System sind viele Hoffnungen und auch Ängste verbunden. Schreibe dazu einige Beispiele auf. Du kannst dazu auch im Internet recherchieren.

Gentechnik in der Landwirtschaft

1. Ⓠ
Informiere dich über Lebensweise, Entwicklung, Schadwirkung und Bekämpfung des Maiszünslers.

2. ≣ Ⓐ
Erkläre, wie der Maiszünsler mit Gentechnik bekämpft wird.

3. ≣ Ⓐ ⦿
a) Beschreibe das unten abgebildete Diagramm und fasse die wesentlichen Aussagen zusammen.
b) In Deutschland ist der Anbau von Bt-Mais verboten. Diskutiere dieses Verbot und nutze für die Argumentation den Informationstext und die Aussagen des Diagramms.

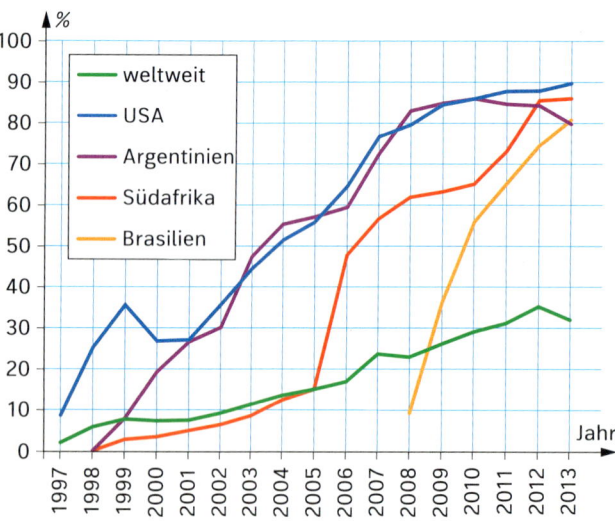

1 Anteil von genverändertem Mais an der Anbaufläche eines Landes in Prozent

4. Ⓠ
a) Recherchiere, unter welchen Bedingungen in Deutschland Lebensmittel mit dem dem Siegel „ohne Gentechnik" gekennzeichnet werden können.
b) Würdest du dein Kaufverhalten nach dem Siegel ausrichten? Begründe deine Antwort.

5. ≣ Ⓐ
a) Betrachte die Karikatur oben und formuliere ihre Aussage.
b) Diskutiere das Für und Wider des Bt-Mais. Sortiere dafür zunächst die Argumente auf dem unten abgebildeten Zettel. Formuliere dann deine eigene Meinung.

Chancen und Risiken der "grünen Gentechnik"
- Das Erbgut wurde schon immer verändert.
- Der Anbau von GVO leistet einen unverzichtbaren Beitrag zur Lösung des Welternährungsproblems.
- Die GVO produzieren Proteine, die es in den Organismen vorher nicht gab. Diese Proteine können Allergien auslösen.
- Es werden weniger Spritzmittel ausgebracht.
- Die Veränderung der Erbinformation kann zu völlig unerwünschten Folgen führen.
- Die Landwirte sind abhängig von den Saatgutherstellern, die auch die entsprechenden Spritzmittel verkaufen.
- Die Fremdgene können unkontrolliert auf verwandte Nutzpflanzen und Wildpflanzen übertragen werden.

Bt-Mais gegen den Maiszünsler

Mais gehört mit Weizen und Reis zu den wichtigsten Nahrungs- und Futterpflanzen der Welt. Ernteausfälle beim Mais haben hohe Kosten zur Folge.

Ein Grund für hohe Ernteausfälle beim Mais ist weltweit ein Schadinsekt, der Maiszünsler. Die Larven des Maiszünslers entwickeln sich in den Stängeln der Maispflanze, die Pflanze wird brüchig und stirbt ab. Um die Ernteausfälle zu verringern, wurden gentechnisch veränderte Maispflanzen erzeugt. Das dazu nötige Gen fand man in einem Bodenbakterium, Bacillus thuringiensis, kurz Bt. Bacillus thuringiensis stellt ein Protein her, das für Larven einiger Insekten tödlich ist. Das Gen, das die Information für das tödliche Eiweiß trägt, wurde in die Maispflanzen eingeschleust. Nun stellen die sogenannten Bt-Mais-Pflanzen das Gift selber her und die Maiszünslerlarven, die davon fressen, sterben. Organismen wie der Bt-Mais, in deren Erbgut gentechnisch eingegriffen wurde, heißen **gentechnisch veränderte Organismen (GVO).**

Bt-Mais in der Diskussion

Während in Amerika die Produktion von gentechnisch verändertem Mais inzwischen üblich ist, sind die Menschen in Deutschland gegenüber dem Bt-Mais sehr skeptisch. Zum einen meinen Kritiker, die Giftstoffe im Mais könnten auch andere Tiere wie Bienen, Spinnen oder Käfer töten oder sich schädlich auf sie auswirken. Ebenso besteht die Angst, dass das Gift auch in unseren Körper gelangt und dort Allergien erzeugen kann. Außerdem könnte der veränderte Pollen auch das Erbgut herkömmlicher Maissorten verändern. Wissenschaftler erforschen alle diese Aspekte genau, um die Risiken abzuschätzen.

Verbraucherschutz durch Kennzeichnung

Viele Verbraucher in Deutschland stehen der Gentechnik in Lebensmitteln sehr skeptisch gegenüber. Sie wollen wissen, ob in einem Lebensmittel Gentechnik steckt oder nicht. Aber so einfach ist diese Frage oft nicht zu beantworten. Zwar sind gentechnisch veränderte Pflanzen und Tiere als Lebensmittel in Deutschland nicht erlaubt, solche Pflanzen können aber durchaus zuvor an Tiere verfüttert worden sein. Nach gesetzlichen Regelungen in der EU müssen Lebensmittel gekennzeichnet sein, die aus GVO bestehen, sie enthalten oder aus ihnen gemacht sind. Wenn aber Tiere mit gentechnisch veränderten Pflanzen gefüttert wurden, oder ein Brot mithilfe von Enzymen aus gentechnisch veränderten Bakterien hergestellt wurde, müssen diese Lebensmittel nicht gekennzeichnet werden.

2 Maiszünsler: **A** gesunde Maispflanzen, **B** Schmetterling, **C** Raupe, **D** Schadbild

Du kannst am Beispiel von Bt-Mais erläutern, was ein GVO ist und das Für und Wider seiner Nutzung diskutieren.

Fortpflanzung und Vererbung

Pubertät und Fortpflanzung

In der Pubertät verändern sich viele Beziehungen. Jugendliche und junge Erwachsene müssen viele Dinge entscheiden. In jedem Fall übernehmen sie mehr Verantwortung für sich und andere.

Diagnostische Verfahren und Reproduktionsmedizin

Mit den verschiedenen Verfahren der Pränataldiagnostik (PND) ist es möglich, ungeborene Kinder auf bestimmte Krankheiten hin zu untersuchen. Dies gelingt inzwischen auch durch Untersuchung des mütterlichen Blutes.
Mit der Präimplantationsdiagnostik kann man schon vor der Schwangerschaft bestimmte Krankheiten ausschließen. Dies wird ethisch sehr kontrovers diskutiert.
Wenn es für ein Paar nicht möglich ist, auf natürlichem Weg ein Kind zu bekommen, kann möglicherweise mit medizinischen Verfahren wie der In-vitro-Fertilisation (IVF) geholfen werden. Dabei findet eine künstliche Befruchtung im Reagenzglas statt.

Keimzellenbildung - Befruchtung

Zur Bildung von Keimzellen findet eine Kernteilung, die Meiose, statt. Hierbei trennen sich die homologen Chromosomen, sodass jede Keimzelle nur noch halb so viele Chromosomen enthält. Die Verteilung der Chromosomen erfolgt zufällig. Bei der Befruchtung kommen die Chromosomen einer Ei- und einer Spermienzelle zusammen, wodurch wieder ein doppelter Chromosomensatz entsteht.

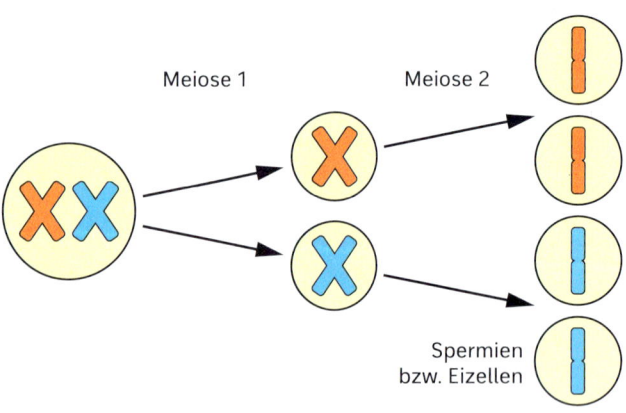

Meiose 1   Meiose 2

Spermien bzw. Eizellen

MENDELsche Erbregeln

GREGOR MENDEL entdeckte drei Erbregeln, die auch für den Menschen gelten: Die Uniformitätsregel, die Spaltungsregel und die Unabhängigkeitsregel. Dabei ist entscheidend, dass es in den Körperzellen zu jedem Gen jeweils zwei Allele gibt, die gleich oder unterschiedlich sein können. Sie werden nach dem Zufallsprinzip auf die Keimzellen verteilt und bei der Befruchtung neu kombiniert.

Veränderung durch Mutationen und Modifikationen

Mutationen sind ungerichtete Veränderungen des Erbgutes. Beim Menschen sind Mutationen häufig Ursache von Erbkrankheiten. Neben der genetischen Ausstattung wird die Ausprägung von Merkmalen auch durch Umweltbedingungen beeinflusst. Beispielsweise verändert sich das Pflanzenwachstum durch Lichteinflüsse. Modifikationen werden nicht vererbt.

Gentechnik

Mithilfe der Gentechnik lassen sich Gene von einem Organismus in einen anderen übertragen. Gentechnisch veränderte Organismen (GVO) lassen sich beispielsweise zur Produktion bestimmter Proteine nutzen oder werden in der Landwirtschaft verwendet. Auch eine Gentherapie bestimmter Krankheiten erzielt manchmal Erfolge. Nutzen und Risiken der Gentechnik müssen in jedem Fall kritisch geprüft werden.

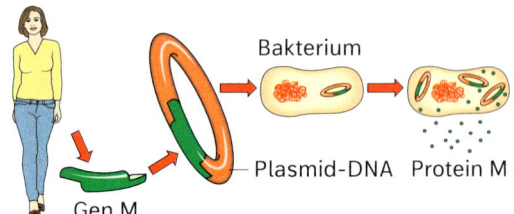

Bakterium

Plasmid-DNA   Protein M

Gen M

Stammzellen

Stammzellen sind teilungsfähige Zellen, die noch verschiedene Funktionen übernehmen können. Die Forschung versucht mithilfe embryonaler Stammzellen, Gewebe des Menschen im Labor zu züchten, die dann einem kranken Menschen transplantiert werden könnten. Diese Gewebe würden nicht vom Immunsystem des Patienten abgestoßen werden. Das therapeutische Klonen, das mithilfe von Stammzellen erforscht wird, ist ethisch jedoch umstritten und bislang in Deutschland verboten.

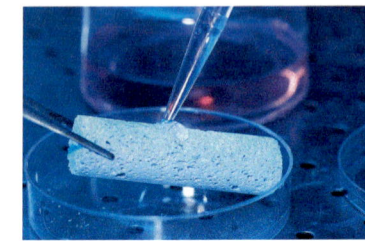

Energie

System

Struktur – und Funktion

Entwicklung

1. ≡ Ⓐ

a) Beschreibe, inwiefern Sexualität in der persönlichen Entwicklung von Jugendlichen eine wichtige Rolle spielt.

b) Erkläre, was man unter Transsexualität versteht.

c) Erläutere die Aussage des untenstehenden Plakates.

→ S. 33

System

3. ≡ Ⓐ

a) Erläutere, welche verschiedenen Arten von Mutationen es gibt.

b) Beschreibe Beispiele, wie sich Mutationen beim Menschen auswirken können.

→ S. 24, 57

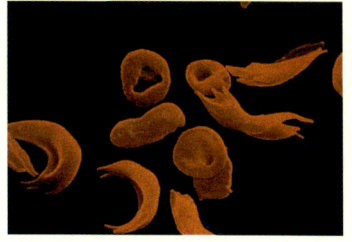

Entwicklung

4. ≡ Ⓐ

a) Beschreibe drei verschiedene Stammzelltypen und ihre Entwicklungsmöglichkeiten.

b) Beschreibe eine Möglichkeit, Stammzellen zu gewinnen.

→ S. 62, 63

Struktur und Funktion

2. ≡ Ⓐ

a) Erkläre, was man unter Keimzellen versteht und benenne den Vorgang, durch den sie gebildet werden.

b) Erkläre, wie die Struktur von Keimzellen die Funktion ermöglicht.

c) Beschreibe, was in der dargestellten Phase der Keimzellbildung geschieht.

→ S. 42, 43

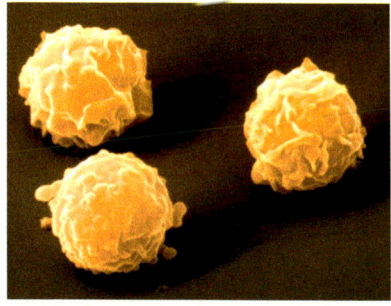

Fortpflanzung und Vererbung ⬆

Schwangerschaftskonflikt und Diagnoseverfahren

Kannst du schon ...

... einen möglichen Schwangerschaftskonflikt beschreiben und Beratungsmöglichkeiten nennen? (S. 34-35)

... Methoden der Pränataldiagnostik (PND) nennen und erklären? (S. 36)

... Möglichkeiten der künstlichen Befruchtung (IVF) nennen und beschreiben? (S. 38)

... Argumente für und gegen die Präimplantationsdiagnostik (PID) gegenüberstellen und einen eigenen Standpunkt formulieren? (S. 39)

Zeig, was du kannst!

1. ≡ Ⓐ
a) Beschreibe einen möglichen Schwangerschaftskonflikt.
b) Erläutere, wie eine Frau vorgehen sollte, wenn sie eine Abtreibung in Erwägung zieht.

2. ≡ Ⓐ
a) Benenne das Verfahren, auf das die Abbildung anspielt, und beschreibe es.
b) Stelle Argumente für und gegen dieses Verfahren gegenüber.

Keimzellbildung, Befruchtung und MENDELsche Erbregeln

Kannst du schon ...

... erklären, wodurch Ähnlichkeiten in Familien entstehen? (S. 41)

... wesentliche Vorgänge bei der Meiose beschreiben und zeichnen? (S. 42-43)

... die Bedeutung der Meiose und Befruchtung für die genetische Variabilität erläutern? (S. 43)

... die 1. und 2. MENDELsche Erbregel wiedergeben und anhand von Beispielen erläutern? (S. 48-49)

... erklären, was man unter einem intermediären Erbgang und einem dominant-rezessiven Erbgang versteht? (S. 48-49)

...die 3. MENDELsche Erbregel erklären und ihre Bedeutung für die Tier und Pflanzenzucht erläutern? (S. 51)

Zeig, was du kannst!

3. ≡ Ⓐ
a) Zeichne einen Zellkern mit 3 homologen Chromosomenpaaren.
b) Zeichne alle Möglichkeiten, wie in der Meiose I die homologen Chromosomen verteilt werden können.
c) Wie viele verschiedene Keimzelltypen ergeben sich?

4. ≡ Ⓐ
Ein reinerbig weißes Meerschweinchen (Genotyp aa) wird mit einem reinerbig schwarzen Meerschweinchen (Genotyp AA) gekreuzt. Schwarz (A) ist dominant gegenüber weiß (a).

a) Welche Genotypen und welche Phänotypen treten in der 1. Tochtergeneration F_1 auf? Welche MENDELsche Erbregel wird hier deutlich?
b) Kreuze nun zwei Tiere der F_1-Generation untereinander. Ermittle die Genotypen und die Phänotypen in der 2. Tochtergeneration F_2. Erstelle dazu ein Kombinationsquadrat.
c) Nenne die MENDELsche Erbregel, die hier deutlich wird und erläutere ihre Bedeutung für Züchtungen.

Schwangerschaftskonflikt und Diagnoseverfahren

Kannst du schon ...

... anhand von Beispielen darstellen, dass die Erbregeln auch für den Menschen gelten? (S. 53)

... Stammbäume analysieren und erläutern? (S. 53)

... die Vererbung des Geschlechts und die geschlechtsgebundene Vererbung beim Menschen erklären? (S. 54–55)

... verschiedene Mutationen als Ursache für Krankheiten beim Menschen erklären und die Auswirkungen beschreiben? (S. 57)

Zeig, was du kannst!

5. ≡ Ⓐ

Gesunde Eltern haben ein an Mukoviszidose erkranktes Kind. Das Allel für diese Krankheit ist rezessiv. Mit welcher Wahrscheinlichkeit werden Kinder dieser Eltern an Mukoviszidose erkranken? Begründe mithilfe der Erbregeln.

6. ≡ Ⓐ

Der Stammbaum zeigt die Vererbung einer muskulären Erbkrankheit (Duchenne-Muskeldystrophie). Es handelt sich um eine x-chromosomal gebundene, rezessive Krankheit.
a) Woran erkennt man im Stammbaum, dass es sich mit großer Wahrscheinlichkeit um eine geschlechtsgebundene Vererbung handelt?
b) Gib die Genotypen aller Frauen an und nenne die Überträgerinnen.

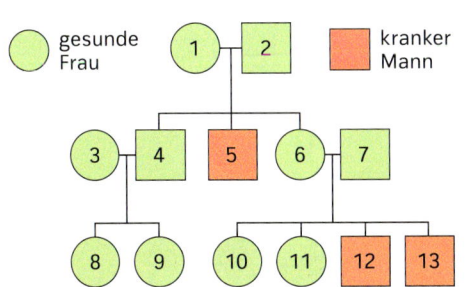

Gentechnik in Medizin und Landwirtschaft

Kannst du schon ...

... beschreiben, wie fremde Gene in Bakterien eingebracht und medizinisch genutzt werden? (S. 65)

... erklären, wie Krankheiten mit Gentherapie oder Stammzellen behandelt werden könnten? (S. 63, 67)

... moderne Methoden in der Pflanzenzüchtung beschreiben? (S. 69)

... die Bedeutung gentechnisch veränderter Pflanzen für die Landwirtschaft am Beispiel des Bt-Mais erklären? (S. 73)

Zeig, was du kannst!

7. ≡ Ⓐ

Beschreibe am Beispiel einer möglichen Gentherapie bei Mukoviszidose, wie die Veränderung eines Gens den ganzen Körper von Krankheitssymptomen befreien kann.

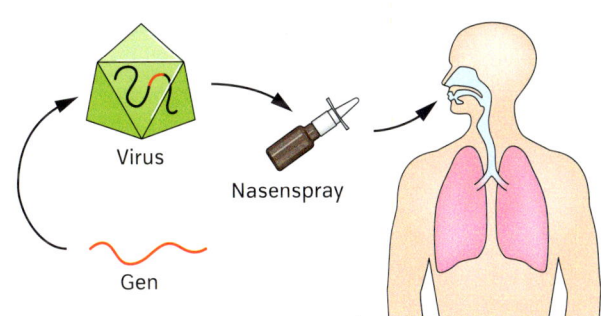

Virus — Nasenspray

Gen

Wichtige Begriffe

- Pränataldiagnostik, Präimplantationsdiagnostik
- In-Vitro-Fertilisation (IVF)
- Meiose
- MENDELsche Erbregeln
- Genotyp, Phänotyp
- homozygot, heterozygot
- dominant, rezessiv
- Mutation
- Modifikation
- Stammzellen
- Gentherapie
- Gentechnik, Restriktionsenzyme
- Gen-Taxi, Plasmid, GVO

Gesundheit des Menschen

Welche Krankheiten
sind ansteckend –
und warum?

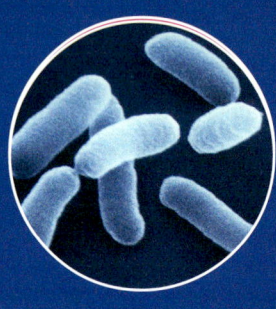

Warum ist es
wichtig, sich impfen
zu lassen?

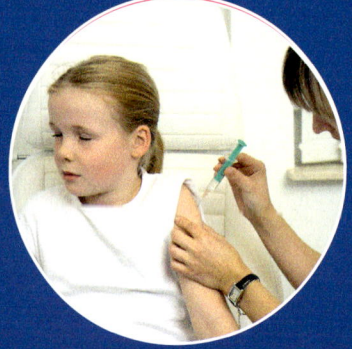

Wie groß ist das Risiko, sich mit
AIDS zu infizieren? Wie können wir
uns davor schützen?

Gesund oder krank?

1.
a) Beschreibt Situationen, in denen ihr euch richtig wohl fühlt.
b) Führt zu diesem Thema eine Umfrage durch. Notiert die Antworten und ordnet sie thematisch.
c) Formuliert auf der Grundlage der Umfrageergebnisse eine allgemein gültige Aussage, wann sich Menschen wohlfühlen.

2.
a) Formuliere mit eigenen Worten, wie die WHO Gesundheit definiert.
b) Ist Liebeskummer eine Krankheit? Formuliere Argumente für deinen Standpunkt.

Definition von Gesundheit durch die Weltgesundheitsorganistation WHO (World Health Organization)

„Gesundheit ist ein Zustand vollkommenen körperlichen, geistigen und sozialen Wohlbefindens und nicht allein das Fehlen von Krankheit und Gebrechen."
(„Health is a state of complete physical, mental and social wellbeing and not merely the absence of disease or infirmity.")

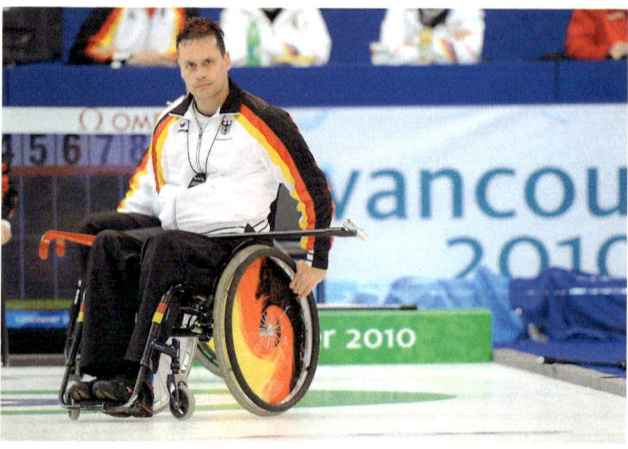

3.
Die Abbildung oben zeigt einen Teilnehmer der deutschen Curling-Nationalmannschaft bei den Paralympics. Diskutiert in der Klasse über die Situation des Sportlers und stellt einen Bezug zur WHO-Definition von Gesundheit her.

Erfahrungsbericht einer Krebspatientin am Ende der Chemotherapie

„Meine Chemotherapie habe ich nun fast geschafft und während dieser Zeit sogar einen Umzug hinter mich gebracht. Natürlich nicht ohne ganz viel Hilfe, aber auch ich habe meinen Teil dazu beigetragen. Ich genieße immer die Tage ohne Beschwerden und kann mich nun auch auf meiner neuen Terrasse und in meinem neuen Garten richtig schön entspannen. Ohne Haare durch die Welt zu laufen, kostet anfangs Überwindung, doch mein Selbstbewusstsein ist dadurch nur noch stärker geworden."

4.
Beschreibe die Stimmungslage der Krebspatientin. Wie würde sie ihren Zustand wohl einschätzen – gesund oder krank? Begründe deine Einschätzung.

5.
a) Erläutere an Beispielen, wie sich die in Abbildung 1 dargestellten Faktoren positiv oder negativ auf die Gesundheit des Menschen auswirken können.
b) Welche Bedeutung haben diese Faktoren für dich und dein eigenes Wohlbefinden?

Gehandicapt

Der abgebildete Sportler Marcus Sieger ist seit einem Fallschirmabsturz querschnittsgelähmt und an den Rollstuhl gebunden. Mit diesem Handicap betreibt er Leistungssport und holte in zwei verschiedenen Sportarten – in Curling und Tischtennis – zahlreiche nationale und internationale Titel. 2015 wurde er deutscher Tischtennismeister.
Ist er gesund oder krank?

Eine schwierige Grenzziehung

„Bin ich gesund? Ist das normal, wie ich mich fühle? Bin ich krank?" Diese Fragen können in vielen Fällen klar beantwortet werden – immer dann, wenn eine ärztliche Untersuchung einen objektiven Befund ermittelt, zum Beispiel einen Knochenbruch oder eine Infektion.
Sehr viel öfter jedoch ist die Trennlinie zwischen gesund und krank nicht eindeutig. Gehören Liebeskummer oder Alterserscheinungen zu den Krankheiten?

Welches Verhalten gilt als gesund, welches als krank? Ab wann gelten Messwerte, zum Beispiel vom Blutbild, als gesundheitlich bedenklich? Die Frage, ob sich jemand gesund oder krank fühlt, kann letztlich nur der betroffene Mensch selbst beurteilen.

Gesundheit umfasst den ganzen Menschen

Gesundheit ist mehr als nur die Abwesenheit von Krankheit. Sie umfasst das körperliche, seelische und soziale Wohlbefinden. Gesund ist ein Mensch, wenn er sich sowohl mit seinem Körper als auch seiner Seele, seinen Mitmenschen und seiner Umwelt im Einklang fühlt.

Verantwortung für die eigene Gesundheit

Die meisten Gesundheitsrisiken verursacht jeder Mensch selbst, etwa durch seine Verhaltensweisen oder Essgewohnheiten. Aber auch die Umwelt oder unsere Beziehungen zu anderen Menschen beeinflussen unser Wohlbefinden.
Für die eigene Gesundheit trägt jeder Mensch also eine besondere persönliche Verantwortung. Dabei spielt die Gesundheitsvorsorge eine besondere Rolle.

1 Zahlreiche Faktoren wirken sich auf die Gesundheit des Menschen aus

Du kannst erläutern, was man unter Gesundheit versteht, und welche Faktoren sich auf die Gesundheit auswirken.

Krankheit betrifft den ganzen Menschen

1. ≡ Ⓐ
Beschreibe, wie Krebs und seine Behandlung den ganzen Menschen betrifft.

2. ≡ Ⓠ Ⓚ
Recherchiere, welche Hilfen es für krebskranke Menschen und ihre Angehörigen gibt, die über die Bekämpfung der körperlichen Probleme hinausgehen. Trage deine Ergebnisse der Klasse vor.

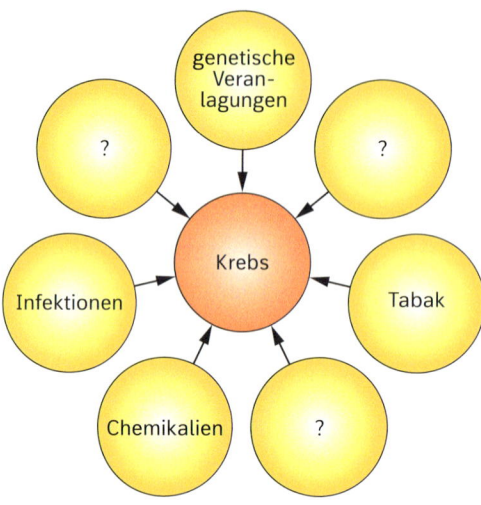

3. ≡ Ⓐ
Ganz verhindern kann man eine Krebserkrankung sicher nie. Die Grafik zeigt einige Ursachen für Krebs.
a) Nenne verschiedene Möglichkeiten, wie die Fragezeichen ersetzt werden können.
b) Beschreibe, wie die Lebensweise Einfluss auf das Risiko hat, an Krebs zu erkranken.

Krebs entsteht durch Veränderung der DNA

Krebszellen entstehen, wenn Mutationen durch äußere Einwirkungen die DNA so verändern, dass die Zelle sich immer weiter teilt. Die sich teilende Tumorzelle vermehrt sich. So kann ein Tumor entstehen. Dieser kann sich in benachbarte Gewebe, Blutgefäße und das Lymphsystem ausbreiten.
So können auch weit entfernt von der ursprünglichen Mutation weitere Tumoren, die Metastasen, entstehen.

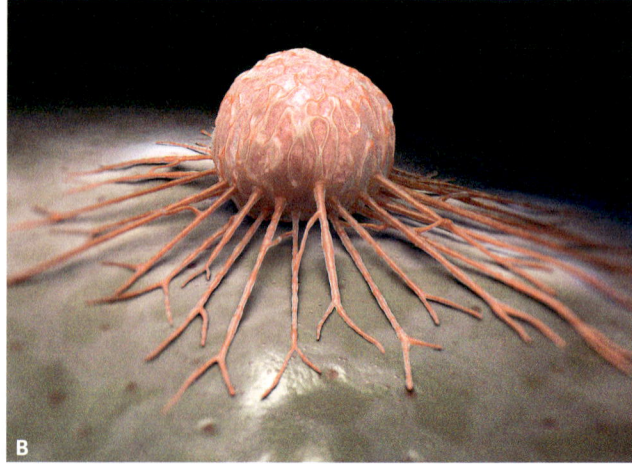

Tumore betreffen Organe und den ganzen Körper

Nimmt ein Tumor Kontakt mit dem Blutgefäßsystem auf, wird er von diesem mit Nährstoffen versorgt und kann sich im betroffenen Organ ausbreiten. So kann das betroffene Organ von dem Tumor stark beeinträchtigt werden und seine Funktion wird deutlich eingeschränkt. Ist zum Beispiel die Lunge betroffen, kann sie den Körper nicht mehr optimal mit Sauerstoff versorgen. Das macht an vielen anderen Stellen im Körper Probleme, denn zur Energieversorgung benötigen alle Organe Sauerstoff. So ist schließlich der ganze Körper vom Krebs betroffen.

1 Krebs: **A** Krebszellen vermehren sich in einem Gewebe, **B** Tumor

Krebstherapie

Häufig muss ein Tumor operativ entfernt werden. Damit alle Zellen, die von der Mutation betroffen sind, auch aus dem Körper verschwinden, werden weitere Therapien eingesetzt.

Bestrahlungen zerstören das Tumorgewebe direkt. Eine **Chemotherapie** wirkt im ganzen Körper auf sich schnell teilende Zellen ein und tötet sie ab. Dabei werden auch gesunde Zellen im Körper stark in Mitleidenschaft gezogen. Oft fallen den betroffenen Patienten deshalb die Haare aus, es kommt zu Problemen mit der Verdauung oder auch mit den blutbildenden Zellen. So wirkt auch eine Krebsbehandlung auf den ganzen Körper des Menschen ein.

Diese Beeinträchtigungen sind meistens vorübergehend und verschwinden nach einiger Zeit wieder. Wenn durch die Therapien alle Krebszellen aus dem Körper entfernt wurden, kann der Mensch geheilt werden. Manchmal ist Krebs aber auch nicht heilbar.

Krebs betrifft den ganzen Menschen und sein Umfeld

Eine Krebserkrankung ist für einen Menschen immer ein schwerer Schlag und mit vielen Ängsten und Unsicherheiten verbunden. Neben der Angst zu sterben betreffen diese Unsicherheiten das Vertrauen in den eigenen Körper. Hinzu kommen auch Ängste, die Angehörigen und Freunde zu sehr zu belasten, die Arbeit zu verlieren und nicht mehr so belastbar und gesund zu werden wie vor der Erkrankung.

Deshalb ist ein großer Rückhalt von Familie und Freunden für den Patienten sehr wichtig. Aber auch Freunde und Familie haben Angst, brauchen vielleicht selber Hilfe bei starker Belastung und allem, was erledigt und entschieden werden muss. Hier können Psychologen, Familienberater oder auch Selbsthilfegruppen den Beistand leisten, den die Betroffenen benötigen.

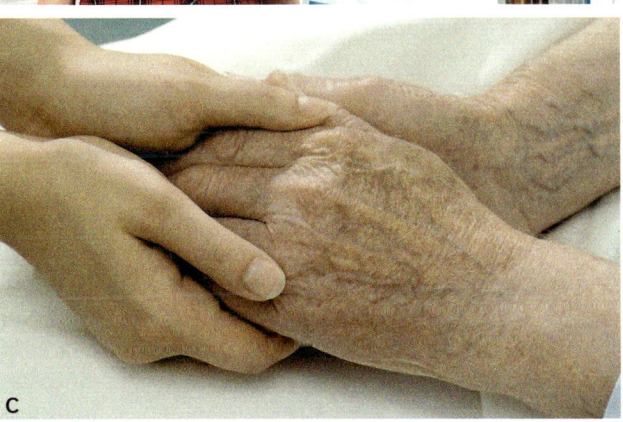

2 Krebsbehandlung: **A** Chemotherapie, **B** Gespräch mit der Ärztin, **C** Zuwendung

Du kannst einige Ursachen für die Entstehung von Krebszellen benennen. Du kannst beschreiben, welche Auswirkungen Krebs auf den Körper des Menschen hat und wie die Krankheit und ihre Behandlung Einfluss auf den ganzen Menschen und seine Umgebung hat.

Basiskonzepte S. 113

Infektionskrankheiten

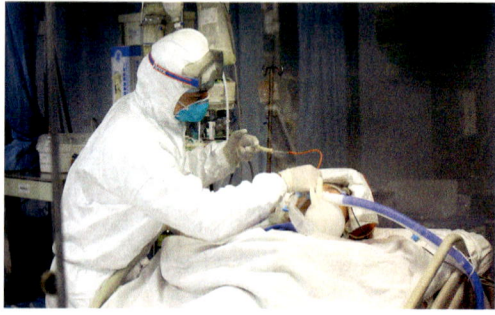

1. ≡ Ⓐ

In Krankenhäusern müssen auch Besucher manchmal Schutzkleidung anlegen. Begründe.

2. ≡ Ⓐ

Beschreibe den typischen Verlauf einer Infektionskrankheit. Teile den Verlauf dabei in mehrere Phasen ein.

3. ≡ Ⓐ

Welche Gruppen von Krankheitserregern unterscheidet man? Erstelle eine Liste und ordne jedem Erregertyp eine von ihm ausgelöste Infektionskrankheit zu. Die folgenden Seiten helfen dir dabei.

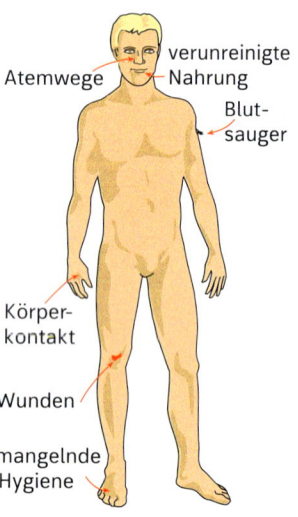

Atemwege
verunreinigte Nahrung
Blut-sauger
Körper-kontakt
Wunden
mangelnde Hygiene

5. ≡ Ⓐ

a) Vergleiche die Todesursachen in Ländern mit niedrigem und mit hohem Pro-Kopf-Einkommen. Beschreibe auffällige Unterschiede.
b) Erläutere die Ursachen für diese Unterschiede.

Todesursachen weltweit
Die häufigsten Todesursachen in...

...Ländern mit niedrigem Pro-Kopf-Einkommen
(unter 825 US-Dollar) jeweils Anteil an allen Todesfällen

11,2 %	Infektion der unteren Atemwege
9,4	Herzerkrankung (u.a. Herzinfarkt)
6,9	Durchfallerkrankung
5,7	HIV/Aids
5,6	Hirngefäß-Erkrankung
3,6	Chronische Lungenerkrankung (COPD)
3,5	Tuberkulose
3,4	Infektion bei der Geburt
3,3	Malaria
3,2	Frühgeburt und zu geringes Geburtsgewicht

...Ländern mit hohem Pro-Kopf-Einkommen
(über 10 065 US-Dollar, u.a. Deutschland)

16,3 %	Herzerkrankung
9,3	Hirngefäß-Erkrankung
5,9	Luftröhren-, Bronchien- und Lungenkrebs
3,8	Infektion der unteren Atemwege
3,5	Chronische Lungenerkrankung (COPD)
3,4	Alzheimer und Demenz
3,3	Darmkrebs
2,8	Diabetes
2,0	Brustkrebs
1,8	Magenkrebs

Quelle: WHO   dpa•6052

4. ≡ Ⓐ ⃝

a) Beschreibe mithilfe der Abbildung, wie Krankheitserreger in den Körper eindringen können.
b) Mache zu jedem Beispiel Vorschläge, wie man sich vor einer entsprechenden Infektion schützen kann.

6. ≡ Ⓠ

a) Im Kampf gegen die Infektionskrankheiten haben sich in der Vergangenheit zahlreiche Ärzte und Forscher hervorgetan. Drei von ihnen sind LOUIS PASTEUR, ROBERT KOCH (Bild) und EMIL VON BEHRING.
Recherchiere, durch welche Entdeckungen sie bekannt geworden sind. Erstelle von einem dieser Forscher eine Kurzbiografie.
b) Aktuelle Nobelpreisträger auf diesem Gebiet aus dem vergangenen Jahrzehnt sind FRANÇOISE BARRÊ-SINOUSSI und HARALD ZUR HAUSEN. Stelle die Schwerpunkte ihrer Forschung vor.

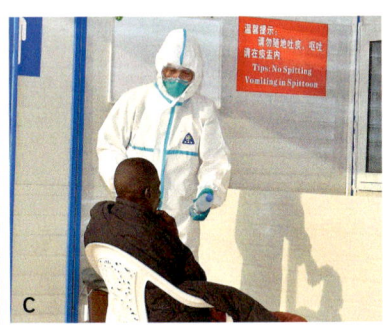

1 Kampf gegen Infektionen: **A** Grippe, **B** Desinfektion zur Verhinderung einer Viehseuche, **C** Ebola-Patient

Krankheitserreger und Infektionswege

Unsere Umwelt ist voller mikroskopisch kleiner Organismen, die mit dem bloßen Auge nicht zu erkennen sind. Die meisten sind für den Menschen ungefährlich. Einige wenige jedoch sind Verursacher von Krankheiten. Bei diesen **Krankheitserregern** handelt es sich überwiegend um **Bakterien** und **Viren.** Aber auch **Hautpilze** und **tierische Parasiten** wie Bandwürmer können Krankheiten auslösen.

Die Krankheitserreger gelangen auf unterschiedlichen Wegen in den Körper. Sie werden mit der Nahrung aufgenommen oder dringen über die Atemwege (Tröpfcheninfektion), über Wunden oder durch Körperkontakte in den Körper ein. Auch können Tiere, z. B. Zecken, die Erreger auf den Menschen übertragen.

Am Anfang steht die Infektion

Wenn Krankheitserreger in den Körper eingedrungen sind, hat sich dieser Mensch „infiziert". Die **Infektion** ist somit die erste Phase aller Infektionskrankheiten. Da viele dieser Krankheiten von Mensch zu Mensch übertragbar sind, spricht man auch von ansteckenden oder übertragbaren Krankheiten.

Die Erkrankung nimmt ihren Lauf

Oft merkt ein Betroffener gar nicht, dass er sich infiziert hat, da die natürlichen Schutzeinrichtungen des Körpers die Eindringlinge sofort vernichten. Gelingt dies nicht, beginnen die Krankheitserreger sich im Körper zu vermehren. Es vergeht dann noch eine gewisse Zeit, bis die Krankheit ausbricht. Diesen Zeitraum nennt man **Inkubationszeit.** Sie kann Stunden, Tage oder sogar Jahre dauern. Mit dem **Ausbruch der Krankheit** treten typische **Symptome** auf, beispielsweise Fieber, Appetitlosigkeit, Kopf- und Gliederchmerzen und allgemeine Schwäche. Meistens schafft es das nun aktivierte **Immunsystem,** die Erreger nach wenigen Tagen unschädlich zu machen. In einigen Fällen bleibt der Mensch jedoch dauerhaft krank. Im schlimmsten Fall kann eine Infektion tödlich enden.

Die Genesung unterstützen

Bei einer schweren Infektionserkrankung wie beispielsweise der Grippe sollte man unbedingt einen Arzt zu Rate ziehen. Er entscheidet, ob Medikamente zum Einsatz kommen, oder ob das Immunsystem des Körpers mit der Infektion allein fertig wird.

Einfache Verhaltensregeln können die **Genesung** unterstützen: Bettruhe und Schonung entlasten den Organismus, frische Luft im Krankenzimmer und reichlich Trinken unterstützen das Abwehrsystem.

Epidemien

Wenn große Teile der Bevölkerung von einer Infektion betroffen sind, spricht man von einer Seuche oder **Epidemie.** Pest- und Pockenepidemien sind bekannte Beispiele aus früheren Jahrhunderten. Ihnen fielen Millionen von Menschen zum Opfer. Dank der modernen Medizin sind diese Krankheiten heute weitgehend unter Kontrolle. Dennoch treten in einigen Entwicklungsländern Krankheiten wie Typhus und Cholera heute noch als Seuchen auf – häufig bedingt durch mangelnde Hygiene oder fehlende ärztliche Versorgung. Weltweit gehören die Infektionskrankheiten deshalb immer noch zu den häufigsten Todesursachen.

Du kannst die Erreger von Infektionskrankheiten benennen.
Du kannst Infektionswege und den typischen Verlauf von Infektionserkrankungen beschreiben.

Basiskonzepte S. 113

Viren – Winzlinge, die krank machen können

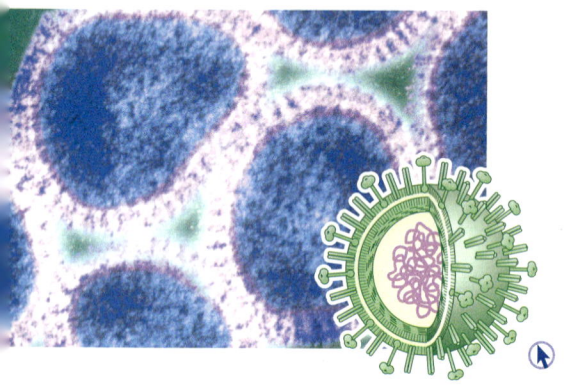

1.
Vergleiche das elektronenmikroskopische Bild von Grippeviren mit der Schemazeichnung. Benenne die Strukturen, die auf dem Foto erkennbar sind. Was sieht man hier nicht? Welche Funktion haben die stachelförmigen Fortsätze?

2.
Erläutere mithilfe der unten stehenden Abbildung, wie sich Viren im Körper massenhaft vermehren.

3. ≡ Ⓐ
Beschreibe mithilfe der Abbildung 1B und des Informationstextes den Verlauf einer Masern-erkrankung.

4. ≡ Ⓐ
Werte die Abbildung 2 auf der gegenüberliegenden Seite aus und vergleiche die Größe von Viren, Bakterien und Körperzellen.

5. ≡ Ⓐ Ⓚ
Sind Viren Lebewesen? Sammelt Argumente und diskutiert darüber.

> **HINWEIS**
> Die Kennzeichen des Lebendigen können euch bei euren Überlegungen helfen. Informationen dazu findet ihr im ersten Kapitel dieses Buches.

6. ≡ Ⓠ
a) Listet Infektionskrankheiten auf, die durch Viren hervorgerufen werden.
b) Sucht euch aus dieser Liste drei Beispiele aus, die ihr nach der Methode des Gruppenpuzzles weiter bearbeitet.

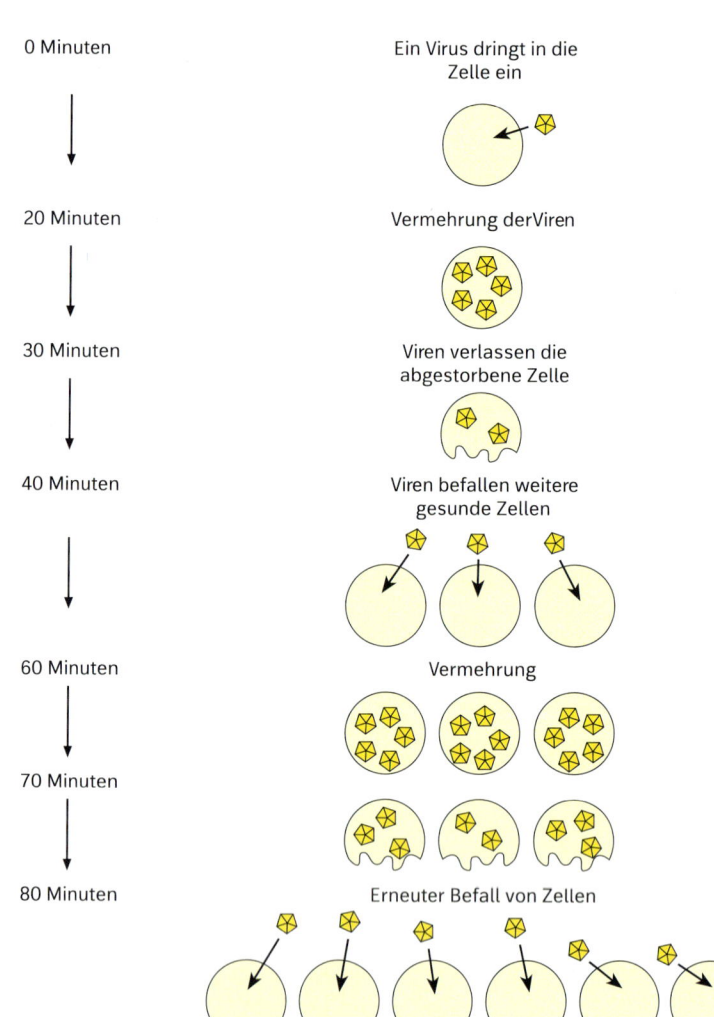

Zeitlicher Ablauf

0 Minuten

20 Minuten

30 Minuten

40 Minuten

60 Minuten

70 Minuten

80 Minuten

Vorgänge nach einer Virusinfektion

Ein Virus dringt in die Zelle ein

Vermehrung der Viren

Viren verlassen die abgestorbene Zelle

Viren befallen weitere gesunde Zellen

Vermehrung

Erneuter Befall von Zellen

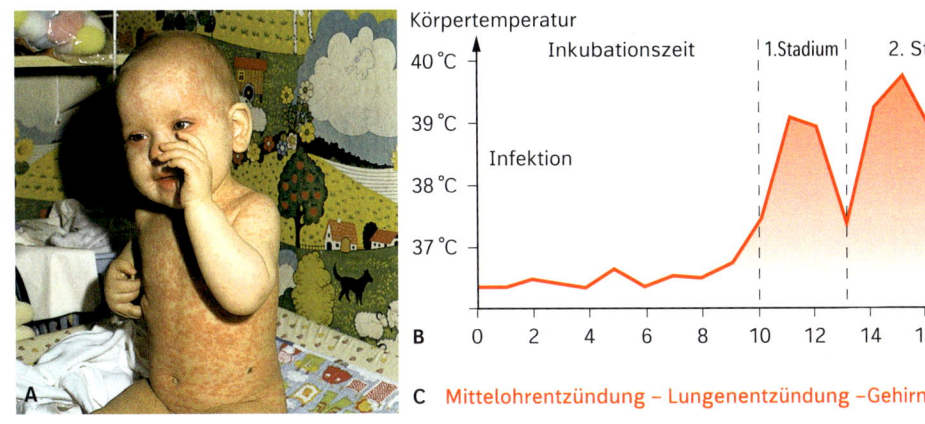

1 Masern: **A** Hautauschlag, **B** Verlauf, **C** mögliche Folgen

Masern – eine harmlose Kinderkrankheit?

Masern werden häufig als harmlose Kinderkrankheit betrachtet. Damit unterschätzt man ihre möglichen lebensgefährlichen Folgen. Der Erreger ist ein Virus, das durch Tröpfcheninfektion weitergegeben wird. Nach ca. 10 Tagen Inkubationszeit zeigen sich erste harmlose Symptome wie Schnupfen und Husten. Weißliche Flecken auf der Wangenschleimhaut und Fieber sind typische Anzeichen des Krankheitsausbruches. Nach 3 bis 5 Tagen geht die Krankheit in das 2. Stadium über. Die Viren haben sich inzwischen stark vermehrt. Das Fieber steigt oft bis 40°C. Die Erkrankten fühlen sich elend und entwickeln einen roten Hautausschlag. Ist das Immunsystem in der Lage, die Viren erfolgreich zu bekämpfen, verschwinden alle Symptome ein bis zwei Wochen nach Ausbruch der Krankheit.

Bei geschwächten Kindern kann es jedoch zu Folgeerkrankungen wie Mittelohr- und Lungenentzündung oder einer lebensgefährlichen Hirnhautentzündung kommen. Dieses Risiko lässt sich nur durch eine rechtzeitige Impfung vermindern.

Viruserkrankungen

Viren verursachen viele weitere Infektionskrankheiten, beispielsweise Kinderlähmung , Grippe, Herpes, Windpocken, Röteln, Hepatitis, Mumps, Tollwut, AIDS und Ebola.

Bau eines Virus

Viren sind wesentlich kleiner als Bakterien und erreichen kaum 1/10000 mm. Im Elektronenmikroskop kann ihr Aufbau sichtbar gemacht werden. Er ist bei allen Viren trotz unterschiedlicher äußerer Gestalt im Wesentlichen gleich: Eine Eiweißhülle schützt das Erbmaterial im Inneren. Sie besitzt Fortsätze, mit denen sich die Viren an den Wirtszellen anheften können. Viren besitzen weder einen eigenen Stoffwechsel, noch können sie sich selbst vermehren .

Vermehrung von Viren

Zur Vermehrung sind Viren auf Wirtszellen angewiesen, zum Beispiel Bakterienzellen oder Zellen von Menschen, Tieren und Pflanzen. Das Virus dringt in die Wirtszelle ein und verändert den Stoffwechsel so, dass diese Zelle in kürzester Zeit viele neue Viren produziert. Schließlich platzt die Wirtszelle. Die neuen Viren werden freigesetzt und können weitere Wirtszellen befallen. Es gibt derzeit noch keine Medikamente, die Viren beseitigen können. Mit Viren hemmenden Mitteln kann man jedoch die Dauer der Erkrankung verkürzen. Einen sicheren Schutz stellen nur Impfungen dar.

Du kannst Bau und Vermehrung von Viren beschreiben und Viruserkrankungen aufzählen.

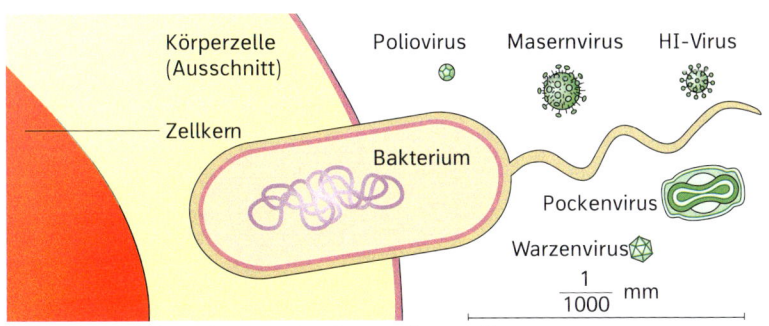

2 Größenvergleich: Viren – Bakterium – Körperzelle

Bakterien – nicht nur Krankheitserreger

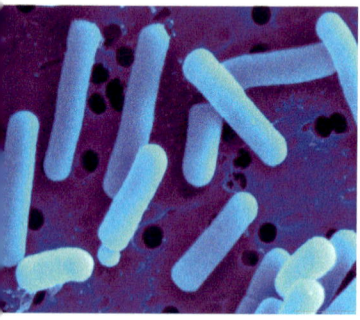

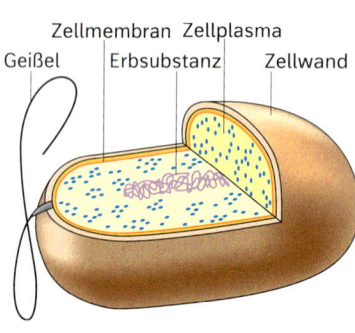

Zellmembran Zellplasma
Geißel   Erbsubstanz   Zellwand

1. ≡ **V** ◉
In Joghurt und anderen Sauermilchprodukten sind Milchsäurebakterien (Lactobazillen und Streptokokken) enthalten.
a) Gib einen Tropfen des wässrigen Überstandes von stichfestem Joghurt auf einen Objektträger und lege ein Deckgläschen darauf. Betrachte das Präparat unter dem Mikroskop bei mindestens 400facher Vergrößerung.
b) Welche Bakterienformen erkennst du? Lactobazillen sind stäbchenförmig, Streptokokken sind rund und hängen meist kettenartig zusammen. Fertige eine Zeichnung an.

2. ≡ **A**
a) Die obere Abbildung zeigt eine elektronenmikroskopische Aufnahme von Salmonellenbakterien und das Schema einer Bakterienzelle. Beschreibe, was auf dem Mikroskopbild vom Aufbau eines Bakteriums zu erkennen ist und was nicht.
b) Erstelle eine Tabelle, in der du den einzelnen Bauteilen eines Bakteriums ihre Funktion zuordnest.

3. ≡ **A** ◉
Die Salmonellose gehört zu den gefährlichen Infektionskrankheiten.
a) Beschreibe mithilfe der Abbildung 1 mögliche Infektionsquellen und entsprechende Vorbeugemaßnahmen.
b) Welche typischen Verlaufsphasen einer Infektionskrankheit weist die Salmonellose auf?
Erstelle dazu ein Fließdiagramm.

4. ≡ **A**
Stelle in einer Liste stichwortartig zusammen, welche lebensfördernden Funktionen Bakterien übernehmen.

5. **Q**
a) Listet Infektionskrankheiten auf, die durch Bakterien hervorgerufen werden.
b) Sucht euch aus dieser Liste drei Beispiele aus, die ihr nach der Methode des Gruppenpuzzles weiter bearbeitet.

Salmonellen vergiften Lebensmittel

Jährlich erkranken besonders in den heißen Sommermonaten zahlreiche Menschen an einer **Lebensmittelvergiftung.** Meist wird eine solche Erkrankung von Bakterien hervorgerufen, den **Salmonellen.** Nach dem Verzehr von befallenen Lebensmitteln dauert die **Inkubationszeit** wenige Stunden. Als erste **Symptome** treten Übelkeit, Erbrechen, Durchfall und Kopfschmerzen auf. Gewöhnlich lassen die Beschwerden nach wenigen Tagen nach. Bei einem geschwächten Organismus kann eine solche Infektion aber auch zum Tode führen.

Vielfältige Infektionsquellen

Die Übertragung von Salmonellen erfolgt häufig durch wasser- und eiweißreiche Lebensmittel tierischer Herkunft. Dazu gehören nicht ausreichend erhitzte Eier- und Milchspeisen, Fleisch- und Wurstwaren.Nach dem Verzehr setzen die Bakterien in Magen und Darm Giftstoffe frei, die die Schleimhäute dieser Organe angreifen und die genannten Symptome hervorrufen. Salmonellen vermehren sich vor allem bei sommerlichen Temperaturen sehr rasch. Sie überleben auch in tiefgefrorenen Lebensmitteln. Sie lassen sich aber durch Abkochen und Durchgaren abtöten.

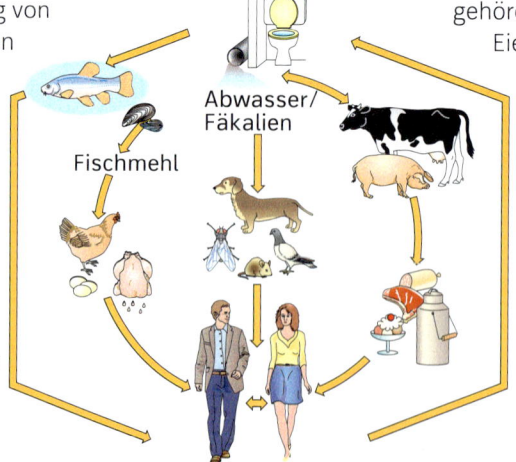

1 Infektionsquellen der Salmonellenbakterien

Abwasser/Fäkalien

Fischmehl

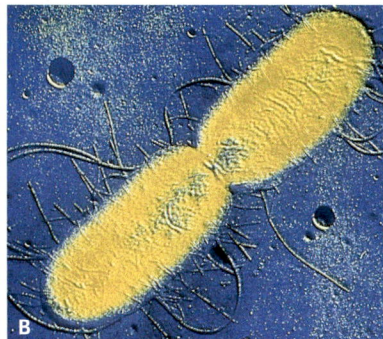
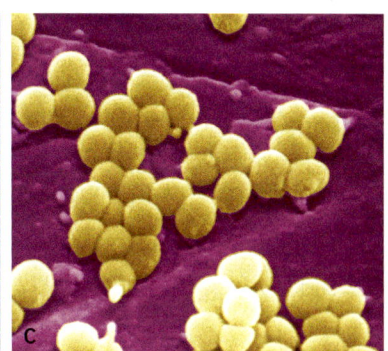

2 Bakterien: **A** Bakterien im Zahnbelag, **B** Darmbakterien bei der Teilung,
C Eiter erregende Streptokokken, **D** Bakterienformen

Bakterien sind überall

Nahezu überall auf der Erde findet man Bakterien: In der Luft, im Boden, im Wasser. Mit jedem Gegenstand, den wir anfassen, mit allem, was wir verzehren, mit jedem Atemzug kommen wir mit Bakterien in Berührung.

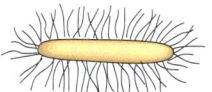

begeißeltes Stäbchen-
bakterium

Lebensfeindlich – lebens-
fördernd

Bakterien verursachen bei Mensch und Tier zahlreiche Krankheiten. Neben der Salmonellose zählen dazu Scharlach, Tuberkulose, Keuchhusten, Lungenentzündung, Pest und Karies.
Die meisten Bakterien jedoch sind für Menschen, Tiere und Pflanzen harmlos. Im Naturhaushalt erfüllen sie eine wichtige Rolle. So zersetzen Bakterien beispielsweise organisches Material wie abgestorbene Pflanzenteile. In den Wurzeln von Schmetterlings- blütengewächsen (z. B. Lupinen) leben Bakterien, die den Stickstoff der Luft im Boden für die Ernährung der Pflanzen nutzbar

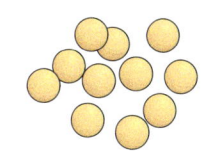

begeißeltes Schrau- ben- bakterium

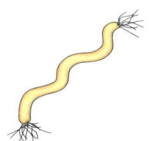

Kugelbakterien

Kommabakterium

D

machen. Milchsäurebakterien erzeugen Joghurt, Quark und Sauerkraut. Essigbakterien wandeln Wein in Essig um. Beim Menschen siedeln zahlreiche Bakterien auf der Haut und in den Schleimhäuten. Dort schützen sie vor Krankheitserregern. Auch im Darm leben Bakterien, die man unter dem Begriff „Darmflora" zusammenfasst. Sie unterstützen die Verdauung.

Der Bau der Bakterienzelle

Alle Bakterien zeigen einen gemeinsamen Bauplan. Sie bestehen aus einer einzigen Zelle, die von einer festen Zellwand begrenzt wird. Diese ist bei manchen Arten von einer Schleimschicht oder Kapsel umgeben. Nach innen folgt auf die Zellwand eine Zellmembran. Die Erbsubstanz liegt frei im Zellplasma. Sie steuert die Vorgänge in der Zelle. Viele Bakterien besitzen fadenförmige Fortsätze, Geißeln, mit denen sie sich bewegen können. Bakterien werden etwa 1/1000 mm groß und sind sehr unterschiedlich geformt. Es gibt Stäbchen-, Kugel-, Komma- oder Schrauben- formen.

Rasante Vermehrung

Bakterien vermehren sich durch Zellteilung. Unter optimalen Bedingungen verdoppelt sich ihre Anzahl alle 20 bis 30 Minuten. Zu Untersuchungszwecken werden Bakterien in Laboren auf Nährböden gezüchtet.

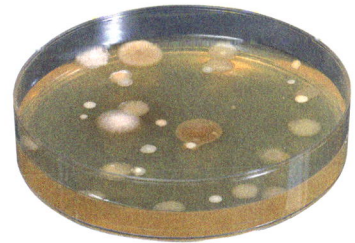

3 Bakterienkolonie auf einem Nährboden

Du kannst den Bau von Bakterien beschreiben und unterschiedliche Bedeutungen von Bakterien erläutern.

Antibiotika

1. ≡ Ⓐ
Beschreibe die unterschiedlichen Wirkungsweisen, mit denen Antibiotika Bakterien unschädlich machen können.

2. ≡ Ⓐ
Begründe, warum Antibiotika nicht bei Masern angewendet werden.

3. Ⓠ
Recherchiere die Bedeutung der Antibiotika in der Massentierhaltung. Stelle deine Ergebnisse der Klasse vor.

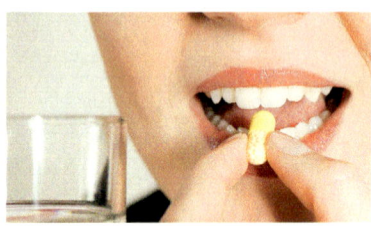

4. ≡ Ⓐ
Erläutere, warum man bei der Einnahme von Antibiotika besonders verantwortungsbewusst vorgehen muss.

5. ≡ Ⓐ ⓚ
a) Erläutere den Begriff „Resistenz" im Zusammenhang mit Bakterien und Antibiotika.
b) Beschreibe, welche Gefahren von der zunehmenden Resistenz vieler Bakterienstämme gegenüber Antibiotika ausgehen. Halte einen kurzen Vortrag.

Ein unentbehrliches Medikament

Im Jahre 1941 konnte mit **Penicillin** als erstem Antibiotikum ein infizierter Mensch geheilt werden. Heute versteht man unter dem Sammelbegriff Antibiotika eine Vielzahl solcher Stoffe. Sie schädigen nur Bakterienzellen. Auf Viren und auf menschliche und tierische Zellen haben sie meist keine oder nur geringe Auswirkungen.
Antibiotika zählen heute zu den weltweit am häufigsten verwendeten Medikamenten.
Sie haben dafür gesorgt, dass zahlreiche bakterielle Infektionen wie Tuberkulose, Diphtherie, Wundstarrkrampf oder bestimmte Geschlechtskrankheiten heilbar sind.

Wirkungsweisen von Antibiotika

Antibiotika wirken auf verschiedene Weisen auf Bakterienzellen. Einige von ihnen hemmen den Aufbau der Bakterienzellwand oder schädigen die Zellmembran. Andere Antibiotika nehmen Einfluss auf die DNA oder die Proteinsynthese der Bakterienzellen und blockieren damit die ihre Stoffwechselvorgänge.
Alle diese Wirkungsweisen sorgen dafür, dass die Bakterien abgetötet oder in ihrer Vermehrung gehemmt werden.
Der unterschiedliche Aufbau von menschlichen und bakteriellen

Zellen ist der Grund dafür, dass Antibiotika nur Bakterien schädigen.

Resistente Bakterien

In jüngerer Zeit verstärkt sich ein Problem, das die „Wunderwaffe Antibiotika" stumpf zu machen droht. Immer häufiger treten Bakterienstämme auf, die aufgrund einer Veränderung ihrer Erbinformation und damit ihrer Struktur durch Antibiotika nicht mehr angegriffen werden können – sie sind **resistent.** Diese Resistenz wird an die nächsten Bakteriengenerationen weitergegeben, sodass eine Behandlung mit demselben Antibiotikum ohne Erfolg bleibt.
Die zunehmende Resistenz zwingt die Forschung dazu, immer neue Antibiotika zu entwickeln.

Verantwortungsbewusste Einnahme

Antibiotika dürfen nur nach ärztlicher Verschreibung und unter gewissenhafter Beachtung der Einnahmevorschriften eingenommen werden. Einerseits kann eine unkontrollierte Verwendung von Antibiotika zu einer verstärkten Resistenz der krankmachenden Bakterien führen. Andererseits schädigen die Antibiotika auch die nützlichen Bakterien z. B. im Dickdarm, so dass es zu schwerwiegenden Nebenwirkungen kommen kann.

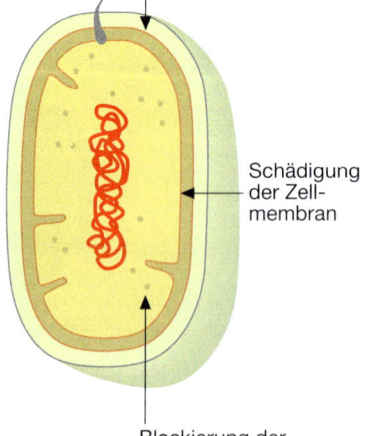

Hemmung des Zellwandaufbaus

Schädigung der Zellmembran

Blockierung der Stoffwechselreaktionen

1 Wirkungsweise von Antibiotika

Die Verwendung von Antibiotika in der Kritik

Einige Anwendungsbereiche von Antibiotika stehen in der Kritik. So findet man den Einsatz von Antibiotika häufig in der Masttierhaltung. Inzwischen sind EU-weit Antibiotika als genereller Futterzusatz verboten. Häufig werden sie jedoch als Medikament für alle auf engem Raum lebenden Tiere eingesetzt, um Infektionen vorzubeugen und Leistung und Wachstum zu steigern. Hier besteht die Sorge, resistente Bakterien könnten über den Verzehr tierischer Nahrungsmittel den Menschen erreichen.

2 Haltung von Mastschweinen

Vergleichbare Bedenken gibt es auch im Bereich des Pflanzenschutzes, wo mit Antibiotika bakterielle Erkrankungen der Pflanzen (z. B. Feuerbrand) bekämpft werden.

Ebenso umstritten ist der Einsatz von Antibiotika in der Gentechnik. Mit ihrer Hilfe überprüft man, ob eine Genübertragung in Pflanzenzellen erfolgreich war. Hier besteht die Sorge, dass es zur unkontrollierten Ausbreitung von solchen Genen kommt, die eine Resistenz von Bakterien gegenüber Antibiotika hervorrufen.

Du kannst die Wirkungsweise von Antibiotika beschreiben und das Risiko durch die zunehmende Resistenz von Bakterien erläutern.

Die Entdeckung des Penicillins

Der Zufall hilft

Große Entdeckungen werden oft durch Zufall gemacht. So war es auch im Jahre 1928, als der schottische Bakterienforscher ALEXANDER FLEMING (1881 bis 1955) sein Labor aufräumte. Dabei fiel ihm ein Glasschälchen in die Hand, in dem er vor einiger Zeit Bakterien auf einem speziellen Nährboden

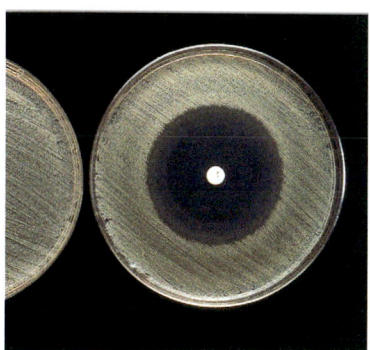

1 Kulturschale mit Schimmelpilz und Bakterien

2 Der Entdecker FLEMING

gezüchtet hatte.
Er wollte die Kulturschale wegwerfen, weil sie verschimmelt war, da bemerkte er etwas Sonderbares: In der Nähe der Schimmelpilze wuchsen keine Bakterien! Für FLEMING stellte sich die Frage: Gibt der Schimmelpilz einen Stoff ab, der das Wachstum der Bakterien hemmt oder sie sogar abtötet?

Der Wirkstoff Penicillin

Bei dem Schimmelpilz in der Kulturschale handelte es sich um einen Pinselschimmel mit einem verzweigten Fadengeflecht und langen Reihen aus blaugrünen Sporen an den Enden. Diesen Schimmelpilz züchtete FLEMING in einer speziellen Nährlösung für Bakterien und Pilze. Wenn Bakterien mit dieser Lösung in Kontakt gebracht wurden, hörten sie auf zu wachsen. Damit war nachgewiesen, dass der Schimmelpilz einen Stoff erzeugt, der die Vermehrung von Bakterien hemmt. Diesen Stoff nannte FLEMING **Penicillin** nach dem wissenschaftlichen Namen für den Schimmelpilz, *Penicillium chrysogenum*.
Für seine Entdeckung erhielt FLEMING 1945 den Nobelpreis für Medizin.

STREIFZUG

Infektionskrankheiten durch Bakterien und Viren

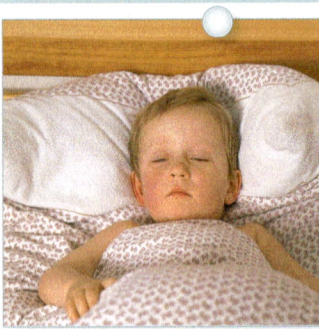

Röteln

Erreger: Rötelnvirus

Infektionsweg: Tröpfcheninfektion

Symptome/Krankheitsverlauf: rote Flecken zunächst im Gesicht · Fieber · später rote Flecken am ganzen Körper · lebenslange Immunität nach einer Infektion

Vorbeugung/Therapie: vorbeugende Impfung · fiebersenkende Mittel

Komplikationen: bei Rötelninfektion während einer Schwangerschaft Gefahr von schweren Fehlbildungen des Kindes und Fehlgeburten

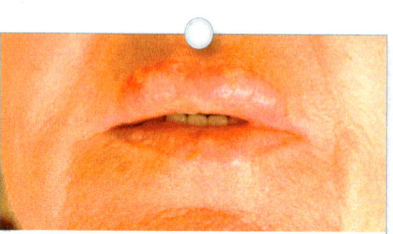

Lippenherpes

Erreger: Herpes simplex-Virus

Infektionsweg: Übertragung der Viren im Kindesalter oft durch Eltern-Kind-Kontakt · verbleiben auf Dauer im Körper · Infektion kann wiederholt ausbrechen

Symptome/Krankheitsverlauf: Hautstelle an der Lippe spannt, ist gereizt und juckt · nachfolgend schmerzhafte Bläschen mit eitrigen verkrusteten Belägen

Vorbeugung/Therapie: Salben mit virenhemmenden Mitteln · Vorbeugung kaum möglich

Komplikationen: besonders im Babyalter weitere Entzündungen im Kopfbereich (z. B. Augenhornhaut oder Hirnhaut) möglich

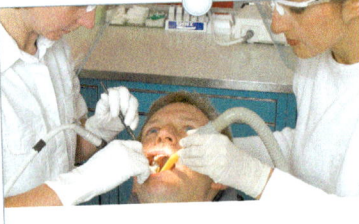

Karies

Erreger: Bakterien (Streptokokken)

Infektionsweg: Bakterien leben im Mund und Rachenraum · Kohlenhydrate sind ein guter Nährboden für ihre Ernährung und Vermehrung · bei diesen Vorgängen entwickelt sich eine Säure

Symptome/Krankheitsverlauf: Säure greift die Zähne an · bei Nichtbehandlung entstehen Löcher in den Zähnen

Vorbeugung/Therapie: regelmäßiges Zähneputzen · regelmäßiger Zahnarztbesuch · weniger Süßigkeiten essen

Komplikationen: komplettes Abfaulen der Zähne • Blutvergiftung

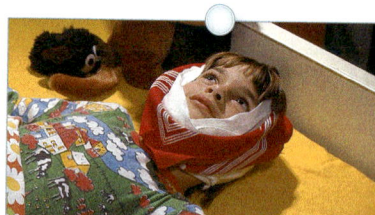

Mittelohrentzündung

Erreger: Viren und Bakterien

Infektionsweg: Viren gelangen mit dem Blut ins Ohr · Einwanderung der Bakterien aus dem Mundraum durch die Ohrtrompete ins Mittelohr · möglicherweise auch beim Schwimmen oder Baden durch das Trommelfell

Symptome/Krankheitsverlauf: Ohrenschmerzen · Fieber Druckgefühl · Rauschen im Ohr

Vorbeugung/Therapie: Ohren vor Kälte und Zugluft schützen · Bakterien mit Antibiotika bekämpfen

Komplikationen: bei nicht auskurierter Mittelohrentzündung Vernarbung des Trommelfelles Mittelohrentzündung · Schwerhörigkeit · Hirnhautentzündung

---

1. **Ⓐ**

a) Erkläre, warum die Rötelnimpfung wichtig ist.

b) Begründe, warum die Rötelnimpfung für Mädchen von besonderer Bedeutung ist.

2. **Ⓞ**

Recherchiert zu weiteren Infektionskrankheiten wie Mumps, Kinderlähmung, Windpocken, Scharlach, Keuchhusten oder Ebola. Erstellt als Ergebnis eurer Recherche jeweils ein Pinnwandblatt nach dem obigen Muster.

Tierische Krankheitsüberträger und -erreger

Parasiten leben im oder am Körper von Menschen, Tieren oder Pflanzen.
Wirt nennt man das Lebewesen, in oder an dessen Körper ein Parasit lebt.

Zecken

Überträger/Erreger: der Holzbock gehört zur Familie der Zecken · 2 bis 5 mm groß · lebt bodennah im Gras, Gebüsch oder Unterholz · kann beim Blutsaugen sowohl Bakterien als auch Viren übertragen
Krankheitsbild: Viren verursachen die gefährliche Hirnhautentzündung FSME (Frühsommer-Meningo-Enzephalitis) · Bakterien rufen Borreliose hervor · zunächst Rötung der Einstichstelle · später Entzündungen und vielfältige Komplikationen wie Gelenkserkrankungen oder Nervenlähmungen
Vorbeugung/Behandlung: bei Befall umgehende Entfernung der Zecke · Impfung gegen FSME · keine Vorsorgemöglichkeit gegen Borreliose · Antibiotikabehandlung notwendig

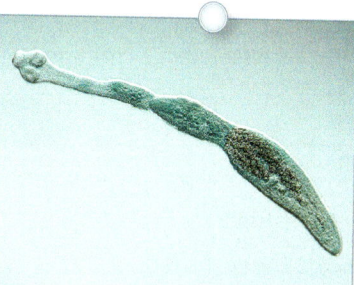

Fuchsbandwurm

Erreger: lebt im Darm von Füchsen, Katzen und Hunden (Endwirte) · 1 – 5 mm groß · Eier gelangen im Kot nach außen · kommen über Waldbeeren und Pilze in den Darm von Mäusen, aber auch Menschen
Krankheitsbild: geschlüpfte Larven setzen sich in Leber, Lunge und Gehirn fest · bilden dort eine Vielzahl von Bläschen (Finnen) · Zerstörung des umgebenden Gewebes
Vorbeugung/Behandlung: Pilze, bodennahe Beeren und Früchte nur gekocht verzehren · Hygiene beim Umgang mit Hunden und Katzen · Wurmkuren für diese Haustiere

PINNWAND

Kopflaus

Überträger/Erreger: lebt als Parasit im Bereich des Kopfes · klammert sich an den Haaren fest und saugt Blut · Übertragung durch direkten Kontakt oder über Textilien (z.B. Jacken, Mützen, Kopfkissen) · Weibchen „kitten" 50 – 80 Eier (Nissen) an die Haare · Nachwuchs schlüpft nach etwa 18 Tagen
Krankheitsbild: heftiger Juckreiz · Entzündung der Kopfhaut durch Kratzen · in den Tropen Übertragung von Fleckfieber möglich
Vorbeugung/Behandlung: Behandlung der befallenen Haare mit einem Mittel, das Läuse und Nissen abtötet · Auskämmen mit feinem Läusekamm

1. ≡ Ⓐ
Formuliere Ratschläge, wie man sich vor einem Befall von Zecken schützen kann. Denke dabei an ihren Lebensraum.

2. ≡ Ⓐ
Beschreibe, welche Krankheiten die dargestellten Krankheitserreger hervorrufen.

3. ≡ Ⓐ
Zu welcher Tiergruppe zählen die Läuse und zu welcher die Zecken? Achte bei der Zuordnung auf die Anzahl der Beine.

Stark in der Abwehr – das Immunsystem

1. ≡ Ⓐ
Beschreibe jeden Schritt der Immunabwehr in einem Satz.

2. Ⓐ
Stelle die Arbeitsweise des Immunsystems in einem Comic dar.

3. ≡ Ⓐ ☞
Stelle in einer Tabelle dar, welche Funktionen die Organe des Immunsystems bei dessen Arbeit übernehmen.

4. ≡ Ⓐ
Beschreibe Lebensgewohnheiten, die das Immunsystem positiv bzw. negativ beeinflussen können.

5. ≡ Ⓐ
Erläutere unter Verwendung der Abbildung 4 das Geschehen der Immunisierung.

Krankheitserreger überall

Im Alltag sind die Menschen überall Krankheitserregern ausgesetzt. Wenn zum Beispiel jemand in unserer Nähe hustet oder niest, wenn wir eine Türklinke anfassen oder ungewaschenes Obst essen, nehmen wir Bakterien, Viren oder andere Krankheitserreger auf. Unser Körper würde solche Angriffe auf die Gesundheit nur kurze Zeit überleben, gäbe es nicht eine leistungsfähige Abwehr.

Die erste Abwehrkette

Die gesunde Haut gehört zu den ersten Barrieren, die den Menschen vor Infektionen schützen. Ihre Hornschicht und der Säureschutzmantel, der sich aus den Ausscheidungen der Schweiß- und Talgdrüsen bildet, wehren Krankheitserreger ab.
Die gleiche Funktion erfüllen die Schleimhäute, der Speichel, die Tränenflüssigkeit, die Salzsäure im Magen und die körpereigenen Bakterien im Darm. Dennoch gelingt es schädlichen Bakterien, Viren und Pilzen immer wieder, diese Barrieren zu überwinden.

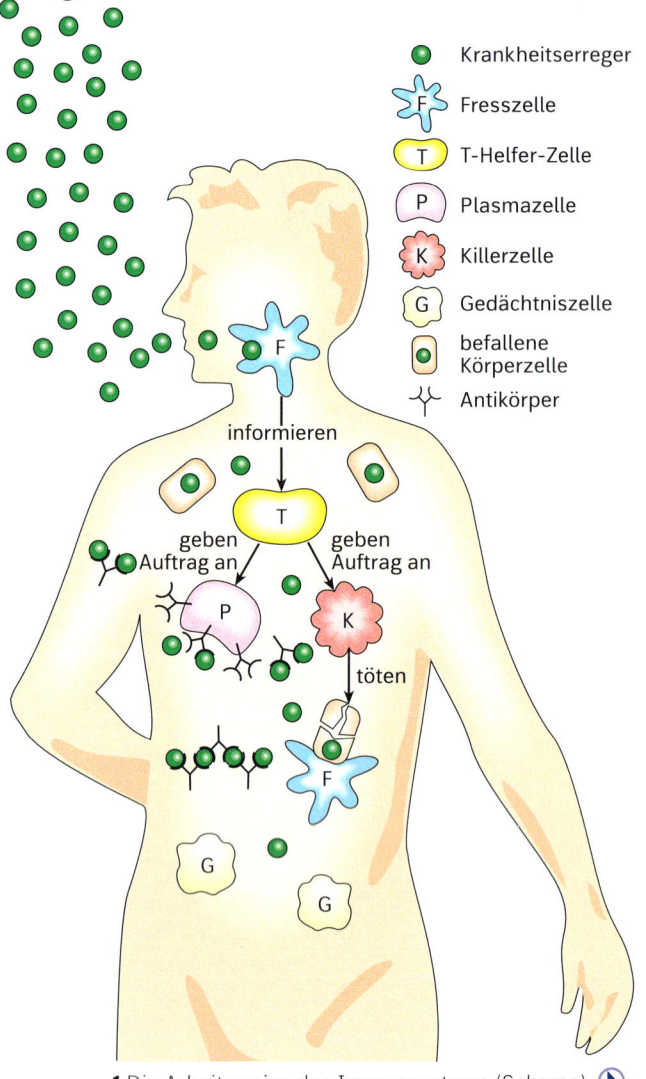

●	Krankheitserreger
Ⓕ	Fresszelle
Ⓣ	T-Helfer-Zelle
Ⓟ	Plasmazelle
Ⓚ	Killerzelle
Ⓖ	Gedächtniszelle
▢	befallene Körperzelle
⋏	Antikörper

informieren

geben Auftrag an — geben Auftrag an

töten

1 Die Arbeitsweise des Immunsystems (Schema)

Das Immunsystem greift ein

Dort, wo Erreger in den Körper eindringen können, beginnt das Immunsystem mit seiner Arbeit. Es sind im Wesentlichen die **weißen Blutkörperchen,** die diese Aufgabe als Abwehrzellen übernehmen. Sie entstehen fortwährend neu im **Knochenmark** der Röhrenknochen und gelangen mit dem Blut und der Lymphe an alle Stellen des Körpers. In den **Lymphknoten,** zum Beispiel in den Mandeln oder unter den Achseln, befinden sich besonders viele dieser Abwehrzellen. Man unterscheidet dabei mehrere Arten: Fresszellen, Killerzellen, Plasmazellen, T-Helferzellen und Gedächtniszellen.

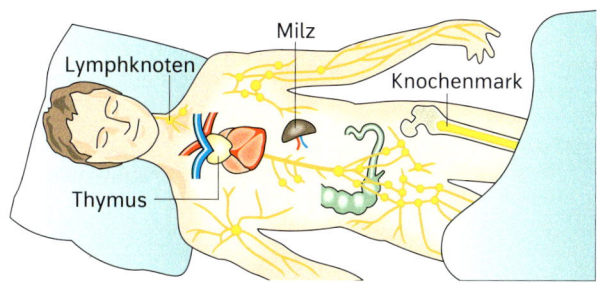

2 Organe des Immunsystems

Die Funktionen der unterschiedlichen Zellen

Fresszellen können überall im Körper eingedrungene Erreger aufnehmen und verdauen. Sie erkennen die Erreger an körperfremden Molekülen, den **Antigenen,** die an der Außenseite der Bakterien und Viren sitzen. In der **Milz** befinden sich immer Fresszellen in Reserve.
Manchmal gelingt es den fremden Zellen trotz dieser Abwehr, weiter in den Körper einzudringen und sich dort zu vermehren. Dann informieren die Fresszellen mithilfe von Antigen-Bruchstücken der verdauten Erreger andere Abwehrzellen im Blut, die **T-Helfer-Zellen.** Diese Zellen lernen im **Thymus,** einem kleinen Organ unter dem Brustbein, körperfremde Zellen und infizierte Körperzellen zu bekämpfen. Dazu informieren die T-Helferzellen die **Plasmazellen.**

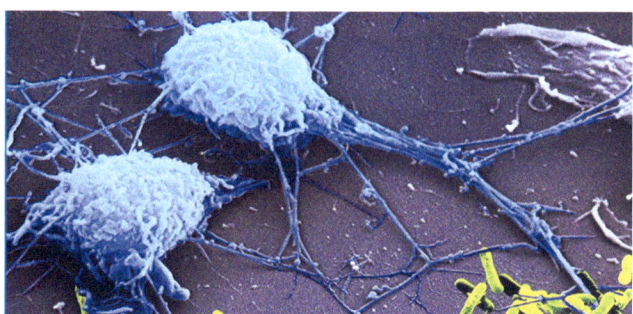

3 Fresszellen (orange) vernichten Bakterien (blau)

Diese bilden **Antikörper.** Das sind speziell geformte Eiweiße, die sich mit den Antigenen der jeweiligen Erreger verbinden. Dies führt zu einer Verklumpung der Eindringlinge. Die verklumpten Zellverbände werden schließlich von Fresszellen beseitigt.
Außerdem alarmieren die T-Helfer-Zellen die **Killerzellen.** Diese suchen nach Körperzellen, die bereits von Erregern befallen sind, und töten sie ab. Auch diese Reste vernichten die Fresszellen.

Immunisierung

Während das Abwehrsystem arbeitet, bilden sich die **Gedächtniszellen.** Das sind Zellen, die sich nach dem Kontakt mit einem bestimmten Antigen zu langlebigen Zellen entwickeln. Sie können noch Jahre später bei einem erneuten Kontakt mit demselben Erregertyp sofort aktiv werden und in großen Mengen Antikörper produzieren. Auf diese Weise wird der Mensch im Laufe seines Lebens gegen verschiedene Erreger **immun.**

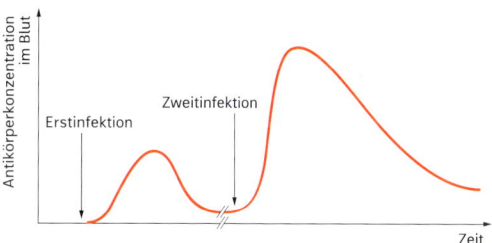

4 Konzentration von Antikörpern bei Infektionen

Das Immunsystem unterstützen

Jeder Mensch kann selbst dazu beitragen, die Funktion des Immunsystems zu unterstützen. Da die Abwehrzellen vor allem im Schlaf aktiv sind, ist ein ausreichender Schlaf besonders wichtig. Vitaminreiche Ernährung unterstützt das Abwehrsystem ebenso wie regelmäßige Bewegung. Das Immunsystem ist aber auch abhängig vom psychischen Befinden. Negativer Stress führt oft zu Erkrankungen.

Du kannst die Funktion des Immunsystems erläutern und die Immunisierung des Menschen beschreiben.

 Basiskonzepte S. 113

Organe spenden – Organe züchten

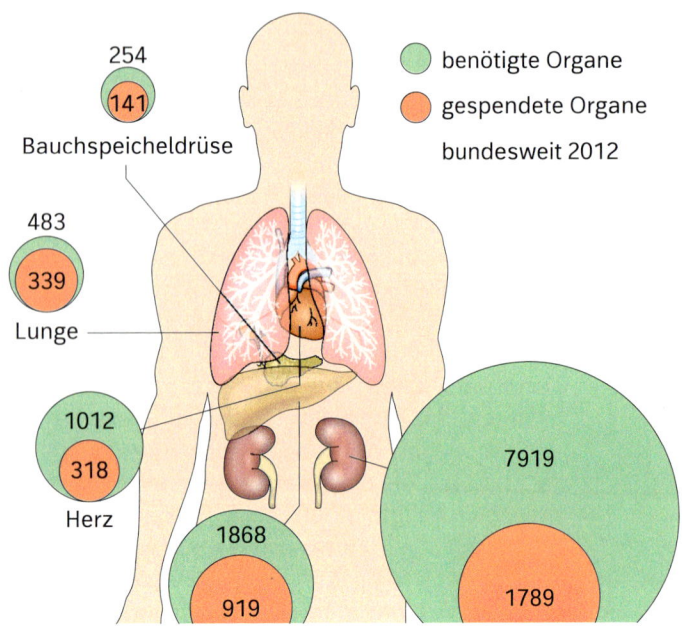

254
141
Bauchspeicheldrüse

483
339
Lunge

1012
318
Herz

1868
919

7919
1789

benötigte Organe

gespendete Organe

bundesweit 2012

1. ☰ Ⓐ
Beschreibe und erkläre die Abbildung links.

2. ☰ Ⓐ 🖑
Plant eine Dilemmadiskussion über Organspende und führt sie der Klasse vor.

3. ☰ Ⓐ
Erläutere deine eigene Einstellung zur Organspende.

4. ☰ Ⓐ
Erläutere, warum es für Angehörige eines hirntoten Menschen schwer sein kann, einer Organtransplantation zuzustimmen.

5. Ⓥ
Besorgt euch Organspenderausweise und füllt sie für euch aus.

Organe spenden?

In Deutschland könnten jährlich viele Menschen gerettet werden, wenn die Bereitschaft zur Organspende nach einem Unfalltod größer wäre.

Viele Menschen denken aber zu Lebzeiten lieber nicht über den eigenen Tod nach und haben deshalb keine Entscheidung über eine mögliche **Organspende** getroffen. Wer seine Wünsche zu Lebzeiten klar äußert, kann den eigenen Angehörigen diese schwierige Auseinandersetzung ersparen.

Seit 2012 wird jeder Jugendliche und Erwachsene ab 16 Jahren regelmäßig von der gesetzlichen Krankenversicherung über die Möglichkeiten der Organspende informiert und aufgefordert, sich eindeutig für oder gegen Organspende auszusprechen. Diese Entscheidung soll auf dem **Organspendeausweis** eingetragen sein. Organspendeausweise kann man kostenlos im Internet bestellen oder erhält sie von der Krankenversicherung. Ab 16 sollte man einen solchen Ausweis bei sich tragen, auch wenn man seine Organe nicht spenden möchte.

Vergabe von Organen

Die Vergabe von Organen an schwer kranke Menschen ist durch ein zentrales europäisches Vergabeverfahren geregelt. Für jedes Organ wird dazu eine eigene Empfängerliste nach bestimmten Kriterien erstellt. Je nach Schweregrad der Krankheit, der Wartezeit, dem Alter des Patienten, bestimmten Gewebemerkmalen und Blutgruppen werden die Organe den Patienten zugeteilt.

Wann ist ein Mensch tot?

Die Diagnose des Hirntodes ist für eine mögliche Organentnahme entscheidend. Der Hirntod ist unumkehrbar und wird von mehreren Ärzten unabhängig voneinander festgestellt. Da für die Transplantation die Organe noch weiter durchblutet sein müssen, bleibt ein hirntoter Mensch noch einige Zeit an die Herz- Lungenmaschine angeschlossen. Das macht es für Angehörige manchmal schwer die Entscheidung für eine Organspende zu treffen.

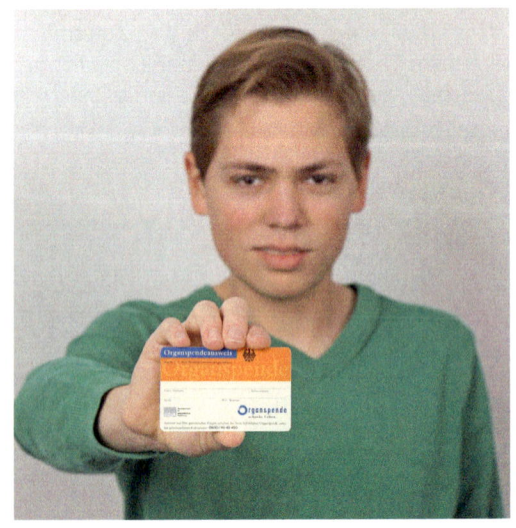

1 Organspendenausweis

6. ≣

Auf dem Bild ist eine Ratte mit einem nachgezüchteten Ohr auf dem Rücken dargestellt. Recherchiere, welche Ergebnisse im Tierversuch mit Organzüchtungen erzielt wurden und berichte.

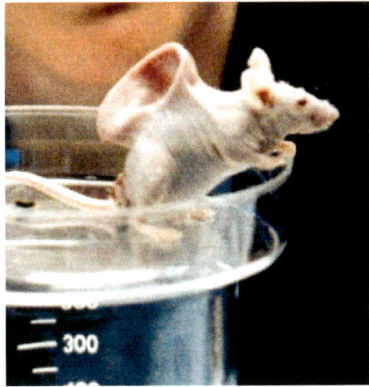

7. ≣ Ⓐ

Erkläre, welche Vorteile gezüchtete Organe gegenüber Spenderorganen hätten.

8. ≣ Ⓐ

a) Beschreibe, was Organoide sind.
b) Erkläre, warum Organoide keine Organe im Körper ersetzen können.
c) Erläutere die Bedeutung von Organoiden für die Medizin.

9. Ⓠ

Recherchiere und berichte über Wissenschaftler, die Fleisch für den Verzehr züchten.

Organe züchten

Die Übertragung von Organen von einem Menschen zum anderen ist immer ein großes Risiko, denn der Empfänger muss sein Leben lang Medikamente einnehmen. Diese verhindern, dass das eigene Immunsystem das fremde Organ abstößt. Eine solche Abstoßungsreaktion ist immer möglich und kann auch noch nach Jahren einsetzen.

Außerdem stehen nie so viele Organe zur Verfügung, wie gebraucht werden. Könnten Organe aus körpereigenen Stammzellen nachgezüchtet werden, wären beide Probleme gelöst. Solche nachgezüchteten Organe hätten dann die gleiche Erbinformation und damit die gleichen Gewebemerkmale wie der erkrankte Mensch.

Es ist inzwischen gelungen, aus menschlichen Stammzellen menschliche Organe im Kleinformat zu züchten. Solche **Organoide** ersetzen noch keine Organe im Körper, sie haben keine Blutversorgung und bilden die richtigen Organe nur nach. Daher sind sie vor allem für Experimente geeignet. So kann an diesen nachgezüchteten Miniorganen zum Beispiel erforscht werden, wie sie sich entwickeln und wie die Gewebe auf bestimmte Medikamente reagieren. So könnten Tierversuche eingespart und Medikamente sehr individuell getestet werden.

In Zukunft wollen Forscher neue Organe mit einem 3D-Drucker entstehen lassen.

> Du kannst die Argumente für und wider Organspende abwägen und dir ein eigenes Urteil bilden. Du kannst die Bedeutung von nachgezüchteten Organen und Organoiden erklären.

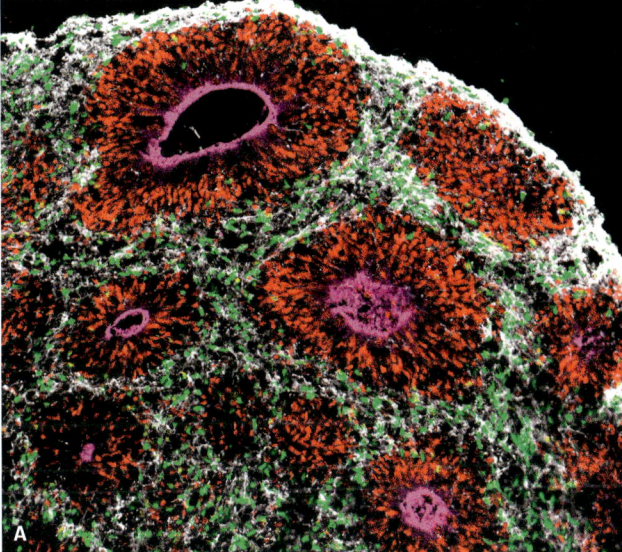

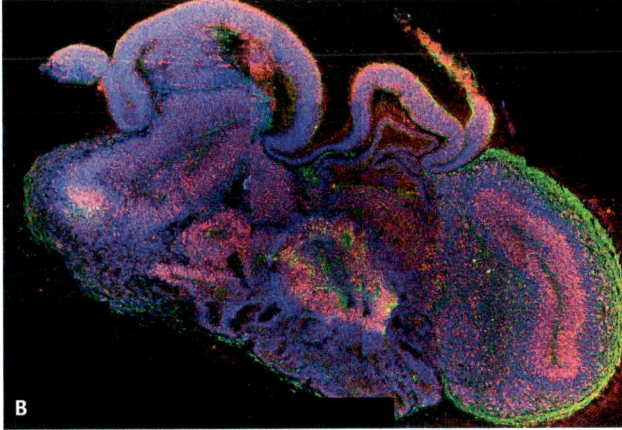

1 Nachgezüchtetes menschliches Gewebe:
A Gehirn-Organoid, **B** Darm-Organoid

Impfen kann Leben retten

Impfkalender	
Empfehlungen der Ständigen Impfkommission (STIKO)	
Impfungen	Empfohlenes Impfalter
1. Impfung – Rotaviren (schwere Durchfallerkrankung)	6 Wochen
1. Impfung – Pneumokokken (Lungenentzündung, Hirnhautentzündung, Mittelohrentzündung)	2 Monate
1. Impfung – Diphtherie, Tetanus, Keuchhusten, Polio (Kinderlähmung), Hepatitis B (Gelbsucht), Haemophilus influenza Typ b (HiB; Hirnhautentzündung, Kehldeckelentzündung)	2 Monate
2. Impfung – Rotaviren	2 Monate
2. Impfung – Pneumokokken	3 Monate
2. Impfung – Diphtherie, Tetanus, Keuchhusten, Polio, Hepatitis B, HiB	3 Monate
3. Impfung – Pneumokokken	4 Monate
3. Impfung – Diphtherie, Tetanus, Keuchhusten, Polio, Hepatitis B, HiB	4 Monate
1. Impfung – Masern, Mumps, Röteln, Windpocken	11–14 Monate
4. Impfung – Pneumokokken	11–14 Monate
4. Impfung – Diphtherie, Tetanus, Keuchhusten, Polio, Hepatitis B, HiB	11–14 Monate
1. Impfung – Meningokokken C (Hirnhautentzündung)	12–23 Monate
2. Impfung – Masern, Mumps, Röteln	15–23 Monate
1. Auffrischung – Diphtherie, Tetanus, Keuchhusten	5–6 Jahre
1. Auffrischung - Polio	9–17 Jahre
2. Auffrischung – Diphtherie, Tetanus, Keuchhusten	9–17 Jahre
Grundimmunisierung gegen humane Papillomaviren für alle Mädchen (u.a. Gebärmutterhalskrebs)	9–14 Jahre

1. Vergleiche Schutzimpfung und Heilimpfung. Stelle die Gemeinsamkeiten und die Unterschiede in einer Tabelle gegenüber.

2. Siehe in deinem Impfpass nach, welche Impfungen durchgeführt wurden. Vergleiche die Eintragungen in deinem Impfpass mit den Angaben des Impfkalenders. Nenne Konsequenzen, die sich für dich ergeben können.

3. Sammle Informationen über die Rötelninfektion. Halte einen Kurzvortrag.

4.
a) Formuliere die Kernaussage des unten stehenden Zeitungsartikels in eigenen Worten.
b) Recherchiere unter den Stichworten „Impfmoral" und „Impfmüdigkeit."
Nenne mögliche Gründe für die sinkende Zahl von Impfungen.
c) Stelle die Argumente der Impfbefürworter und der Impfgegner gegenüber und bewerte sie.

Masern auf dem Vormarsch
GESUNDHEIT. In Berlin infizieren sich derzeit besonders viele Menschen mit Masern. Im letzten halben Jahr wurden dort mehr als 1000 Fälle gemeldet. Angesichts dieser hohen Zahl erwägt das Gesundheitsministerium einen Impfzwang. Nicht zu impfen sei verantwortungslos, sagte der Bundesgesundheitsminister. In Deutschland wird die Durchimpfungsrate von 95%, die eine Ausbreitung der Masern verhindern würde, in vielen Regionen nicht erreicht. Welche Konsequenzen bei einer Impfverweigerung zu ziehen sind, muss auch mit den Bundesländern abgestimmt werden.

5. Sowohl die Antigene für die aktive Immunisierung, als auch die Antikörper für die passive Immunisierung werden heute oft gentechnologisch mithilfe von Zellkulturen hergestellt.
Erläutere mögliche Vorteile dieses Verfahrens gegenüber dem herkömmlichen Verfahren.

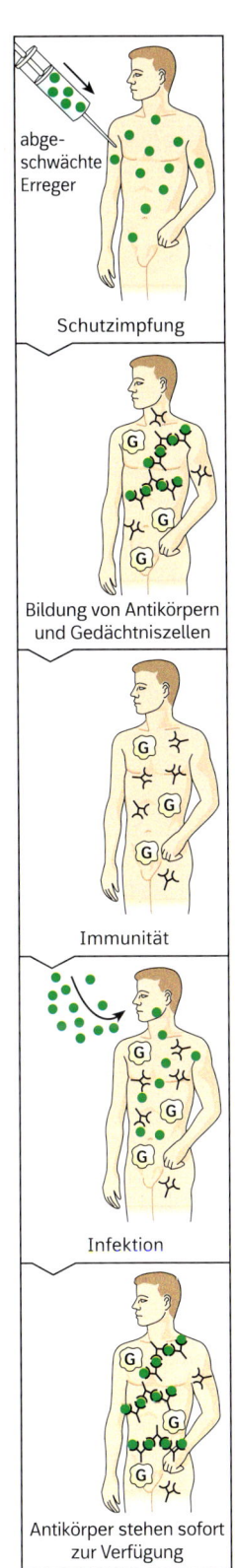

1 Schutzimpfung
(aktive Immunisierung)

Impfungen unterstützen die Körperabwehr

Viele Infektionskrankheiten, die früher oft tödlich verliefen, haben ihren Schrecken heute fast verloren. Diese Entwicklung ist vor allem auf den Einsatz von Impfungen zurückzuführen. Deren Wirkungsweise ist mit dem Immunsystem verbunden. Zahlreiche Infektionskrankheiten kann man für einen langen Zeitraum kein zweites Mal bekommen, weil das Immunsystem im Verlaufe der Erstinfektion spezifische Antikörper und Gedächtniszellen gebildet hat. Diese können bei einer erneuten Infektion mit den gleichen Erregern sofort mit der Abwehr beginnen. Bei Impfungen greift man auf diese Fähigkeit des Körpers zurück.

Aktive Immunisierung

Eine Reihe von Impfungen sollte bereits im Säuglingsalter erfolgen, z. B. die Impfung gegen Wundstarrkrampf (Tetanus). Dabei nimmt das Kind Tetanus-Erreger auf, die vorher abgeschwächt wurden. Durch sie wird das Abwehrsystem angeregt, Antikörper und Gedächtniszellen zu bilden. So hat der Körper einen Langzeitschutz gegen die Krankheit, er ist immun. Diese Impfung nennt man **Schutzimpfung** oder **aktive Immunisierung.** Um die Immunität aufrecht zu erhalten, muss in regelmäßigen Abständen eine Auffrischungsimpfung erfolgen.

Passive Immunisierung

Ist ein Mensch an einer Infektion erkrankt und das Immunsystem wird mit den Erregern nicht fertig, hilft möglicherweise eine andere Form der Impfung. Dabei müssen gleich die passenden Antikörper gespritzt werden, um das Immunsystem kurzfristig zu unterstützen. Früher gewann man diese Antikörper, indem man Haustiere mit abgeschwächten Erregern der betreffenden Infektionskrankheit infizierte, ihnen nach einiger Zeit Blut entnahm und die vorhandenen Antikörper herausfilterte und dem Patienten verabreichte. Heute verwendet man meist menschliche Antikörper aus Zellkulturen. Eine solche Impfung nennt man **Heilimpfung** oder **passive Immunisierung.** Sie wirkt nur drei bis vier Wochen, kann aber im Notfall Leben retten.

Impfen – Verantwortung für alle

Nach einer Impfung kann es zu Fieber oder leichten Gewebeschwellungen kommen, in sehr seltenen Fällen auch zu ernsteren Nebenwirkungen. Für manche Impfgegner ist das ein Grund, Impfungen abzulehnen. Dieser Einstellung muss man entgegenhalten, dass eine Impfung wesentlich weniger Risiko birgt als die Folgen der Krankheiten, die bei Nichtimpfung möglicherweise auftreten und weiter übertragen werden. Somit kommt einer konsequenten Impfpraxis eine hohe soziale Verantwortung zu.

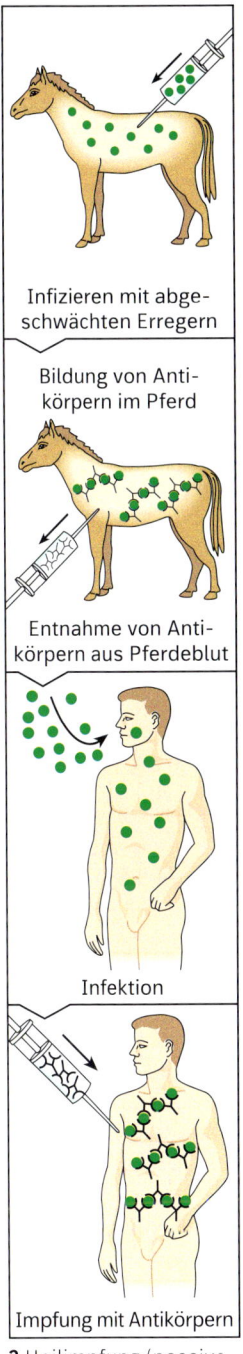

2 Heilimpfung (passive Immunisierung)

Du kannst das Prinzip der Impfung erklären und Schutz- und Heilimpfung unterscheiden.

Unser Körper wehrt sich

1. **A**
Erkläre, was man unter Krankheitserregern versteht.

2. **A**
Wo kommt unser Körper mit Krankheitserregern in Berührung? Nenne Beispiele.

3. **A**
Nenne unterschiedliche Möglichkeiten, wie du dich vor Krankheitserregern schützen kannst.

4. **A**
Beschreibe, mit welchen Mitteln unser Körper zunächst die Krankheitserreger abwehrt (die ersten Barrieren).

5. **A**
Was bedeutet der Satz: „Ein Mensch ist immun gegen…"? Erkläre diesen Satz mit deinen Worten.

6. **A**
Beschreibe, wie das Immunsystem die Krankheitserreger bekämpft und unseren Körper immun macht.

Überall lauern Krankeitserreger

Unser Körper kommt ständig mit **Krankheitserregern** in Berührung. Dazu zählen vor allem Bakterien, Viren und Pilze. Sie können in den Körper eindringen und ihn krank machen. Krankheitserreger kommen überall im Alltag vor: Zum Beispiel im Schulbus, im Schwimmbad, in der Disco, beim Essen und bei Kontakt mit anderen Personen.

Die ersten Abwehrreihen

Schon bei dem Versuch, in unseren Körper einzudringen, werden die Krankheitserreger von verschiedenen Abwehrreihen aufgehalten.
Die Haut besitzt eine Hornschicht und einen dünnen Schutzmantel aus Säure, der die Eindringlinge abtötet. So wirken auch die Schleimhäute in den Atemwegen. Die Mandeln im hinteren Rachenraum blocken ebenfalls Krankheitserreger ab.
Sind Krankheitserreger über die Speiseröhre in den Körper gelangt, werden sie von der Salzsäure im Magen und von hilfreichen Bakterien im Darm bekämpft.

Die Arbeit des Immunsystems

Dringen Krankheitserreger trotz dieser Hindernisse weiter in den Körper vor, beginnt die Abwehr durch das **Immunsystem.**
Dafür sind in erster Linie die **weißen Blutkörperchen** zuständig. Einige von ihnen, die Fresszellen, fressen die Eindringlinge einfach auf. Ist die Anzahl der Eindringlinge jedoch zu groß, werden die Fresszellen noch von weiteren Zellen unterstützt. Diese Helferzellen regen Plasmazellen zur Bildung von **Antikörpern** an. Die Antikörper verbinden sich mit den Erregern und verklumpen sie. Die Fresszellen fressen dann diese verklumpten Teile auf.

Der Organismus wird immun

Während der Arbeit des Immunsystems werden Gedächtniszellen gebildet. Befallen die gleichen Krankheitserreger später den Körper noch einmal, werden sie von den Gedächtniszellen sofort erkannt und vom Immunsystem vernichtet. Die Krankheit bricht nicht mehr aus, der Körper ist gegen diese Krankheit **immun.**

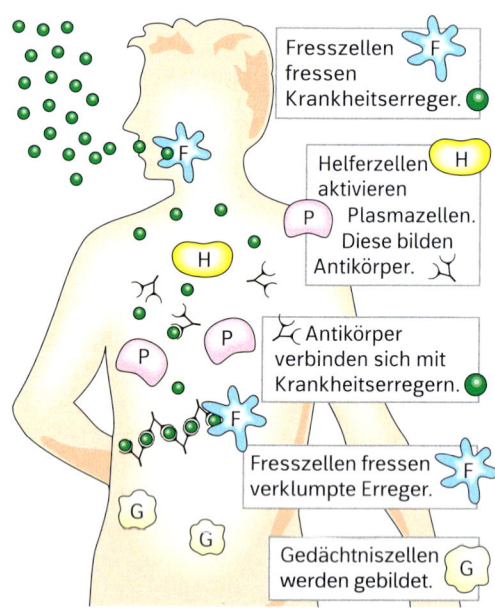

Fresszellen fressen Krankheitserreger. **F**

Helferzellen aktivieren Plasmazellen. Diese bilden Antikörper. **H** **P**

Antikörper verbinden sich mit Krankheitserregern.

Fresszellen fressen verklumpte Erreger. **F**

Gedächtniszellen werden gebildet. **G**

1 Die Arbeit des Immunsystems

Du kannst erklären, wie sich der Körper gegen Krankheitserreger wehrt und wie er gegen bestimmte Krankheiten immun wird.

Präsentieren mit Modellen

Wenn ihr schwierige Vorgänge oder wenig anschauliche Sachverhalte z. B. aus dem Bereich der Molekularbiologie darstellen wollt, könnt ihr gut mit Modellen arbeiten. Auf diese Weise wird eure Präsentation anschaulich und eure Aussagen sind leichter verständlich.

Im Folgenden wird diese Methode an einem konkreten Beispiel erklärt: Die Arbeitsweise der Antikörper soll mithilfe eines Modells dargestellt werden. Dabei sind folgende Schritte sinnvoll:
1. Sich über den fachlichen Inhalt klar werden
2. Leitfragen zur Erstellung des Modells beachten
3. Regeln zum Präsentieren einhalten

1 Schülerin bei der Präsentation mithilfe eines Modells

1. Fachlicher Inhalt

Antikörper sind Eiweiße, die eine wichtige Rolle bei der Abwehr von Krankheitserregern spielen. Sie besitzen eine typische Y-Form. Mit zwei der drei Enden können sie an den Antigenen auf der Oberfläche der Krankheitserreger andocken und diese miteinander verklumpen. So werden die Erreger unschädlich gemacht. Dieser Vorgang entspricht dem Schlüssel-Schloss-Prinzip: Nur ein bestimmter Schlüssel (Antikörper) passt zu einem bestimmten Schloss (Antigen).

2. Leitfaden zur Erstellung von Modellen

* Was wollt ihr mit dem Modell zeigen?
  – den typischen Bau eines Antikörpers
  – die Arbeitsweise der Antikörper
  – das Schlüssel-Schloss-Prinzip zwischen Antikörper und Antigen

* Welche Materialien eignen sich und sind leicht zu beschaffen?
  – Pappe, Moosgummi, Farbfolien, Magnetstreifen, Schaumstoff, Bastelwaren, Draht, Holz und anderes

* Welcher Modelltyp soll es werden?
  – ein statisches Modell nur zur Anschauung
  – ein bewegliches Modell zur Verdeutlichung der Funktion

* In welcher Form soll das Modell präsentiert werden?
  – Ausstellung
  – Magnettafel
  – Overheadprojektor
  – Computer

3. Regeln zum Präsentieren

* Achtet darauf, dass das Modell für alle gut sichtbar ist und dass ihr bei Erklärungen nicht die Sicht auf das Modell verstellt.
* Erklärt den fachlichen Inhalt so, dass er für eure Zuhörer verständlich ist. Zeigt das, was ihr erklärt, gleichzeitig am Modell.
* Weist auf Grenzen des Modells hin.

2 Modell zur Arbeitsweise der Antikörper

1.
a) Erkläre das abgebildete Modell zur Arbeitsweise von Antikörpern.
b) Beschreibe die Grenzen dieses Modells.

2.
Erklärt in einer Präsentation mithilfe eines Modells die aktive und passive Immunisierung.

METHODE

AIDS – eine tödliche Infektionskrankheit mitten unter uns

1. ☰ Ⓐ
Beschreibe, wie sich der HI-Virus im menschlichen Körper vermehrt und welche Auswirkungen dies hat.

2. ☰ Ⓐ
Erläutere, wie man sich vor einer HIV-Infektion schützen kann.

3. Ⓠ
Recherchiere, wie das Symbol der AIDS-Schleife entstanden ist und erkläre seine Bedeutung.

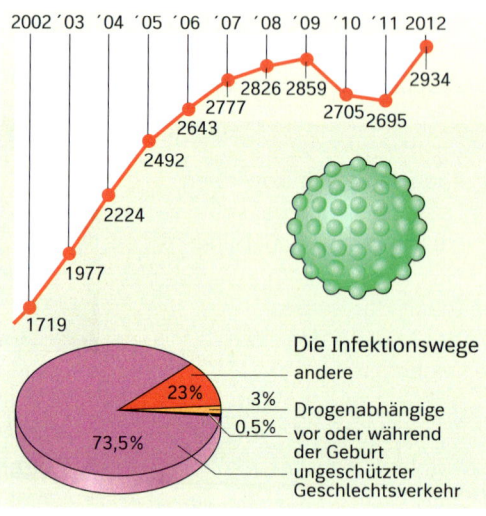

4. ☰ Ⓐ
a) Erläutere anhand der Abbildung 1, wie sich die Zahl der HIV-Infektionen in Deutschland in den letzten Jahren entwickelt hat.
b) Nenne mögliche Gründe für diese Entwicklung.

1 HIV-Infektion:
A Entwicklung der Neuinfektionen, **B** Anteil der Infektionswege

AIDS und der Krankheitserreger HIV

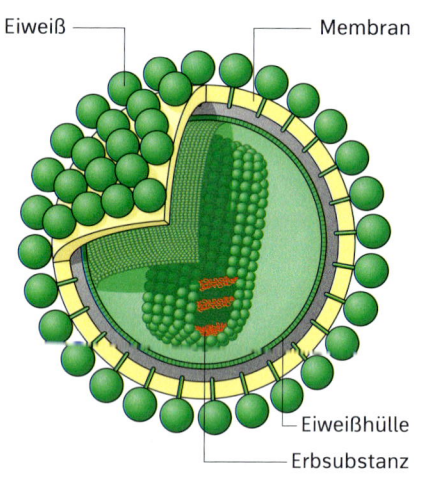

2 HI-Virus

AIDS ist eine tödliche Infektionskrankheit. Die Abkürzung steht für **A**cquired **I**mmuno**d**eficiency **S**yndrome. Dahinter verbirgt sich eine erworbene Immunschwäche des Menschen, die durch **HI-Viren (H**umane **I**mmunodeficiency **V**irus) hervorgerufen wird. Das geschwächte Immunsystem kann sich nicht mehr gegen Krankheitserreger zur Wehr setzen. Daher setzt sich das Krankheitsbild von AIDS aus Symptomen verschiedener Krankheiten zusammen. Infizierte sind häufig abgemagert, geschwächt und leiden unter Lungenentzündung. Die Krankheit kommt inzwischen überall auf der Welt vor.

HIV-Infektion
Die Übertragung des HI-Virus erfolgt hauptsächlich durch ungeschützten Geschlechtsverkehr oder Blutkontakt, bei dem ein Partner bereits durch das Virus infiziert ist. Zunächst gelangt das Virus über Körperflüssigkeiten eines Infizierten, wie Blut, Spermien- oder Scheidenflüssigkeit, in den Körper eines Nichtinfizierten. Dort befällt es die

T-Helferzellen, die bei der Immunabwehr eine wichtige Funktion erfüllen.
Das Virus schleust sein Erbgut in die T-Helferzellen ein. Diese beginnen daraufhin mit der Produktion neuer Viren, anstatt diese erfolgreich zu bekämpfen. Die Zahl der T-Helferzellen nimmt dabei immer mehr ab, wodurch das Immunsystem sehr stark geschwächt wird.

HIV-Test
Eine Infektion mit HI-Viren verursacht zunächst keine erkennbaren Symptome. Daher kann sie eine zeitlang unerkannt bleiben. Im Laufe von zwei bis vier Monaten nach der Infektion bildet das Immunsystem zwar Antikörper, diese schaffen es jedoch nicht, die HI-Viren unschädlich zu machen. Allerdings lassen sich die Antikörper über einen HIV-Test im Blut nachweisen. Sind Antikörper im Blut vorhanden, ist das Ergebnis „HIV-positiv". Die Gewissheit, infiziert zu sein, ist mit vielen Ängsten verbunden. Daher treten häufig Probleme im Umgang mit anderen Menschen auf, wenn bekannt wird, dass jemand HIV-infiziert ist.

Stadien der Krankheit AIDS
Wenn sich die Viren im Körper so stark vermehren, dass die Krankheit ausbricht, treten zunächst Fieber, Durchfall, Gewichtsverlust und Lymphknotenschwellungen auf. Man spricht auch vom Vorstadium der Krankheit.

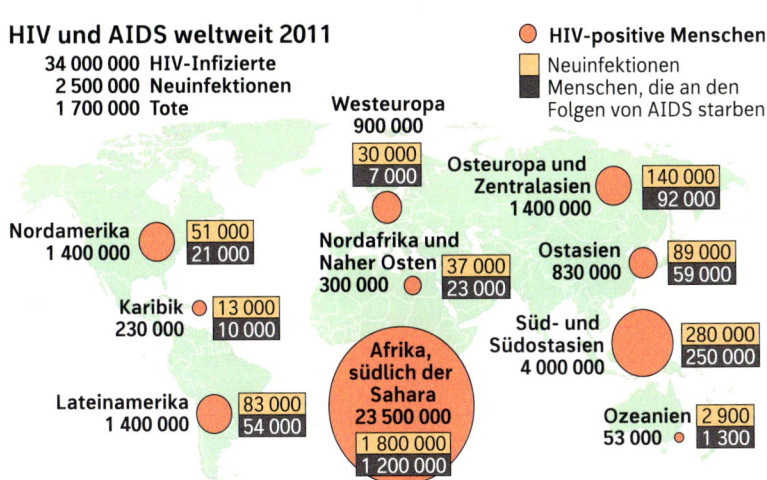

HIV und AIDS weltweit 2011

34 000 000 HIV-Infizierte
2 500 000 Neuinfektionen
1 700 000 Tote

● HIV-positive Menschen
☐ Neuinfektionen
■ Menschen, die an den Folgen von AIDS starben

Westeuropa
900 000
30 000
7 000

Osteuropa und Zentralasien
1 400 000
140 000
92 000

Nordamerika
1 400 000
51 000
21 000

Nordafrika und Naher Osten
300 000
37 000
23 000

Ostasien
830 000
89 000
59 000

Karibik
230 000
13 000
10 000

Süd- und Südostasien
4 000 000
280 000
250 000

Afrika, südlich der Sahara
23 500 000
1 800 000
1 200 000

Lateinamerika
1 400 000
83 000
54 000

Ozeanien
53 000
2 900
1 300

3 HIV und AIDS weltweit (2011)

5. ≡ Ⓐ
a) Beschreibe die unterschiedliche Verbreitung von HIV-Infektionen weltweit.
b) Nenne Gründe für die unterschiedliche Verbreitung von AIDS. Beachtet dabei sowohl die Rolle von Mann und Frau als auch gesellschaftspolitische und religiöse Hintergründe.
c) Vergleiche die Anzahl der Todesfälle in verschiedenen Regionen und versuche, diese zu erklären.

Im Laufe der Zeit vermehren sich die Viren immer mehr, bis das Immunsystem zusammenbricht. Der Körper kann dann sonst harmlose Erreger nicht mehr abwehren. Viele Betroffene leiden unter Lungenentzündung, Pilzbefall der Organe, verschiedenen Krebserkrankungen und Erkrankungen des Gehirns. Dieses Stadium wird als Vollbild der Krankheit AIDS bezeichnet.

Medikamente
Die Diagnose "HIV-positiv" bedeutete vor wenigen Jahren noch den baldigen Tod. Auch heute ist AIDS noch nicht heilbar, aber es gibt inzwischen wirksame Medikamente, die die Vermehrung der HI-Viren hemmen. Durch die geringere Virenmenge funktioniert das Immunsystem besser. Die AIDS-Symptome werden gelindert oder entstehen bei frühzeitiger Therapie gar nicht erst. Eine vollständige Heilung bleibt jedoch aus. So müssen die Patienten ihr Leben lang eine Kombination aus mehreren Medikamenten mit strenger Regelmäßigkeit einnehmen. Außerdem haben die Medikamente starke Nebenwirkungen. Leider entwickeln die HI-Viren auch Unempfindlichkeiten (Resistenzen) gegen die Medikamente. Zudem sind die Medikamente sehr teuer und stehen nicht allen Betroffenen zur Verfügung.

Schutz vor Ansteckung
Da es gegenwärtig weder eine Heilung noch einen Impfstoff gegen die Immunschwächekrankheit gibt, bleibt die Vermeidung einer Ansteckung die wichtigste Vorbeugung. Vor der Übertragung beim Geschlechtsverkehr schützen Kondome. Dies ist besonders bei wechselnden Partnern wichtig.

4 Ist AIDS ein Thema?

Im Rahmen von Erste-Hilfe-Maßnahmen müssen bei der Behandlung von blutenden Verletzungen immer Einweghandschuhe getragen werden.

Auch der verantwortungsbewusste Umgang mit der Krankheit und eine ausführliche Aufklärung können bewirken, dass die Zahl der Neuinfektionen weltweit in den nächsten Jahren zurückgeht.

Du kannst erklären, was die Begriffe HIV und AIDS bedeuten. Du kannst die HIV-Infektion, den Krankheitsverlauf sowie Therapie- und Schutzmöglichkeiten erläutern.

HIV und AIDS

Die erworbene Immunschwächekrankheit AIDS ist eine letztlich unheilbare und tödlich verlaufende Infektionskrankheit. Weltweit sind über 30 Millionen Menschen infiziert, jedes Jahr kommen über zwei bis vier Millionen neu dazu und über zwei Millionen sterben an AIDS. AIDS ist ein weltweites und sehr vielschichtiges Problem.

Zu den folgenden Teilbereichen könnt ihr zum Beispiel eine Ausstellung oder ein Gruppenpuzzle durchführen und euch so gegenseitig die wichtigsten Informationen präsentieren.

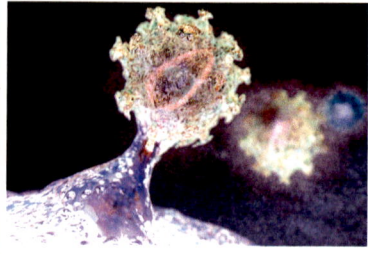

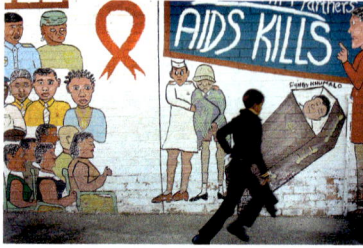

LERNEN IM TEAM

TEAM ❶
Medizinischer Hintergrund

- Informiert euch über die Funktionsweise des Immunsystems und darüber, wie es durch das HI-Virus beeinträchtigt wird. Stellt dieses in einem Schaubild dar.
- Recherchiert nach aktuellen Behandlungsmöglichkeiten und beschreibt Probleme bei der Behandlung von AIDS-Kranken in verschiedenen Ländern.
- Erstellt ein Plakat oder eine Folie, auf der die Zusammenhänge möglichst übersichtlich und verständlich dargestellt werden.

TEAM ❷
Kampagnen gegen AIDS

Mit zahlreichen Kampagnen wird versucht, auf AIDS aufmerksam zu machen. Sie sollen über Risiken und Schutzmaßnahmen aufklären und deutlich machen, wie wichtig es ist, diese immer einzuhalten. Dazu werden zum Beispiel Plakate und Werbefilme gezeigt oder Broschüren verteilt und Internetseiten angeboten.
- Sammelt solche Materialien.
- Überlegt und notiert euch Kriterien für eine gute Kampagne und bewertet die Materialien danach.

TEAM ❸
AIDS – nicht nur ein körperliches Problem

Mit dem HI-Virus Infizierte oder an AIDS Erkrankte leiden nicht nur körperlich. Sie sehen sich vielen weiteren psychischen und sozialen Problemen ausgesetzt. Einige Probleme werden in Filmen aufgegriffen, andere Schicksale werden in Büchern oder im Internet vorgestellt.
- Sammelt Berichte und Informationen zur Ausgrenzung von mit HIV infizierten Menschen. Stellt einige Berichte und die darin behandelten Probleme der Betroffenen vor.

TEAM ❹
Ansteckung und Schutz

- Schaut euch die verschiedenen Situationen auf den Comiczeichnungen an. Recherchiert und entscheidet, in welchen Situationen es ein Ansteckungsrisiko gibt, in welchen nicht. Begründet eure Aussagen.
- Erstellt eine Informationsbroschüre für Jugendliche, in der ihr die Ansteckungsmöglichkeiten möglichst ansprechend darstellt, aber auch darauf hinweist, welche Situationen nicht zur Infektion führen können.

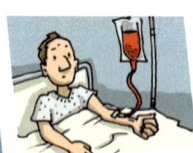

Infektionskrankheiten auf Weltreise

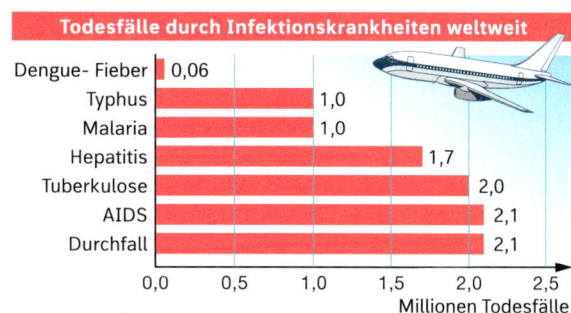

Todesfälle durch Infektionskrankheiten weltweit

Infektionskrankheit	Millionen Todesfälle
Dengue-Fieber	0,06
Typhus	1,0
Malaria	1,0
Hepatitis	1,7
Tuberkulose	2,0
AIDS	2,1
Durchfall	2,1

1. ≡ Ⓐ
Betrachte das obenstehende Foto genau.
a) Beschreibe das Geschehen und notiere, welche Risiken für die Gesundheit damit verbunden sind.
b) Wie würdest du dich als Urlauber in einer solchen Situation verhalten? Schreibe Verhaltensregeln auf.

2. ≡ Ⓐ
Beschreibe den Sachverhalt in der Grafik.

3. ≡ Ⓠ ⓘ
Erstelle einen Steckbrief für eine der Infektionskrankheiten, die während oder nach einer Reise oft auftreten können.

Infektionsrisiko auf Reisen
Ferien – und ab in den Urlaub. Oft kommen Urlauber danach erkrankt zurück. Die Gefahr, sich in bestimmten Urlaubsländern mit einer Krankheit zu infizieren, ist relativ groß. Bei Tropenreisenden liegt das Infektionsrisiko bei rund 20 %. Deshalb sollte man sich vor einer Reise über gesundheitliche Risiken im Urlaubsland informieren und entsprechende Vorsichtsmaßnahmen treffen.

Krankheitserreger reisen mit
Mit den infizierten Personen gehen auch die Krankheitserreger auf Reisen. Sie werden nicht nur in die Heimatländer eingeschleppt, sondern im Rahmen der Globalisierung auch in nahezu alle Teile der Erde. So kann es zu einer **Pandemie**, einer weltweit verbreiteten Infektionskrankheit kommen.

Unterschiedliche Infektionswege
Zahlreiche Krankheiten werden durch Mücken übertragen. Dazu zählen Gelbfieber, Dengue-Fieber und Malaria, die am weitesten verbreitete Tropenkrankheit. Daran sterben jährlich mehr als eine Million Menschen – vorwiegend Kinder. Verunreinigtes Wasser und verunreinigte Nahrung stellen einen weiteren Infektionsherd dar. Sie können Cholera und Typhus hervorrufen – schwere bakterielle Darmerkrankungen, die starkes Erbrechen und Durchfall zur Folge haben. Der Verzehr von Muscheln, Eis und Salaten kann zu einer Infektion mit dem Hepatitis-A-Virus führen.
Eine weitere große Gruppe bilden die Erkrankungen, die durch Blut und andere Körperflüssigkeiten übertragen werden. Hierzu gehören AIDS und Hepatitis B. Hochansteckend sind auch die Lungenerkrankung SARS und Ebola, das häufig tödlich endet.

GESUNDHEITSTIPPS FÜR URLAUBSREISEN
- Informiere dich über Impfmöglichkeiten und Notfallmedikamente.
- Trinke niemals Wasser aus der Leitung oder aus Gewässern und putze deine Zähne mit abgefülltem Wasser aus Flaschen.
- Verzichte auf Eiswürfel und Speiseeis.
- Verzichte auf Salat, rohes Gemüse oder Obst, außer du kannst es selbst schälen.
- Verzehre nur durchgegarte Speisen.
- Vermeide den Verzehr von Speisen an Imbissständen oder an Garküchen.
- Schütze dich beim Geschlechtsverkehr durch Kondome.
- Lass dich nicht piercen oder tätowieren.

Du kannst Infektionsrisiken auf Urlaubsreisen erläutern. Du kannst typische Reiseerkrankungen und geeignete Vorsichtsmaßnahmen beschreiben.

Allergien – wenn das Immunsystem verrückt spielt

1. ☰ Ⓐ
Eine besonders häufige allergische Reaktion ist der Heuschnupfen, eine Pollenallergie. Das Foto rechts zeigt Birkenpollen.
a) Beschreibe den Verlauf einer Pollenallergie.
b) Was kann man gegen eine Pollenallergie tun? Stelle einige Tipps für Pollenallergiker zusammen.

2. ☰ Ⓐ
„Das Immunsystem spielt verrückt". Was bedeutet diese Aussage im Zusammenhang mit Allergien? Beantworte diese Frage in einem kurzen Sachtext. Verwende dabei folgende Begriffe: Überempfindlichkeitsreaktion, Antikörper, Immunsystem, Allergene.

5. ☰ Ⓐ
Nenne mögliche Gründe für die Zunahme der allergischen Erkrankungen in den letzten Jahrzehnten.

6. ☰ Ⓠ Ⓘ
Die Hausstaubmilbenallergie ist nach der Pollenallergie die zweithäufigste allergische Reaktion in Deutschland.
Das Foto unten zeigt eine elektronenmikroskopische Aufnahme einer Hausstaubmilbe.
Informiert euch über die Lebensweise der Hausstaubmilben, über die Ursachen der Allergie, Symptome und vorbeugende Maßnahmen für Allergiker. Haltet einen Vortrag.

A

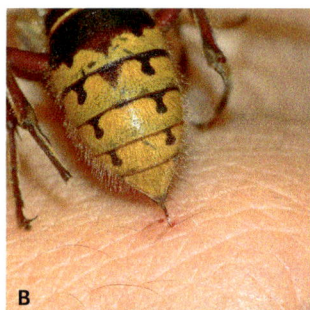

B

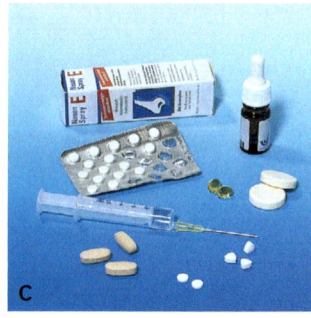

C

D

3. ☰ Ⓠ Ⓘ
Die Abbildungen oben zeigen mögliche Auslöser von Allergien.
a) Recherchiere, welche allergischen Reaktionen durch sie verursacht werden können.
b) Stelle die Ergebnisse in einem Kurzvortrag dar.

4. Ⓠ Ⓘ
Führt eine Umfrage zum Thema „Allergien" durch.
a) Erstellt eine Liste, in der die Nennungen nach Häufigkeit sortiert werden.
b) Befragt betroffene Personen, was sie gegen ihre Allergie tun.

1 Birkenpollen als Allergieauslöser

Heuschnupfen – eine häufige allergische Reaktion

Viele Menschen freuen sich auf Frühling, Sommer, Wärme und blühende Pflanzen. Aber für Menschen, die unter einer **Pollenallergie,** auch Heuschnupfen genannt, leiden, ist diese Freude getrübt. Von Februar bis August, wenn sich Blütenstaub von Bäumen, Gräsern und anderen Blütenpflanzen in der Luft befindet, zeigen Pollenallergiker heftige Reaktionen: Niesen, laufende und verstopfte Nasen und juckende, tränende Augen.

Was ist eine Allergie?

Bei einem gesunden Menschen werden körperfremde Stoffe, die in den Körper eindringen, vom Immunsystem erkannt. Es bildet Antikörper, mit deren Hilfe die Eindringlinge unschädlich gemacht werden. Bei Allergikern liegt jedoch eine Überreaktion des Immunsystems vor. Harmlose Stoffe wie beispielsweise Pollen, Tierhaare oder bestimmte Lebensmittel lösen eine übermäßige Abwehrreaktion aus. Der Körper reagiert also überempfindlich auf Allergie auslösende Stoffe, die **Allergene.**

Verlauf einer Allergie

Die Plasmazellen des Blutes stellen beim ersten Kontakt mit dem Allergen, zum Beispiel Blütenpollen, Antikörper her. Diese setzen sich auf **Mastzellen,** einer bestimmten Form der weißen Blutkörperchen, fest. Solche Zellen befinden sich zum Beispiel im Gewebe der Nasenschleimhaut. Sie sind an der Heilung von Entzündungsprozessen beteiligt. Der Körper ist jetzt sensibilisiert.

Bei weiteren Kontakten mit demselben Allergen verbindet sich dieses Allergen mit dem Antikörper auf den Mastzellen. Diese schütten daraufhin das Hormon **Histamin** aus. Histamin bewirkt ein Anschwellen der Schleimhäute, die Absonderung von Schleim und die Verengung der Luftröhre und der Bronchien – typische Symptome einer allergischen Reaktion. Andere Allergieformen wie z.B. die Tierhaarallergie können Hautrötungen, Ausschläge, Juckreiz oder Wassereinlagerungen in der Haut bewirken.

Hilfe bei Allergien

Ein Arzt kann anhand eines Tests erkennen, welches Allergen die allergische Reaktion auslöst. Beim Prick-Test beispielsweise werden verschiedene Allergene durch einen kleinen Stich in die Haut eingebracht. Nach zehn bis zwanzig Minuten bilden sich Rötungen oder Quaddeln dort, wo eine allergische Reaktion entsteht. Außerdem gibt es die Möglichkeit, einen Bluttest durchzuführen.

Eine Behandlung erfolgt meist mit kleinsten Mengen des Allergens. Man bezeichnet dies als **Hyposensibilisierung.** Bei dieser Behandlung wird dem Körper das Allergen mehrfach angeboten, sodass die Überreaktion des Immunsystems langsam nachlässt.
Bei anderen Allergenen besteht die Behandlung darin, den Kontakt mit diesem Allergen zu vermeiden.

Allergische Reaktionen nehmen zu

Inzwischen ist durch Zahlen aus mehreren Ländern belegt, dass es heute mehr Allergien gibt als früher. Die Gründe sind jedoch noch nicht ausreichend erforscht. Ungesunde Ernährung, übertriebene Hygiene und zunehmende Umweltverschmutzung sind mögliche Ursachen.

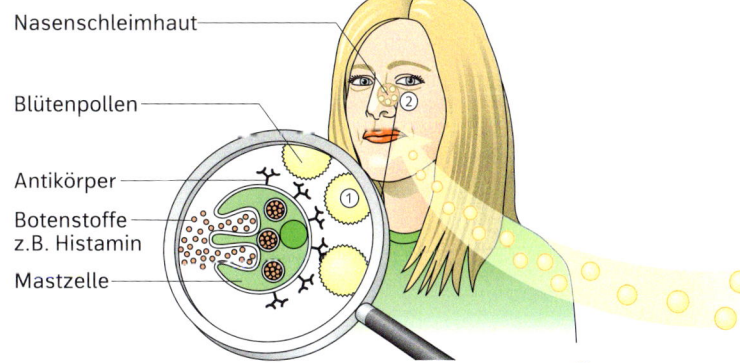

Nasenschleimhaut
Blütenpollen
Antikörper
Botenstoffe z.B. Histamin
Mastzelle

2 Verlauf einer allergischen Reaktion durch Blütenpollen

Du kannst Beispiele von Allergenen nennen und den Verlauf einer Allergie sowie Gegenmaßnahmen beschreiben.

Eine gesunde Lebensweise unterstützt die Abwehr

Bewegung
Sportliche Aktivitäten und Bewegung in frischer Luft fördern die Durchblutung und tragen so wesentich zur Gesunderhaltung des Körpers bei.

Abwechslungsreiche Ernährung
Neben der Bewegung sorgt eine gesunde, abwechslungsreiche Ernährung für die Stärkung der Abwehrkräfte. Wichtig ist vor allem das regelmäßige Essen von Obst und Gemüse, da darin lebenswichtige Vitamine, Mineralstoffe und Spurenelemente enthalten sind. Ebenso wichtig ist eine ausreichende Flüssigkeitsversorgung des Körpers, am besten mit Mineralwasser oder ungesüßtem Tee.

PINNWAND

1.
Liste Sport- und Freizeitangebote auf, die in deiner Umgebung angeboten werden. Denke dabei auch an Entspannungstechniken.

2.
Erläutere, wie die dargestellten Verhaltensweisen die Arbeit des Immunsystems unterstützen.

3.
Sammelt Informationen zu verschiedenen Entspannungstechniken und führt einfache Übungen mit eurer Klasse durch.

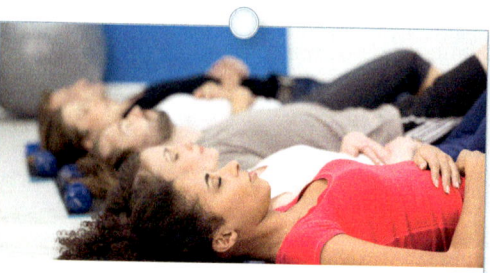

Entspannung
Stress, Hektik und psychische Belastungen können zu ernsthaften seelischen und körperlichen Erkrankungen führen. Stresshormone werden ausgeschüttet und behindern die Arbeit des Immunsystems. Entspannungstechniken wie autogenes Training, progressive Muskelentspannung oder Yoga können helfen, wieder zu Ausgeglichenheit und körperlicher Belastbarkeit zu finden.

Schlaf
Regelmäßige Schlaf- und Wachrhythmen sind das beste Heilmittel gegen Müdigkeit und Abgespanntheit. Schlaf stärkt das Immunsystem. Denn auch im Schlaf arbeitet der Körper: Schädliche Stoffe werden abgebaut, Zellen erneuert und Energiespeicher aufgefüllt. Dauernder Schlafmangel kann psychisch und körperlich krank machen.

Alternative Heilmethoden?

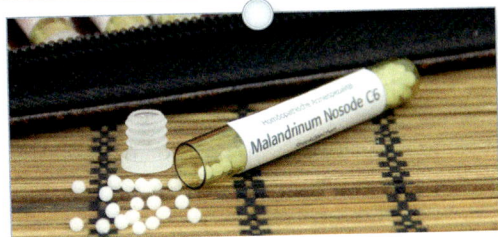

Was heißt alternativ?

Alternativ bedeutet soviel wie anders oder abweichend. Alternative Heilmethoden sind anders als die **wissenschaftlich fundierte Medizin,** die manchmal auch als „Schulmedizin" bezeichnet wird.

Die Medizin verwendet Methoden, deren Wirksamkeit sich in wissenschaftlichen Studien nachweisen lässt. Dazu gehören neben dem Operieren der Einsatz pflanzlicher oder chemischer Medikamente, aber auch Massagen, Bäder, Bewegungstherapien und vieles mehr. Natürlich kann die Schulmedizin nicht jede Krankheit heilen.

Bei **alternativen Heilmethoden** ist eine Wirkung oft nicht nachweisbar. Trotzdem sind diese Methoden bei vielen Menschen sehr beliebt. Sie glauben an eine Wirkung und dies allein kann schon helfen. Man nennt dies **Placebo-Effekt.** Auch eine umfassende Gesundheitsberatung, die den ganzen Menschen im Blick hat, kann oft nützlich sein.

Dieser **ganzheitliche** Ansatz kommt in der Hektik unseres Gesundheitssystems oft zu kurz. Gefährlich werden alternative Methoden aber, wenn Patienten notwendige medizinische Maßnahmen unterlassen.

Homöopathie

Die Homöopathie geht auf Samuel Hahnemann zurück, der vor gut 200 Jahren folgende Grundsätze aufstellte:

Nach dem Prinzip der **Ähnlichkeit** (griechisch homoios: ähnlich) sollen Arzneimittel die Selbstheilungskräfte gegen Krankheiten stärken, wenn sie in höherer Dosis ähnliche Symptome hervorrufen wie die Krankheit selbst. Zum Beispiel ruft Zwiebelsaft Tränen und eine laufende Nase hervor und könnte in starker Verdünnung gegen Schnupfen helfen.

Nach dem Prinzip der **Potenzierung** werden die zumeist pflanzlichen Arzneimittel mit Alkohol oder Milchzucker immer weiter verdünnt. Je stärker die Verdünnung („Potenz") ist, desto wirksamer soll das Mittel sein.

Homöopathen geben nicht nur Tropfen oder Kügelchen (Globuli), sondern sie beraten die Patienten auch in Bezug auf eine gesunde Lebensweise.

PINNWAND

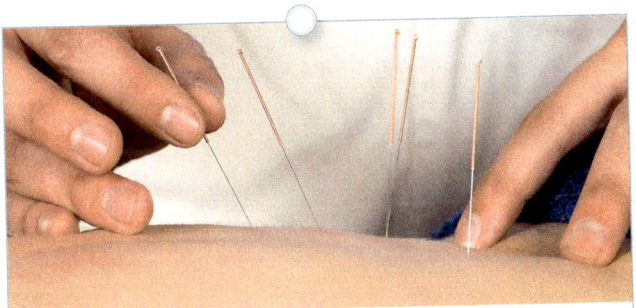

Akupunktur

Die Akupunktur stammt aus der traditionellen chinesischen Medizin. Danach fließt in „Meridianen" die „Lebensenergie Qi" des Körpers. Der Akupunkteur setzt feine Nadeln an bestimmten Punkten in die Haut, um Qi richtig zu lenken.

Eine gewisse Wirksamkeit der Akupunktur lässt sich bisher nur bei der Behandlung von Schmerzen nachweisen, allerdings unabhängig von der Wahl der Akupunkturpunkte. Über die Reizung von Nerven ist ein Einfluss auf das Gehirn und andere Organe denkbar.

1. ≡ Ⓐ
a) Erkläre, nach welchen Prinzipien die Homöopathie wirken soll.
b) Beurteile das Prinzip der Potenzierung in Bezug auf Wirkungen und Nebenwirkungen der Mittel.

2. Ⓠ
Recherchiert arbeitsteilig nach weiteren alternativen Heilmethoden wie der Bach-Blütentherapie, der Edelsteintherapie oder der Farbtherapie. Stellt jeweils die Idee und das Verfahren vor und beurteilt es aus naturwissenschaftlicher Sicht.

Diabetes – Fehlregulation des Blutzuckerspiegels

1.
Bei der Steuerung des Blutzuckerspiegels spielen zwei Hormone eine entscheidende Rolle.
a) Benenne diese Hormone.
b) Erkläre mithilfe des Textes und der Abbildungen auf der nebenstehenden Seite die jeweilige Steuerungsfunktion.

2.
Erkundige dich, wie ein Diabetiker mit seiner Krankheit umgeht, um ein möglichst normales Leben zu führen. Notiere, worauf er achten muss.

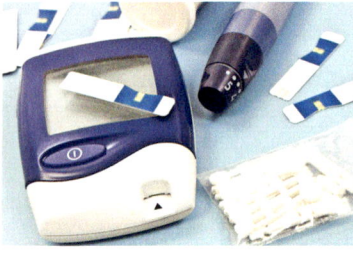

3.
a) Vergleiche die Formen von Diabetes I und Diabetes II in Bezug auf Ursachen, Symptome, Behandlungsmöglichkeiten und Häufigkeit in der Bevölkerung.
b) Eine Form von Diabetes wird auch als Zivilisationskrankheit bezeichnet. Auf welchen Typ trifft diese Bezeichnung zu? Begründe deine Entscheidung.

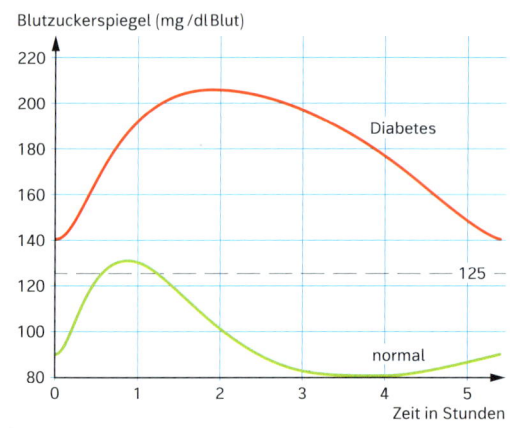

1 Blutzuckerspiegel nach der Aufnahme von Nahrung

4.
Beschreibe die Schwankungen des Blutzuckerspiegels und erkläre die Kurvenverläufe. (dl = Deziliter)

Hormone steuern den Blutzuckerspiegel

Energie, die wir für das Gehirn, die Muskeltätigkeit und für andere Lebensvorgänge benötigen, erhält unser Körper aus dem Blut. Nach einer kohlenhydratreichen Mahlzeit transportiert das Blut vermehrt Glukose zu allen Organen. Bei gesunden Menschen liegt der **Blutzuckerspiegel** bei 80 mg bis 120 mg Glukose in 100 ml Blut. Diesen Wert bezeichnet man als Normalwert.

Zwei Hormone, **Insulin** und **Glukagon**, regeln die Blutzuckerkonzentration. Diese Hormone werden in bestimmten Zellgruppen der Bauchspeicheldrüse, den Langerhansschen Inseln, produziert. Bei erhöhter Glukose-Konzentration, beispielsweise nach einer kohlenhydratreichen Mahlzeit, gibt die Bauchspeicheldrüse Insulin ab. Dadurch wird Glukose verstärkt aus dem Blut in die Körperzellen aufgenommen.
Das Insulin regt außerdem Leber- und Muskelzellen an, Glukose aufzunehmen und in den Speicherstoff **Glykogen** umzuwandeln. Insulin senkt so den Blutzuckerspiegel.

Nimmt die Konzentration von Glukose im Blut ab, weil wir etwa lange nichts gegessen haben, setzt die Bauchspeicheldrüse das Hormon Glukagon frei. Es sorgt dafür, dass in Leber- und Muskelzellen gespeichertes Glykogen in Traubenzucker umgewandelt wird. Glukagon lässt den Blutzuckerspiegel wieder ansteigen.

Durch dieses Wechselspiel der Hormone pendelt sich der Blutzuckerwert immer wieder auf einen Normalwert ein. Wegen ihrer entgegengesetzten Wirkung werden die beiden Hormone Insulin und Glukagon als **Gegenspieler** bezeichnet.

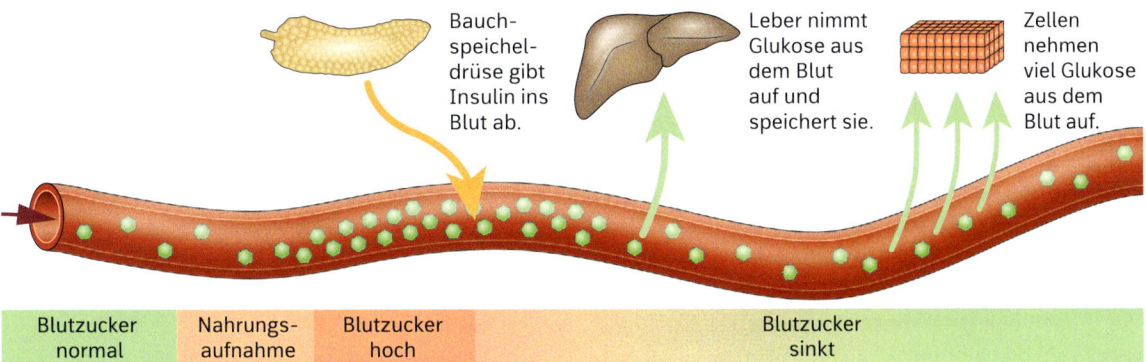

2 Senkung eines zu hohen Blutzuckerwerts durch Insulin

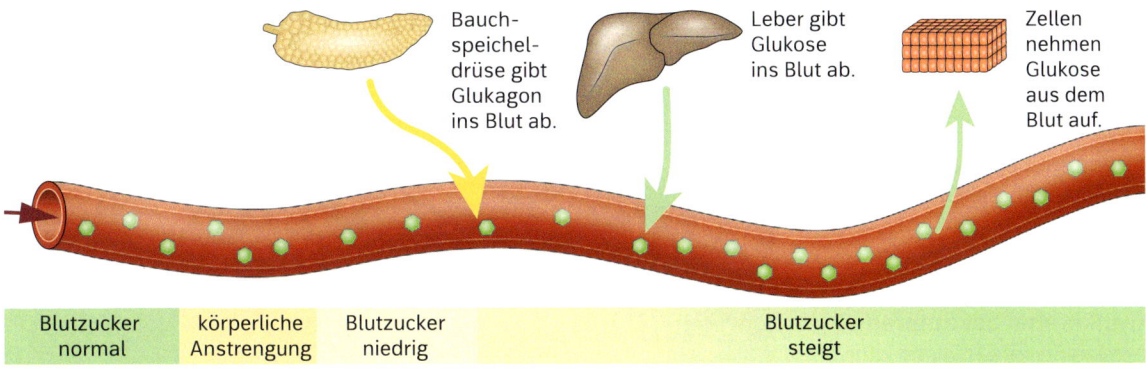

3 Anhebung eines zu niedrigen Blutzuckerwerts durch Glukagon

Gestörter Regelmechanismus

Bei Menschen mit **Diabetes,** der sogenannten **Zucker-krankheit,** ist diese hormonelle Steuerung des Blutzucker-spiegels durch Insulin gestört. Deshalb steigt der Blutzu-ckerspiegel. Bei einem Wert von über 180 mg in 100 ml Blut geht Glukose in den Harn über und ist dort nachweisbar. Diabetiker leiden oft unter starkem Durst und trinken sehr viel. Durch die übermäßige Ausscheidung geht dem Körper Glukose als Energiequelle verloren. Als Ersatz wird Fettge-webe und zum Teil auch Körpereiweiß als Energiequelle verwendet. Es kommt zu Leistungsschwäche und Abmage-rung. Unbehandelt kommt es zu dauerhaften Schäden vieler Organe bis zum Tod.

Diabetes Typ I – Jugenddiabetes

Diabetes kommt in zwei Formen vor: **Typ I** entsteht meist bei Kindern und Jugendlichen und wird daher **Jugenddia-betes** genannt. Aufgrund einer Fehlreaktion des Immun-systems ist die Zellgruppe der Langerhansschen Inseln zerstört, die Insulin produziert. Jugenddiabetes ist bis jetzt nicht heilbar. Typ-I-Diabetiker müssen daher lebenslang Insulin spritzen.

Diabetes Typ II – Altersdiabetes

Die häufigere Form der Zuckerkrankheit, **Typ II,** tritt in erster Linie bei älteren Menschen auf. Da neben einer erblichen Veranlagung hier die Ursachen meist auf falscher Ernährung und Bewegungsmangel beruhen, zählt diese Form zu den **Zivilisationserkrankungen.**
Bei starker Überernährung erkranken zuneh-mend Jugendliche an Typ II. Bei Diabetes Typ II bildet die Bauchspeicheldrüse weniger Insulin oder die Zielzellen reagieren nicht auf das Hormon. Zur Behandlung reichen manchmal eine kohlenhydratarme Ernährung und mehr Bewegung. In schwereren Fällen müssen Medikamente eingenommen oder Insulin gespritzt werden.

Du kannst erklären, wie die Hormone Insulin und Glukagon den Blutzuckerspiegel regulieren.
Du kannst die Formen und Symptome der Zuckerkrankheit beschreiben.

Gesundheit des Menschen

Gesundheit und Krankheit

Gesund ist ein Mensch, wenn er sich sowohl mit seinem Körper als auch mit seinem Geist, mit seinen Mitmenschen und seiner Umwelt im Einklang fühlt. Ob sich jemand gesund oder krank fühlt, kann in den meisten Fällen nur der betroffene Mensch selbst beurteilen.
Gesundheit und Krankheit betreffen den ganzen Menschen und seine Umwelt. So können liebevolle Zuwendung und Pflege dazu beitragen, dass ein Mensch sich schneller von einer Krankheit erholt.

Infektionskrankheiten

Infektionskrankheiten werden durch Krankheitserreger wie Bakterien, Viren, Pilze oder andere Parasiten übertragen. Der Verlauf einer Infektionskrankheit ist durch die Infektion, die Inkubationszeit, den Ausbruch der Krankheit und die Genesung charakterisiert.

Krankheiten bekämpfen

Durch eine gute Hygiene kann man schon das Eindringen vieler Krankheitserreger vermeiden. Dennoch gelangen Krankheitserreger in den Körper. Dann werden sie vom Immunsystem, dem körpereigenen Abwehrsystem, bekämpft. Mithilfe verschiedener Abwehrzellen und den Antikörpern werden die eingedrungenen Krankheitserreger unschädlich gemacht. Gedächtniszellen sorgen dafür, dass bei einer wiederholten Infektion mit den gleichen Erregern diese sofort bekämpft werden können. Diesen Zustand nennt man Immunität.

Schutz gegen Infektionskrankheiten

Wird das Immunsystem allein nicht mit den eingedrungenen Krankheitserregern fertig, braucht der Körper zusätzliche Hilfe. Bei bakteriellen Erkrankungen können dies Antibiotika sein. Eine Heilimpfung (passive Immunisierung) erfolgt zur Unterstützung des Immunsystems, wenn man schon erkrankt ist. Gegen zahlreiche Infektionserkrankungen gibt es eine vorbeugende Schutzimpfung (aktive Immunisierung). Sie regt den Körper an, eine lang anhaltende Immunität zu entwickeln.

Allergien

Eine Allergie ist eine Fehlreaktion des Immunsystems. Es reagiert auf an sich harmlose Stoffe wie Blütenpollen, Hausstaub, bestimmte Metalle oder Lebensmittel so heftig, als handele es sich um Krankheitserreger. Allergien auslösende Stoffe nennt man Allergene.

AIDS

AIDS ist eine Infektionskrankheit, die von HI-Viren hervorgerufen wird. Diese befallen Abwehrzellen und schwächen dadurch das Immunsystem. Dadurch können normalerweise harmlose Krankheiten zum Tode führen. Zurzeit gibt es kein Medikament, das auf Dauer die HI-Viren beseitigt. Allerdings gibt es inzwischen virenhemmende Medikamente, die die AIDS-Symptome lindern oder unterdrücken. Dennoch ist der Schutz vor einer Infektion weiterhin die beste Vorbeugung gegen AIDS.

Struktur –
und
Funktion

Entwicklung

System

Struktur und Funktion

1.   Ⓐ

Erläutere mithilfe einer Zeichnung oder mithilfe von Modellen, wie Antikörper nach dem Schlüssel-Schloss-Prinzip auf Erreger reagieren.

→ S. 94–95

System

2.   Ⓐ

Beschreibe an wenigstens einem Beispiel, wie Krankheit und Genesung den ganzen Menschen und seine Umgebung betreffen.

→ S. 82–83

Entwicklung

3.   Ⓐ

Beschreibe den typischen Verlauf einer Infektionskrankheit am Beispiel der abgebildeten Fieberkurve bei einer Grippeerkrankung. Dabei ist Tag 0 der Tag der Infektion. → S. 85

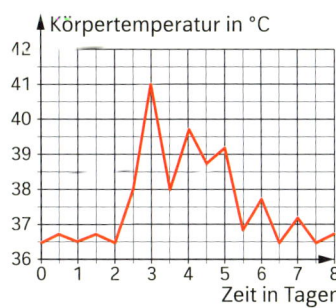

Körpertemperatur in °C

Zeit in Tagen

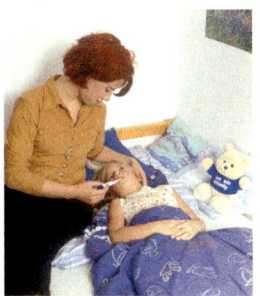

Gesundheit des Menschen

Gesundheit - Krankheit

Kannst du schon ...

... erläutern, was Gesundheit bedeutet? (S. 81)

... erklären, wie Krankheit und Gesundheit den ganzen Menschen betreffen? (S. 83)

... die Bedeutung von Zuwendung und sozialen Kontakten für die Gesundheit beschreiben? (S. 83)

Zeig, was du kannst!

1. ≡ **A**
Erkläre den Begriff Gesundheit. Beschreibe, warum es schwierig ist, diesen Begriff allgemein zu definieren.

2. ≡ **A**
a) Erläutere, wie Gesundheit und Krankheit den ganzen Menschen und seine Umwelt betreffen.
b) Gib Beispiele an, wie das soziale Umfeld eines Menschen helfen kann, die Krankheit abzumildern und zur Genesung beizutragen.

Infektionskrankheiten

Kannst du schon ...

... den Bau von Bakterien und Viren beschreiben? (S. 89)

... den Verlauf einer Infektionskrankheit in einzelnen Stadien benennen? (S. 85, 87, 89)

... mögliche Infektionswege benennen und Schutzmaßnahmen dagegen beschreiben? (S. 84-89)

Zeig, was du kannst!

3. ≡ **A**
a) Beschreibe den Bau von Bakterien und Viren anhand der Abbildungen.
b) Nenne Beispiele für Infektionen durch Bakterien und Viren.
c) Beschreibe den typischen Verlauf einer Virusinfektion.

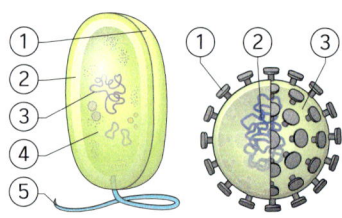

4. ≡ **A**
Beschreibe zu den Bildern mögliche Infektionswege.

Immunsystem und Allergien

Kannst du schon ...

... die Bedeutung des Immunsystems für die Gesundheit des Menschen erklären? (S. 94-95)

... an der Immunantwort beteiligte Zellen benennen und ihre Funktion erläutern? (S. 94-95)

... Allergien als eine Überreaktion des Körpers beschreiben und einige Allergene nennen? (S.107)

Zeig, was du kannst!

5. ≡ **A**
Benenne die Ziffern in der Abbildung mit den passenden Begriffen und beschreibe die Funktionen der Organe.

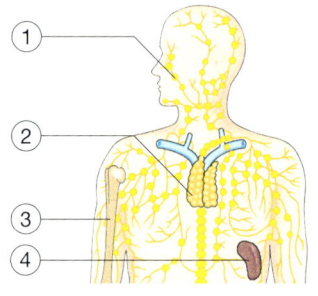

6. ≡ **A**
Stelle in einer geeigneten Grafik mit den abgebildeten Zellen den Verlauf einer Immunreaktion dar.

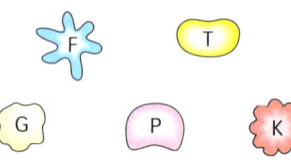

7. ≡ **A**
Erkläre den Begriff Allergen und nenne Beispiele.

Impfungen

Kannst du schon ...
... den Ablauf einer Schutzimpfung erläutern? (S. 98-99)
...den Ablauf einer Heilimpfung erläutern? (S. 98-99)
... den Impfkalender der ständigen Impfkommission erklären? (S. 98)
... die gesellschaftliche Bedeutung von Impfungen bewerten? (S. 99)

Zeig, was du kannst!

8. ≡ Ⓐ
Formuliere mit eigenen Worten, was man mit Impfungen individuell und gesellschaftlich erreichen möchte.

9. ≡ Ⓐ
Begründe, warum man die Schutzimpfung aktive und die Heilimpfung passive Immunisierung nennt.

10. ≡ Ⓐ
Informiere dich im Impfkalender über das empfohlene Impfalter und die Häufigkeit der Impfungen gegen Masern, Röteln und Papillomaviren.

11. ≡ Ⓐ
Nimm Stellung zu folgendem Argument von Impfgegnern: „Es gibt sehr viele Kinder, die nicht geimpft sind und auch nicht erkranken."

Antibiotika

Kannst du schon ...
... erklären, was man unter Antibiotika versteht? (S. 90-91)
... angeben, warum Antibiotika nur gegen Bakterien wirken? (S. 90-91)
... unterschiedliche Wirkungen von Antibiotika auf Bakterienzellen beschreiben? (90-91)
... Risiken eines unsachgemäßen Einsatzes von Antibiotika erläutern? (S. 90-91)

Zeig, was du kannst!

12. ≡ Ⓐ
Begründe, wann der Einsatz von Antibiotika sinnvoll sein kann und warum Antibiotika genau nach ärztlicher Vorschrift eingenommen werden müssen.

13. ≡ Ⓐ
Begründe, warum Antibiotika nicht gegen Herpes helfen.

14. ≡ Ⓐ
Das Foto zeigt einen Hähnchenmastbetrieb. Erläutere die Ziele und Risiken des Einsatzes von Antibiotika in solchen Betrieben.

AIDS

Kannst du schon ...
... die Begriffe HIV und AIDS unterscheiden? (S. 102)
... den Erreger und das Krankheitsbild von AIDS beschreiben? (S. 102-103)
... Infektionswege des HI-Virus beschreiben und geeignete Schutzmaßnahmen erläutern? (S. 102)
... die gesellschaftliche Bedeutung des weltweiten Auftretens von AIDS bewerten? (S. 102-103)

Zeig, was du kannst!

15. ≡ Ⓐ
Beschreibe die Symptome der Krankheit AIDS und deren Ursachen.

16. ≡ Ⓐ
Beurteile das Ansteckungsrisiko mit dem HI-Virus in folgenden Situationen:
• Körperkontakt
• gemeinsames Benutzen von Geschirr
• ungeschützter Geschlechtsverkehr
• Schwimmbad

Wichtige Begriffe

• Gesundheit, Krankheit
• Krankheitserreger: Bakterien, Viren, Parasiten
• Infektion
• Immunsystem: Immunzellen, Antigen, Antikörper
• aktive und passive Immunisierung
• Antibiotikum
• Resistenz

Steuern und Regeln

In unserem Körper befinden sich Milliarden Nervenzellen. Wie funktionieren sie und was bewirken sie?

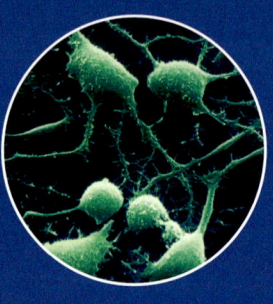

Unser Gehirn – eine graue, wabbelige Masse in unserem Schädel. Welche Funktionen erfüllt es?

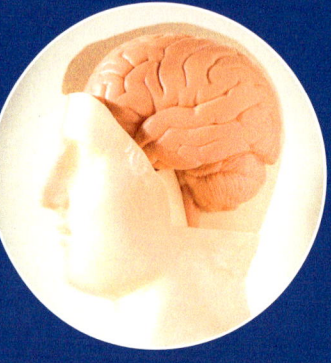

Hormone können glücklich machen. Und was können sie sonst noch?

Nerven steuern alle Lebensvorgänge

1.

"Nerven haben wie Drahtseile" ist eine Redensart.
a) Erkläre kurz, was sie bedeutet.
b) Nenne mindestens eine weitere Redensart oder Redewendung mit dem Begriff "Nerven". Erkläre ihre Bedeutung kurz.
c) Beschreibe, was man in der Biologie unter "Nerven" versteht.

2.

Beschreibe den Aufbau des Nervensystems und erläutere jeweils die Funktion der einzelnen Teile.

3.

Süßwasserpolypen werden etwa so groß wie ein Streichholz. Ihr schlauchartiger Körper sitzt auf Steinen oder Pflanzen fest. Oben zweigen mehrere Tentakel ab. Die Abbildung zeigt das Nervensystem dieser Tiere. Damit können sie Berührungen wahrnehmen und ihre Tentakel entsprechend bewegen. So fangen sie kleinere Lebewesen und fressen sie.
a) Vergleiche den Aufbau des Nervensystems der Polypen mit dem eines Menschen. Nenne dazu Gemeinsamkeiten und Unterschiede.
b) Stelle Vermutungen darüber an, welche Vor- und Nachteile diese Art von Nervensystem für den Polypen hat und begründe sie.

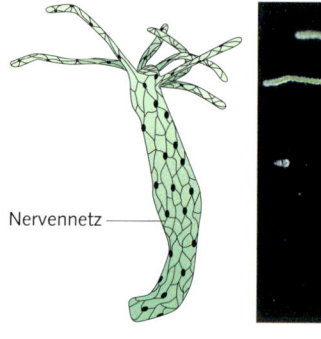

Nervennetz

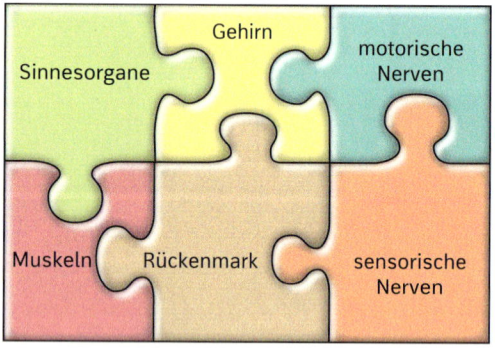

4.

Das Nervensystem des Menschen arbeitet mit anderen Organen zusammen. Einige dieser Zusammenhänge werden durch das Puzzle dargestellt.
a) Finde mehr über die Funktionen der einzelnen "Puzzleteile" heraus. Beschreibe sie jeweils kurz.
b) Ein Torwart reagiert auf einen sich nähernden Ball. Erläutere an diesem Beispiel, wie die "Puzzleteile" zusammenarbeiten.
c) Erstelle ein "Reiz-Reaktions-Schema", indem du das beschriebene Zusammenspiel visualisierst.

5.

Das Nervensystem des Menschen arbeitet mit anderen Organen zusammen. Dies zeigt das Puzzle.
a) Bewerte die Darstellung der Zusammenarbeit als Puzzle. Wofür ist sie geeignet und wo liegen ihre Grenzen?
b) Schlage eine Darstellung vor, die das Zusammenspiel der verschiedenen Organe besser verdeutlicht.

Gehirn
- 25-100 Milliarden Nervenzellen
  mit etwa 1 Billiarde Verbindungen

Rückenmark
- liegt gut geschützt in den Wirbelknochen
- hier zweigen periphere Nerven ab
- hier werden einfache Reaktionen
  (Reflexe) ausgelöst

periphere Nerven
- motorische Nerven ("Bewegungsnerven")
  und sensorische Nerven ("Empfindungsnerven")
- Gesamtlänge etwa 480 000 km
- wenige Verbindungen, dafür lange Fortsätze
  an den Nervenzellen
- sehr hohe Leitungsgeschwindigkeit

1 Nervensystem eines Snowboarders in Aktion

Komplexe Aufgabe

Wenn man Snowboardern zusieht, sieht das Fahren ganz leicht aus. Steht man aber selbst das erste Mal auf einem Snowboard, kann es schon schwer werden, überhaupt darauf stehen zu bleiben. Dazu müssen viele Bewegungen koordiniert werden.

Steuerzentrale des Körpers

Schon bei einfachen Tätigkeiten, etwa beim Gehen oder Fahrradfahren, regelt das Gehirn viele einzelne Muskeln. Das **Gehirn** berücksichtigt dabei zum Beispiel die Schwerkraft und die Umgebung. Meist ist uns das gar nicht bewusst. Gleichzeitig reguliert das Gehirn – ganz ohne unseren Einfluss – die Körpertemperatur, unsere Atmung und Verdauung sowie viele weitere Vorgänge im Körper. Außerdem speichert es ständig zahlreiche Informationen, sodass wir lernen und uns an Dinge und Gefühle erinnern können.
Manche Reaktionen laufen aber auch ohne Beteiligung des Gehirns ab. Hierzu gehören zum Beispiel die Reflexe, die im **Rückenmark** ausgelöst werden. Das Rückenmark ist eng mit dem Gehirn verknüpft. Zusammen bilden sie das **zentrale Nervensystem (ZNS),** die Steuerzentrale des Körpers.

Nachrichtennetzwerk

Eine Reaktion kann nur auf der Grundlage von Informationen ablaufen: Um zu reagieren, muss der Körper erst einmal "wissen", auf was er zu reagieren hat.
Unsere Sinnesorgane nehmen Informationen aus der Umwelt und aus dem Körper auf und wandeln sie in Nervenimpulse um. Egal, ob die Augen Licht, die Ohren Schall oder die Haut die Temperatur aufnimmt - alle Reize werden in Nervenimpulse umgewandelt, die über **sensorische Nerven** zum ZNS geleitet werden.
Das ZNS wertet diese Informationen aus. Es kann dann eine Reaktion auslösen. Über **motorische Nerven** wird zum Beispiel ein Muskel angesteuert. Er führt die Reaktion aus. Motorische und sensorische Nerven gehören zum **peripheren Nervensystem.** Es durchzieht den ganzen Körper und dient zur Informationsübertragung.

Steuerung ohne Willen

Viele Organe wie Magen und Darm werden vom Gehirn gesteuert, ohne dass wir dies beeinflussen können. Es gibt daher das willkürliche Nervensystem, welches die bewussten Reaktionen steuert, und das **vegetative Nervensystem,** dessen Reaktionen wir nicht durch unseren Willen beeinflussen können.

Du kannst die Bereiche des Nervensystems und ihre Funktionen nennen. Du kannst beschreiben, wie das Nervensystem die Reaktionen des Körpers steuert.

Nervenzellen – Bausteine des Nervensystems

1.
a) Nenne die Bestandteile eines Nervs.
b) Erkläre die Funktionen der Bestandteile.

2.
Zeige, wie eine Nervenzelle durch ihren Bau
an ihre Funktion angepasst ist.

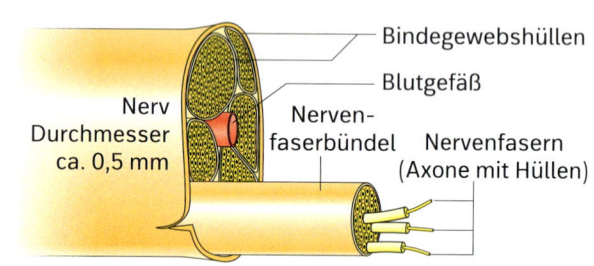

Nerv
Durchmesser
ca. 0,5 mm

Bindegewebshüllen
Blutgefäß
Nerven-
faserbündel
Nervenfasern
(Axone mit Hüllen)

3.
Die Zeichnungen links zeigen verschiedene
Zelltypen. Vergleiche das Aussehen der
Zelltypen untereinander und mit der Ner-
venzelle unten.

4.
Die Zeichnungen sind maßstabsgetreu.
a) Finde heraus, wie lang das Axon einer
Nervenzelle sein kann.
b) Berechne, wie lang man es zeichnen
müsste, damit es zu den Bildern links passt.

5.
Mikroskopiere Fertigpräparate
von Nervenzellen oder Nerven-
gewebe.
a) Fertige eine Zeichnung oder
ein Mikrofoto an.
b) Stelle dein Bild der Klasse
vor.

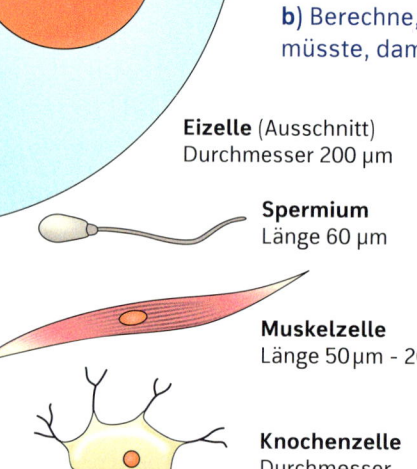

Eizelle (Ausschnitt)
Durchmesser 200 µm

Spermium
Länge 60 µm

Muskelzelle
Länge 50 µm - 200 µm

Knochenzelle
Durchmesser
20 µm - 40 µm

6.
Das Axon ist etwa 1 m lang. Trotzdem braucht ein
Nervenimpuls nur etwa eine hundertstel Sekunde
(0,01 s), um es zu durchlaufen. Berechne die Geschwin-
digkeit eines Autos (in $\frac{km}{h}$), das 1 m in einer hundertstel
Sekunde zurücklegt.

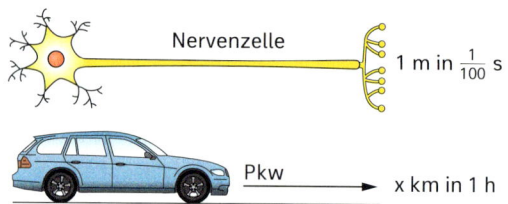

Nervenzelle

1 m in $\frac{1}{100}$ s

Pkw

x km in 1 h

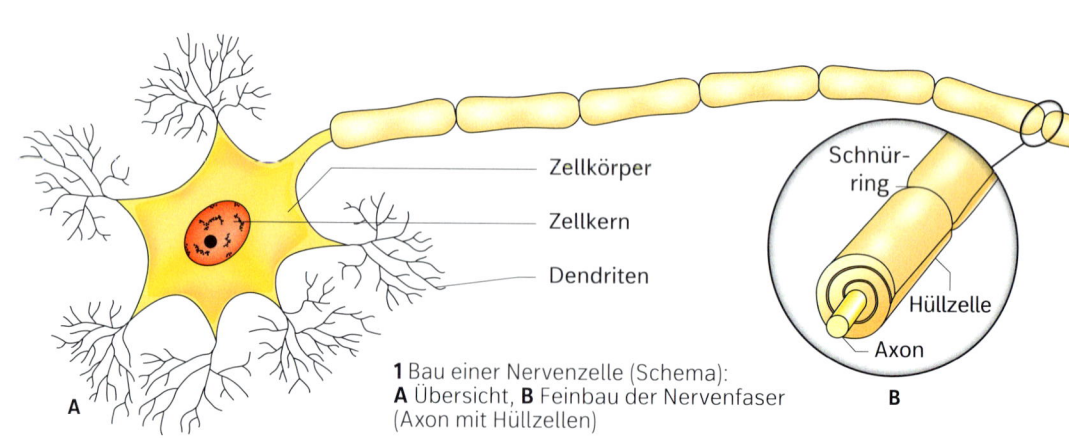

Zellkörper

Zellkern

Dendriten

Schnür-
ring

Hüllzelle

Axon

1 Bau einer Nervenzelle (Schema):
A Übersicht, **B** Feinbau der Nervenfaser
(Axon mit Hüllzellen)

A

B

Nervenzellen – Bausteine des Nervensystems

Das Nervensystem besteht aus vielen Milliarden Nervenzellen. Manche sind an der Informationsverarbeitung im zentralen Nervensystem (ZNS) beteiligt. Andere leiten Informationen einfach nur schnell weiter, zum Beispiel im peripheren Nervensystem. Die Aufgaben sind also recht verschieden, aber der Grundbauplan ist bei allen Nervenzellen gleich.

Bau von Nervenzellen

Vom **Zellkörper** zweigen viele eher kurze, dünne und stark verzweigte Fortsätze ab, die **Dendriten.** Sie stehen in Kontakt mit weiteren Nervenzellen. So entstehen Netzwerke aus vielen zusammengeschalteten Nervenzellen, die Informationen verarbeiten können.

Das **Axon** ist ein besonderer Fortsatz. Es dient dazu, Informationen an andere Zellen weiterzuleiten. Es kann bei Erwachsenen über 1 m lang sein. Das ist sehr erstaunlich, da der Zellkörper der Nervenzelle nur etwa 30 μm, also 30 Millionstel m misst und damit im Vergleich zu anderen Körperzellen eher klein ist.

An seinem Ende ist das Axon oft verzweigt und zu **Endknöpfchen** verdickt. Diese können zum Beispiel auf einem Muskel liegen oder mit Dendriten weiterer Nervenzellen verschaltet sein.

Oft wird das Axon von **Hüllzellen** umkleidet. Diese flachen Zellen sind, ähnlich wie isolierendes Klebeband, um das Axon herumgewickelt. Axone bilden zusammen mit ihren Hüllzellen und weiteren Hilfszellen die **Nervenfasern.** Bindegewebe umschließt jeweils ein Bündel dieser Fasern und mehrere derartiger Bündel bilden einen **Nerv.**

☰ Informationsleitung

Nervenzellen transportieren ständig geladene Teilchen durch ihre Membranen von innen nach außen und umgekehrt. Im Inneren der Zelle gibt es daher mehr negative, außen jedoch mehr positive Ladungen. So entsteht eine elektrische Spannung, die **Ruhespannung.**

Soll eine Nervenzelle eine Information weiterleiten, lässt sie geladene Teilchen durch ihre Membran genau anders herum hindurchströmen. Dann kehrt sich die elektrische Spannung an dieser Stelle kurzzeitig um. Dieser elektrische Impuls läuft vom Zellkörper weg am Axon entlang. Die Hüllzellen wirken wie eine Isolationsschicht. Der Impuls kann sich daher nur an den schmalen Bereichen zwischen zwei Hüllzellen, den Schnürringen, ausprägen. Der Impuls „springt" sozusagen von Schnürring zu Schnürring. So werden Geschwindigkeiten von 100 $\frac{m}{s}$ erreicht.

Informationsverarbeitung

Über die Endknöpfchen steht die Nervenzelle mit weiteren Zellen in Kontakt. Diese Kontaktstellen, über die die Nervenzellen miteinander „verschaltet" sind, nennt man **Synapsen.** Durch die komplexe Verschaltung vieler Zellen kann der Körper Informationen nicht nur weiterleiten, sondern auch verarbeiten: Die Funktionen des Gehirns gehen auf diese Verschaltungen zurück.

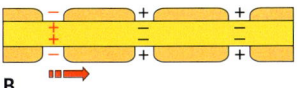

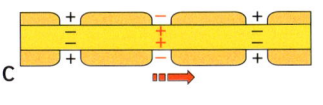

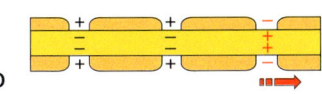

2 Informationsleitung (Schema):
A Ruhezustand,
B-D Entstehung und Weiterleitung des Nervenimpulses

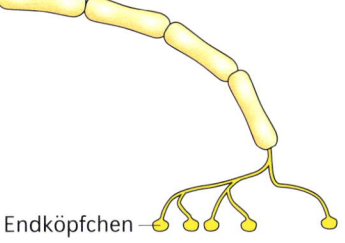

Richtung der Informationsübertragung

Endköpfchen

Du kannst den Grundbauplan einer Nervenzelle beschreiben. Du kannst die Funktion der verschiedenen Teile einer Nervenzelle beschreiben und erklären, wie sie mit dem Bau zusammenhängt.

Nervenzellen stehen in Kontakt

1.
Beschreibe die Funktionsweise einer Synapse. Nutze dazu die Abbildung 1 und erläutere die einzelnen dort dargestellten Vorgänge in Stichpunkten.

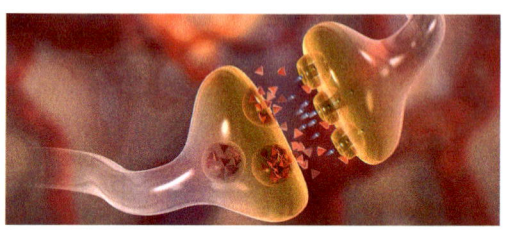

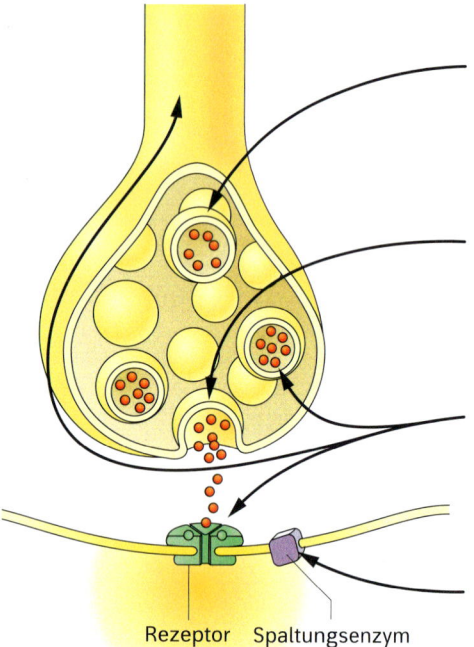

Rezeptor   Spaltungsenzym

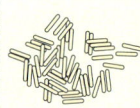
Das Gift **„Botox"** wird von bestimmten Bakterien gebildet. Es hemmt die Ausschüttung des Überträgerstoffes, zum Beispiel in den Synapsen der Atemmuskulatur.

Das Gift der **„schwarzen Witwe"**, einer kleinen Spinne, führt zur schlagartigen und unumkehrbaren Entleerung aller synaptischen Bläschen.

Kegelschnecken setzen mehrere Gifte ein. Die Gifte verhindern die Verschmelzung der Bläschen mit der Membran, blockieren den Rezeptor und legen zusätzlich das Axon lahm.

Phosphorverbindungen, die in Kampfgas und Insektenvernichtungsmitteln enthalten sind, hemmen oder zerstören das Spaltungsenzym.

2.
Erläutere, wie sich die oben aufgeführten Gifte auf die Funktion der Synapse auswirken. Beschreibe dazu, wie die Informationsübertragung gestört wird, und stelle jeweils eine begründete Vermutung darüber an, welche Folgen das für den Organismus als Ganzes hat.

3.
Auch Curare, das Pfeilgift der südamerikanischen Indianer, ist ein Synapsengift.
a) Finde mehr über seine Wirkung heraus und stelle sie dar. Erläutere dazu, wie der in der Abbildung 1 gezeigte Mechanismus durch das Gift gestört wird.
b) Erläutere, für welches der in der Abbildung genannten Synapsengifte Curare als Gegengift eingesetzt werden könnte.

4.
Nikotin, das Gift der Tabakpflanze, ist ebenfalls ein Synapsengift. Recherchiere, wie es auf die Synapsen wirkt und erläutere die Folgen mithilfe der Abbildung 1.

① Ein Nervenimpuls erreicht über das Axon das Endknöpfchen. Der Impuls bewirkt, dass einige der mit dem
Überträgerstoff gefüllten synaptischen Bläschen...

② ... mit der Membran des Endknöpfchens verschmelzen
und den Überträgerstoff in den synaptischen Spalt
abgeben.

③ Der Überträgerstoff gelangt zum Rezeptor. Dort gibt es
einen Bereich, an den Überträgerstoffteilchen andocken
können (Schlüssel-Schloss-Prinzip). Der Rezeptor ruft
daraufhin einen neuen Nervenimpuls hervor, bevor...

④ ... sich der Überträgerstoff wieder ablöst und schließlich
von einem Spaltungsenzym gespalten wird.
Die Bruchstücke ...

⑤ ...werden in das Endknöpfchen transportiert. Dort werden
sie wieder zu einem wirksamen Überträgerstoff zusam-
mengesetzt und in neue synaptische Bläschen
"verpackt".

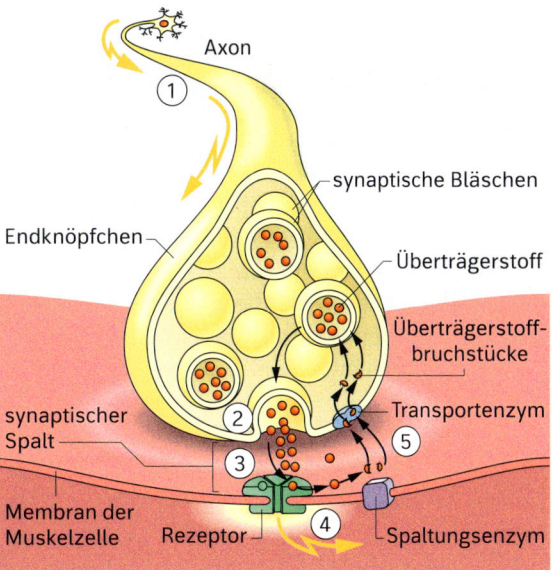

1 Struktur und Funktion einer Synapse

Nervenzellen bilden neuronale Netzwerke

Als Bausteine des Nervensystems erfüllen Nervenzellen lebenswichtige Funktionen für den Körper. Dies können sie aber nicht alleine, sondern nur gemeinsam. Nervenzellen stehen daher untereinander in Kontakt. Sie bilden ein riesiges **neuronales Netzwerk.** Nervenzellen stehen aber auch mit anderen Zellen in Kontakt, zum Beispiel mit Muskel- oder Drüsenzellen. Die Übertragung von Informationen von einer Zelle auf eine andere ist also wichtiger Bestandteil der Funktion von Nervenzellen.

Innerhalb von Nervenzellen werden die Informationen in Form von elektrischen Impulsen weitergegeben. Von einer Zelle zur nächsten können elektrische Nervenimpulse aber nicht ohne weiteres gelangen.

Wie also kann eine Information von einer Zelle zur nächsten gelangen?

Berührungslose Kontakte

Für die Informationsübertragung sind **Synapsen** zuständig: In Abbildung 1 ist als Beispiel eine Nervenzelle dargestellt, die mit einem Muskel in Verbindung steht. Nerven- und Muskelzelle berühren sich aber nicht, dazwischen ist ein Spalt. Das Ende der Nervenzelle ist etwas verdickt und bildet ein **Endknöpfchen.** Darin findet man viele kleine **synaptische Bläschen.** Sie sind mit einem Stoff gefüllt, den man **Überträgerstoff** nennt.
Gelangt nun ein Nervenimpuls zur Synapse, verschmelzen einige der Bläschen mit der Membran des Endknöpfchens. Dadurch gelangt Überträgerstoff in den Spalt und zu der Zelle auf der anderen Seite. In deren Membran befinden sich **Rezeptoren,** die bei Kontakt mit dem Überträgerstoff elektrische Impulse erzeugen.
So überquert der Nervenimpuls indirekt den Spalt. Synapsen sind also berührungslose Kontaktstellen zwischen Zellen, die Informationen übertragen können.

Schlüssel-Schloss-Prinzip

Die Rezeptoren erzeugen nur dann Impulse, wenn ein Überträgerstoff-Teilchen an sie angedockt hat. Das funktioniert nach dem **Schlüssel-Schloss-Prinzip:** Die Überträgerstoff-Teilchen passen an die Rezeptoren wie ein Schlüssel zum Schloss.

Auch viele Medikamente, Gifte oder Drogen wirken so: Bestimmte Teilchen in Schmerzmitteln passen ebenfalls an die Rezeptoren, lösen dort aber keine Impulse aus. Sie blockieren die Synapsen, die für die Schmerzempfindung verantwortlich sind. Leider reagiert der Körper auf das Ausbleiben der Empfindung aber, indem er vermehrt Rezeptoren bildet. Irgendwann führen dann schon kleine Mengen des Überträgerstoffes zu Schmerzen.

Du kannst die Struktur und Funktion von Synapsen erläutern und dabei auch auf das Schlüssel-Schloss-Prinzip eingehen.

Basiskonzepte S. 141

Das Rückenmark – Schaltzentrale für Reflexe

1. ≡ Ⓐ
Erkläre den Greifreflex. Was versteht man darunter und welche Bedeutung hatte der Reflex für unsere Vorfahren?

2. Ⓠ
Informiere dich über weitere Reflexe, die nur bei Säuglingen auftreten. Berichte, durch welche Reize die Reflexe jeweils ausgelöst werden, welche Reaktionen erfolgen und welchen Sinn dies hat.

3. ≡ Ⓐ
a) Erstelle ein Flussdiagramm zum Ablauf des Kniesehnenreflexes.
b) Erkläre, wieso der Kniesehnenreflex für uns zum Beispiel beim Gehen wichtig ist.

4. Ⓥ
Untersucht den Kniesehnenreflex.
a) Die Versuchsperson setzt sich auf einen Tisch und lässt die Beine herunterhängen. Der andere schlägt vorsichtig mit der Handkante oder einem Reflexhammer unterhalb der Kniescheibe auf das obere Bein.
b) Beschreibt die Reaktion.
c) Erläutert mithilfe der Schritte 1-5 die Vorgänge vom Schlag bis zur Muskelreaktion.

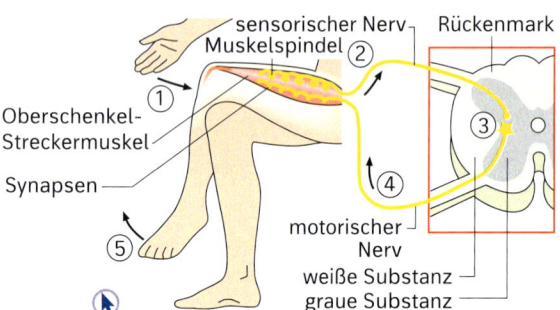

1 Greifreflex

Reflexe garantieren sichere Reaktionen

Berührt etwas die Handfläche eines Babys, greift es sofort ganz automatisch fest zu. Dieser Greifreflex war für unsere affenähnlichen Vorfahren wichtig: Säuglinge klammerten sich dadurch selbst im Fell ihrer Mutter fest. **Reflexe** sind angeboren. Sie beruhen auf festen Verbindungen zwischen Nervenzellen, sodass auf einen Reiz hin eine automatische Reaktion stattfindet. Viele Reflexe dienen dem Schutz des Körpers oder gar dem Überleben. Beispiele sind der Atemreflex, der Schluckreflex, der Brechreflex, der Hustenreflex, der Niesreflex oder der Lidschlussreflex.

Der Kniesehnenreflex

Bleiben wir beim Gehen hängen, stolpern wir zwar, stürzen aber meist nicht. Die plötzliche Dehnung des Oberschenkelstreckmuskels wird von einer sogenannten Muskelspindel als Reiz registriert. Ein sensorischer Nerv meldet dies ans **Rückenmark.** Dort wird direkt auf eine motorische Nervenzelle umgeschaltet, die den Oberschenkelstreckmuskel veranlasst, sich zusammenzuziehen und das Bein zu strecken. Hierfür ist nur ein einziger synaptischer Umschaltvorgang nötig. Die Reaktion erfolgt daher sehr schnell und noch, bevor wir das Stolpern bewusst wahrnehmen. Gleichzeitig wird die Nachricht auch zum Gehirn geleitet. Ist sie dort angekommen, löst das Gehirn Korrekturbewegungen aus, um Stürze aufzufangen.

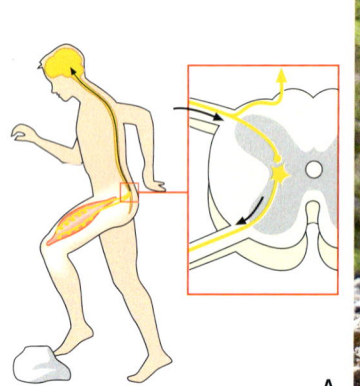

2 Stolperreflex: **A** Ablauf, **B** Sturzgefahr

5.
Finde heraus, welcher Reflex hier getestet wird und was das Ergebnis über den Zustand eines Verletzten aussagt.

6.
Übertrage die Tabelle in deinen Ordner und ergänze sie mit den entsprechenden Informationen zu den im Text genannten Reflexen.

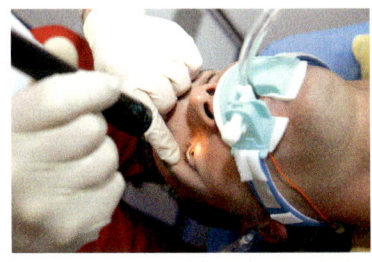

Name des Reflexes	auslösender Reiz	Reaktion	Funktion des Reflexes
Lidschluss-reflex	z. B. bei Be-rührung des Auges, Wind	Augenlid schließt sich	Schutz vor Verletzung der Hornhaut

7.
Vergleiche die Lage der grauen und der weißen Substanz beim Rückenmark und beim Großhirn. Begründe die Unterschiede.

8.
Informiere dich über die Querschnittslähmung. Berichte, wie die Symptome erklärt werden können und wie sie mit der Lage der Verletzung zusammenhängen.

Der Stolperreflex kann als **Knie-sehnenreflex** auch ausgelöst werden, wenn durch einen Schlag die Kniesehne des Oberschenkel-streckmuskels plötzlich gedehnt wird.
Reflexe helfen uns bei fast allen Bewegungen, denn sie sind an der Feinsteuerung beteiligt.

Das Rückenmark – gut geschützt und doch gefährdet

Das Rückenmark ist einerseits eine wichtige Umschaltzentrale für Reflexe, andererseits stellt es die Nachrichtenverbindung zwischen dem Gehirn und den Körperbereichen her. Auch am Bau des Rückenmarks kann man diese beiden Funktionen unter-scheiden: Innen liegt die **graue Substanz.** Hier befinden sich die Zellkörper der Nervenzellen mit den Synapsen für die zahlreichen Verschaltungen, die für die Reflexe wichtig sind. Außen, in der **weißen Substanz,** verlaufen die Nervenfasern für die schnelle Nachrichtenübermittlung.
Das Rückenmark liegt gut ge-schützt in der **Wirbelsäule.** Es wird von den Wirbeln umschlos-sen. Zwischen den Wirbeln treten Nervenstränge aus, die in alle Bereiche des Körpers führen. Wird die Wirbelsäule verletzt oder werden Wirbelknochen oder Bandscheiben verschoben, so kann dies zu starken Schmerzen und sogar zur Unterbrechung der Nervenleitung führen. Dies ist bei einer **Querschnittslähmung** der Fall. Dann ist der Körper unterhalb der Verletzungsstelle gefühllos und bewegungsunfähig.

Du kannst beschreiben, was man unter einem Reflex versteht, und Beispiele erläutern. Du kannst erklären, wieso reflexartige Reaktionen so schnell erfolgen.

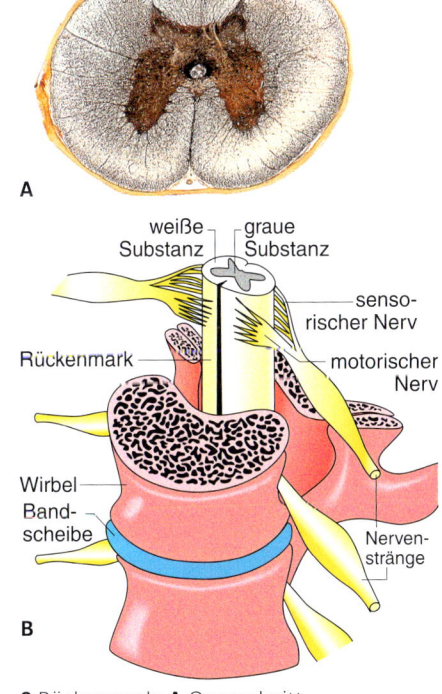

A

weiße Substanz — graue Substanz

senso-rischer Nerv

Rückenmark

motorischer Nerv

Wirbel
Band-scheibe

Nerven-stränge

B

3 Rückenmark: **A** Querschnitt, **B** Lage im Wirbelkanal

Das Gehirn – Steuerzentrale für Verhalten

1. Jonglieren ist eine komplizierte Tätigkeit.
a) Liste auf, welche Wahrnehmungen dabei stattfinden und welche Bewegungen gesteuert werden müssen.
b) Ordne den unter a) genannten Leistungen die daran hauptsächlich beteiligten Gehirnbereiche aus Abbildung 2 zu.

2. Die Großhirnrinde ist stark gefaltet, hier gibt es viel graue Substanz. Erkläre den Zusammenhang zwischen dieser auffälligen Bauweise und der Funktion des Großhirns.

3. Erstellt Collagen zur Arbeitsteilung der beiden Hirnhälften.

4. Beschreibe anhand der Abbildung rechts, wie das Gehirn im Körper geschützt ist.

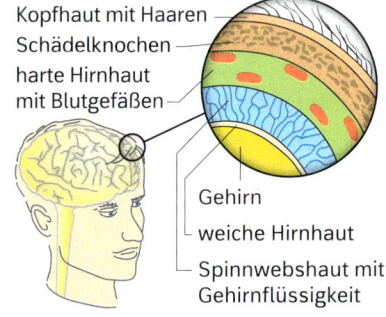

Kopfhaut mit Haaren
Schädelknochen
harte Hirnhaut mit Blutgefäßen
Gehirn
weiche Hirnhaut
Spinnwebshaut mit Gehirnflüssigkeit

5. Manche Koma-Patienten zeigen keine Anzeichen einer bewussten Wahrnehmung oder willkürlicher Bewegungen. Trotzdem atmen, schlucken, husten oder niesen sie. Bewerte mithilfe der Abbildung 2, welche Hirnteile bei ihnen noch funktionieren und welche nicht.

6. "Schokolade macht glücklich!" Recherchiere, was hinter dieser Aussage steckt. Erkläre.

7. Die bekanntesten Überträgerstoffe im Gehirn sind Acetylcholin, Serotonin, Dopamin und Noradrenalin. Finde ihre Bedeutung für unser Handeln und unsere Gefühle heraus. Nutze hierfür zum Beispiel das Internet.

Das Gehirn – ein empfindliches Netzwerk

Lesen, schreiben, rechnen, Fahrrad fahren, jonglieren, sich glücklich oder traurig fühlen - wie schafft diese wabbelige, graue, knapp 1,5 kg schwere Masse, die wir Gehirn nennen, das alles? Es ist ein Netzwerk aus etwa 100 Milliarden Nervenzellen. Sie kommunizieren über mehr als eine Billiarde Synapsen und arbeiten so zusammen. Nur so kann das Gehirn diese gewaltige Leistung vollbringen. Die Nervenzellen und die Verbindungen zwischen ihnen sind jedoch sehr empfindlich. Das Gehirn liegt daher gut geschützt im Inneren des Schädels.

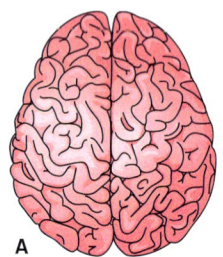
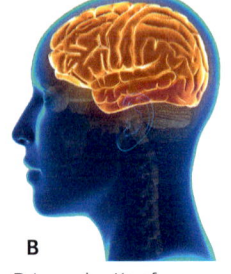

A   **B**
1 Das Gehirn: **A** von oben, **B** Lage im Kopf

Außerdem ist das Gehirn gut durchblutet. Es muss stets ausreichend mit Sauerstoff und Glukose versorgt werden. Nervenzellen benötigen nämlich viel Energie. Bei Verletzungen oder Durchblutungsstörungen im Gehirn kommt es daher sofort zu Ausfällen. Diese können dauerhaft sein, wenn die Nervenzellen in den betroffenen Bereichen absterben und sich nicht regenerieren können. Aus Untersuchungen betroffener Patienten erfuhren Mediziner schon früh etwas über die Aufgabenverteilung im Gehirn.

Bau und Funktion des Gehirns

Abbildung 2 zeigt die verschiedenen Bereiche des Gehirns. Sie arbeiten eng zusammen, sind aber auf verschiedene Aufgaben spezialisiert. Beim Menschen ist das **Großhirn** besonders stark entwickelt. Die Großhirnrinde ist gefaltet und bietet durch die **Oberflächenvergrößerung** viel Platz für die außen liegende graue Substanz. Hier befinden sich die Zellkörper der Nervenzellen und die Verknüpfungen. Im Großhirn erfolgen die bewussten Wahrnehmungen und Bewegungssteuerungen, aber auch Denken, Erinnern und das Sprachvermögen befinden sich hier.

Das Großhirn besteht aus zwei Hälften. Die Aufgaben sind ungleich verteilt. Die linke Hälfte verarbeitet Nachrichten aus der rechten Körperseite und steuert diese. Für die rechte Hirnhälfte gilt das Umgekehrte. Sprache und logisches Denken erfolgen überwiegend in der linken Hälfte, die rechte ist eher für räumliches Vorstellungsvermögen, Musikalität und Kreativität zuständig.

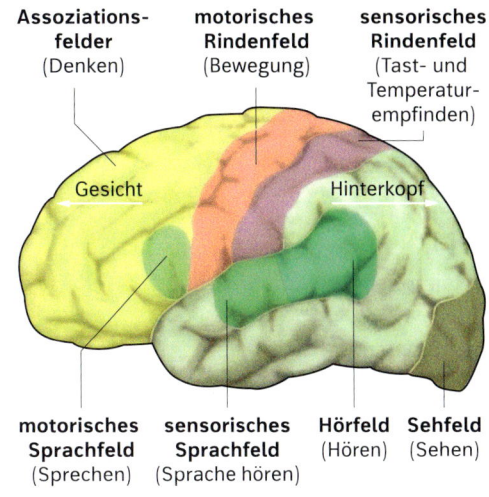

3 Rindenfelder des Großhirns

Auch alle **Gefühle** entstehen im Gehirn. Gefühle sind lebenswichtig. Sie steuern unser Verhalten, indem sie uns etwa vor Gefahren warnen. Mitgefühl und Zuneigung helfen uns, in einer Gemeinschaft zu leben. Im Gehirn gibt es bestimmte Überträgerstoffe, die die Gefühle und das Verhalten beeinflussen.

Du kannst den Aufbau und die Funktion des Gehirns beschreiben. Du kannst erläutern, warum das Gehirn geschützt werden muss.

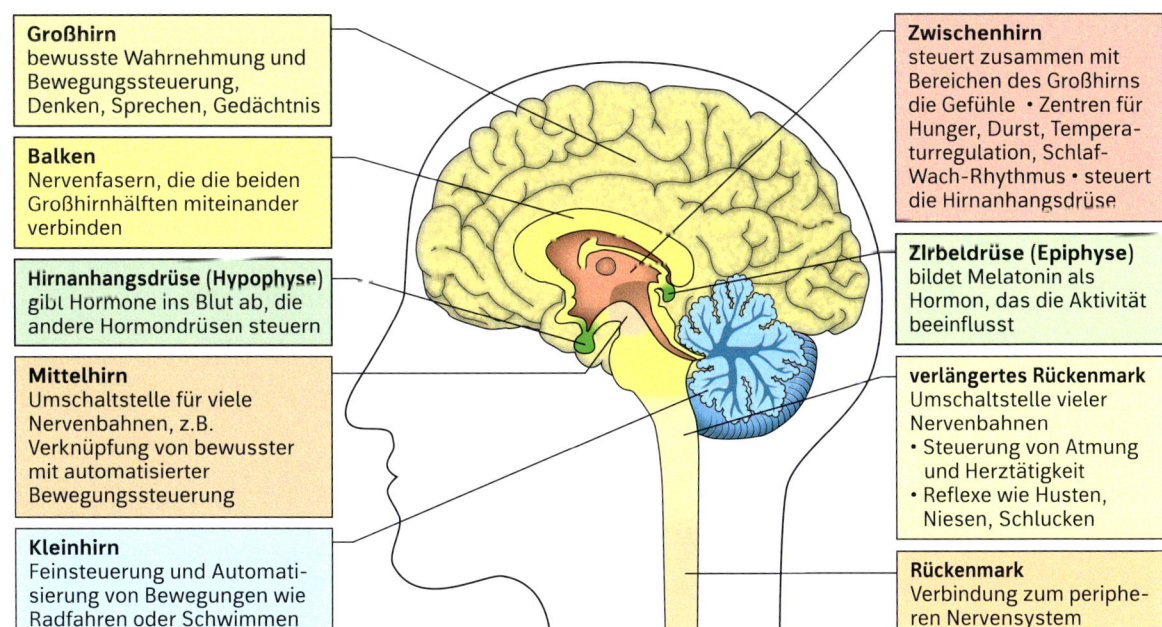

Was wir können – was wir lernen

1. **Ⓐ**

Egal ob Vokabeln und Mathefor-
meln oder Skateboard-Tricks
und Tanzschritte - all das
müssen wir erst lernen.
a) Erläutere den Begriff "Lernen". Was bedeutet er eigentlich
und wie passt das mit Vokabeln,
Skateboarden und Tanzen
zusammen?
b) Beschreibe das Vorgehen
beim Vokabelnlernen einerseits
und beim Lernen von Tanz-
schritten oder Skateboard-
Tricks andererseits. Nenne
Gemeinsamkeiten und Unterschiede.

2. **Ⓐ**

Vielen fällt das Lernen von
Formeln oder Vokabeln schwer.
Tanzen oder Skateboarden
lernen sie hingegen freiwillig in
der Freizeit. Vergleiche und
begründe den Unterschied.

3. **Ⓐ**

Nenne jeweils Beispiele für etwas, das man lernt durch
a) Versuch und Irrtum,
b) Nachahmung,
c) Lernen durch Einsicht.

 20 %
von dem,
was wir
hören

 30 %
von dem,
was wir
sehen

 10 %
von dem,
was wir
lesen

**Im
Gedächtnis
bleibt**

 50 %
von dem,
was wir
hören und
sehen

 90 %
von dem,
was man
selbst tut

 70 %
von dem,
was man
selbst sagt

4. **Ⓐ**

Die Grafik oben zeigt Ergebnisse von
Experimenten zum mehrkanaligen Lernen.
Interpretiere die Ergebnisse und erläutere
den Begriff "mehrkanaliges Lernen".

5. **Ⓐ**

Erstelle einige Tipps für erfolgreiches
Lernen. Nutze neben der Grafik oben auch
deine Überlegungen zu den Aufgaben 1 und
2 sowie den Informationstext.

6. **Ⓐ**

Was bleibt im Gedächtnis? Beschreibe und erkläre die
Bildfolge links.

7. **Ⓠ**

Dopamin ist ein wichtiger Botenstoff, der viel mit
Lernen zu tun hat. Finde mehr darüber heraus und
berichte.

Lernvorgänge

Bereits Säuglinge erforschen ihre Umgebung. Kleinkinder probieren den Umgang mit Gegenständen und Spielzeugen aus. Bei einem Puzzle zum Beispiel machen sie mehrere Versuche, die Teile passend zusammen zu legen. Haben sie durch **Versuch und Irrtum** herausgefunden, welche Teile passen, freuen sie sich. Kinder beobachten Personen ihrer Umgebung. Durch **Nachahmung** lernen sie etwa den Umgang mit Stiften oder Besteck. Sie machen nach, was sie sehen und freuen sich, wenn es klappt. Auch die Schritte eines Tanzes oder einen neuen Skateboard-Trick lernt man so. Tanzlehrer oder andere Skater werden nachgemacht und deren Tipps und Anleitungen befolgt. Theoretische oder komplexe Probleme muss man zunächst analysieren, um Zusammenhänge zu erkennen. Die Lösung findet man in Form einer Idee oder eines Plans zunächst nur im Kopf. Dies nennt man **Lernen durch Einsicht.**

In allen Fällen bedeutet Lernen also, neues Wissen zu speichern, Zusammenhänge zu erkennen, neue Fähigkeiten zu erwerben und schließlich das Verhalten zu ändern. So können wir uns an neue Gegebenheiten anpassen und Erfahrungen für die Lösung zukünftiger Probleme nutzen.

Übung macht den Meister

Egal, was wir gelernt haben, erst durch Übung können wir richtig gut darin werden. Je öfter wir uns über Erfolg freuen und je interessanter und wichtiger wir etwas finden, umso besser lernen wir. Ärgern wir uns dagegen oft über Misserfolge oder finden wir etwas langweilig oder unwichtig, fällt uns das Lernen schwer.

Wie lernt das Gehirn?

Wie das Gedächtnis funktioniert, ist nur teilweise geklärt. Es scheint aber "stufenweise" zu arbeiten. Forscher unterscheiden daher verschiedene Gedächtnisstufen. Informationen werden im Gehirn zunächst als Nervenimpulse verarbeitet. Diese sind sehr kurzlebig – man spricht vom **Ultrakurzzeitgedächtnis**. Das meiste wird vom Gehirn direkt als "unwichtig" eingestuft und schon vergessen, bevor es uns bewusst wird. Nur wichtige Informationen gelangen ins **Kurzzeitgedächtnis**, das man auch **Arbeitsgedächtnis** nennt. Hier können etwa sieben Gedächtnisinhalte parallel verarbeitet und dazu einige Sekunden bis Minuten lang behalten werden. Dabei spielen neben Nervenimpulsen auch bestimmte Eiweißstoffe eine Rolle. Diese Stoffe zerfallen nach spätestens 20 Minuten. Wiederum müssen wir etwas wichtig finden und wiederholen, um es im **Langzeitgedächtnis** abzuspeichern. Dann werden haltbarere Eiweißstoffe in die Nervenzellen eingelagert. Außerdem werden Verknüpfungen in Form von Synapsen zwischen Nervenzellen angelegt. In der Art dieser Verknüpfungen werden die Informationen gespeichert. Wird eine solche Verknüpfung erfolgreich benutzt, wird sie gefestigt. Dabei spielt die Freude über den Erfolg eine wichtige Rolle: Durch Freude werden Botenstoffe ausgeschüttet, die ein Glücksgefühl erzeugen. Außerdem sorgen sie für die Verstärkung der Verbindungen. Dieses "innere Belohnungssystem" sorgt also dafür, dass oft erfolgreich benutzte Informationen sicher gespeichert werden.

Ultrakurzzeitgedächtnis
- elektrische Impulse klingen schnell ab
- Speicherdauer bis ca. 20 Sekunden
- unbewusste Analyse, ob wichtig oder nicht

Kurzzeit- bzw. Arbeitsgedächtnis
- zusätzlich Stoffe (Proteine), die in den Nervenzellen (um-)gebildet werden
- beeinflussen die Tätigkeit der Synapsen
- zerfallen mit der Zeit
- Speicherdauer bis ca. 20 Minuten
- bewusste Verarbeitung und Kombination

Langzeitgedächtnis
- Verstärkung von Synapsen durch Nutzung
- Einlagerung haltbarer Stoffe in die Zelle
- Neubildung von Synapsen
- Speicherdauer über viele Jahre

1 Lernen im Modell

Du kannst die Gedächtnisstufen nennen und beschreiben. Du kannst an Modellen erklären, was beim Lernen im Gehirn vorgeht und damit begründen, wie man besonders gut lernen kann.

Basiskonzepte S. 141

Das vegetative Nervensystem – Steuerung innerer Organe

1. **Ⓐ**
a) Nenne die beiden Systemteile des vegetativen Nervensystems.
b) Die nebenstehenden Abbildungen zeigen Situationen, in denen jeweils ein Systemteil besonders aktiv ist. Gib an, um welchen Teil es sich jeweils handelt und begründe deine Einschätzung.

2. **Ⓐ** 🖱
Beschreibe eine Situation beim Essen, die der Arbeitsweise des vegetativen Nervensystems nicht entspricht und eine, die ihr entgegenkommt.

3.  **Ⓐ**
Eine Präsentation vor der Klasse wird oft als „Stresssituation" eingestuft.
a) Beschreibe körperliche Reaktionen, die in solchen Situationen typischerweise auftreten können.
b) Erkläre sie mit den Wirkungen des vegetativen Nervensystems.

4. **≡** **Ⓐ**
Beschreibe das Zusammenwirken von Nerven- und Hormonsystem am Beispiel Stress.

5. **≡** **Ⓐ**
Erkläre mithilfe der Wirkungen von Sympathikus und Parasympathikus,
a) weshalb in manchen Situationen „die Augen vor Schreck geweitet" sind.
b) weshalb man bei einer Bronchitis häufig abends oder nachts von Husten geplagt wird.
c) weshalb man in Stressphasen kaum Hunger hat.
d) weshalb es bei Jungen in der Pubertät häufig nachts zu einer ungewollten Erektion kommt.

6. **Ⓠ**
Das vegetative Nervensystem arbeitet zwar unbewusst, da es aber über das Gehirn gesteuert wird, gibt es Einflussmöglichkeiten.
a) Recherchiere, welche Körperfunktionen beispielsweise durch mentales Training, durch autogenes Training oder durch Yoga beeinflusst werden können.
b) Stelle Entspannungsübungen vor, die im Alltag angewendet werden können.

Das vegetative Nervensystem

Viele Vorgänge im Körper wie die Atmung, der Herzschlag oder die Verdauung laufen unbewusst ab. Sie werden über das **vegetative Nervensystem** gesteuert. Es passt die Tätigkeit der inneren Organe an den Bedarf des Organismus an. So erhöht es beispielsweise die Anzahl der Herzschläge und die Atemfrequenz, wenn wir schnell rennen. Gleichzeitig verlangsamt es die Darmbewegungen. Wenn wir essen, nehmen die Bewegungen des Darms zu. Atmung und Herzschlag sind dann verlangsamt.
Das vegetative Nervensystem besteht aus zwei Teilen, die wie Gegenspieler wirken. Der **Sympathikus** ist aktiv bei körperlicher Leistung, Stress oder Angst. Der **Parasympathikus** ist aktiv, wenn wir entspannt sind.

Sympathikus

Der Sympathikus ist über Nervenstränge, die seitlich aus dem Rückenmark austreten, mit den Organen im Körper verbunden. Wird er aktiviert, stellt er den Körper auf Leistung ein. Er lässt das Herz schneller schlagen. Der Blutdruck und die Muskelspannung steigen, die Pupillen und Bronchien werden geweitet. Die Verdauung wird gehemmt. Das Nebennierenmark schüttet die Hormone **Adrenalin** und **Noradrenalin** aus. Sie unterstützen die Aktivierung des Körpers und die Aufmerksamkeit wird gesteigert. Die Muskeln werden gut mit Sauerstoff und Nährstoffen versorgt.

Parasympathikus

Die Nervenbahnen des Parasympathikus gehen vom Gehirn und vom unteren Rückenmark aus. Sie erreichen dieselben Organe wie die Nervenbahnen des Sympathikus, führen dort jedoch zu entgegengesetzten Wirkungen. Wird

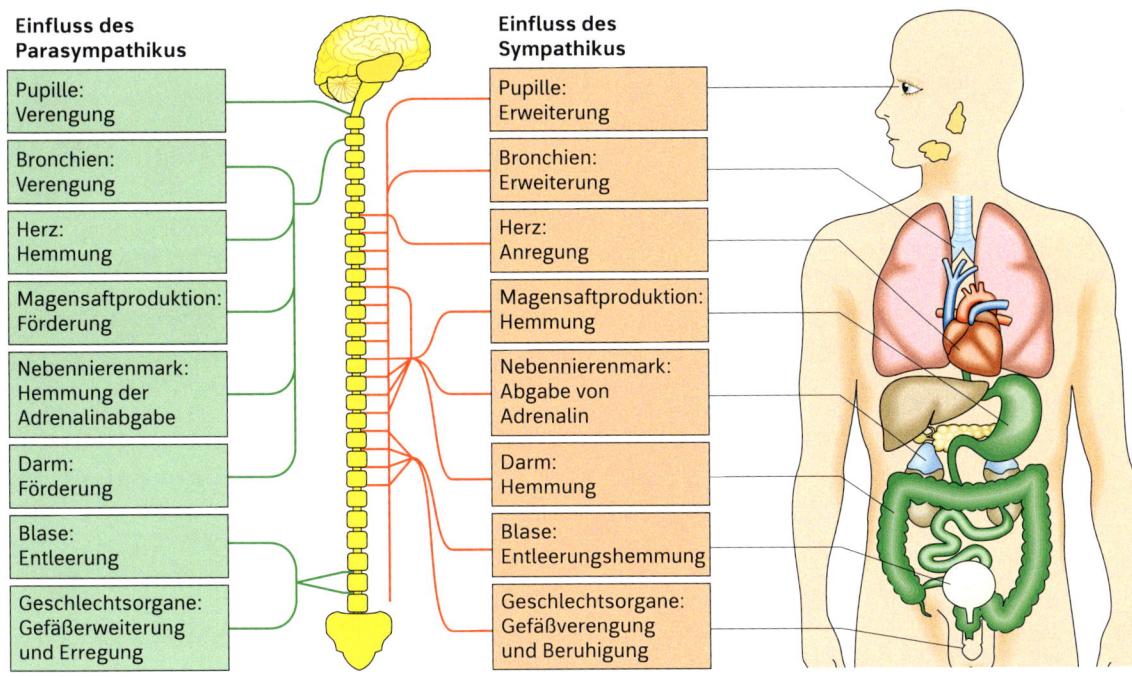

Einfluss des Parasympathikus

Pupille: Verengung
Bronchien: Verengung
Herz: Hemmung
Magensaftproduktion: Förderung
Nebennierenmark: Hemmung der Adrenalinabgabe
Darm: Förderung
Blase: Entleerung
Geschlechtsorgane: Gefäßerweiterung und Erregung

Einfluss des Sympathikus

Pupille: Erweiterung
Bronchien: Erweiterung
Herz: Anregung
Magensaftproduktion: Hemmung
Nebennierenmark: Abgabe von Adrenalin
Darm: Hemmung
Blase: Entleerungshemmung
Geschlechtsorgane: Gefäßverengung und Beruhigung

1 Funktionen des vegetativen Nervensystems

der Parasympathikus aktiviert, sinken Blutdruck und Herzfrequenz. Verstärkte Magensaftproduktion und Darmbewegungen fördern die Verdauung. Der Körper erholt sich. Während des Schlafs ist dieser Nerv besonders aktiv.

Steuerung im Gehirn
Die Aktivitäten des vegetativen Nervensystems werden vom Gehirn gesteuert. Eine plötzlich eintretende gefährliche Situation im Straßenverkehr verursacht einen Schreck. Im **Großhirn** wird die Situation erfasst. Es leitet eine bewusste Handlung zur Vermeidung der Gefahrensituation ein. Dies könnte ein Sprung zur Seite sein.
Im **Zwischenhirn** erfolgt die gefühlsmäßige Bewertung der Situation als Gefahr. Der Körper stellt sich auf Flucht ein. Über den Sympathikus werden unbewusst alle Organe zu erhöhter Aktivität angeregt, die eine Höchstleistung des Körpers, wie etwa einen kraftvollen Sprung, unterstützen.

Gleichzeitig werden alle Organe gehemmt, welche die Leistung behindern könnten. Sportliche Höchstleistungen kommen auf diese Weise zustande.

Bei einem Vortrag vor Publikum oder in einer Prüfungssituation wird der Sympathikus ebenfalls aktiv. Das Herz klopft, der Kopf wird rot und die Hände werden feucht. Der Körper stellt sich auf Flucht ein, stattdessen sollen schwierige Aufgaben gelöst werden. Eine Folge dieses Widerspruchs kann dann zum Beispiel eine Denkblockade sein.

Störung des Zusammenspiels
In längeren Stressphasen kann das Zusammenspiel zwischen Sympathikus und Parasympathikus gestört sein. Ein stark erregter Sympathikus kann beispielsweise das Einschlafen verhindern oder zu Verdauungsbeschwerden führen. In solchen Situationen können Yogaübungen oder andere Entspannungstechniken helfen.

Du kannst beschreiben, wie das vegetative Nervensystem funktioniert.

2 Gefährliche Situation

3 Beeinflussung des vegetativen Nervensystems

Die Chemie muss stimmen – das Hormonsystem

1.  Ⓐ
Erkläre, warum man Hormone „chemische Botenstoffe" nennt.

2. Ⓐ
Erstelle eine Tabelle. Trage die Hormondrüsen, ihre Lage und mindestens ein Hormon ein, das dort gebildet wird.

3. Ⓐ
Betrachte die Abbildung rechts.
a) Erkläre das „Schlüssel-Schloss-Prinzip".
b) Erkläre, wie mithilfe von Hormonen Informationen übertragen werden.

4. Ⓠ Ⓑ
Bildet Teams. Jedes Team informiert sich über eine der unten aufgeführten Hormondrüsen und die Hormone, die von der jeweiligen Drüse erzeugt werden sowie über deren Wirkung.
Haltet über eure Ergebnisse Kurzvorträge.

5. Ⓠ Ⓑ
In den letzten Jahren wurden vermehrt Hormone im Trinkwasser nachgewiesen.
a) Recherchiere, wie sie dorthin gelangen können.
b) Hormone wirken in extrem geringen Konzentrationen. Thyroxin zum Beispiel wirkt noch in einer Verdünnung von 1 : 500000000. In wie viel Litern Wasser ist dann 1 g Thyroxin noch wirksam?
c) Bewerte vor diesem Hintergrund das Problem von Hormonrückständen im Trinkwasser.

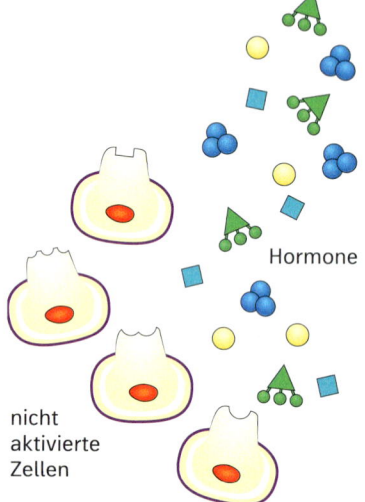

Hormone

nicht aktivierte Zellen

aktivierte Zellen

---

①Zirbeldrüse (Epiphyse)
Lage: im Zwischenhirn
Funktion: bildet Melatonin • steuert Schlaf-Wach-Rhythmus • hemmt im Kindesalter die Entwicklung der Keimdrüsen

②Hirnanhangsdrüse (Hypophyse)
Lage: an der Unterseite des Zwischenhirns
Funktion: produziert verschiedene Hormone, die die Tätigkeit anderer Drüsen steuern

③Schilddrüse
Lage: unter dem Kehlkopf
Funktion: produziert mehrere Hormone • das Hormon Thyroxin beeinflusst das Wachstum und reguliert Stoffwechselvorgänge

④Nebennieren
Lage: auf den Nieren
Funktion: Nebennierenrinde produziert Cortisol • beeinflusst den Stoffwechsel • Nebennierenmark produziert Adrenalin und Noradrenalin • beeinflussen die Leistungsbereitschaft

⑤Bauchspeicheldrüse
Lage: im Bauchraum
Funktion: die Langerhansschen Inseln bilden Insulin und Glukagon • regulieren den Blutzuckerwert

⑥Hoden
(männliche Keimdrüsen)
Lage: im Hodensack außerhalb des Bauchraumes
Funktion: produzieren männliche Sexualhormone, die Androgene • besonders wichtig ist das Hormon Testosteron

⑦Eierstöcke
(weibliche Keimdrüsen)
Lage: im Bauchraum
Funktion: produzieren weibliche Sexualhormone, die Östrogene und Gestagene

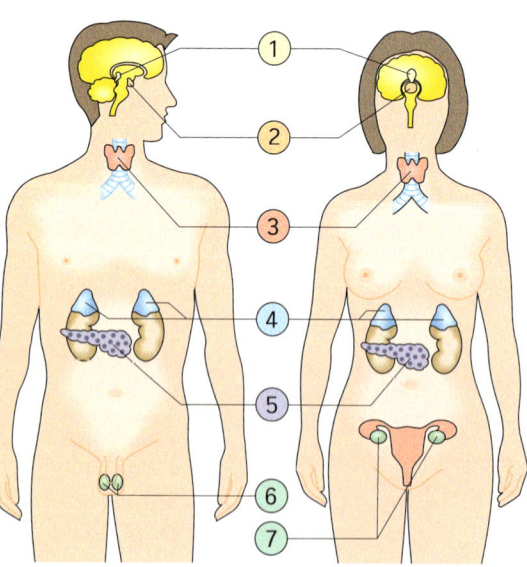

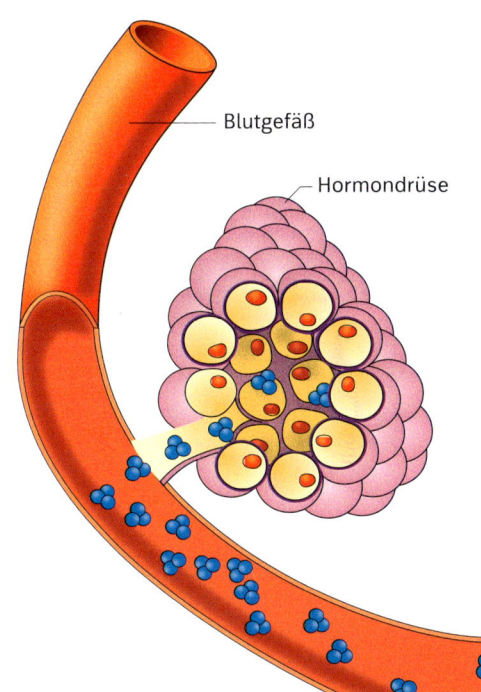

Blutgefäß

Hormondrüse

Hormon

Rezeptor

Zelle

Funktionsprinzip des Hormonsystems

Jedes Hormon wirkt nur auf ganz bestimmte Zielzellen, denen es eine bestimmte Information zu überbringen hat. Die Zielzellen haben dafür spezielle „Empfangseinrichtungen", die **Rezeptoren.** Wie ein Schlüssel zum Schloss passt nur ein ganz bestimmtes Hormon auf einen solchen Rezeptor. Nur wenn ein passendes Hormon an einen passenden Rezeptor andockt, reagiert die Zelle darauf mit ihrer entsprechenden Wirkung. Hormone wirken also nach dem **Schlüssel-Schloss-Prinzip.**

Nach der erfolgreichen Wirkung im Körper wird durch einen Regelmechanismus der entsprechenden Hormondrüse die Hormonproduktion gemindert oder ganz eingestellt. Solche Regelmechanismen verhindern Störungen im empfindlichen Gleichgewicht der Hormone. Das Gleichgewicht sorgt dafür, dass die von Hormonen verursachten Wirkungen nicht zu stark werden oder zu lange anhalten.

1 Funktionsprinzip des Hormonsystems

Was sind Hormone?

Hormone sind chemische **Botenstoffe.** Unser Körper produziert sie in speziellen Drüsenzellen. Ein weiterer Teil wird im Zwischenhirn oder in Körpergeweben gebildet, zum Beispiel in der Magenschleimhaut zur Anregung der Magenbewegung. Hormone wirken schon in kleinsten Mengen. Sie beeinflussen das Körperwachstum und die Entwicklung und steuern Stoffwechselvorgänge. Hormone haben auch Einfluss auf unser Gefühlsleben und können positive wie auch negative Stimmungen hervorrufen. Sie können heilen oder auch krank machen.

Hormondrüsen

Die meisten Hormone werden in Organen gebildet, die ausschließlich der Hormonproduktion dienen. Solche **Hormondrüsen** sind zum Beispiel die erbsengroße **Hirnanhangsdrüse,** auch Hypophyse genannt, sowie die unterhalb des Kehlkopfs liegende **Schilddrüse.** Hormondrüsen geben die von ihnen gebildeten Hormone direkt ins Blut ab. Mit dem Blutstrom werden sie im ganzen Körper verteilt und gelangen zu den einzelnen Organen.

Hormone in der Pubertät

Äußerlich besonders deutlich wird das Wirken der Hormone in der Pubertät. Neben den Geschlechtshormonen wirken besonders Wachstumshormone. Sie werden von der Hypophyse ausgeschüttet. Sie lassen den Körper sehr schnell wachsen. Nach der Pubertät nimmt die Menge der Wachstumshormone dann wieder ab.

Du kannst wichtige Hormondrüsen und einige Hormone nennen. Du kannst das Funktionsprinzip von Hormonen beschreiben.

Hormone regeln den Stoffwechsel

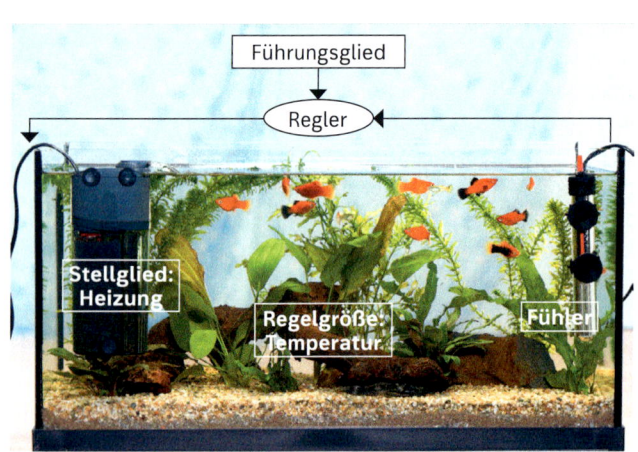

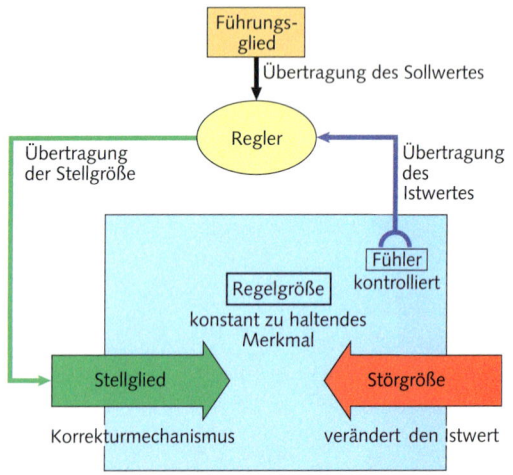

1. ☰ 🅐

Erläutere mithilfe der beiden Abbildungen oben die allgemeinen Funktionsprinzipien eines Regelkreises am Beispiel des Aquariums.

2. ☰ 🅐

a) Begründe, warum ohne Rückkopplung unsere Körpertemperatur nicht reguliert werden könnte.

b) Stelle in einer Tabelle die Begriffe der Regeltechnik den entsprechenden Begriffen bei der Regelung des Thyroxingehaltes im Blut gegenüber.

3. ☰ 🅠

Informiere dich über weitere Beispiele für Regelkreise bei biologischen, technischen oder physikalischen Sachverhalten und stelle ein Beispiel in übersichtlicher Form dar.

4. ☰ 🅐

a) Die abgebildeten Lebensmittel und Medikamente A-C können als Gegenmaßnahme bei der Mangelfunktion einer Hormondrüse angesehen werden. Finde heraus, um welche Erkrankung es sich handelt.

b) Recherchiere Symptome sowie Vorbeuge- und Behandlungsmaßnahmen.

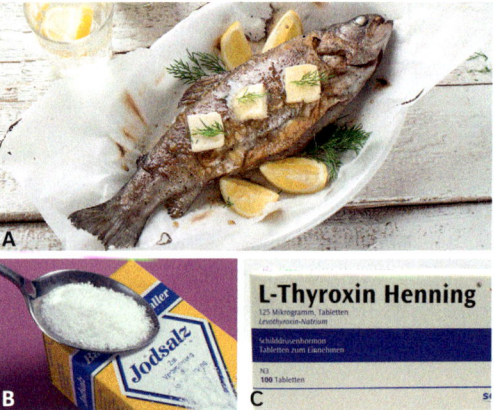

Regelkreise im menschlichen Organismus

Wichtige Stoffwechselvorgänge werden im Körper durch Hormone gesteuert. Damit diese ihre gezielte Wirkung entfalten, muss stets eine genaue Menge davon im Blut enthalten sein. Die Hormonkonzentrationen sind so gering, dass schon kleinste Abweichungen weitreichende gesundheitliche Folgen haben können. Damit Hormone richtig wirken können, muss ihre Menge im Blut genau reguliert werden. Das Hormonsystem arbeitet als **Regelkreis.** Das Steuerungszentrum für die hormonelle Versorgung befindet sich im **Zentralnervensystem.**

Hypothalamus und Hypophyse

Das **Zwischenhirn** (Hypothalamus) und die **Hirnanhangsdrüse** (Hypophyse) spielen eine übergeordnete Rolle unter den Hormondrüsen. Beide stehen in enger Beziehung zuein-ander. Der Hypothalamus empfängt Signale aus allen Teilen des Körpers und steuert dann wiederum die Hypophyse. Die liegt direkt unter dem Hypothalamus und produziert zum Beispiel Steuerungs- oder Wachstumshormone, die im Körper wirksam werden.

Kommen vom Nervensystem entsprechende Informationen, produziert ein Teil des Hypothalamus **Freisetzungshormone.** Diese gelangen zur Hypophyse und bewirken, dass dort **Steuerungshormone** ins Blut abgegeben werden. Steuerungshormone sind Botenstoffe, die die Tätigkeit anderer Hormondrüsen steuern. Solche Hormone aktivieren dann die entsprechenden Hormondrüsen im Körper wie beispielsweise die weiblichen und männlichen Keimdrüsen, die Nebennierenrinde, die Langerhansschen Inseln in der Bauchspeicheldrüse oder die Schilddrüse.

Regulation der Körpertemperatur

Am Beispiel der Körpertemperatur lässt sich der Regelmechanismus der **Schilddrüse** gut nachvollziehen. Im Blut ist immer eine bestimmte Menge des Hormons **Thyroxin** vorhanden. Mit seiner Hilfe wird der Energieumsatz des Körpers geregelt. Wenn wir frieren, gibt der Körper mehr Wärme an die Umgebung ab als er in der gleichen Zeit bilden kann. Dies hat Auswirkungen auf den Energieumsatz. Soll die Körpertemperatur weiterhin konstant bleiben, muss im Körper mehr Energie freigesetzt und damit der Energieumsatz gesteigert werden. Diese Information wird durch Thyroxin übermittelt.

Wenn die Körpertemperatur sinkt, bildet der Hypothalamus das Freisetzungshormon TRH (Thyreotropin-Releasing-Hormon). Es gelangt zur Hypophyse. Diese produziert daraufhin das Steuerungshormon TSH (Thyreoidea stimulierendes Hormon), das die Schilddrüse anregt, mehr Thyroxin zu produzieren. Durch die höhere Menge an Thyroxin im Blut wird der Stoffwechsel in den Zellen gesteigert. Vermehrt werden nun Nährstoffe unter Sauerstoffverbrauch abgebaut, wodurch die Körpertemperatur wieder steigt.
Der erhöhte Thyroxinspiegel im Blut wirkt nun seinerseits wieder regelnd auf die Hypophyse ein. Wenn der vom Zwischenhirn und der Hypophyse gespeicherte Soll-Wert für Thyroxin überschritten wird, stoppt die Hypophyse die Produktion von TSH. Damit nimmt die Thyroxinabgabe der Schilddrüse wieder ab. Da das Hormon im Körper abgebaut wird, sinkt der Thyroxinspiegel wieder.

Erkrankungen der Schilddrüse

Bei Jodmangel ist die Produktion von Thyroxin gestört. Denn das Hormon enthält als wichtigen Bestandteil Jod. Als Folge des Jodmangels beginnt die Schilddrüse sich zu vergrößern und es entsteht ein Kropf, der im Laufe der Zeit zu ernsthaften Atem- und Schluckbeschwerden führen kann.

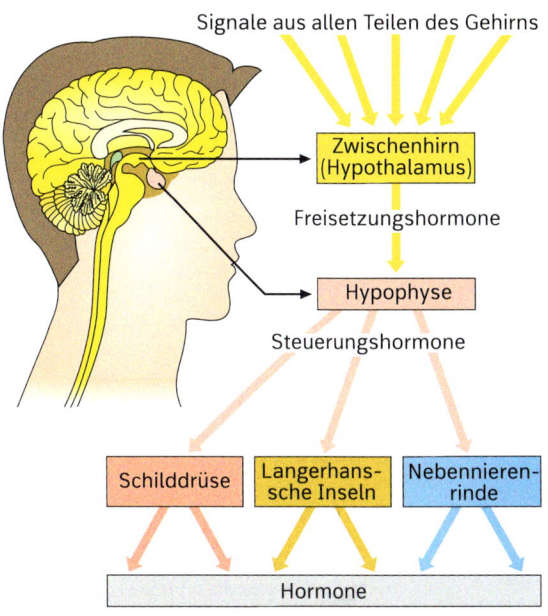

1 Aufgabe der Hypophyse bei der Hormonproduktion

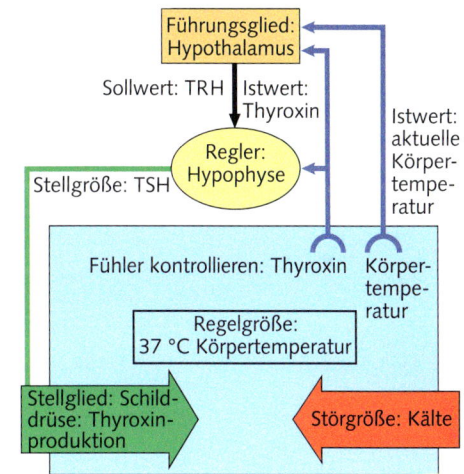

2 Stoffwechselregulation durch Thyroxin

Du kannst einen Regelkreis am Beispiel der Regulierung der Körpertemperatur erklären und die beteiligten Hormondrüsen und Hormone nennen.

Hormone steuern die geschlechtliche Entwicklung

1.

a) Erläutere mithilfe der Abbildung, wie das Brustwachstum bei Mädchen und der Stimmbruch bei Jungen gesteuert werden.
b) Erkläre, wie eine Regulierung des Hormonspiegels erfolgt.
c) Mache Vorschläge, wie man die Abbildung sinnvoll ergänzen könnte, sodass ein Regelkreis deutlich wird.

2.

Erstelle zu den Hormonen des Menstruationszyklus eine Tabelle nach folgendem Muster:

Hormon	Wird gebildet von …	Funktion/Wirkung

3.

Beschreibe den Verlauf der Kurven A und D in der Abbildung 2.

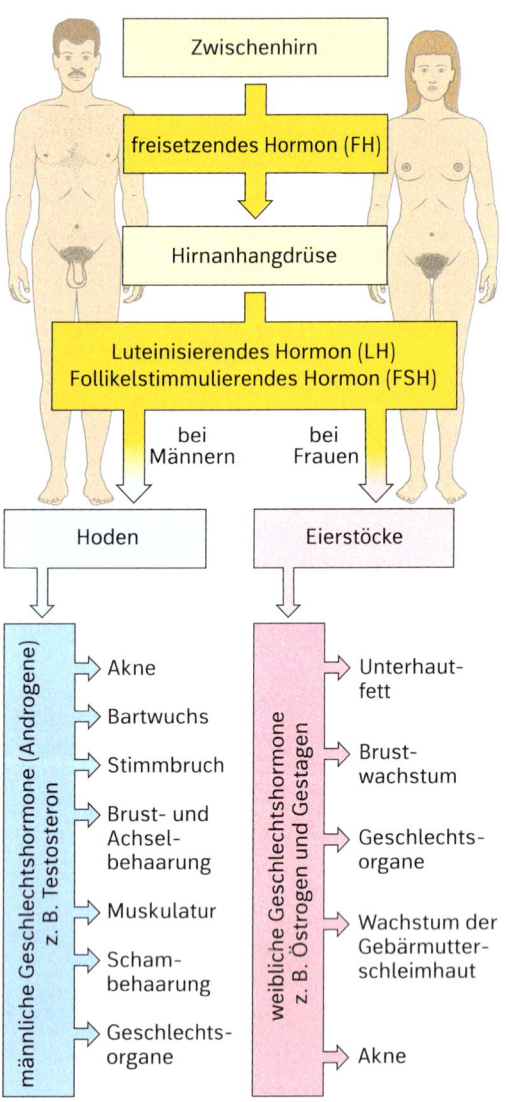

1 Hormonelle Steuerung der Sexualentwicklung

Wirkungen von Geschlechtshormonen

In der Pubertät laufen in unserem Körper vielfältige Veränderungen ab, die über Hormone gesteuert werden. Das Zwischenhirn löst zu Beginn der Pubertät die Produktion von Hormonen aus, die man Freisetzende Hormone nennt. Sie veranlassen die Hirnanhangsdrüse, die Hypophyse, weitere Hormone freizusetzen, die dann über das Blut verteilt werden. Sowohl das Luteinisierende Hormon (LH) als auch das Follikelstimulierende Hormon (FSH) wirken auf die Keimdrüsen. Dies sind die Hoden der Jungen und die Eierstöcke der Mädchen.
Die Hoden der Jungen bilden nun männliche Geschlechtshormone, die Androgene. Eines davon ist das Testosteron. Es fördert z.B. den Wuchs von Bart- und anderen Körperhaaren, den Muskelaufbau und die Spermienbildung.
Die Eierstöcke der Mädchen schütten weibliche Geschlechtshormone wie die Östrogene und Gestagene aus. Sie lassen Eizellen heranreifen und Scheide, Gebärmutter sowie Brüste wachsen.

Empfindliches Gleichgewicht

Auch die Nebennierenrinde schüttet unter dem Einfluss von FSH und LH sowohl männliche als auch weibliche Geschlechtshormone aus. Daher kommen Geschlechtshormone in geringen Mengen auch im Körper des jeweils anderen Geschlechts vor. So wird die Scham- und Achselbehaarung bei Frauen von Testosteron bewirkt.
Das Zwischenhirn erhält Rückmeldungen über das Mischungsverhältnis aller genannten Hormone und reguliert es ständig nach. Durch Krankheiten, Stress und Medikamentenmissbrauch kann diese Regulation gestört werden. So unterschiedlich Beginn, Verlauf und Gefühle der Pubertät auch sind, die Regulationsmechanismen sind bei allen Menschen gleich.

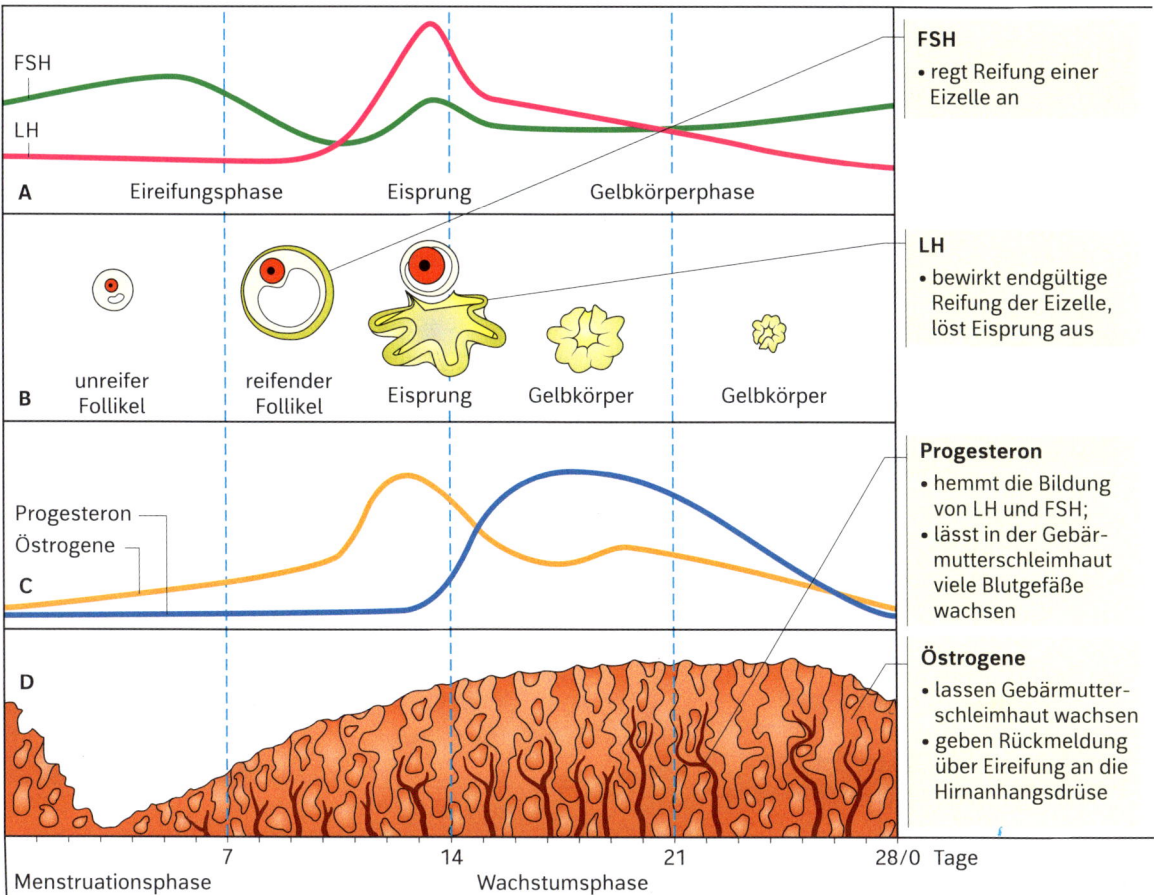

FSH
- regt Reifung einer Eizelle an

A Eireifungsphase   Eisprung   Gelbkörperphase

LH
- bewirkt endgültige Reifung der Eizelle, löst Eisprung aus

B unreifer Follikel   reifender Follikel   Eisprung   Gelbkörper   Gelbkörper

Progesteron
- hemmt die Bildung von LH und FSH;
- lässt in der Gebärmutterschleimhaut viele Blutgefäße wachsen

Progesteron
Östrogene
C

Östrogene
- lassen Gebärmutterschleimhaut wachsen
- geben Rückmeldung über Eireifung an die Hirnanhangsdrüse

D

7   14   21   28/0 Tage

Menstruationsphase   Wachstumsphase

2 Hormonelle Steuerung des Menstruationszyklus: **A** Hypophysenhormone, **B** Follikelreifung, **C** Follikel- und Gelbkörperhormone, **D** Gebärmutterschleimhaut

Hormonelle Steuerung des Menstruationszyklus

Auch der Menstruationszyklus wird von Hormonen gesteuert. Das von der Hirnanhangsdrüse gebildete FSH bewirkt, dass innerhalb der ersten 14 Tage des Zyklus eine Eizelle im Follikel heranreift. Für die vollständige Reifung ist das Luteinisierende Hormon (LH) notwendig.

Der heranreifende Follikel bildet auch **Östrogene**, die die Gebärmutterschleimhaut wachsen lassen. So wird die Gebärmutterschleimhaut auf eine Einnistung einer befruchteten Eizelle vorbereitet. Die Östrogene geben eine Rückmeldung über den begonnenen Reifungsprozess an die Hirnanhangsdrüse, die daraufhin weniger FSH produziert. Östrogene fördern zudem die LH-Freisetzung, sodass es zum Eisprung kommt.

Nach dem Eisprung entsteht aus dem Rest des Follikels der Gelbkörper, der ebenfalls ein Hormon ausschüttet. Dieses **Gelbkörperhormon oder Progesteron** signalisiert, dass der Eisprung erfolgt ist. In der Hirnanhangsdrüse bremst es die Produktion von LH und FSH, sodass keine weiteren Follikel heranreifen. In der Gebärmutter bewirkt es die Einlagerung von Blutgefäßen in die verdickte Schleimhaut.

Bleibt die Eizelle unbefruchtet, verkümmert sie und stirbt schließlich. Der Gelbkörper entwickelt sich zurück und stellt seine Hormonproduktion ein. Auch Östrogen- und LH-Spiegel normalisieren sich wieder. Anschließend kommt es zur Menstruation, bei der die Schleimhaut mit wenig Blut durch die Scheide nach außen abgegeben wird. Gleichzeitig sendet das Gehirn schon wieder Signale, die zur erneuten FSH-Ausschüttung und damit zum Heranreifen eines weiteren Follikels führen. Der Kreislauf beginnt von neuem. Wird die Eizelle befruchtet, nistet sie sich in die Gebärmutter ein. Sie schüttet dann Hormone aus, die den Beginn der Schwangerschaft signalisieren. Diese Schwangerschaftshormone lassen sich bald im Blut und Urin nachweisen.

Du kannst die hormonelle Steuerung der Sexualentwicklung und des Menstruationszyklus erklären.

Basiskonzepte S. 141

Hormone in der Anwendung

Hormone in der Umwelt
Östrogene tauchen immer häufiger in der Umwelt auf. Rückstände aus Anti-Baby-Pillen oder von Medikamenten aus der Tiermedizin gelangen über Abwässer in die Umwelt. Außerdem werden östrogen-ähnliche Stoffe als Weichmacher in der Kunststoffproduktion eingesetzt. Sie wirken auf die Hormonrezeptoren ganz ähnlich wie Östrogene.
So gefährdet sich der Mensch auch selbst. Das Zusammenspiel der körpereigenen Hormone wird gestört. Bei Männern vermindern Östrogene die Spermienproduktion.
Östrogene sind sehr stabil und bleiben lange in der Umwelt. Sie sind hitzbeständig und werden durch Kochen oder Backen nicht zerstört.

Hormone gegen Akne
Während der Pubertät leiden manche Jugendliche unter Akne. Ursache dafür ist die Produktion des männlichen Hormons Testosteron, das die Tätigkeit der Talgdrüsen anregt. Mädchen, die unter schwerer Akne leiden, können Hormonpräparate helfen. Die darin enthaltenen weiblichen Geschlechtshormone beeinflussen die Wirkung des Testosterons. Das Hautbild verbessert sich dadurch deutlich. Bei Jungen kommen Medikamente und Salben zum Einsatz.

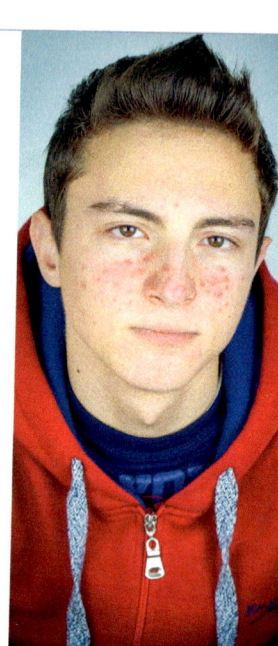

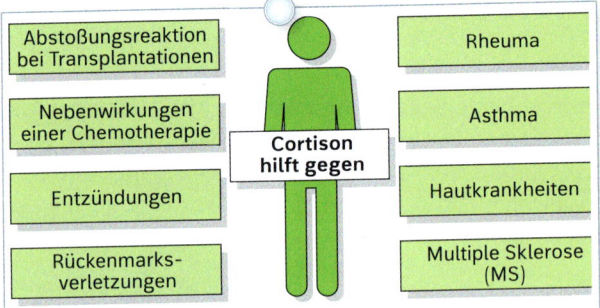

Cortison hilft gegen:
- Abstoßungsreaktion bei Transplantationen
- Nebenwirkungen einer Chemotherapie
- Entzündungen
- Rückenmarksverletzungen
- Rheuma
- Asthma
- Hautkrankheiten
- Multiple Sklerose (MS)

Hormone in der Medizin
Cortisol ist ein Hormon der Nebennierenrinde, das den Stoffwechsel beeinflusst. Außerdem unterdrückt es allergische und entzündliche Reaktionen. Deshalb wird die Vorstufe des Cortisols, das Cortison, häufig als Medikament eingesetzt. Cortison verursacht aber auch unerwünschte Nebenwirkungen wie ein aufgedunsenes Gesicht, Muskelschwäche, Diabetes und Bluthochdruck. Bei der Behandlung mit Cortison müssen daher die positiven und negativen Auswirkungen gegeneinander abgewogen werden.

1. Werden dem menschlichen Körper von außen Hormone zugeführt, kann dies positive, aber auch negative Folgen haben. Erläutere diese Aussage mithilfe der dargestellten Beispiele.

2. Informiere dich über Hormone in der Umwelt und berichte.

Visualisierung von Sachverhalten

Beim Vortragen ist es oft sinnvoll, Sachverhalte durch Bilder oder grafische Darstellungen zu veranschaulichen. Solche Visualisierungen helfen, wichtige Aussagen hervorzuheben und Zusammenhänge darzustellen.

In Vorträgen können mehrere Formen der Darstellung kombiniert werden. Überlege dir zuerst, was du darstellen willst und wähle dann die passende Form der Visualisierung.

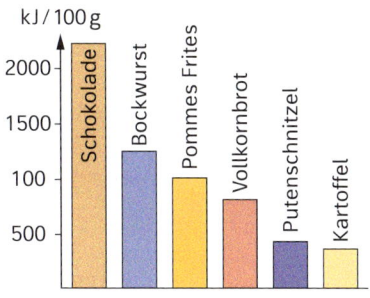

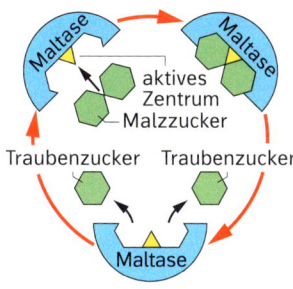

Zahlenwerte, die miteinander verglichen werden sollen, kann man gut in **Säulendiagrammen** darstellen.

Veränderungen und Entwicklungen lassen sich mit **Kurvendiagrammen** zeigen.

Zur Darstellung von Strukturen eignen sich **schematische Darstellungen.**

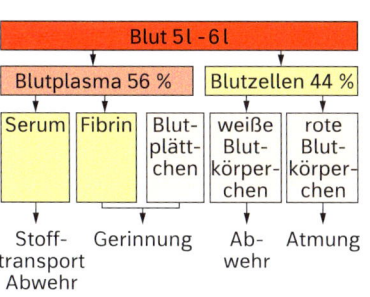

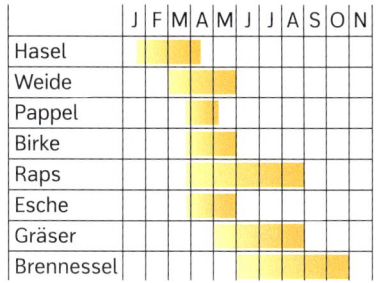

	J	F	M	A	M	J	J	A	S	O	N
Hasel											
Weide											
Pappel											
Birke											
Raps											
Esche											
Gräser											
Brennessel											

Zuordnungen oder Abläufe kann man mit **Pfeil- und Flussdiagrammen** darstellen.

Zur übersichtlichen Darstellung von Daten eignen sich **Tabellen.**

Anteile an einem Ganzen lassen sich mit **Kreisdiagrammen** darstellen.

1. ≣ Ⓐ
a) Bildet Gruppen und visualisiert die unten aufgeführten Sachverhalte.
b) Stellt eure Ergebnisse vor und begründet die gewählte Darstellungsform.
c) Bewertet, welche Visualisierungen sich jeweils gut oder weniger gut eignen.
- Funktionen unterschiedlicher Hormone
- Ablauf einer Reflexhandlung
- Stressfaktoren für Menschen
- Antigen-Antikörper-Reaktion
- Anteil Querschnittsgelähmte im Verhältnis zur Gesamtbevölkerung Deutschlands
- Entwicklung der Körpertemperatur bei Masern

TIPP
Um Denkanstöße zu geben, eignen sich Karrikaturen, Bilder oder Fotos.
Zur Darstellung von Funktionen oder Strukturen eignen sich Modelle.
Sinnliche Eindrücke lassen sich gut durch Gegenstände oder Produkte zum Anfassen erzeugen.

Steuern und Regeln

Unser Nervensystem

Unsere Nerven sind zu Systemen vernetzt. Man unterscheidet zum Beispiel das zentrale Nervensystem (ZNS), zu dem Gehirn und Rückenmark gehören, und das periphere Nervensystem, dessen sensorische und motorische Nerven den ganzen Körper durchziehen. Die Nerven des vegetativen Nervensystems stellen im Zusammenspiel mit Hormonen den ganzen Körper auf Leistung oder Ruhe ein.

Bau und Funktion von Nervenzellen

Der Zellkörper einer Nervenzelle hat viele Fortsätze. Das lange Axon leitet elektrische Nervenimpulse schnell weiter. Über die kürzeren, verästelten Dendriten erhält und verarbeitet die Nervenzelle Informationen von anderen Zellen. Über Synapsen stehen Nervenzellen miteinander in Kontakt. Dabei erfolgt die Übertragung der Informationen meist durch chemische Stoffe. Dabei kommen je nach Nervenzelle unterschiedliche Überträgerstoffe zum Einsatz, die anregend oder hemmend wirken oder im Gehirn zu bestimmten Gefühlslagen führen können.

Steuerzentrale Gehirn

Das Gehirn enthält unvorstellbar viele miteinander verknüpfte Nervenzellen. Mit dem Gehirn nehmen wir unsere Umwelt wahr und stimmen Reaktionen darauf ab. Durch Lernen verändern sich die Verknüpfungen im Gehirn. Über das Hormonsystem und das vegetative Nervensystem steuert das Gehirn auch fast alle unbewussten Reaktionen unseres Körpers.

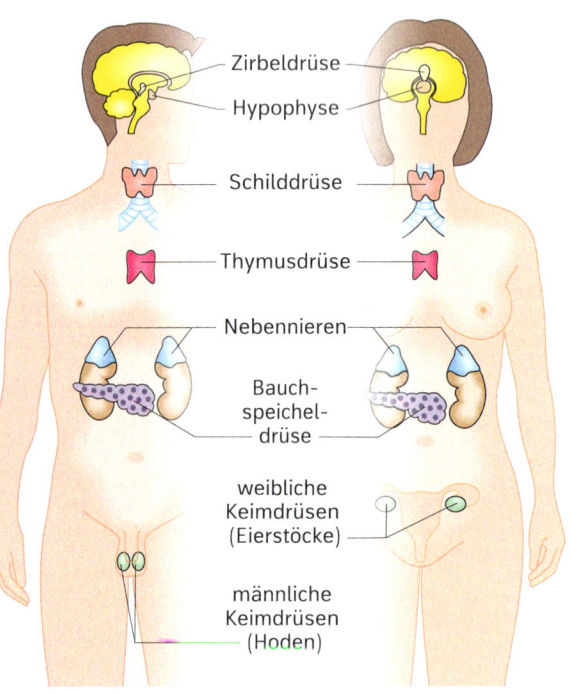

Zirbeldrüse
Hypophyse
Schilddrüse
Thymusdrüse
Nebennieren
Bauchspeicheldrüse
weibliche Keimdrüsen (Eierstöcke)
männliche Keimdrüsen (Hoden)

Das Rückenmark

Durch den Kanal im Inneren der Wirbelsäule verläuft das Rückenmark. Es wird nicht nur von vielen sensorischen und motorischen Nervensträngen gebildet, sondern enthält auch viele Verschaltungen, also Synapsen. So können Reflexe im Rückenmark ohne Beteiligung des Gehirns sehr schnell ausgelöst werden.

Sexualhormone

Die Veränderungen in der Pubertät oder die Vorgänge des weiblichen Menstruationszyklus werden über Sexualhormone gesteuert. Dabei werden vom Zwischenhirn Freisetzende Hormone gebildet, die dann die Hirnanhangsdrüse veranlassen, sowohl das FSH als auch das LH zu produzieren. Beide Hormone wirken auf die Keimdrüsen von Mädchen und Jungen.
Beim Jungen sorgen die Hoden für die Bildung von männlichen Geschlechtshormonen, z. B. Testosteron, die wiederum die Ausbildung von typischen Merkmalen hervorrufen. Die Eierstöcke der Mädchen bilden weibliche Geschlechtshormone, Östrogene und Gestagene, die beispielsweise für das Brustwachstum sorgen.
Außerdem übernehmen Östrogene, Progesteron, LH und FSH die hormonelle Steuerung im Menstruationszyklus.

Das Hormonsystem

Hormone sind Botenstoffe, die in Drüsenzellen gebildet werden und über das Blut überall im Körper verteilt werden. Sie wirken jedoch nur auf bestimmte Zielzellen und lösen dort bestimmte Reaktionen aus. Das funktioniert nach dem Schlüssel-Schloss-Prinzip. Über Hormone werden zum Beispiel der Stoffwechsel und die Körpertemperatur reguliert.
Das Nerven- und Hormonsystem arbeiten über das Gehirn und die Hirnanhangsdrüse (Hypophyse) zusammen.

Entwicklung

System

Struktur
und
Funktion

System

1. ≡ **Ⓐ**

a) Erläutere anhand eines selbstgewählten Beispiels, wie ein Hormon sich auf den ganzen Menschen auswirken kann.

b) Erläutere, wie sich Östrogene auf die Sexualentwicklung von Frauen bzw. auf den Menstruationszyklus auswirken.

→ S. 136, 137

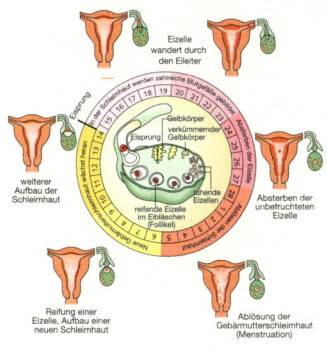

Struktur und Funktion

3. ≡ **Ⓐ**

Das Nervensystem steuert die Reaktionen des Körpers. Erstelle eine Tabelle mit den verschiedenen Bereichen des Nervensystems und gib ihre jeweilige Funktion an.

→ S. 119

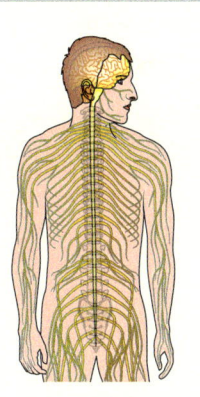

Entwicklung

2. ≡ **Ⓐ**

„Lernen ist ein Prozess: Man lernt innerhalb eines Zeitraumes, nicht an einem Zeitpunkt." Erläutere diese Aussage, indem du erklärst, was man unter Lernen versteht und was dabei in unserem Gehirn abläuft.

→ S. 129

Struktur und Funktion

4. ≡ **Ⓐ**

Erläutere die zentrale Rolle, die das Schlüssel-Schloss-Prinzip für die Funktion von Synapsen spielt. Zeichne dazu die Skizze ab und ergänze sie entsprechend.

→ S. 122, 123

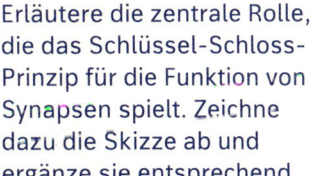

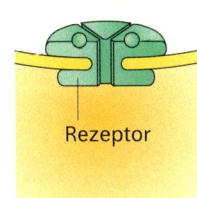

Rezeptor

Steuern und Regeln ▸

Nerven, Nervenzellen, Synapsen

Kannst du schon ...

... den Bau und die Funktion einer Nervenzelle erläutern? (S. 121)

... zeigen, wie Nervenzellen über Synapsen vernetzt sind und dabei auf das Schlüssel-Schloss-Prinzip eingehen? (S.123)

... erläutern, wie Gifte oder Drogen die Funktion von Nervenzellen oder Synapsen beeinflussen? (S. 122)

... die Einteilung des Nervensystems in Bereiche erläutern und ihre jeweiligen Funktionen beschreiben? (S. 119)

Reflexe und Rückenmark

Kannst du schon ...

... erläutern, was Reflexe sind und weshalb sie wichtig sind? (S. 124)

... das Rückenmark an einem Beispiel als Schaltzentrale für Reflexe beschreiben? (S. 124-125)

... darstellen, wie Reflexe funktionieren und warum sie so schnell erfolgen können? (S. 124)

... Zusammenhänge zwischen Bau und Funktion von Wirbelsäule und Rückenmark aufzeigen und Folgen von Verletzungen des Rückenmarks erläutern? (S. 125)

Zeig, was du kannst!

1. ≡ Ⓐ
Zeichne eine einzelne Nervenzelle, benenne ihre Teile und erläutere ihre Funktionen.

2. ≡ Ⓐ
a) Erkläre die Informationsübertragung an einer Synapse.
b) Erläutere anhand eines Beispiels, wie Gifte in diesen Vorgang eingreifen können.

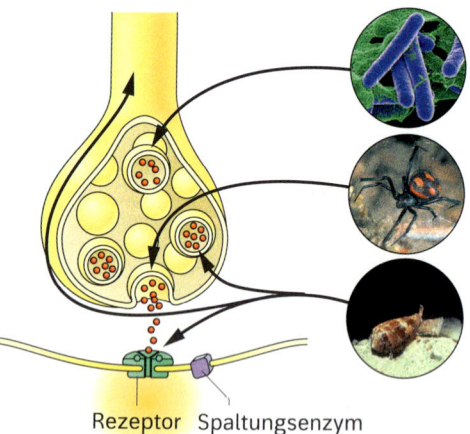

Rezeptor   Spaltungsenzym

3. ≡ Ⓐ
Erkläre folgende Begriffe:
• motorischer Nerv • sensorischer Nerv
• Sinnesorgan • Reiz • Nervenimpuls

Zeig, was du kannst!

4. ≡ Ⓐ
Beschreibe den abgebildeten Reflex und erkläre seine Bedeutung.

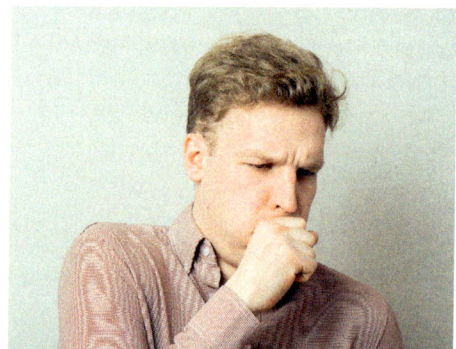

5. ≡ Ⓥ
Führe zusammen mit einem Partner den Kniesehnenreflex vor und erkläre, was dabei im Körper abläuft.

6. ≡ Ⓠ
Recherchiere und berichte, wie man im Rahmen der Ersten Hilfe für Unfallopfer auf mögliche Wirbelsäulenverletzungen Rücksicht nehmen muss.

Gehirn und Lernen

Kannst du schon ...

... die Bereiche des Gehirns und ihre Funktionen nennen und an einem Beispiel zeigen, wie sie zusammenarbeiten? (S. 127)

... begründen, warum das menschliche Großhirn stark entwickelt und seine Oberfläche durch Faltung vergrößert ist? (S. 127)

... Lernen als Vorgang beschreiben und dabei auf Vorstellungen darüber eingehen, was beim Lernen im Gehirn abläuft? (S. 129)

Zeig, was du kannst!

7. ☰ Ⓐ
Die Abbildung zeigt farbige Felder auf dem Gehirn.
a) Wofür stehen diese farbige Felder?
b) Benenne die mit Zahlen versehenen Felder und beschreibe jeweils kurz ihre Funktionen.

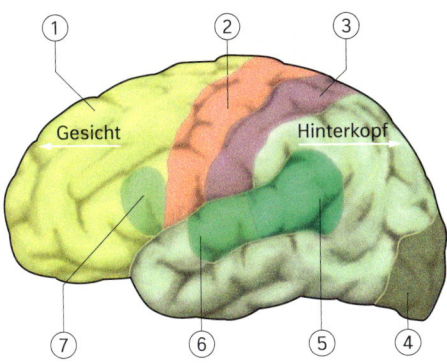

8. ☰ Ⓐ
Erkläre die Bedeutung der zahlreichen Falten des Großhirns.

9. ☰ Ⓐ
a) Erstelle ein Fließdiagramm, das den Ablauf eines Lernvorgangs im Gehirn zeigt. Zeige auch die Bedeutungen von Wiederholungen und Belohnungen.
b) Leite Tipps für erfolgreiches Lernen ab. Begründe.

Vegetatives Nervensystem und Hormone

Kannst du schon ...

...beschreiben, wie das vegetative Nervensystem arbeitet? (S. 130-131)

...das Schlüssel-Schloss-Prinzip nutzen, um die Funktion des Hormonsystems zu erklären? (S. 133)

...erklären, was ein Regelkreis ist, z.B. anhand der Regulation der Körpertemperatur? (S. 134-135)

...erklären, wie eine Erkrankung der Schilddrüse eine hormonelle Regulation stören kann? (S. 135)

... verschiedene Hormone, die in der Sexualentwicklung von Frauen und Männern sowie im Menstruationszyklus der Frau eine Rolle spielen, benennen und ihre Funktionen erklären? (S. 137)

Zeig, was du kannst!

10. ☰ Ⓐ
Beschreibe Körperreaktionen, die du vor einer sehr wichtigen Prüfung schon einmal erlebt hast, und erkläre sie mit Wirkungen des vegetativen Nervensystems sowie von Hormonen.

11. ☰ Ⓐ
Erläutere den dargestellten Vorgang.

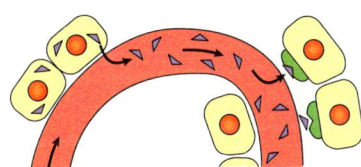

12. ☰ Ⓐ
Stelle Vermutungen zu Symptomen von Patienten auf, deren Schilddrüse nicht genug Thyroxin produziert. Begründe deine Vermutungen mithilfe einer Darstellung des entsprechenden Regelkreises.

Wichtige Begriffe

- Nerv, Nervenzelle
- Synapse
- zentrales, peripheres, vegetatives Nervensystem
- Gehirn, Rindenfeld
- Oberflächenvergrößerung
- neuronales Netz
- Schlüssel-Schloss-Prinzip
- Hormone, Sexualhormone, Hormondrüsen
- Regelkreis

Eingriffe des Menschen in den Naturhaushalt

Fossile Brennstoffe oder regenerative Energien – Welche Energiegewinnung ist sinnvoll?

Was bedeutet Nachhaltigkeit für mein Verhalten?

Viele Gletscher schmelzen stark und werden kleiner. Wie lässt sich das erklären und welche Folgen ergeben sich weltweit?

Lebensräume in Gefahr

1. ☰ Ⓐ
a) Beschreibe und erkläre die Fotos auf der rechten Seite. Verwende dabei folgende Begriffe:
Biotop, Ökosystem, Klimazone, ökologisches Gleichgewicht.
b) Nenne stichpunktartig Gründe, warum viele Lebensräume gefährdet sind.

2. ☰ Ⓠ
Informiere dich über ein Ökosystem deiner Wahl und halte einen Vortrag. Folgende Aspekte sollten in deinem Vortrag berücksichtigt werden:
• Klimazone
• Tier- und Pflanzenarten mit speziellen Angepasstheiten
• Abiotische Faktoren
• Veränderung des Lebensraumes durch Nutzung
• Auswirkungen des Klimawandels auf das Ökosystem

3. ☰ Ⓠ
Stellt die Vor- und die Nachteile eines gut ausgebauten Verkehrsnetzes zusammen. Denkt dabei an die Menschen, an die Wirtschaft und an die Auswirkungen auf die betroffenen Ökosysteme.

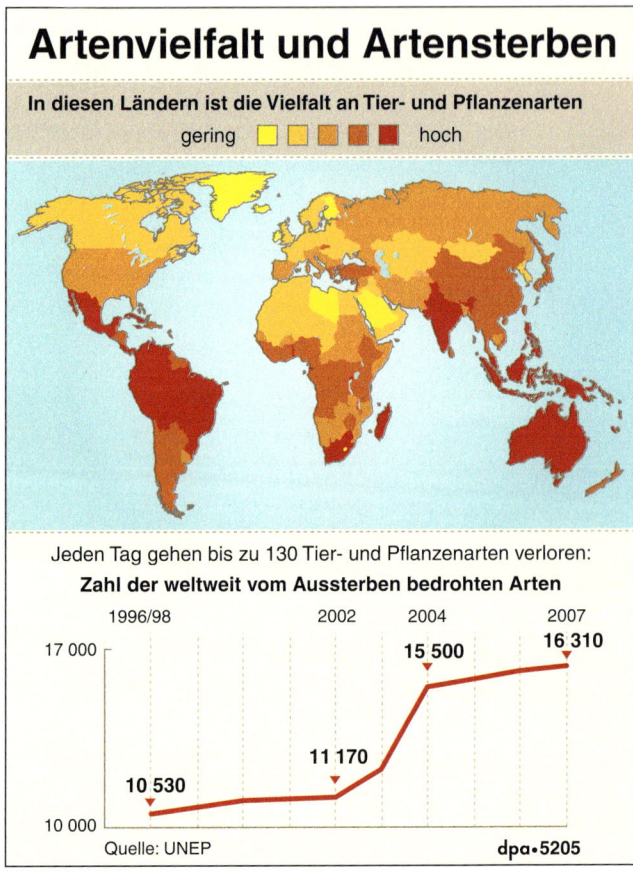

Artenvielfalt und Artensterben

In diesen Ländern ist die Vielfalt an Tier- und Pflanzenarten
gering ⬜🟨🟧🟫🟥 hoch

Jeden Tag gehen bis zu 130 Tier- und Pflanzenarten verloren:
Zahl der weltweit vom Aussterben bedrohten Arten

| 1996/98 | | 2002 | 2004 | | 2007 |

17 000

16 310

15 500

11 170

10 530

10 000

Quelle: UNEP   dpa•5205

4. ☰ Ⓐ 🖱
a) Beschreibe die Sachverhalte, die in den beiden Diagrammen zur Artenvielfalt und zum Artensterben dargestellt sind.
b) Benenne Regionen mit hoher Artenvielfalt und stelle einen Zusammenhang zu den dort herrschenden Klimabedingungen her.
c) Worauf führst du den starken weltweiten Anstieg der Anzahl der bedrohten Arten zurück? Nutze auch den Informationstext und begründe deine Vermutungen.

5. ☰ Ⓠ
Recherchiere Ursachen und Wirkungen einer zunehmenden Versiegelung der Landschaften.

Alle Lebewesen leben in Ökosystemen

Das Eichhörnchen beispielsweise lebt in einer Gemeinschaft mit vielen anderen Tier- und Pflanzenarten, die untereinander in Wechselbeziehungen stehen. Sie bilden eine Lebensgemeinschaft oder **Biozönose** in einem bestimmten Lebensraum, den man als Biotop bezeichnet. Das **Biotop** des Eichhörnchens, z. B. eine Waldlichtung, gehört zu einem größeren Waldgebiet mit typischen Merkmalen. Solche Einheiten aus Pflanzen und Tieren in größeren Lebensräumen bezeichnet man als **Ökosysteme**. Sie sind durch die vorherrschenden abiotischen Faktoren gekennzeichnet. Zu diesen gehören die Art und Menge der Niederschläge, die Bodenbeschaffenheit, die vorherrschenden Temperaturen, die vorhandene Lichtmenge, die Intensität der Sonneneinstrahlung oder die Windverhältnisse. Im Fall des Eichhörnchens handelt es sich um das Ökosystem Laubmischwald, das zu den Wäldern der gemäßigten Zone gehört. Dies ist die **Klimazone**, in der wir in Deutschland leben.

Eine solche Klimazone umfasst viele verschiedene Ökosysteme. So gibt es bei uns auch noch Nadelwälder, Wiesen, Seen oder das Meer. Andere Klimazonen auf der Erde sind die Tropen, die Subtropen oder die Polarregionen mit den dort typischen Ökosystemen. In natürlichen Ökosystemen sind alle Stoffe wie der Kohlenstoff, der Sauerstoff und der Stickstoff in Kreisläufe eingebunden. Diese **Stoffkreisläufe** sind eng mit dem **Energiefluss** verbunden. Die Zufuhr von Energie erfolgt durch die Sonne mithilfe der Fotosynthese.

Wenn Menschen eingreifen

Viele Ökosysteme sind durch Eingriffe der Menschen gefährdet. Jährlich wächst die Weltbevölkerung um etwa 80 Millionen Menschen. Alle haben das Recht auf eine menschenwürdige Wohnung, ausreichende Ernährung, sauberes Wasser und Energie. Zudem haben sich die Bedürfnisse und Erwartungen besonders in den Industrienationen verändert. Durch zunehmenden Verkehr und eine sich entwickelnde Industrie steigt der Energieverbrauch.

Um den Energiebedarf zu decken, werden fossile Brennstoffe wie Erdöl, Kohle und Erdgas verwendet. Schon beim Abbau wird

1 Vom Individuum zum Großlebensraum: **A** einzelne Art, **B** Biotop, **C** Ökosystem, **D** Ökosysteme in einer Klimazone

die Umwelt stark verschmutzt. Bei der Verbrennung entsteht neben anderen Stoffen viel Kohlenstoffdioxid, das hauptsächlich für die Veränderung des Klimas verantwortlich ist. Aber auch durch zunehmende Bebauung, den Abbau von Rohstoffen, durch landwirtschaftliche Nutzung und den hohen Wasserverbrauch werden Lebensräume verändert und sogar zerstört. Damit sind viele Pflanzen- und Tierarten vom Aussterben bedroht. So zerstören wir Menschen auch unsere eigenen Lebensgrundlagen.

Du kannst die Begriffe Biotop, Biozönose, Ökosystem und Klimazone erläutern und erklären, warum viele Lebensräume durch den Eingriff des Menschen in Gefahr sind.

Basiskonzepte S. 164

Energie – Grundlage des Lebens

1.
a) Beschreibe die Tabelle 1 auf der rechten Seite.
b) Erkläre, warum die Produktivität beim intensiven Ackerbau hoch ist, die Gesamtbiomasseproduktion jedoch gering ist.
c) Stelle die Werte zur Gesamtbiomasseproduktion in Form eines Kreisdiagramms dar. Ergänze dazu in der Abbildung 1 eine Spalte „sonstige Ökosysteme" und vervollständige die Tabelle so, dass die Summe der weltweiten Biomasseproduktion 160 Mrd. t beträgt. Zum Erstellen des Kreisdiagramms kannst du den Computer benutzen.

2.
a) Erläutere die Vorteile einer rein vegetarischen Ernährung im Hinblick auf ökologische Aspekte. Nimm die Abbildung zu Hilfe.
b) Erläutere, warum trotzdem nicht alle Menschen auf Fleisch verzichten möchten.

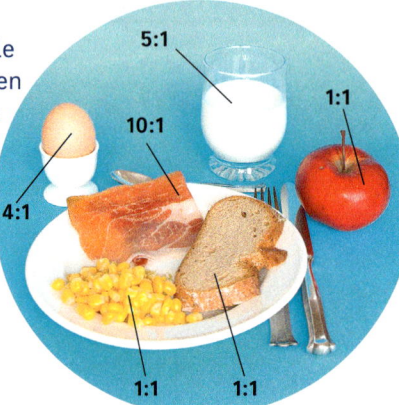

3.
Informiert euch über Möglichkeiten, Biomasse in Form von Holz als Energiequelle zu nutzen. Stellt eurer Klasse die Vorzüge und Probleme dieser Art der Energiegewinnung vor.

> **HINWEIS**
> Hier ist das Verhältnis des Energiegehaltes der eingesetzten (Futter-)Pflanzen zum Energiegehalt im Lebensmittel angegeben.

Pflanzen bauen Biomasse auf

Alle Lebewesen sind auf die Zufuhr von Energie angewiesen. Tiere brauchen Pflanzen und Beutetiere als Nahrung. Viele Bakterien und Pilze leben von pflanzlichen und tierischen Überresten. Nur die grünen Pflanzen sind neben einigen Bakterienarten in der Lage, ihre Energie aus dem Sonnenlicht zu beziehen.

Mithilfe der **Fotosynthese** bilden sie Traubenzucker (Glukose), in der Lichtenergie chemisch gespeichert wird. Daraus stellen Pflanzen weitere energiereiche organische Stoffe wie Stärke, Fette und Eiweiße her, aber auch Zellulose, den Baustoff der Zellwände. Das gesamte organische Material, das Pflanzen aufbauen, bezeichnet man als **Biomasse**.

Die Pflanzen verbrauchen ungefähr die Hälfte der in den Blättern gebildeten Glukose bei der eigenen Zellatmung. Nur der Rest wird als Zuwachs an Pflanzenbiomasse zum Beispiel bei Nutzpflanzen in der Landwirtschaft sichtbar.

Diese sogenannte **Nettoproduktion** kann direkt als Zunahme des Frischgewichts gemessen werden.

Produktivität von Ökosystemen

Die verschiedenen Ökosysteme wie tropische Regenwälder, offene Meere, Laub- und Mischwälder kann man in Hinblick auf ihre Produktion von Biomasse, die auch Produktivität genannt wird, miteinander vergleichen. Man betrachtet dazu den jährlichen Zuwachs an Trockenmasse pro m^2 der einzelnen

Ökosysteme. Dieser Wert lässt sich durch Trocknen von geerntetem Pflanzenmaterial bestimmen. In einem Kilogramm pflanzlicher Trockenmasse sind etwa 15000-20000 Kilojoule chemisch gebundener Energie gespeichert.

Weltweit werden pro Jahr etwa 160 Milliarden Tonnen energiereiche Biomasse von pflanzlichen Produzenten aufgebaut. Etwa ebenso viel wird durch Konsumenten und Destruenten wieder abgebaut. Zwei Drittel dieses Umsatzes findet an Land, ein Drittel in den Ozeanen statt. In den Wäldern der Erde sind über 900 Milliarden Tonnen Pflanzenmasse gespeichert. Noch größere Mengen lagern als Humus in den Böden und als Faulschlamm am Grund der Ozeane. Im Holz von Bäumen oder in fossilen Brennstoffen kann Energie über Tausende von Jahren gespeichert werden.

Energiefluss in Ökosystemen

Die pflanzliche Biomasse bildet die Grundlage für alle Konsumenten. In jedem Glied der Nahrungskette gehen 90% der Energie durch Stoffwechsel, Bewegung und Wärmeprodukti on verloren und können somit nicht chemisch gebunden werden. In einer Nahrungspyramide verringert sich deshalb die nutzbare Energie von einer Ebene zur nächsten. Bei den Endkosumenten kommen nur noch ungefähr 0,1% der von den Pflanzen ursprünglich aufgenommenen Sonnenenergie an.

Der Mensch greift ein

Durch die Nutzung von Biomasse beispielsweise zur Rohstoffgewinnung, zur Ernährung

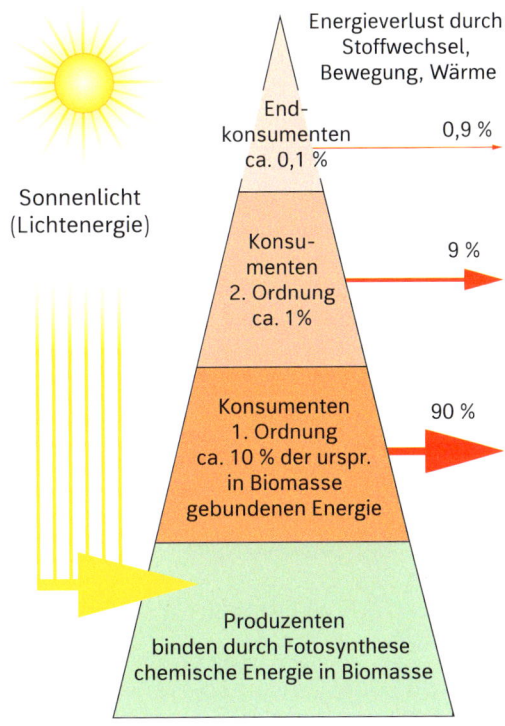

2 Energiefluss in Ökosystemen

und zur Energieversorgung beeinflusst der Mensch den Energiefluss. Große Teile der Weltbevölkerung heizen und kochen mit Brennholz. Industrienationen nutzen Holzabfälle, Ernterückstände, Biogas oder bestimmte Pflanzen wie Raps für die Energiegewinnung. Diese Pflanzen können dann nicht mehr als Nahrungsmittel verwendet werden. Durch den zunehmenden Energiebedarf der Menschheit können zukünftig weltweite Konflikte entstehen.

	Offenes Meer	Küsten und Riffe	Tropische Regenwälder	Intensiver Ackerbau	Laub- und Mischwälder
A	0,1	0,5-4	2-3,5	2-4	1,3
B	40	15	50	10	20

1 Biomasseproduktion in Ökosystemen der Erde: **A** Produktivität in kg Trockenmasse pro m2 im Jahr, **B** jährliche Gesamtbiomasseproduktion in Mrd. t Trockenmasse

Du kannst erklären, wie Biomasse produziert wird und wie der Energiefluss in Ökosystemen verläuft.

Kohlenstoff im globalen Kreislauf

1. ≡ Ⓐ
Beschreibe die Grafik in Abbildung 1 detailliert. Gehe dabei auf Kohlenstoffquellen und -senken, Mengen und Kreisläufe ein. Erkläre den jährlichen Zuwachs von 4 Mrd. t Kohlenstoff in der Atmosphäre.

2. ≡ Ⓐ 🔍
Erkläre, was mit der Aussage „Das Heizen mit Holzpellets ist CO_2-neutral" gemeint ist.

3. ≡ Ⓐ 🔍
Begründe, warum das Fördern und Verbrennen von Erdöl und Erdgas als Störgröße im Kohlenstoffkreislauf bezeichnet werden kann.

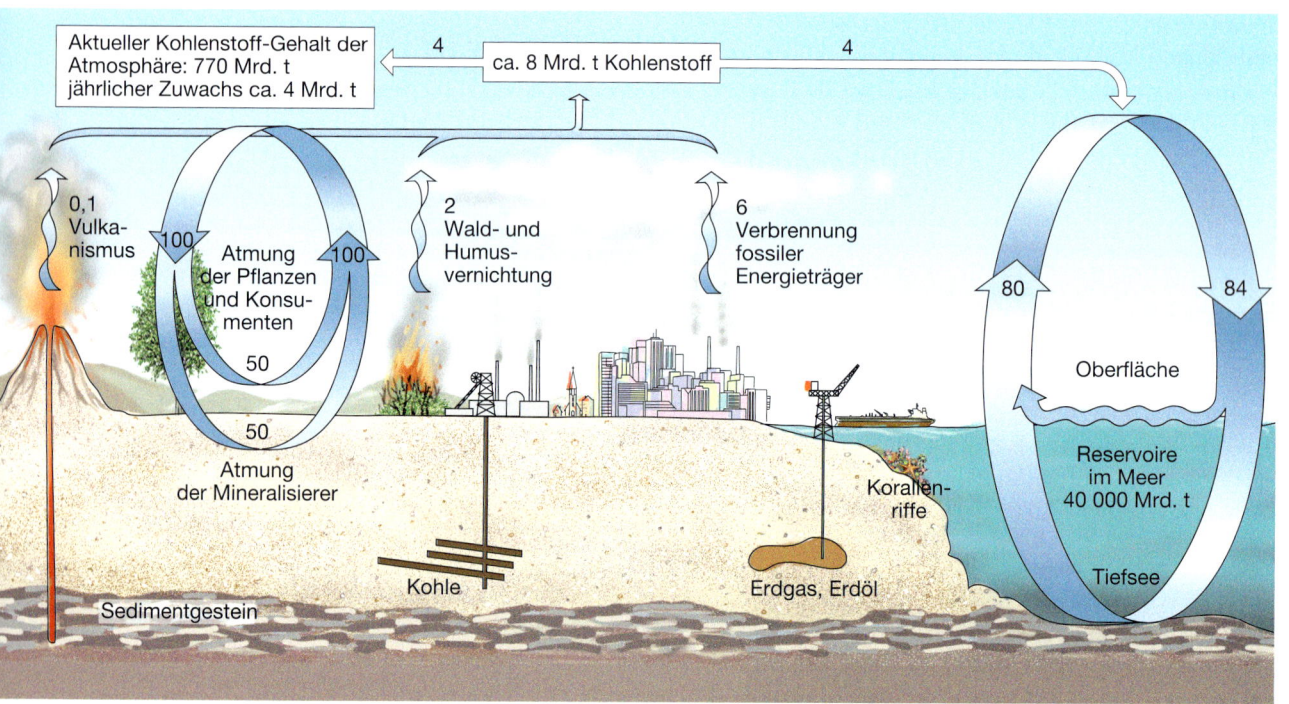

1 Globaler Kohlenstoffkreislauf (in Milliarden Tonnen Kohlenstoff pro Jahr) 🔍

Alles ist voneinander abhängig

In allen Ökosystemen sind die einzelnen Lebewesen voneinander abhängig. Sie stehen untereinander und mit abiotischen Faktoren in Wechselwirkung. Chemische Elemente wie Kohlenstoff, Sauerstoff und Stickstoff bewegen sich überwiegend in Kreisläufen. Kohlenstoff z. B. wird in Form von Kohlenstoffdioxid für die Fotosynthese gebraucht und dabei in Form von Biomasse festgelegt. Bei der Zellatmung von Pflanzen und Tieren und beim Abbau toter Organismen durch Zersetzer wird der Kohlenstoff als Kohlenstoffdioxid wieder freigesetzt und kann erneut von den Pflanzen genutzt werden.

Allerdings sind Ökosysteme keine geschlossenen, unveränderlichen Systeme. Die einzelnen Ökosysteme sind über den Energiefluss und weltweite Stoffkreisläufe miteinander verbunden. Durch Eingriffe des Menschen können sie sich verändern.

Der weltweite Kohlenstoffkreislauf

Einer der zentralen Stoffkreisläufe ist der Kohlenstoffkreislauf. Die Menge an Kohlenstoff, die in den Kreisläufen zwischen Fotosynthese und Atmung zirkuliert, bleibt ungefähr gleich. Zusätzliches Kohlenstoffdioxid gelangt aber durch Vulkanausbrüche und Aktivitäten des Menschen in die Luft. Es gibt aber auch Vorgänge, die das Kohlenstoffdioxid der Atmosphäre entziehen und dann speichern.

Kohlenstoffspeicher

Der Kohlenstoffkreislauf kann von verschiedenen Faktoren beeinflusst werden. Vor etwa 300 Millionen Jahren bildeten sich beispielsweise riesige Erdöl-, Erdgas- und Kohlelager, die wir heute als **fossile Brennstoffe** nutzen. Bei deren Bildung wurden dem globalen Kohlenstoffkreislauf große Mengen an Kohlenstoff entzogen. Auch bei der Entstehung von großen Wäldern wird im Holz und in den Blättern viel Kohlenstoff in Form von Zellulose gespeichert. Der Kohlenstoff wird freigesetzt, wenn Menschen die fossilen Brennstoffe verbrennen und auch, wenn die Wälder sterben und die Biomasse von Destruenten zersetzt wird.

Die Weltmeere sind ebenfalls Kohlenstoffspeicher. Das Kohlenstoffdioxid aus der Luft löst sich im Wasser zu **Kohlensäure,** aus der viele Meereslebewesen wie Korallen wasserunlöslichen **Kalk** herstellen können. Er bildet das Kalkskelett der Korallen und die Schalen und Krusten von vielen anderen Meeresbewohnern. Wenn diese Tiere sterben, wird der Kalk den Bodenschichten zugeführt und dort abgelagert. Viele Gebirge wie zum Beispiel die nördlichen Kalkalpen sind auf diese Weise im Laufe der Erdgeschichte entstanden und bilden heute große Kohlenstofflager.

Wenn Menschen eingreifen

Heute greifen wir Menschen massiv in den Kohlenstoffkreislauf ein, indem wir beispielsweise fossile Brennstoffe fördern und sie zur Energiegewinnung nutzen. Auch durch die Brandrodung großer Waldflächen zur Gewinnung von Weideland gelangt der in Bäumen gespeicherte Kohlenstoff als Kohlenstoffdioxid in die Atmosphäre. Seit dem Beginn der industriellen Revolution Ende des 18. Jahrhunderts ist so die Konzentration von CO_2 in der Atmosphäre um etwa ein Drittel gestiegen. Dieser Prozess beschleunigt sich durch unser Verhalten und trägt über den sogenannten Treibhauseffekt entscheidend zum Klimawandel bei.

Das verstärkte Lösen des Kohlenstoffdioxids in den Meeren führt zu einer allmählichen Versauerung. Der erhöhte Säuregehalt greift die Kalkschalen der Tiere an. Auf Dauer verringert sich dadurch die Artenvielfalt

---

Du kannst den globalen Kohlenstoffkreislauf beschreiben und verschiedene Kohlenstoffspeicher nennen. Du kannst erklären, welche Folgen das menschliche Eingreifen in den Kohlenstoffkreislauf hat.

2 Kohlenstoffspeicher: **A** Große Waldgebiete, **B** Korallenriffe, **C** Kalkalpen

Basiskonzepte S. 164

Das Klima ändert sich weltweit

1. ☰ Ⓐ
Kohlenstoffdioxid (CO_2) hat maßgeblichen Anteil an der Zunahme des zusätzlichen Treibhauseffektes.
a) Beschreibe den Verlauf der Temperaturkurve.
b) Beschreibe den Verlauf der Kurve des Kohlenstoffdioxidgehalts.
c) Formuliere einen möglichen Zusammenhang.

> **HINWEIS**
> ppm = Konzentrationsangabe „parts per million": Teilchenzahl pro 1 Million Teilchen

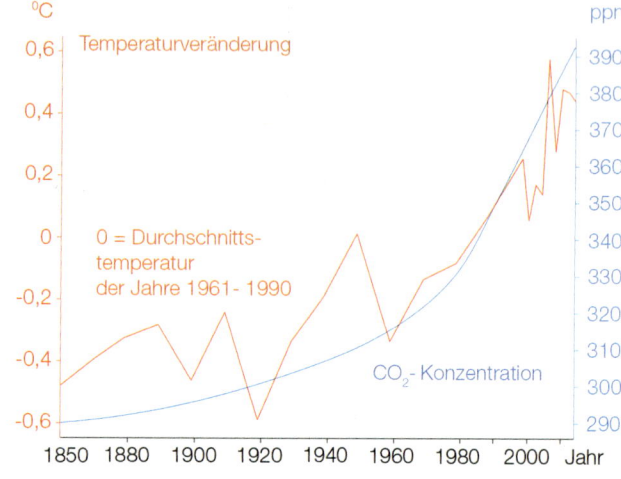

1 Globale Entwicklung von Temperatur und CO_2-Gehalt

2. ☰ Ⓠ
Es gibt außer CO_2 weitere klimaschädliche Gase von großer Bedeutung. Informiere dich über diese Gase, ihre Herkunft und ihre Bedeutung für den Treibhauseffekt. Nutze die Abbildung 4.

3. ☰ Ⓠ ⓘ
Erläutere mithilfe des Textes und der Abbildung 4 den natürlichen Treibhauseffekt. Nutze dabei die Begriffe Energieerhaltung und Energieumwandlung.

4. ☰ Ⓐ ⓘ
Weltweit ist ein Rückgang der Eismassen der Pole und Gebirgsgletscher zu beobachten.
a) Erläutere die Folgen.
b) Ermittle mit einem Atlas die Regionen der Erde, die von einem Meeresspiegelanstieg am stärksten betroffen wären.

2 Alpengletscher: **A** 1900, **B** 2000

5. ☰ Ⓠ
Man kann die CO_2-Produktion verschiedener Aktivitäten bestimmen und daraus eine CO_2-Bilanz errechnen. Jeder Bundesbürger produziert etwa 11 000 kg CO_2 pro Jahr.
a) Vergleiche die CO_2-Bilanz eines Jahres für die Mobilität der beiden folgenden Personen:
Herr A fährt im Alltag nur Fahrrad. Im Urlaub macht er eine Flugreise nach Neuseeland. Frau Z. fährt jeden Tag 30 km mit dem Auto zur Arbeit. Im Urlaub fährt sie mit der Bahn 350 km zum Wandern in die Eifel.
b) Formuliere ähnliche Aufgaben, die deine Mitschülerinnen und Mitschüler lösen sollen.

… für Strom:	ca. 0,62 kg CO_2 je kWh
… Heizung (Erdöl):	ca. 2,9 kg CO_2 je Liter
… Heizung (Erdgas):	ca. 0,2 kg CO_2 je kWh
… Benzin/Diesel:	ca. 2,8 kg CO_2 je Liter
… Fahrten mit Bahn/Bus	ca. 0,06 kg CO_2 je km pro Person
… Flüge mit dem Flugzeug:	ca. 0,15 kg CO_2 je km pro Person
hinzu kommen gerundete allgemeine Werte:	
… für Lebensmittel	ca. 1650 kg pro Person und Jahr
… sonstige Güter	ca. 2750 kg pro Person und Jahr
… allgemeine Kosten	ca. 1250 kg pro Person und Jahr

3 CO_2-Produktion in Deutschland

Wir leben in einem Treibhaus

Die Erde ist von der **Atmosphäre** umgeben. Sie bildet eine schützende Hülle um die Erde. Ohne sie würde die Energie der Sonnenstrahlung von der Erdoberfläche direkt wieder ins Weltall aufsteigen. Auf der Erde würde eine mittlere Temperatur von etwa $-18\ ^\circ C$ herrschen.

Scheint die Sonne, so erwärmen ihre energiereichen Strahlen den Erdboden. Die Energie der Sonnenstrahlen wird dabei in Wärmeenergie umgewandelt. So erwärmt sich die Luft und nur ein kleiner Teil der Wärmestrahlung entweicht ins Weltall. Von den Gasteilchen der Luft wird die Wärmeenergie zurück zur Erdoberfläche gestrahlt. So etwas ist auch von Treibhäusern bekannt, bei denen die Scheiben die Wärme zurückhalten. Daher werden diese Vorgänge als **natürlicher Treibhauseffekt** bezeichnet. Bei unserer heutigen Atmosphäre liegt die durchschnittliche Temperatur bei etwa 15 °C. Dadurch konnte das vielfältige Tier- und Pflanzenleben auf unserer Erde entstehen.

Unter den Gasen der Atmosphäre, die den Treibhauseffekt hervorrufen, hat Kohlenstoffdioxid (CO_2) mengenmäßig den größten Anteil.

Wir beeinflussen den Treibhauseffekt

Wir Menschen greifen in die Zusammenhänge des natürlichen Treibhauseffektes ein. Wir verändern die Atmosphäre durch das Verbrennen von fossilen Brennstoffen. Dabei setzen wir auch große Mengen an CO_2 frei. Dies verstärkt den Treibhauseffekt und die Atmosphäre erwärmt sich. Neben Kohlenstoffdioxid gibt es jedoch weitere klimawirksame Gase. Die Summe der Klimaveränderungen, die durch menschliche Aktivitäten verursacht werden, bezeichnet man als **zusätzlichen Treibhauseffekt.**

Wissenschaftler nehmen eine zusätzliche Erwärmung der Erde um bis zu 3 °C bis zum Jahre 2100 an. Dies könnte weitreichende Folgen haben. Die Eismassen der Erde drohen abzuschmelzen. Bislang als Eis gebundenes Wasser gelangt dann in die Meere. Nimmt die Temperatur des Meerwassers ebenfalls zu, führt dies zu einer Ausdehnung des Wasserkörpers und damit zu einem weiteren Anstieg des Meeresspiegels. Menschen in den küstennahen Gebieten sind dadurch in ihrer Existenz bedroht. Die Klimazonen können sich verschieben. In heute trockenen Gebieten breiten sich dann zunehmend Wüsten aus. Unsere gemäßigten Breiten werden wesentlich trockener. Durch stärkere Wetterextreme nehmen Überschwemmungen auf der einen Seite und zunehmende Trockenheit auf der anderen Seite zu. Sie können die Landwirtschaft stark beeinträchtigen, sodass die Ernährung der Menschheit in Gefahr gerät.

Du kannst den natürlichen und den zusätzlichen Treibhauseffekt erläutern.

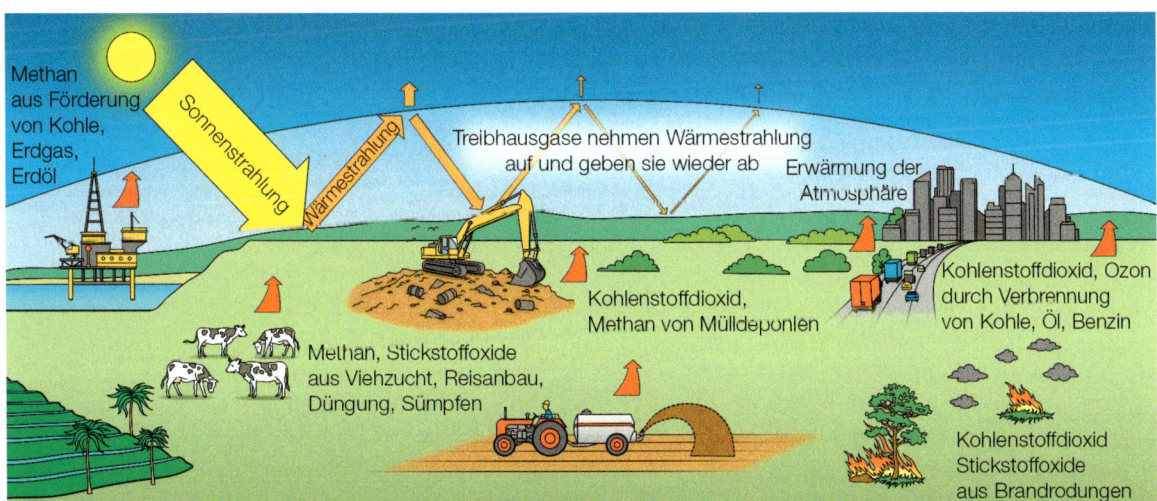

4 Der Treibhauseffekt (Schema)

Entstehung fossiler Brennstoffe

Fossile Brennstoffe

Stein- und Braunkohle, Erdöl und Erdgas sind fossile Brennstoffe, die meist aus größeren Tiefen gefördert werden. Sie enthalten große Mengen Kohlenstoff, der vor Millionen von Jahren durch die Prozesse der Fotosynthese gebunden wurde.

Derzeit werden etwa 80 Prozent des weltweiten Energiebedarfs aus fossilen Energieträgern gedeckt. Durch ihre Verbrennung gelangen große Mengen an Kohlenstoffdioxid in die Erdatmosphäre, was das Klima beeinflusst.

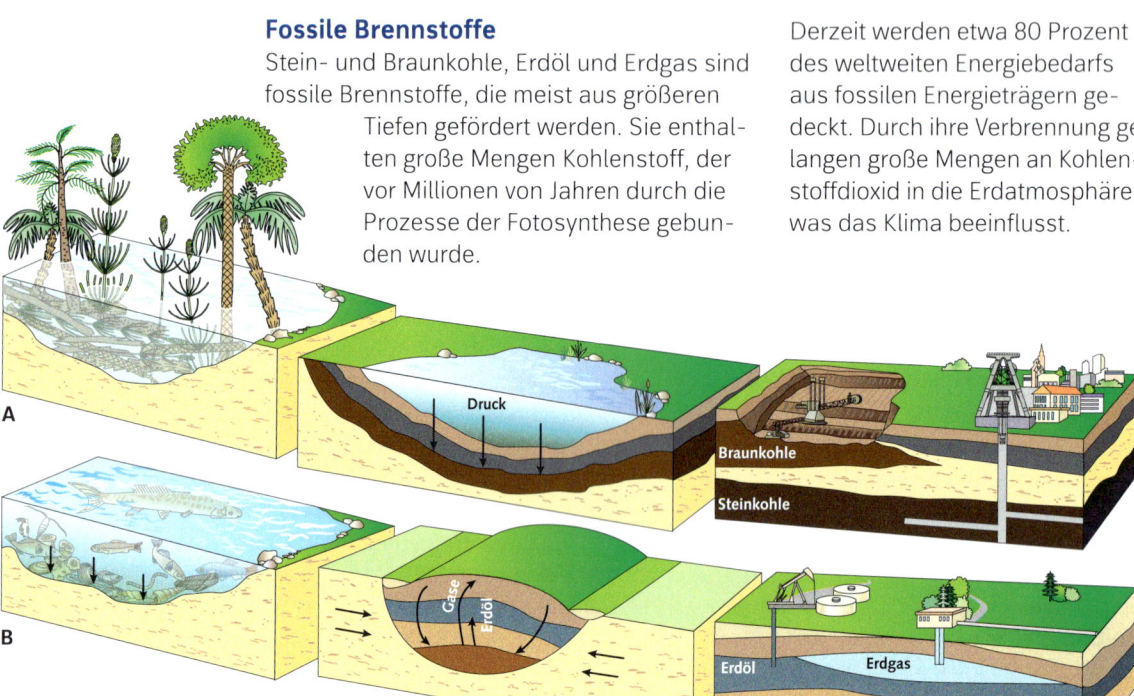

1 Entstehung und Förderung fossiler Brennstoffe: **A** Stein- und Braunkohle, **B** Erdöl und Erdgas

Steinkohle

Sie entstand im Erdzeitalter des Karbon vor etwa 330 Millionen Jahren. Üppige Sumpfwälder bedeckten die Erde. Abgestorbene Pflanzen wurden durch Schlamm von der Luft abgeschlossen. Daher wurden sie nicht vollständig zersetzt. Kohlenstoffhaltige Schichten reicherten sich an. Hoher Druck und hohe Temperaturen setzten einen Prozess in Gang, den man Inkohlung nennt. Im Laufe vieler Millionen Jahre bildete sich so die Steinkohle.

Braunkohle

Ihr Entstehungsprozess begann vor etwa 70 Millionen Jahren im Tertiär. Ausgedehnte Wälder gerieten nach ihrem Absterben und Absinken unter Luftabschluss. Die Inkohlung ist wegen des geringeren Alters noch nicht so weit fortgeschritten wie bei der Steinkohle. Die Braunkohlenvorkommen lagern in Deutschland relativ dicht unter der Erdoberfläche und werden im Tagebau gewonnen.

Erdöl und Erdgas

Erdöl und Erdgas entstanden in verschiedenen Erdzeitaltern vor 300 bis 50 Millionen Jahren durch die Ablagerung toter Kleinorganismen am Grunde von Gewässern. Die dort herrschende Sauerstoffarmut führte zur Bildung von Faulschlamm. Dieser wurde später mit anderen Ablagerungen überdeckt. Im Laufe langer Zeiten bildeten sich so aus dem kohlenstoffreichen Faulschlamm durch Luftabschluss, Druck und hohe Temperaturen Erdöl und Erdgas.

1. 🟡 **A**
Erläutere den Satz: „Die in den fossilen Energieträgern enthaltene Energie stammt von der Sonne".

2. 🟡 **Q**
Stelle für Steinkohle, Braunkohle sowie Erdöl und Erdgas grundlegende Informationen zu folgenden Themen in einer übersichtlichen Tabelle zusammen: Entstehungszeit, beteiligte Organismen, Entstehungsbedingungen, Lagerstätten, Förderung, Verwendung.

Regenerative Energien

Erneuerbare Energie-quellen

Verbrennt man fossile Energieträger wie Kohle, Erdöl oder Erdgas, so werden sie mit der Zeit verbraucht. Dabei werden große Mengen klima-schädliches CO_2 produ-ziert. Regenerative Energi-en gewinnt man aus sich immer wieder erneuern-den Energiequellen. Sie erschöpfen sich durch die Nutzung nicht. Aber auch diese Energieerzeugung hat Umweltauswirkungen.

Sonne

In der Solartechnik wird die Energie des Sonnenlichts über Wärmekollekto-ren zur direkten Erwärmung von Wasser genutzt. In Fotovoltaikanlagen – wie oben abgebildet – wird über Solarzellen Strom erzeugt.

PINNWAND

Wasser

Bei der Wasserkraft nutzt man die Bewegungsenergie der Strömung von Was-ser, um Generatoren zur Stromerzeugung anzutrei-ben. Dies kann in Fließge-wässern, an Stauseen oder im Meer geschehen.

1. **A**
a) Nenne einen wichtigen Vorteil der regenerativen Energien.
b) Beschreibe für jeden Pinnzettel, wie dieser Vorteil verwirklicht wird.

2.
Sammelt in Gruppenarbeit Informationen zu den ver-schiedenen regenerativen Energiequellen. Beschreibt die Verfahren. Stellt Vor- und Nachteile gegenüber.

Wind

Windenergieanlagen kön-nen in Gebieten mit star-kem und konstantem Wind errichtet werden. Ihr Rotor treibt einen Generator an, der die Windenergie in elektrische Energie um-wandelt.

Biomasse

Bei der Vergärung von Biomasse entsteht ein brennbares Gas, das Biogas. Als Biomasse können zum Beispiel Pflanzen, Mist und Speisereste eingesetzt werden. Biogas kann zur Strom- und Wärmeerzeugung genutzt werden. Zur Einspeisung ins öffentliche Erdgasnetz muss Biogas aufwendig aufbereitet werden.

Belastung der Atmosphäre – Gefahr für uns Menschen

1. Ⓐ
Erstelle eine Tabelle zu den drei Luftschadstoffen Stickstoffoxide, Feinstaub und bodennahes Ozon mit den Kategorien Herkunft, Gesundheitsbelastungen und mögliche Gegenmaßnahmen.

2. Ⓐ
Die beiden Seiten einer Medaille: „Ozon nützt – Ozon schadet." Erläutere diese Aussage.

3. Ⓠ
Viele Städte richten Umweltzonen ein. Recherchiere, welche Ziele die Einrichtung dieser Zonen hat. Befrage Autofahrer, ob sie durch die Umweltzonen ihr Fahrverhalten ändern mussten. Beurteile die Wirksamkeit.

4. Ⓠ
Feinstaubbelastungen treten nicht nur im Straßenverkehr auf, sondern auch in Innenräumen. Recherchiere, wie es dazu kommt und entwirf ein Informationsblatt mit Hinweisen zur Verminderung dieser Belastung.

5. Ⓠ
Das Ozonloch schließt sich langsam wieder. Informiere dich über das erste Auftreten des Ozonlochs, die ergriffenen Gegenmaßnahmen und die Prognosen für die nächsten Jahre. Beurteile vor diesem Hintergrund Maßnahmen zur Verminderung der Luftbelastung.

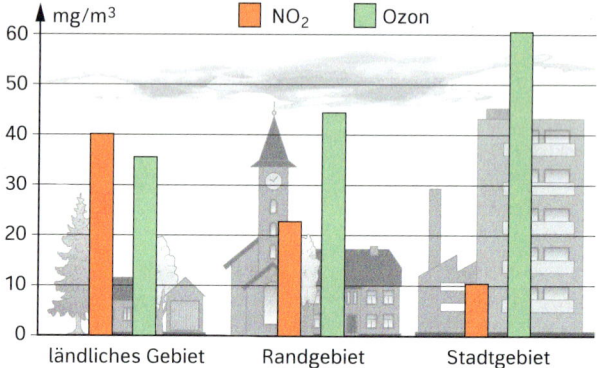

1 Ozon- und Stickoxidbelastung (Jahresmittelwerte)

6. Ⓠ
Stickoxide und die Vorläuferstoffe für die Bildung von bodennahem Ozon werden von Kraftfahrzeugen ausgestoßen. Vergleiche die Belastung mit Stickoxiden und Ozon in Ballungsgebieten und Randbereichen im Diagramm oben. Recherchiere hierzu und erläutere den Zusammenhang.

Luftschadstoffe

Die natürliche Atmosphäre unserer Erde hat sich im Verlauf der Erdgeschichte entwickelt. Durch Industrie, Verkehr und Heizungsanlagen belasten wir diese Atmosphäre mit einer Vielzahl von Stoffen, die häufig auch die Gesundheit von Menschen gefährden. Durch Maßnahmen wie den Einbau von Filtern in Industrieanlagen war es in den letzten Jahrzehnten möglich, einige der durch Luftschadstoffe auftretenden Probleme einzudämmen. Aber immer noch gelten die Mengen von Stickstoffoxiden, Feinstaub und bodennahem Ozon als problematisch.

Stickstoffoxide

Unter dem Begriff Stickstoffoxide (NO_x) werden verschiedene gasförmige Verbindungen von Stickstoff und Sauerstoff zusammengefasst. Dazu gehören Stickstoffmonooxid (NO) und Stickstoffdioxid (NO_2). Die Hauptquellen sind Verbrennungsmotoren und Feuerungsanlagen. Direkt sind Stickstoffoxide hauptsächlich für Asthmatiker problematisch und schädigen Pflanzen. Darüber hinaus sind Stickstoffoxide an der Ozonbildung beim Sommersmog beteiligt, wirken als Treibhausgase und tragen zur Feinstaubbelastung bei.

Feinstaub

Feinstaub umfasst flüssige und feste Partikel verschiedener Stoffe mit einem Durchmesser, der kleiner als $\frac{1}{100}$ mm ist. Je nach Größe können die Feinstaubpartikel unterschiedlich weit in den Körper eindringen. Beim Einatmen gelangt der Feinstaub in die Nasenhöhle. Kleinere Partikel gelangen bis in die Bronchien, ultrafeine Partikel mit einem Durchmesser unter 0,1 µm können bis ins Lungengewebe und sogar in den Blutkreislauf eindringen. Die gesundheitlichen Wirkungen sind vielfältig und reichen von Schleimhautreizungen bis zu erhöhter Thrombosegefahr. In Ballungsgebieten ist der Kraftfahrzeugverkehr der Hauptverursacher von Feinstaub, darüber hinaus gibt es aber viele weitere Quellen zum Beispiel Kraftwerke, Heizungsanlagen und die Metall- und Stahlindustrie.

Ozon

Ozon ist ein blass-blaues Gas mit einem stechenden Geruch. In höheren Konzentrationen ist es giftig, reizt die Schleimhäute und führt zu Atemwegsbeschwerden. Ein Ozonmolekül (O_3) besteht aus drei Sauerstoffatomen. Die Bildung von Ozon erfordert große Mengen an Energie, die durch die **ultraviolette Strahlung (UV)** der Sonne geliefert wird. In 20 – 50 km Höhe über der Erdoberfläche bildet sich so die Ozonschicht, die bis zu 90 % der ultravioletten Strahlung aus dem Sonnenlicht herausfiltert und uns so vor zu hoher UV-Strahlung schützt. Früher verwendete man **Chlor-Fluor-Kohlenwasserstoffe** zum Beispiel in Kühlgeräten. Dadurch wurde die Ozonschicht geschädigt. So entstand das Ozonloch. Durch das Verbot dieser Stoffe konnte sich die Ozonschicht mittlerweile stabilisieren und regeneriert sich wieder.

Ozon kann jedoch auch in Bodennähe gebildet werden. Voraussetzung dafür ist intensive Sonneneinstrahlung. Dann können Stickoxide und organische Kohlenwasserstoffe z. B. aus Abgasen mit Sauerstoff reagieren. Bei diesen komplizierten chemischen Prozessen entsteht Ozon. Diese Anreicherung von bodennahem Ozon nennt man **Sommersmog.**

Besonders wenn man bei erhöhter Ozonbelastung Sport treibt, kann es zu entzündlichen Reaktionen der Atemwege und damit zu einer verminderten Lungenfunktion kommen. Bei hohen Werten werden daher Ozonwarnungen ausgesprochen und empfohlen, Anstrengungen im Freien einzuschränken.

2 Smog: **A** Sommersmog, **B** Wintersmog

Wintersmog

Für die Entstehung von **Wintersmog** sind bestimmte Wetterlagen Voraussetzung. Im Winter kann es bei Windstille passieren, dass sich warme, aufsteigende Luft wie eine Glocke über kältere Luftmassen legt, die sich in Bodennähe befinden. Abgase, Rauch und Staub können nicht aufsteigen, sondern reichern sich in Bodennähe stark an. Sie führen vor allem zu Herz- und Kreislaufbeschwerden sowie Atemwegserkrankungen. In den letzten Jahren hat die Smoggefahr bei uns abgenommen, weil zunehmend abgasarme Fahrzeuge und abgasverminderte Heizungs- und Industrieanlagen entwickelt wurden. In anderen Ländern ist Smog noch ein großes Problem.

Du kannst verschiedene Luftschadstoffe, ihre Verursacher und die von ihnen ausgehenden Gesundheitsgefahren nennen. Du kannst erklären, wie Sommer- und Wintersmog entstehen.

Was bedeutet Nachhaltigkeit?

1. ≡ Ⓐ
Erkläre den Begriff Nachhaltigkeit. Berücksichtige dabei die drei Dimensionen der Nachhaltigkeit.

Aspekte der Nachhaltigkeit

geringe Verarbeitung

regional *wenig Zusatzstoffe,*

Verpackung *saisonal*

kurze Transportwege

ökologischer Anbau

2. ≡ Ⓐ Ⓘ
Erläutere die Aspekte der Nachhaltigkeit im Kasten links am Beispiel Lebensmittel.

3. Ⓠ
a) Suche im Internet einen Rechner zum ökologischen Fußabdruck. Bestimme deinen eigenen Fußabdruck.
b) Beschreibe Möglichkeiten, wie du deinen ökologischen Fußabdruck verkleinern kannst.

4. ≡ Ⓐ
a) Beschreibe die Aussagen, die das Diagramm in der Abbildung 1 macht.
b) Bewerte die ökologischen Fußabdrücke der Länder im Sinne der drei Dimensionen der Nachhaltigkeit.

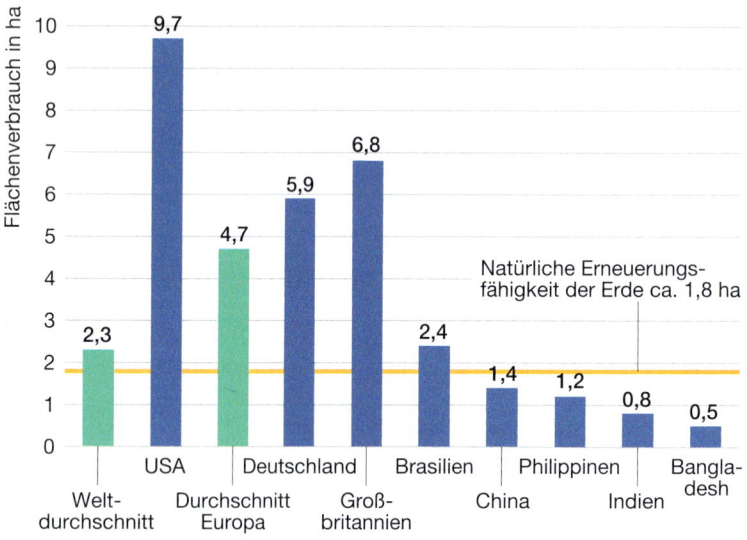

1 Ökologischer Fußabdruck in ausgewählten Ländern

Nachhaltigkeit in drei Dimensionen

Der Begriff der Nachhaltigkeit stammt ursprünglich aus der Forstwirtschaft. Dort bedeutet er, dass einem Wald pro Jahr nicht mehr Holz entnommen wird als nachwächst. Übertragen auf die ganze Erde heißt das, dass wir nicht mehr der natürlichen Lebensgrundlagen verbrauchen, als sich wieder erneuern können. So sind auch die Lebensgrundlagen zukünftiger Generationen gesichert. Dies ist die **ökologische Dimension der Nachhaltigkeit.** Ein Beispiel dafür ist die Umstellung von fossiler Energie auf erneuerbare Energieformen, wie es in Deutschland mit der Energiewende begonnen wird.

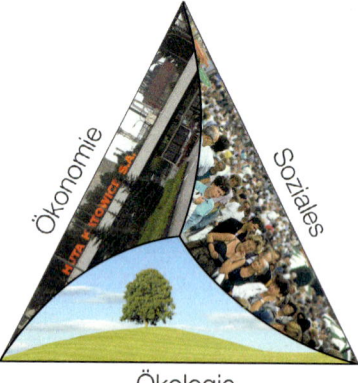

2 Dreieck der Nachhaltigkeit

Es gibt aber auch noch eine ökonomische und soziale Dimension. Zur **ökonomischen Dimension der Nachhaltigkeit** gehört, dass wir nicht mehr ausgeben, als wir erwirtschaften, damit künftige Generationen nicht durch unsere Schulden belastet werden.

Außerdem sollen Staaten das Zusammenleben ihrer Bürger so organisieren, dass sie vor Not und Elend geschützt sind und Konflikte nur mit friedlichen Mitteln ausgetragen werden. So kann verhindert werden, dass Menschen aus blanker Not die Lebensgrundlagen künftiger Generationen vernichten. Dies ist die **soziale Dimension der Nachhaltigkeit.**

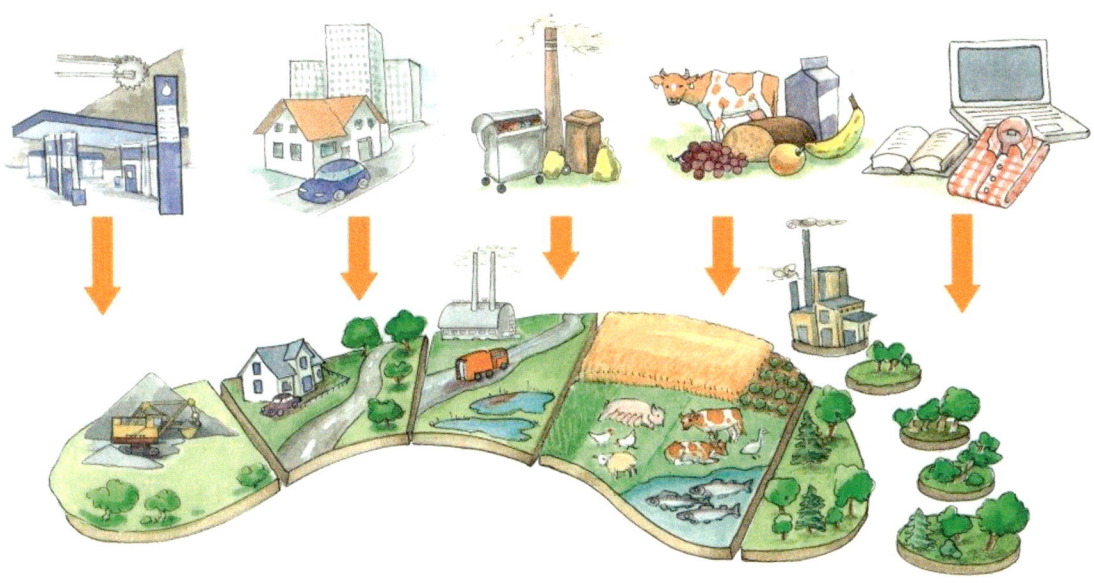

3 Der ökologische Fußabdruck

Diese drei Dimensionen kommen im Dreieck der Nachhaltigkeit zum Ausdruck. Es zeigt, dass Umweltprobleme und wirtschaftliche und soziale Fragen nicht voneinander getrennt betrachtet werden können. So haben alle Menschen auf der Erde das gleiche Recht auf Entwicklung. Kein Land darf dabei auf Kosten der Natur, anderer Länder oder zukünftiger Generationen leben. Leider entspricht dies in vielen Fällen nicht der Wirklichkeit. Gerade wir in den Industrieländern verbrauchen viel mehr Ressourcen, als sich wieder erneuern können. Um dies zu ändern, spielt auch das Verhalten jedes Einzelnen eine Rolle.

Ökobilanzen
Als Grundlage für umweltbewusste Entscheidungen kann für einzelne Produkte eine Ökobilanz erstellt werden. Ökobilanzen stellen alle Umweltbelastungen zusammen, die durch Produkte von der Produktion bis zur Entsorgung entstehen.

Der ökologische Fußabdruck
Der ökologische Fußabdruck bezieht sich nicht wie Ökobilanzen auf ein einzelnes Produkt, sondern soll Auskunft über die Umweltverträglichkeit des gesamten Lebensstils einer Person geben.

Als Vergleichsgröße wurde die Fläche gewählt, die notwendig ist, um diesen Lebensstil dauerhaft zu ermöglichen. Alle Flächen, die zur Produktion von Kleidung und Nahrung, zur Bereitstellung von Energie, aber auch zur Entsorgung des anfallenden Mülls oder zum Speichern des freigesetzten Kohlenstoffdioxids benötigt werden, bilden den ökologischen Fußabdruck.

Dieser ökologische Fußabdruck bietet eine anschauliche Größe, den eigenen Lebensstil ökologisch zu bewerten, aber auch ganze Länder in Bezug auf Ökologie zu vergleichen.

Auch der ökologische Fußabdruck kann kein vollständiges Bild aller Umweltauswirkungen bieten. Er deckt nicht alle Aspekte der Nachhaltigkeit ab. Außerdem werden durch die Festlegung auf eine Flächenberechnung biologische Faktoren wie Wasserverbrauch und Artenvielfalt nicht erfasst.

Obwohl Modellrechnungen wie der ökologische Fußabdruck und Ökobilanzen nicht perfekt sind, bieten sie doch eine Möglichkeit, den eigenen Lebensstil im Hinblick auf Nachhaltigkeit einzuordnen.

Du kannst den Begriff der Nachhaltigkeit erklären. Du kannst erklären, was man unter ökologischem Fußabdruck versteht und wie er durch eigenes Verhalten beeinflusst wird.

Global denken – lokal handeln

Globale Stoffkreisläufe sind untereinander verbunden. Durch wirtschaftliche Beziehungen, Import und Export, stehen fast alle Länder der Erde miteinander im Austausch. Schadstoffe bewegen sich durch Luft und Wasser und finden sich so auch weit entfernt von ihrem Entstehungsort wieder. Vieles, was wir tun, hat Auswirkungen an einem anderen Ort der Erde. Dies legt die Verantwortung für die Erde nicht nur in die Hände von Politik und Wirtschaft, sondern auch in die Hände jedes Einzelnen.

Bildet Teams und erarbeitet die Probleme der verschiedenen Themengebiete und mögliche Alternativen. Diskutiert Vor- und Nachteile.
Überlegt euch eine interessante Präsentations- oder Aktionsform, mit der ihr eure Ergebnisse in der Schule vorstellen könnt.

TEAM ❶
Ernährung
Nahrungsmittel sind für uns unverzichtbar. Aber der Verbrauch verschiedener Lebensmittel hat unterschiedlich starke Umweltauswirkungen.

Mögliche Aspekte für eure Arbeit:
- Anbau
- Wasserverbrauch
- Transportwege
- Verarbeitung
- Tierhaltung

TEAM ❷
Kleidung
Viele Textilien, die wir in Deutschland kaufen können, werden nicht in Deutschland hergestellt. Die Produktionsbedingungen in den Herstellungsländern unterscheiden sich stark.

Mögliche Aspekte für eure Arbeit:
- Arbeitsschutz
- Arbeitszeiten
- Umweltschutzvorschriften
- Bezahlung für Angestellte
- Einsatz von Chemikalien
- Warenkennzeichnung mit Siegeln

TEAM ❸
Mobilität

In unserem Alltag müssen wir viele Wege zurücklegen. Die Entscheidung, auf welche Weise wir dies tun, ist von vielen Faktoren wie der Länge des Weges oder dem Wetter abhängig.

Mögliche Aspekte für eure Arbeit:
- Gesundheit
- Treibstoffe
- Luftbelastung
- Platzbedarf und Versiegelung von Flächen
- Geschwindigkeit
- Bequemlichkeit

TEAM ❹
Kunststoffe

Kunststoffe sind vielseitige Werkstoffe und daher in unserem Alltag ständig präsent. Umweltschutzorganisationen betrachten die Nutzung von Kunststoffen allerdings kritisch.

Mögliche Aspekte für eure Arbeit:
- Rohstoffe
- Herstellung
- Farben
- Entsorgung
- Recycling

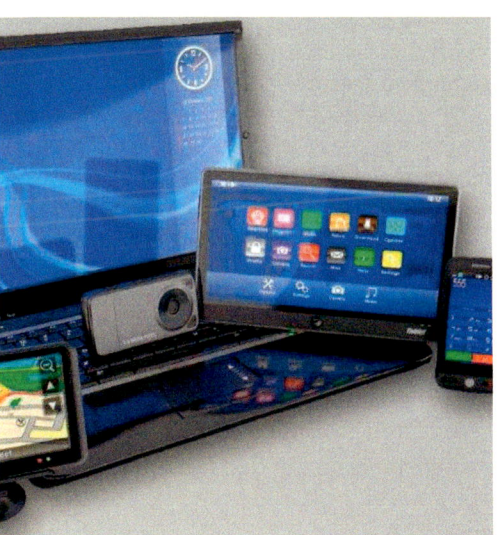

TEAM ❺
Elektronik

Elektronik ist in unserer Gesellschaft allgegenwärtig: Smartphones, Tablets, Computer. Mit der großen Anzahl der Geräte nimmt auch die Umweltbelastung zu.

Mögliche Aspekte für eure Arbeit:
- Rohstoffe
- Herstellung
- Stromverbrauch
- Entsorgung
- Recycling
- Nutzungsdauer

LERNEN IM TEAM

Renaturierung

Fehler der Vergangenheit

Viele Ökosysteme sind in den letzten Jahrzehnten und Jahrhunderten durch menschliche Besiedlung, intensive landwirtschaftliche Nutzung oder Nutzung als Wasserstraßen sehr verändert worden. So sieht man naturnahe Fließgewässer nur noch selten, da ein Großteil der Bäche und Flüsse mehr oder weniger stark ausgebaut wurde. Dabei werden Fließgewässer z.B. durch Begradigungen und Betonrinnen verändert. Flussbegradigungen und damit häufig einhergehende Vertiefungen des Flussbettes haben wirtschaftliche Vorteile, da Entfernungen minimiert und die Fahrwege direkter werden.

Von deutlichem wirtschaftlichem Nachteil ist das durch Flussbegradigungen häufig verursachte Hochwasser. Darüber hinaus wird das natürliche Ökosystem eines Flusses zerstört, wodurch viele Tier- und Pflanzenarten verschwinden. Da begradigte Flüsse in der Regel schneller fließen, erhöht sich die Erosion des Flussgrundes und des Ufers, sodass sich als Folge weniger Pflanzen ansiedeln. Mit dem Verschwinden vieler Arten reduziert sich die Biodiversität, die für das ökologische Gleichgewicht von großer Bedeutung ist. Die Vertiefung eines Flussbettes hat häufig zur Folge, dass Algen nicht mehr genug Licht bekommen, wodurch der Sauerstoffgehalt eines Flusses sinkt. So verschlechtert sich auch die Wasserqualität.

Renaturierung

Heute versucht man gerade aufgrund der vielen Probleme beispielsweise durch Überschwemmungen, Fliessgewässer zu renaturieren.

Als **Renaturierung** bezeichnet man jene Maßnahmen, die eine ehemals von Menschen genutzte Fläche wieder in ihren möglichst naturnahen Zustand zurückführen soll. Ziele für die Renaturierung von Fließgewässern können sein, die Gewässergüte zu verbessern, verschiedene Lebensräume wiederherzustellen und damit auch die Ansiedlung bestimmter Tier- oder Pflanzenarten wieder zu ermöglichen.

1 Die Ems: A Begradigtes Flussbett, B Kreuzfahrtschiff auf der Ems, C Ems-Nebenarm mit verschiedenen naturnahen Lebensräumen, D Bartmeise im Schilf

Maßnahmen

Rückbau von Uferbefestigungen, Entwicklung von Nebenarmen oder mäandrierenden Flussverläufen oder Befreiung der Flüsse von Abwässern können sinnvolle Maßnahmen zum Zwecke der Renaturierung sein.

In vielen Fällen stellt dies eine echte Herausforderung dar, da erforderliche Flächen aufgrund von Besiedelung oder industrieller sowie landwirtschaftlicher Nutzung nicht mehr zur Verfügung stehen. Dennoch wurden beispielsweise Ems und Elbe teilweise renaturiert, wodurch es gelungen ist, verschiedenartige Lebensräume streckenweise wiederherzustellen. Allerdings sind Renaturierungsmaßnahmen auch für die Ems noch lange nicht abgeschlossen, sodass es noch dauern wird bis beispielsweise Bartmeisen, Uferschwalben oder Kiebitze wieder häufig zu beobachten sind.

1. **Ⓐ**

Beschreibe mögliche Ziele der Renaturierung eines Fließgewässers.

Eingriffe des Menschen in den Naturhaushalt

Ökosysteme

Ein Ökosystem ist eine Einheit, in der Lebensraum (Biotop) und Lebensgemeinschaft (Biozönose) in Wechselbeziehung zueinander stehen. Jedes Ökosystem ist durch bestimmte biotische und abiotische Faktoren geprägt.

Energiefluss und Stoffkreisläufe

Pflanzen, Tiere und abbauende Mikroorganismen bewirken Stoffkreisläufe. In einem intakten Ökosystem bewegen sich Kohlenstoff, Sauerstoff und Stickstoff in Kreisläufen. Energie muss in Ökosystemen ständig über die Sonne neu zugeführt werden. Die verfügbare Energie nimmt in Nahrungspyramiden ebenso wie die Gesamtbiomasse der Lebewesen von Stufe zu Stufe ab.

Belastung oder Zerstörung von Ökosystemen durch den Menschen

Viele Ökosysteme wie zum Beispiel der Laubmischwald, der Tropische Regenwald oder auch viele Fließgewässer sind durch Eingriffe des Menschen gefährdet. Durch eine sich weiter entwickelnde Industrialisierung, stetig steigende Ansprüche an den Lebensstil und zunehmenden Verkehr ist der Energieverbrauch stark gestiegen. Um diesen Bedarf decken zu können, werden viele Lebensräume durch den Abbau von fossilen Brennstoffen zerstört. Die Verbrennung dieser Stoffe wiederum setzt andere Stoffe frei, die das Klima und folglich auch Lebensräume verändern. Zudem greift der Mensch in den Naturhaushalt ein, indem er große Flächen landwirtschaftlich intensiv nutzt oder besiedelt. Dadurch verschwinden Lebensräume, sodass viele Pflanzen- und Tierarten inzwischen vorm Aussterben bedroht sind und das ökologische Gleichgewicht gefährdet ist.

AUF EINEN BLICK

Weltweite Veränderung des Klimas und seine Folgen

Der Mensch verändert durch die Produktion von Kohlenstoffdioxid beim Verbrennen von fossilen Brennstoffen und durch andere klimawirksame Gase die Atmosphäre. Alle Klimaveränderungen, die durch den Menschen verursacht werden, bewirken einen zusätzlichen Treibhauseffekt. Dadurch findet eine Erwärmung der Erde statt, die weitreichende Folgen wie das Abschmelzen der Eismassen, der Anstieg des Meeresspiegels, die Verschiebung der Klimazonen und eine Zunahme der Wetterextreme hat. Die Ernährung der Menschheit kann dadurch zum Problem werden.

Nachhaltigkeit

Ökosysteme werden durch Luft-, Wasser- und Bodenverschmutzungen belastet und verändert. Ökologisches und nachhaltiges Handeln wie beispielsweise die Vermeidung von Abgasen ist wichtig für den Erhalt der Ökosysteme. Der Begriff Nachhaltigkeit bedeutet, dass wir der Natur nicht mehr entnehmen als wieder nachwachsen oder sich erneuern kann. Außer dieser ökologischen Dimension gibt es auch die ökonomische und die soziale Dimension der Nachhaltigkeit.

Eingriffe des Menschen in den Naturhaushalt

Entwicklung

System

Struktur und Funktion

System
1. ≡ Ⓐ
a) Beschreibe den Kohlenstoffkreislauf im Meer. Zeichne dazu die Symbole ab und verbinde sie mit Pfeilen.

b) Beschreibe die Funktion von großen Wäldern und den Weltmeeren im Hinblick auf den Kohlenstoffkreislauf.

→ S. 150, 151

Algen

CO_2

Verbrennung

Kohlenstoffspeicher: Meer

Fische

Zersetzung

Korallen/
Kalkablagerungen

Entwicklung
3. ≡ Ⓐ
Der Meeresspiegel steigt.
a) Erkläre, wie es zu dieser Entwicklung kommt.
b) Beschreibe mögliche Folgen.

→ S. 153

System
4. ≡ Ⓐ
Erkläre, wie der Kohlenstoffkreislauf durch den Eingriff des Menschen beeinflusst wird.   → S. 150-151

System
2. ≡ Ⓐ
Beschreibe, wie sich intensive landwirtschaftliche Bewirtschaftung auf verschiedene Ökosysteme auswirken kann.

→ S. 147

BASISKONZEPTE

⟁ Eingriffe des Menschen in den Naturhaushalt

Stoffkreisläufe und Energiefluss

Kannst du schon ...

... erklären, wie Pflanzen Biomasse aufbauen? (S. 148-149)
... die unterschiedlich große Biomasseproduktion verschiedener Ökosysteme beschreiben? (S. 149)
... den Energiefluss in Ökosystemen beschreiben? (S. 149)
... die Rolle von Produzenten, Konsumenten und Destruenten in den Stoffkreisläufen erläutern? (S. 149)
... den globalen Kohlenstoffkreislauf beschreiben? (S. 150)

Zeig, was du kannst!

1. ☰ Ⓐ
Beschreibe die Vorgänge 1-5, die in der Schemazeichnung rechts dargestellt sind.

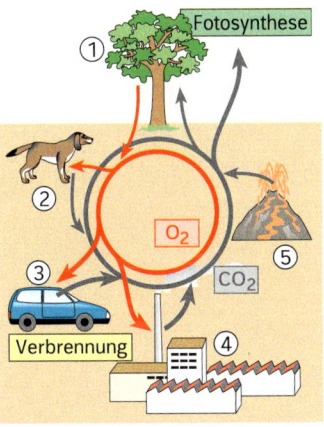

2. ☰ Ⓐ
a) Der Weg der Energie kann – anders als der Weg der Stoffe – als „Einbahnstraße" beschrieben werden. Erläutere diese Aussage mithilfe der Abbildung.
b) Produzenten und die verschiedenen Konsumenten sind in einer Pyramide angeordnet. Erkläre dies.

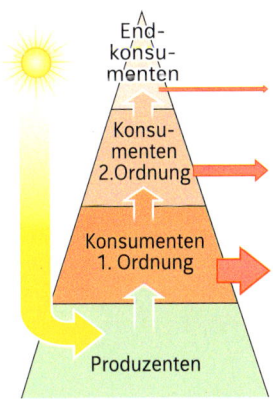

Umweltprobleme – lokal und global

Kannst du schon ...

... Einflüsse des Menschen auf verschiedene Ökosysteme beschreiben? (S. 147)
... erklären, wie der Mensch den Kohlenstoffkreislauf beeinflusst? (S. 151)
... den Zusammenhang zwischen Kohlenstoffdi-oxid und dem Treibhauseffekt erklären? (S. 152)
... erklären, durch welche Luftschadstoffe unsere Atmosphäre belastet wird? (S. 157)
... mithilfe des „ökologischen Fußabdruckes" einschätzen, wie unser Handeln Einfluss auf die Umwelt nimmt? (S. 159)
... die drei Dimensionen der Nachhaltigkeit anwenden, um menschliches Handeln zu bewerten? (S. 159)

Zeig, was du kannst!

3. ☰ Ⓐ
a) Erkläre den Begriff Treibhauseffekt.
b) Beschreibe, wie der durch den Menschen verursachte zusätzliche Treibhauseffekt entsteht.
c) Beschreibe mögliche Folgen.

4. ☰ Ⓐ
Liste Ursachen und Auswirkungen auf von zu viel bodennahem Ozon, Stickoxiden und Feinstaub.

5. ☰ Ⓐ
Stell dir vor, du kaufst ein T-Shirt.
a) Erläutere, wie dies zu deinem ökologischen Fußabdruck beiträgt.
b) Mache Vorschläge, wie du diesen reduzieren kannst.

Wichtige Begriffe

- Ökosystem
- Biozönose, Biotop, Klimazone
- abiotische, biotische Faktoren
- Produzenten, Konsumenten, Destruenten
- Stoffkreislauf
- Energiefluss
- Treibhauseffekt
- Nachhaltigkeit
- ökologischer Fußabdruck

Evolution der Lebewesen

Wie entstehen neue Arten und warum sterben sie wieder aus?

Welche Bedeutung hat Sexualität für die Evolution?

Stammt der Mensch vom Affen ab? Wie sahen unsere Vorfahren aus?

Fossilien – Zeugen der Vorzeit

1. ≡ Ⓐ
Beschreibe anhand der Bilder, wie ein Fossil entsteht.

2. ≡ Ⓐ
Begründe, weshalb man Fossilien von Tieren, die im oder am Wasser gelebt haben, häufiger findet als die von Landtieren.

3. ≡ Ⓐ
Erkläre den Prozess der Versteinerung eines Lebewesens.

4. Ⓠ ⦿
Verfasse Steckbriefe zu „Fossilien des Jahres". Nutze dafür die Homepage der Deutschen Paläontologischen Gesellschaft.

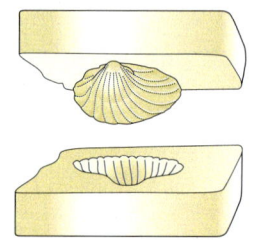

5. Ⓥ
Überlegt euch, wie ihr mithilfe von Muscheln und Gips selbst „Fossilienmodelle" erstellen könnt. Plant eure Vorgehensweise, stellt Fossilienmodelle her, präsentiert sie der Klasse und erläutert eure Vorgehensweise. Berichtet auch von euren Schwierigkeiten.

> **TIPP**
> für eure Materialkiste: 1 Muschel (beide Schalenhälften), Klebstoff, 1 Gipsbecher, 1 Getränkekarton, Schnellgips, Seidenpapier, gelbe Kreide, Wasser, Handcreme, Löffel, Messer, Hammer, Gummibänder

6. ≡ Ⓐ
Nenne die Vorgänge der Fossilienentstehung, die bei einem Modell wie in Aufgabe 5 nachvollzogen werden.

Dinosaurierfunde – auch in Deutschland

1932 stießen Paläontologen in Trossingen in Baden-Württemberg bei einer groß angelegten Ausgrabung auf eine Vielzahl von Dinosaurierknochen. Vor 210 Millionen Jahren lebten dort Saurier. Es herrschte tropisches Klima, in dem sie ideale Lebensbedingungen vorfanden. Nach wochenlangen Ausgrabungsarbeiten hatten die Forscher die Überreste von vier vollständigen und 17 nahezu vollständigen Skeletten des Pflanzenfressers Plateosaurus freigelegt.

So entstanden Fossilien

Vermutlich waren die in Trossingen gefundenen Tiere in ein großes Schlammloch geraten und dort verendet. Sand und Schlick bedeckten die toten Körper schnell, und die Weichteile verfaulten. Weil es aber keinen Sauerstoff gab, wurden die Körper nicht vollständig zersetzt. Hartteile wie Knochen oder Zähne blieben erhalten. Immer neue Sand- und Schlammschichten, das Sediment, lagerten sich über den toten Sauriern ab. Je feiner das umliegende Sediment war, desto mehr Einzelheiten sind heute an den **Fossilien** erkennbar. Durch einsickerndes Wasser, darin gelöste Mineralsalze, den Druck und die Temperatur veränderten sich die Hartteile der Saurier in ihrer Zusammensetzung, sie versteinerten. Ihre Form blieb dabei erhalten. Durch Bewegungen der Erdkruste kommen die **Versteinerungen** wieder an die Erdoberfläche und werden durch Einwirkung von Regen und Wind freigelegt.

2 Tapir: **A** Fossiler Urtapir, **B** Schabrackentapir (eine heute lebende Art)

Fossilien zeigen Vielfalt vergangener Zeiten

Heute leben ungefähr 60 000 Wirbeltierarten. Sie machen zusammen aber nur ein Prozent der Wirbeltiere aus, die jemals gelebt haben. Im Lauf von vielen Millionen Jahren sind immer wieder neue Arten entstanden. Diese Entwicklung von Arten in der Erdgeschichte heißt **Evolution.** Die meisten Arten, die im Verlauf der Evolution entstanden sind, sind inzwischen wieder ausgestorben.

Alle Überreste von Lebewesen heißen **Fossilien.** Dies können auch Spuren oder Pflanzenabdrücke sein. Oft ähneln Fossilien heutigen Arten, wie zum Beispiel das 47 Millionen Jahre alte Fossil eines Urtapirs, dessen Skelett dem Skelett heutiger Tapire sehr ähnlich sieht. Anhand solcher Fossilien kann man die Geschichte heutiger Tiere oft weit in die Vergangenheit verfolgen. Dabei sind jüngere Fossilien unseren jetzigen Arten ähnlicher als ältere Fossilien.

Du kannst erklären, was Fossilien sind und wie sie entstehen.

1 Fund eines Plateosaurus

Ein Fossil wird zum Leben erweckt

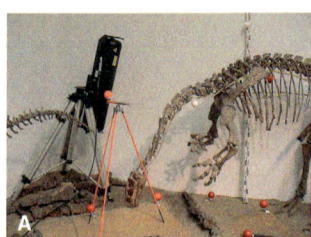

1 Rekonstruktion eines Plateosaurus-Skeletts: **A** Laserscanner vermisst die einzelnen Knochen, **B** Saurier-Schädel aus dem 3D-Drucker, **C** rekonstruiertes Skelett

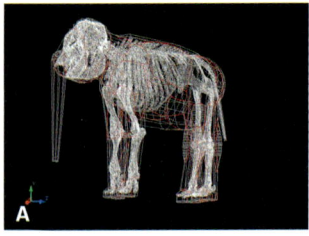

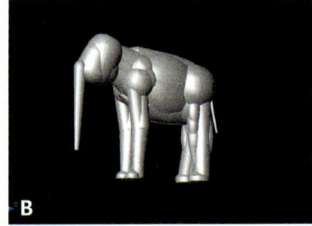

2 Rekonstruktion der Gestalt durch Vergleich mit einem Elefanten: **A** Scannerbild eines Elefanten, **B** Ermittlung der Muskelmasse, **C** fertige Rekonstruktion des Plateosaurus

Das Skelett rekonstruieren

Wenn Versteinerungen gefunden werden, muss mit großer Vorsicht und speziellen Werkzeugen das fossile Tier aus dem Gestein herausgelöst werden. Bei Wirbeltieren werden oft nur wenige versteinerte Knochen eines Skelettes gefunden. Diese sind meistens verkrümmt und in ihrer Anordnung durcheinander geraten. Die Knochen freizulegen, richtig zu sortieren, ihr ursprüngliches Aussehen zu rekonstruieren sowie fehlende Teile des Skelettes zu ergänzen, ist die Arbeit von Präparatoren. Sie kümmern sich auch um die Anfertigung von Modellen wichtiger Fossilien. Um zunächst das Skelett zu rekonstruieren, werden alle vorhandenen Knochen mit Laserscannern vermessen. Mithilfe dieser Daten und Vergleich mit anderen Skeletten ermitteln sie auch die Größe und Lage fehlender Knochen. Danach werden alle Knochen aus speziellen Kunststoffen nachgebildet. Heute werden diese Modelle auch mit 3D-Druckern angefertigt.

Lebensnahe Modelle herstellen

Schwieriger als das Skelett zu rekonstruieren, ist die lebensnahe Darstellung eines Dinosauriers. Da Weichteile eines verstorbenen Tieres fast nie als Fossil erhalten sind, müssen anhand der gefundenen Knochenfossilien und mithilfe von Vergleichen mit lebenden Tieren Aussagen über das Aussehen gemacht werden. Der Knochenbau eines Dinosauriers lässt einige Rückschlüsse auf seine Muskulatur zu. Bei der Rekonstruktion eines Plateosaurus hat man indische Elefanten und Nashörner mit Laserscannern genau vermessen und deren Muskelmasse ermittelt. Diese Daten wurden dann auf die Gegebenheiten beim Plateosaurus übertragen.

Über die Farbe und das Muster der Haut weiß man allerdings nichts. Hier spielt neben der vermuteten Tarnung des Dinosauriers auch viel Fantasie eine Rolle.

1.

Beschreibe die Schritte der Rekonstruktion eines Dinosauriers.

Evolution vollzieht sich in langen Zeiträumen

1. ☰ Ⓐ
Ordne die Gesteinsschichten in Abb. 1 mithilfe der Randabbildung zeitlich ein.

2. ☰ Ⓐ
Übertrage die Uhren vergrößert in dein Heft und gestalte sie mit allen Daten aus dem Text.

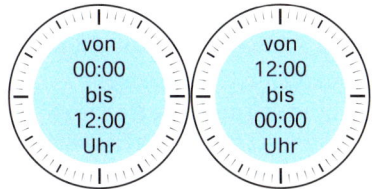

1 Schichtung im Gestein: Kreide-Tertiär-Grenze (Pfeil)

Das Alter von Fossilien bestimmen

In Steinbrüchen kann man oft sehen, dass das Gestein in deutlich sichtbaren Schichtungen vorliegt. Sie sind vor vielen Millionen Jahren entstanden. Besonders eindrucksvoll sichtbar ist dies an der Kreide-Tertiär-Grenze. Hier hinterließ weltweit ein Meteoriteneinschlag eine bis heute sichtbare Linie.

In vielen Gesteinsschichten findet man Fossilien. Dabei sind die Fossilien in den oberen Schichten am jüngsten. Nach unten hin werden die Schichten und damit die Fossilien immer älter. So kann man eine relative Altersbestimmung vornehmen.
In manchen Schichten findet man auf der ganzen Welt die gleichen Fossilien. Findet man solche **Leitfossilien,** kann man das Alter der Gesteinsschicht und anderer Funde aus der gleichen Schicht angeben. Es gibt aber heute chemische und physikalische Methoden, die das Alter viel genauer bestimmen können.

Die ganze Evolution an einem Tag

Die Erde ist 4,6 Milliarden Jahre alt. Älteste Fossilien, die man von heutigen Menschen findet, sind ungefähr 200 000 Jahre alt. Die Zeiträume, in denen die Evolution neue Arten hervorbringt, sind so groß, dass Menschen sie sich schlecht vorstellen können.
Vergleicht man die gesamte Geschichte unserer Erde mit einem einzigen Tag von 24 Stunden und nimmt an, dass die Erde um 0.00 Uhr nachts als glühender Feuerball entstanden ist, kühlt sie die nächsten 9 Stunden zunächst einmal ab. Um 9.00 Uhr tauchen das erste Mal Einzeller in den Meeren auf. Diese Urbakterien sind bis um 21.00 Uhr am Abend die einzigen lebenden Organismen. Dann entstehen die ersten mehrzelligen Lebewesen. Von nun an geht die Entwicklung viel schneller. Schon 21.45 Uhr sind aus diesen ersten Mehrzellern über viele andere Zwischenformen die Ur-Wirbeltiere entstanden. Um 22.00 Uhr tauchen die ersten Fische in den Ozeanen auf, eine Viertelstunde später die Amphibien und der Gang an Land wird gewagt. Weitere 25 Minuten später gibt es die ersten Reptilien und um 23.00 Uhr die ersten Säugetiere. Erst 10 Minuten bevor der Tag zu Ende geht, sind die Vorfahren unserer Menschenaffen auf der Erde entstanden. Gegen 23.59 Uhr und 58 Sekunden betritt der Homo sapiens, also unsere eigene Art, den Planeten Erde.

> Du kannst erklären, wie man anhand von Leitfossilien das ungefähre Alter eines Fossils bestimmt. Du kannst die Zeiträume der Evolution als Modell darstellen.

Beginn vor etwa Mio. Jahren		
Quartär 2,6		Erdneuzeit
Tertiär 65		
Kreide 145		Erdmittelalter
Jura 200		
Trias 251		
Perm 299		Erdaltertum
Karbon 359		
Devon 416		
Silur 443		
Ordovizium 488		
Kambrium 542		
Prä-kambrium 4,5 Mrd.		Erdurzeit

Erdzeitalter und ihre Lebewesen

1. Lege eine Tabelle mit drei Spalten an. Ordne darin jedem Zeitalter aus dem Text eine Zeitangabe und einige Lebewesen zu. Zeitangaben findest du auf der Seite „Evolution vollzieht sich in langen Zeiträumen". In der Spalte „Lebewesen" genügen jeweils einige Beispiele.

2. Erläutere die Bedeutung des Sauerstoffs in der Erdurzeit.

3. Erkläre den Zusammenhang zwischen dem Aussterben der Dinosaurier und der nachfolgenden Artenfülle bei den Säugetieren.

Die Erdurzeit

Nachdem die Erde entstanden war, gab es lange Zeit noch keinen freien Sauerstoff. Die ersten Urbakterien vor 3,8 Milliarden Jahren auf der Erde brauchten zur Energiegewinnung noch keinen Sauerstoff. Etwa 600 Millionen Jahre später entwickelte sich die Fotosynthese. Dabei wurde Sauerstoff frei, der für viele Lebewesen giftig war. Viele Arten starben aus. Nur Organismen, die sich davor schützen konnten, überlebten diese einschneidende Umweltveränderung. Vor 1,5 Milliarden Jahren entwickelten sich dann aber Zellen, die Sauerstoff nutzen konnten. Damit hatten sie einen Vorteil, weil sie viel Energie mithilfe des Sauerstoffs gewinnen konnten.

Das Erdaltertum

Im **Kambrium** entwickelte sich dann eine Vielzahl mehrzelliger Organismen im Wasser wie Algen, Quallen und Glie-derfüßer wie zum Beispiel die Trilobiten. Mit den kieferlosen Fischen tauchten im **Ordovizium** die ersten Wirbeltiere im Wasser auf. Als erste höhere Pflanzen besiedelten im **Silur** Nacktfarne das Land. Im **Devon** lebten Lungenfische, Vorfahren der ersten Landwirbeltiere. Urlurche wie Ichthyostega besaßen bereits ein Skelett, das ihnen eine Fortbewegung auf vier Beinen ermöglichte. Obwohl sie schon den Großteil ihres Lebens an Land verbrachten, waren sie bei der Fortpflanzung noch auf das Wasser angewiesen. Erst die Reptilien konnten vollständig an Land leben. Im **Karbon** gab es riesige Sumpfwälder aus Siegel- und Schuppenbäumen sowie Schachtelhalmen. Die Überreste sind noch heute als Kohle erhalten.

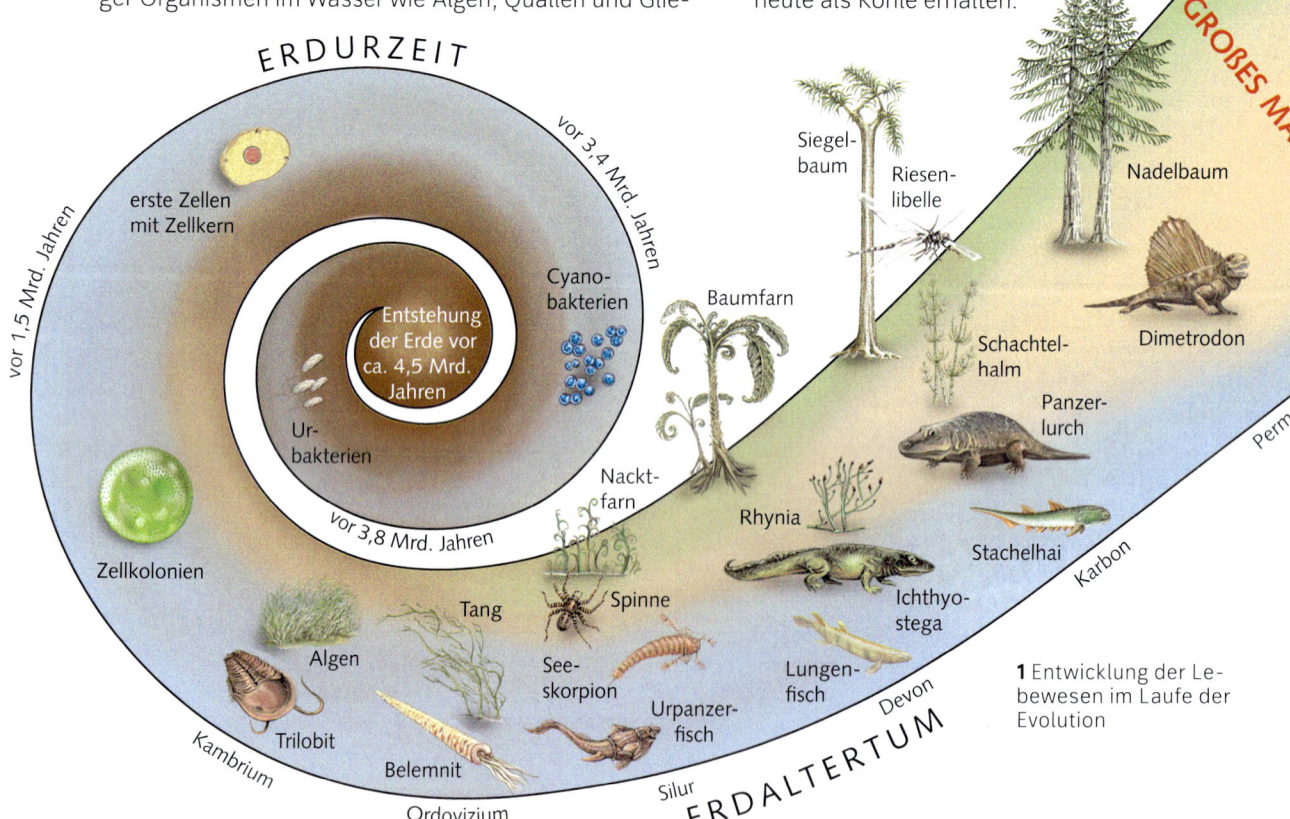

1 Entwicklung der Lebewesen im Laufe der Evolution

Evolution c

Pteranodon

Sumpf-
zypresse

Buche

Weide

Silberwurz

Zwergbirke

Affe

Mammut

Apato-
saurus

Tyrannosaurus

Säbelzahn-
tiger

Mensch

Triceratops

Urpferd

Palmfarn

Archaeopteryx

Hai

Delfin

erste Säuger

Ginkgo

Mosasaurus

Aussterben der Dinosaurier

Lystro-
saurus

Tertiär

Quartär

ERDNEUZEIT

Plesiosaurus

Kreide

Schildkröte

Jura

Krokodil

Trias

ERDMITTELALTER

Das Erdmittelalter

Das Erdmittelalter war die Blüte der Saurier.
Laufende, schwimmende und fliegende
Saurier beherrschten fast alle Lebensräume
der Erde. Im **Jura** entwickelten sich unter den
Dinosauriern die größten und schwersten
Landlebewesen, die es je gab, wie zum
Beispiel der Apatosaurus. Gegen Ende der
Kreidezeit starben die Saurier jedoch aus. Als
Nachfahren der Saurier gelten die Vögel. Bei
den Pflanzen tauchten neben Farnen und
Bärlappgewächsen die ersten Laubbäume und
Blütenpflanzen auf.

Die Erdneuzeit

Auch zur Zeit der Saurier gab es schon Säugetiere, sie waren aber klein und unscheinbar.
Erst nach dem Verschwinden der Dinosaurier
konnten sich Säugetiere in großer Artenvielfalt
entwickeln.
Im **Tertiär** herrschten sehr hohe Temperaturen
und es gab auch am Nordpol kein Eis, sodass
auch hier Wälder wuchsen. Als es trockener
und kühler wurde, breiteten sich Eichen- und
Buchenwälder aus. Gegen Ende des Tertiärs
traten erste menschenähnliche Lebewesen
auf. Die Tiere und Pflanzen im **Quartär**
wurden den heutigen Formen immer ähnlicher.
Erst vor etwa zwei Millionen Jahren begannen
die ersten Menschen wie Homo erectus die
Erde zu besiedeln.

Du kannst die Entwicklung des Lebens in den
Erdzeitaltern beschreiben.

Vom Wasser auf das Land

1.
Beschreibe mithilfe der Abbildungen auf dieser und der folgenden Seite, welche Angepasstheiten Tiere und Pflanzen bei der Besiedlung des Landes entwickeln mussten.

2.
Nenne Gründe, weshalb die Tiere erst nach den Pflanzen das Land erobern konnten.

3. ≡ Ⓐ
Liste mithilfe des Textes alle Merkmale von Reptilieneiern auf, die Angepasstheiten an das Ablegen an Land sind.

4. ≡ Ⓥ ⦿
Untersuche ein Hühnerei auf Angepasstheiten an das Land. Erstelle eine Zeichnung und beschrifte alle Teile.

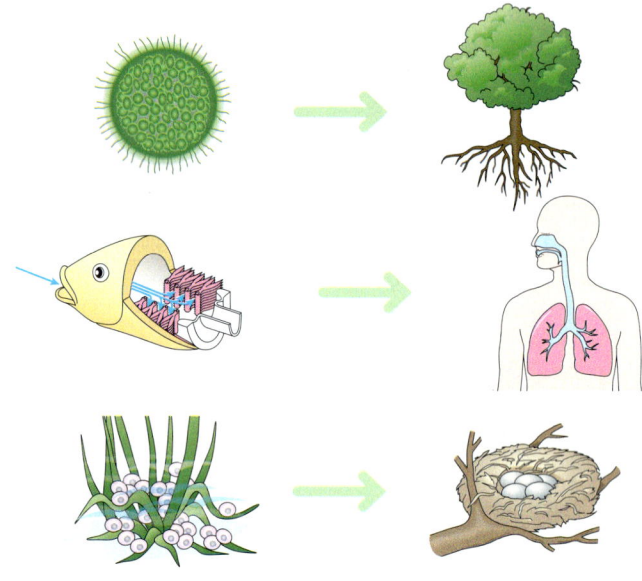

5. Ⓠ ⦿
Recherchiere, wann die folgenden Pflanzen und Tiere auf der Erde lebten und erstelle zu einer Art einen Steckbrief: Rhynia, Lepidodendron, Walchia, Gingko, Eudimorphodon

Leben begann im Wasser

Im Kambrium gab es an Land noch kein Leben. Fossilien belegen aber, dass eine Vielzahl von Lebewesen die Meere bevölkerte. Von den Pflanzen gab es nur **Algen.** Sie lebten frei im Wasser und waren sehr klein.

Auch alle heutigen Tierstämme sind im Wasser entstanden und stammen aus dem Kambrium. Sie nutzten den Sauerstoff, der im Meerwasser gelöst war und nahmen ihn entweder über die Körperoberfläche oder über Kiemen auf.
Zur Vermehrung gaben die Männchen Spermien und die Weibchen die Eizellen einfach ins Wasser ab.

Ebenso bereitete die Aufnahme von Mineralstoffen den Tieren und Pflanzen keine Probleme. Sie waren im Meerwasser reichlich enthalten.

Pflanzen erobern das Land

Aus dem Ordovizium und dem Silur sind erste Spuren von Pflanzen bekannt, die schon teilweise aus dem Wasser ragten. Diese Pflanzen hatten noch keine Blätter und Wurzeln.

Pflanzen, die später im Devon ganz an Land lebten, hatten echte Wurzeln. Damit konnten sie sich im Boden verankern und Wasser aufnehmen. An Land benötigten Pflanzen auch mehr Stabilität, um aufrecht zu stehen. Es entwickelten sich **Festigungsgewebe** mit stark verdickten Zellwänden.

Außerdem mussten Wasser und Nährstoffe in der Pflanze über weitere Strecken transportiert werden. Dazu gab es **Leitgewebe.** Bei den Landpflanzen entwickelten sich **Blätter** mit der Fähigkeit, für die Fotosynthese Kohlenstoffdioxid aus der Luft aufzunehmen.

Im Karbon gab es schon richtige Wälder mit Baumfarnen, Schuppenbäumen und großen Schachtelhalmen. Laubbäume und Blütenpflanzen entstanden in der Kreidezeit.

Erste Tiere erobern das Land

Den Tierstamm der **Gliederfüßer** gab es bereits im Kambrium. Sie besaßen schon einen festen Panzer aus Chitin. Dieser Panzer war an Land dafür geeignet, vor dem Austrocknen zu schützen. So waren die ersten Landtiere im Silur vermutlich Seeskorpione und Tausendfüßer, die im feuchten Boden oder an Ufern lebten. Aus ihnen entwickelten sich später auch die Insekten.

Erste Wirbeltiere erobern das Land

Unter den Wirbeltieren gab es vor 400 Millionen Jahren Fische, die sich mit vier Gliedmaßen auf dem Meeresboden fortbewegen konnten. Einige Arten dieser **Quastenflosser** entwickelten außerdem zusätzlich zu den Kiemen ein Schwimmblasen-Lungen-Organ. Damit konnten sie Luft atmen. Sie lebten teilweise im Wasser und am Ufer. Im Devon lebte **Tiktaalik.** Er vereinigte Merkmale von Fischen und Amphibien in seinem Körperbau. Mit seinen Brustflossen stütze er sich auf dem Boden ab.

Ein berühmtes Amphibium aus dem späten Devon ist **Ichthyostega.** Er hatte noch einen Fischschwanz, aber schon Beine, mit denen er auf dem Land laufen konnte.
Für den Gang an Land waren einige Besonderheiten im Körperbau notwendig. Da das Wasser den Körper nicht mehr trug, waren stärkere Bauch- und Rückenmuskeln nötig.

Erst die Reptilien, die sich vor 300 Millionen Jahren aus den Amphibien entwickelten, waren noch unabhängiger vom Wasser. Sie legten Eier, deren Schale mit den darunter liegenden Eihäuten das Ei vor Zerstörung und Austrocknung schützten. Außerdem enthielten diese Eier genügend Nährstoffe und Flüssigkeit für den Embryo. So war es möglich, dass die Eier an Land abgelegt wurden und nicht mehr im Wasser, wie noch bei den Amphibien.

Du kannst benennen, welche Veränderungen bei Pflanzen und Tieren für die Besiedlung des Landes nötig waren.

1 Besiedlung des Landes: **A** Pflanzen im Silur, **B** Erste Gliederfüßer erobern das Land, **C** Quastenflosser, **D** Tiktaalik, **E** Ichthyostega

Vom Urpferd zum heutigen Pferd

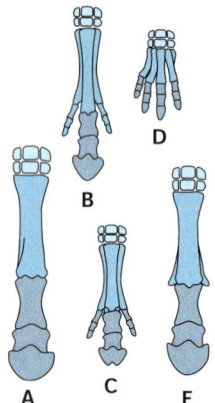

1.

Das Urpferd Hyracotherium hatte vier Zehen an den Vorderfüßen.
a) Stelle aus den abgebildeten Vorderfüßen der Pferde eine Entwicklungsreihe auf.
b) Beschreibe die Veränderungen auf jeder Stufe.
c) Überprüfe deine Zuordnung mit dem Text und ordne den einzelnen Stufen die Namen der Urpferde zu.

2.

Die Pferdeartigen waren in ihrem Körperbau zu jeder Zeit an die jeweiligen Umweltbedingungen angepasst.
Wähle ein Beispiel aus und zeige, dass diese Aussage stimmt.

3.

a) Beschreibe den Stammbaum der Pferde.
b) Erkläre, warum viele Zweige blind enden.
c) Gib eine Möglichkeit an, die Messeler Urpferde in den Stammbaum einzuordnen.

Urpferde in Deutschland

In der Tagebaugrube von Messel bei Darmstadt fanden Forscher Fossilien von drei verschiedenen Arten Urpferden. Die Fossilien waren so gut erhalten, dass man noch feststellen konnte, was die Tiere zuletzt gefressen hatten. Alle diese Urpferde lebten vor ungefähr 40 Millionen Jahren in einem dichten tropischen Regenwald. Sie waren nur so groß wie Schäferhunde und ihre Vorderfüße hatten vier Zehen, die alle in kleinen Hufen endeten. Damit sanken sie auf dem weichen und sumpfigen Waldboden nicht ein. Im Wald ernährten sie sich von Blättern und Früchten.

Der Vorfahre heutiger Pferde

Die Tiere aus Messel und unsere heutigen Pferde sind Nachfahren von Hyracotherium. Dieses fuchsgroße Urpferd lebte vor 55 Millionen Jahren in Europa und war den messeler Urpferden äußerlich sehr ähnlich. Die Nachfahren von Hyracotherium lebten außer in Europa auch in Nordamerika. Dort ging die Entwicklung bis zu unseren heutigen Pferden weiter. In Europa starben die Nachfahren von Hyracotherium, zum Beispiel die Messeler Urpferde, später aus.

Vom Wald- zum Steppenbewohner

Aus den kleinen Buschtieren wie Hyracotherium entwickelten sich über 50 Millionen Jahre und über viele Zwischenformen hinweg die großen, langbeinigen Pferde mit einem einzigen Huf.

Ein Grund für diese Veränderung war die Abkühlung und das Verschwinden der Urwälder in Nordamerika. Stattdessen breiteten sich nach und nach Grassteppen aus. So hatten Urpferde, die Gras oder härtere Blätter verdauen und sich schnell fortbewegen konnten, einen Vorteil. Aus diesem Zeitraum wurden viele Fossilien gefunden, die diese Entwicklung belegen.

1 Urpferd aus Messel: **A** Grube Messel vor 55 Millionen Jahren, **B** Fossil, **C** Rekonstruktion

2 Heutige Pferdeartige: **A** Esel, **B** Zebra

So lebte vor 35 Millionen Jahren **Mesohippus** mit einer Schulterhöhe von 50 cm in Nordamerika. Es hatte vorn drei Hufe, dabei war die mittlere Zehe vergrößert. Außerdem konnte Mesohippus härtere Pflanzen zerkleinern.
Etwas größer war schon **Merychippus.** Mit seinen längeren Beinen sah es schon eher aus wie unsere heutigen Pferde. Sein Mittelhuf war stark vergrößert, zwei kleinere Hufe konnten den Huf in sumpfigerem Gebiet noch stützen. Mit den Zähnen konnten schon härtere Gräser zerkleinert werden.
Pliohippus lebte vor 10 Millionen Jahren. Es sah unseren heutigen Pferden schon sehr ähnlich. Es war ungefähr 120 cm groß. Die kleineren Seitenhufe waren schon sehr stark zurückgebildet.
Seit 4 Millionen Jahren gibt es **Equus,** dazu gehören auch unsere heutigen Pferde. Mit einem einzigen starken Huf können sie auf dem harten Steppenboden schnell laufen. Sie wanderten vor 2,5 Millionen Jahren nach Europa aus. In Nordamerika starben sie aus und wurden erst wieder im 16. Jahrhundert von den Spaniern nach Amerika gebracht. Heute gibt es noch Esel, Halbesel, Pferde und Zebras, die mit jeweils unterschiedlichen Arten zur Familie der Pferdeartigen gehören.

☰ Angepasstheit und Evolution

Die meisten Pferdearten, die einmal gelebt haben, gibt es nicht mehr. Aus ihnen sind andere Arten hervorgegangen, oder sie sind ohne Nachfolger ausgestorben.
Wenn die Umwelt sich verändert, überleben nur die Arten, die an die neuen Verhältnisse angepasst sind. Manchmal erwerben Tiere durch Zufall auch Merkmale, die sich erst später als hilfreich herausstellen. Hyracotherium zum Beispiel hatte als Waldtier schon die Fähigkeit, Gras zu verdauen. Später ging der Wald in eine Grassteppe über. Damit hatten die Nachfahren von Hyracotherium mit dieser Fähigkeit einen Vorteil.

Du kannst den Stammbaum der Pferde erklären.
Du kannst beschreiben, wie sich die Pferde in ihrer Entwicklung vom Wald- zum Steppentier verändert haben.

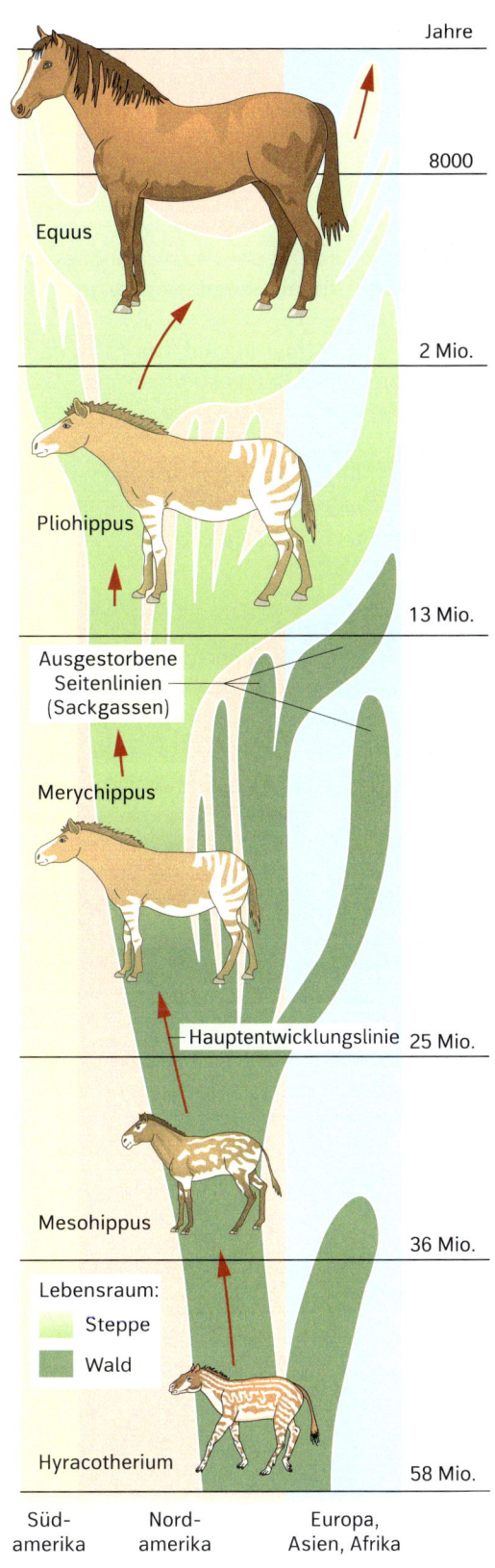

3 Stammbaum der Pferde

Verwandt oder nur ähnlich?

1. ☰ Ⓐ
Wähle aus der Abbildung vier Vorderglied-
maßen aus und weise nach, dass homologe Organe sich im Bau gleichen.

2. ☰ Ⓐ
a) Vergleiche den Fledermausflügel mit der
Katzenpfote. Nenne Gemeinsamkeiten und
Unterschiede.
b) Stelle eine Vermutung auf, wie es zu den
Unterschieden im Bau gekommen ist.

3. ☰ Ⓐ
Erläutere mithilfe der Seite „Angepassthei-
ten bei Wirbeltieren" ein Beispiel für eine
Analogie.

■ Oberarm
■ Unterarm
□ Handwurzel
■ Mittelhand
■ Finger

Homologe Organe

Die Flosse eines Delfins und das Vorderbein
einer Katze haben äußerlich wenige Gemeinsamkeiten. Außerdem ist auch die Funktion
unterschiedlich. Während die Flosse zum
Schwimmen genutzt wird, ist das Bein zum
Laufen an Land geeignet. Betrachtet man
allerdings den Knochenbau, findet man einen
gemeinsamen Grundbauplan. Alle besitzen
Oberarm-, Unterarm- und Handknochen.
Diesen Grundbauplan findet man bei den
Vorderextremitäten aller Landwirbeltiere.
Solche Organe, die trotz einer unterschiedlichen Funktion einen gemeinsamen Grundbauplan haben, bezeichnet man als **homologe
Organe.** Homologien weisen auf einen
gemeinsamen Vorfahren hin. Im Laufe der
Evolution wurde der ursprüngliche Bauplan
immer wieder abgewandelt.

Analoge Organe

Gleiches Aussehen oder gleiche Funktion sind nicht immer
Hinweis auf stammesgeschichtliche Verwandtschaft.
Maulwurf und Maulwurfsgrille graben beide mit ihren
Vorderextremitäten Gänge unter der Erde. Obwohl die
Grabbeine beider Tierarten dem gleichen Zweck dienen,
haben sie einen vollkommen unterschiedlichen Aufbau.
Der Maulwurf hat typische Wirbeltiergliedmaßen, wogegen
die Maulwurfsgrille ein abgewandeltes Insektenbein mit
einem Außenskelett aufweist. Solche Organe, die zwar die
gleiche Funktion erfüllen, aber in ihrem Grundbauplan sehr
unterschiedlich sind, heißen **analoge Organe.**

Ähnliche Umweltbedingungen führen dazu, dass Organe,
die die gleiche Funktion erfüllen, äußerlich sehr ähnlich
sind. Diese Ähnlichkeit ist aber kein Hinweis auf eine enge
Verwandtschaft, sondern ein Hinweis darauf, dass ein
ähnliches Merkmal mehrfach unabhängig voneinander in
der Evolution entstanden ist.

1 Analoge
Organe:
A Maul-
wurf,
B Maul-
wurfsgrille

Rudimentäre Organe

Bei einigen Arten findet man weit zurückgebildete Organe, die keine Funktion mehr erfüllen. So verfügen Wale über Reste von Becken- und Oberschenkelknochen, obwohl sie keine hinteren Gliedmaße mehr haben. Solche Organreste bezeichnet man als **rudimentäre Organe.** Sie sind ein Beleg dafür, dass die Vorfahren der Wale vierbeinige Landsäugetiere waren.

> Du kannst den Unterschied zwischen homologen und analogen Organen erklären. Du kannst die Bedeutung von homologen und rudimentären Organen für die Verwandtschaft von Arten erläutern.

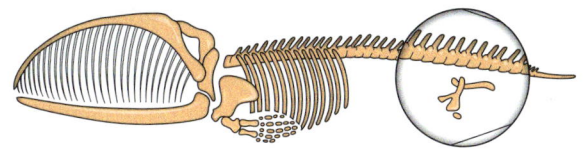

2 Rudimentäres Becken beim Wal

Einen Stammbaum erstellen ≡

Stammbäume zeigen Verwandtschaften

Mit einem Stammbaum kann man zeigen, wie nah Arten miteinander verwandt sind. Die Linien zeigen einen zeitlichen Verlauf an, an dessen Ende die heute lebenden Arten (1–6) aufgeführt werden. Die Gabelungen zeigen jeweils den letzten gemeinsamen Vorfahren aller Arten, die nach dieser Gabelung stehen. Zum Beispiel ist C der letzte gemeinsame Vorfahre von 3, 4, 5 und 6.

Grundlage für das Erstellen von Stammbäumen sind Homologien. Wenn zwei Arten viele Homologien haben, lebte ihr letzter gemeinsamer Vorfahre vor kürzerer Zeit als bei Arten, die weniger Homologien aufweisen. Nahe verwandte Arten haben eine kürzere Strecke im Stammbaum zwischen sich als weiter entfernt verwandte Arten.

Wenn man z. B. Tiger, Eidechsen, Wolf, Katze, Pferd und Löwe auf Homologien hin untersucht, stellt man fest, dass alle eine Wirbelsäule haben. Bis auf die Eidechse haben alle Tiere ein Fell und gehören somit zu den Säugetieren. Tiger, Katze, Wolf und Löwe haben ein Raubtiergebiss, das Pferd hat das Gebiss eines Pflanzenfressers. Tiger, Löwe und Katze können ihre Krallen einziehen, das kann der Wolf nicht. Tiger und Löwe brüllen laut, die Katze schnurrt.

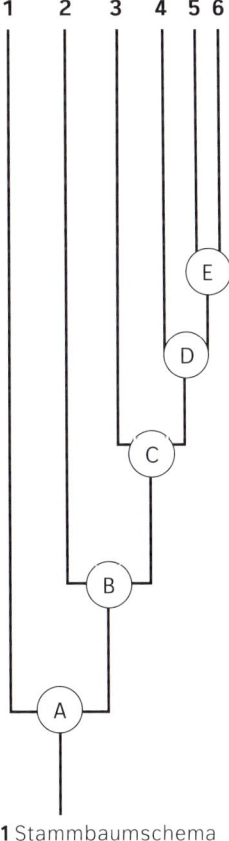

1 Stammbaumschema

1. ≡ Ⓐ
Erstelle eine Tabelle mit sieben Spalten, in die du die Tiernamen der im Text genannten Tiere schreibst und fünf Zeilen für die Merkmale „Wirbelsäule", „Fell", „Raubtiergebiss", „einziehbare Krallen", „Brüllen". Kreuze für jedes Tier an, ob es das Merkmal besitzt. Zeichne dann den Stammbaum in dein Heft und fülle ihn mithilfe des Textes und der Tabelle aus.

STREIFZUG

Fossilien

Ammoniten-Steinkern

Ammoniten hatten eine harte Schale. Nach dem Tod des Tieres und der Verwesung der inneren Organe füllte sich die leere Schale mit Sediment. Durch den hohen Druck versteinerte es. Als die Schale später durch weitere Zersetzungsprozesse aufgelöst wurde, blieb ein Steinkern zurück.

Trilobiten-Abdrücke

Nachdem dieser Trilobit gestorben war, und Schlamm und Sediment ihn überdeckt hatte, hinterließen die harten Panzer Abdrücke im Sediment. Nachdem die Schale ebenfalls zersetzt war, blieben die Abdrücke erhalten und versteinerten. Es gibt Abdrücke sowohl von der Außenseite als auch von der Innenseite des Panzers.

Bernstein-Einschluss

Die Spinne muss vor 50 Millionen Jahren von austretendem Baumharz getötet worden sein. Das Baumharz verfestigte sich im Laufe der Zeit zu Bernstein und konservierte die Spinne vollständig. So blieben viele Insekten fast vollständig erhalten.

Velociraptor – Spurenfossilien

Im heutigen Obernkirchen in Niedersachsen hinterließen vor 140 Millionen Jahren Raubsaurier ihre Spuren. Eine aufkommende Sturmflut bedeckte die Spuren wahrscheinlich mit Sand und sorgte so dafür, dass sie bis heute erhalten blieben. Velociraptor war ca. 1,80 m lang. Er hatte Federn, war jedoch nicht flugfähig.

Mumie – konserviert in Eis

Vor 35 000 Jahren wurde dieses kleine Mammut von Eis bedeckt, als es starb. Seitdem ist es im sibirischen Permafrost mumifiziert. Solche Fossilien sind selten und nie sehr alt, denn bei einem Klimawechsel tauen sie auf und werden dann weiter zersetzt. So braucht auch Mammut „Dima" eine spezielle Lagerung und Behandlung, damit es so erhalten bleibt.

1. Tragt Fossilien aus der Biologiesammlung und von zu Hause zusammen. Beschriftet sie und gestaltet eine Ausstellung.

Vom Einfachen zum Komplexen

1 Wirbeltierklassen: **A** Fisch, **B** Amphibium, **C** Reptil, **D** Säugetier

Legende:
- sauerstoffreiches Blut
- sauerstoffarmes Blut
- Mischblut

Herz-scheidewand

2 Wirbeltierherzen (schematisch)

1. ≡ Ⓐ
Betrachte die abgebildeten Herzen in Abbildung 2.
a) Ordne mithilfe des Textes die abgebildeten Herzen den vier abgebildeten Wirbeltierklassen zu. Begründe deine Entscheidung.
b) Beschreibe die Entwicklungsreihe der Herzen genau.

2. ≡ Ⓐ
Vergleiche die abgebildeten Atmungsorgane. Ordne sie den Tierklassen Amphibien, Reptilien und Säugetieren zu. Begründe deine Zuordnung.

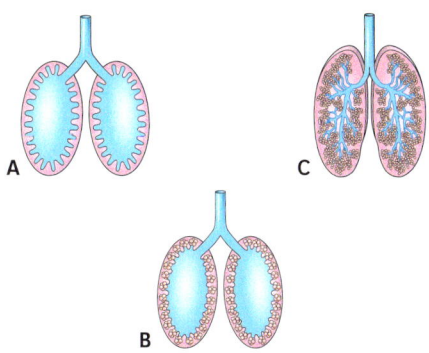

Herzen haben sich entwickelt

Das Herz eines Säugetieres ist sehr leistungsfähig. Diese hohe Leistungsfähigkeit wird erreicht, indem sauerstoffreiches Blut, das aus der Lunge kommt, vollständig von sauerstoffarmem Blut aus dem Körper getrennt wird. Dies wird im Herzen der Säugetiere durch eine vollständig ausgebildete Herzscheidewand gewährleistet.

Um zu verstehen, wie sich ein so komplexes Organ in der Evolution entwickelt hat, sucht man nach **Entwicklungsreihen.** Entwicklungsreihen zeigen, wie sich Organe von einem ganz einfachen zu einem immer komplizierter werdenden Aufbau verändert haben.
Dabei haben sich unterschiedliche Entwicklungsstufen von Organen bis heute in den einzelnen Wirbeltierklassen erhalten. So kann man bei heutigen Fischen, Amphibien und Reptilien noch Stufen der Entwicklungsreihe erkennen. So haben Fische noch ein einfaches Herz aus zwei Kammern, dass venöses Blut aus dem Körper zu den Kiemen pumpt. Amphibien haben schon ein Herz mit vier Kammern. Es hat aber keine Herzscheidewand, sodass es Mischblut in den Körper pumpt. Ähnlich verhält es sich bei den Reptilien, die aber schon eine unvollständige Herzscheidewand besitzen. Eine echte Entwicklungsreihe zeigt Homologien, sodass sie auf eine gemeinsame Abstammung hinweist.

Du kannst Entwicklungsreihen an Beispielen erklären.

Belege für die Evolution

1.
Archaeopteryx hat Merkmale von Reptilien (Dinosaurier A) und Vögeln (C). Erstelle eine Tabelle mit zwei Spalten zum Vergleich.

2.
Erkläre, welche Bedeutung Funde wie Archaeopteryx für die Evolutionstheorie haben.

3.
Das heutige Schnabeltier ist ein Brückentier. Entscheide, ob diese Aussage richtig ist. Begründe.

4.
Betrachte die Rekonstruktion von Archaeopteryx unten. Beurteile, ob sie mit den wissenschaftlichen Erkenntnissen übereinstimmt. Mach Verbesserungsvorschläge.

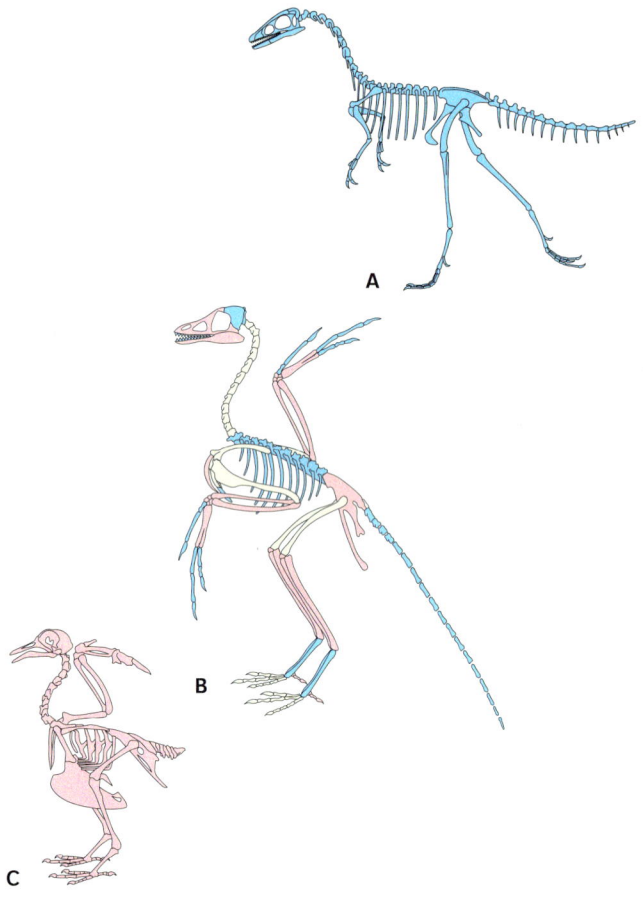

A

B

C

Archaeopteryx – Entwicklung zum Vogel

Fossiliensammler stießen 1861 im bayrischen Solnhofen in Gesteinsschichten des Jura auf das versteinerte Skelett eines rabengroßen Tieres. Es war eindeutig gefiedert, was ihm den Namen **Archaeopteryx** („uralte Feder") einbrachte. Neben Federn, Flügeln und einem vogelartigen Kopf mit Schnabel besaß es auch Zähne, Krallen an den Flügeln und einen langen, knöchernen Schwanz, wie ihn Reptilien haben. Die Wirbelsäule bestand aus Wirbeln, die nicht miteinander verwachsen waren und auch die Bauchrippen waren frei. Dies sind typische Merkmale von Reptilien. Außerdem fehlte der für Vögel typische Brustbeinkamm.

Weitere Untersuchungen zeigten aber auch einen vogeltypischen Schultergürtel und zu einem Gabelbein verwachsene Schlüsselbeine, wie sie ebenfalls bei Vögeln zu finden sind.
Das ungewöhnliche Tier war also ein Mosaik aus Vogel- und Reptilienmerkmalen.

1 Archaeopteryx: Rekonstruktion

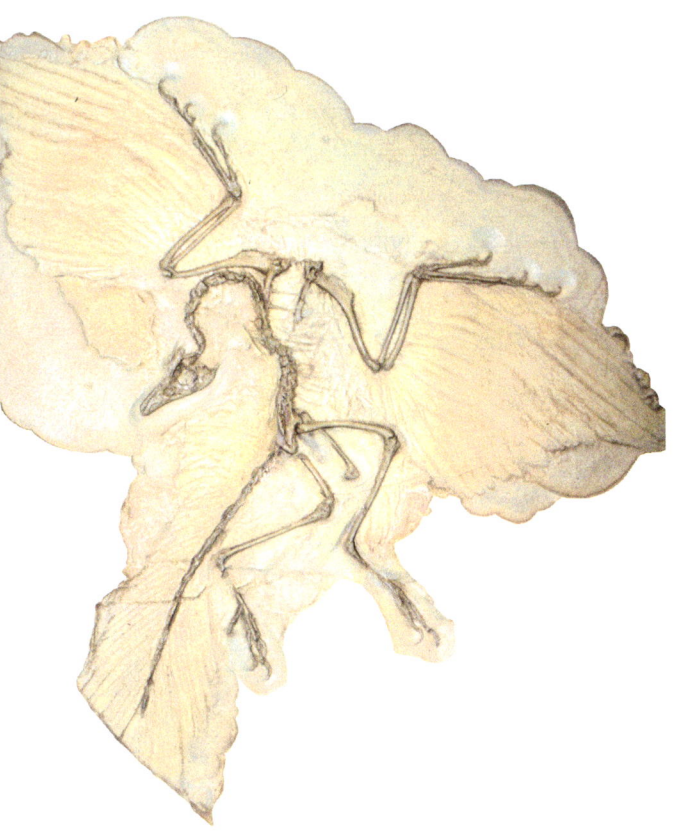

2 Archaeopteryx: Fossil aus Solnhofen

Archaeopteryx lebte vor etwa 150 Millionen Jahren in der baumlosen Gegend des heutigen Solnhofen. Vermutlich hatte er schwarz-weißes Gefieder. Über die Lebensweise weiß man bisher nur wenig. Der Knochenbau lässt allerdings vermuten, dass er zwar den Gleitflug beherrschte aber zu einem aktiven, freien Flug noch nicht fähig war.

Archaeopteryx – ein Brückentier

Funde von Archaeopteryx sind wissenschaftlich deshalb von so großer Bedeutung, weil sie Merkmale von zwei benachbarten Tierklassen aufweisen, die heute vollständig voneinander getrennt sind: den Reptilien und den Vögeln.

Tiere, die solche **Merkmalsmosaike** aufweisen, heißen **Brückentiere.** Sie zeigen, dass es eine Evolution von einer Tierklasse zu einer anderen gegeben haben muss.

Es hat inzwischen 11 Funde von Archaeopteryx und anderen Fossilien gegeben, die ebenfalls Merkmale von Vögeln und Reptilien kombinieren. Es muss zwischen den Dinosauriern und den heutigen Vögeln viele Brückentiere gegeben haben, die inzwischen ausgestorben sind. Die Vögel sind die einzigen Nachkommen der Dinosaurier, die es heute noch gibt.

Das Schnabeltier

Schnabeltiere leben im östlichen und südöstlichen Teil Australiens und sind an das Leben in trüben Gewässern angepasst. Sie vereinigen Merkmale von Vögeln, Reptilien und Säugetieren. Sie legen Eier mit einer ledrigen Schale wie Reptilien und haben für die Ausgänge von Darm, Harnleiter und Geschlechtsorganen nur eine Körperöffnung, die Kloake. Genauso ist es auch bei Reptilien und Vögeln. Andererseits haben die Schnabeltiere ein Fell und füttern ihre Jungen mit Milch, die aus Poren auf der Bauchseite kommt. Auch im Skelett findet man Merkmale von Reptilien, Vögeln und Säugetieren.

Schnabeltiere haben sich vor 166 Millionen Jahren aus ersten reptilienähnlichen Säugetieren entwickelt. In diesen 166 Millionen Jahren haben sich auch die Schnabeltiere weiter entwickelt, dabei aber Merkmale sowohl von Reptilien, als auch solche von Vögeln und von Säugetieren behalten.

Tiere wie das Schnabeltier werden oft als **lebende Fossilien** bezeichnet.

3 Schnabeltier

Du kannst die Bedeutung von Brückentieren wie Archaeopteryx für die Evolutionstheorie erklären.

Entstehung neuer Arten

1.
Betrachte die Abbildung mit den Galapagos-Finken.
a) Beschreibe die unterschiedlichen Schnäbel der Galapagosfinken auf der Abbildung.
b) Beschreibe, wie sie an ihre spezielle Nahrung angepasst sind.

2.
Stelle in einem Fließdiagramm dar, wie die Giraffen zu ihrem langen Hals gekommen sind.

3.
Erkläre folgende Begriffe: Isolation, Selektion, Variabilität und Mutation.

4.
Der Dickschnabel-Grundfink ernährt sich von großen und harten Samen. Erkläre mithilfe der Begriffe Isolation, Variabilität, Mutation und Selektion, wie er aus der Ursprungsart entstanden sein könnte.

1 Galapagos-Finken: **A** Arten, **B** Grundfink, ähnlich dem „Urfink", **C** Südamerika, Heimat des „Urfinken".

CHARLES DARWIN entdeckt die Evolution

Im 19. Jahrhundert ging man davon aus, dass alle Arten unveränderlich sind und jede einzelne von Gott geschaffen wurden. CHARLES DARWIN (1809–1882) fand heraus, dass Arten sich verändern und sich aus anderen Arten entwickeln.

Fünf Jahre lang umsegelte DARWIN mit einem Forschungsschiff die Erde und erforschte Tiere und Pflanzen. Auf den Galapagos-Inseln vor Südamerika sammelte er viele Vogelarten und ließ sie von einem befreundeten Vogelkenner genauer untersuchten. Dabei fiel die extreme Ähnlichkeit der Finkenarten auf. Sie unterschieden sich oft nur in der Form der Schnäbel. Anscheinend, so überlegte DARWIN, stammten sie alle von einer einzigen Vogelart

ab. Er vermutete, dass dieser „Urfink" in Südamerika gelebt hatte und durch Zufall auf die Inseln gelangt war. Auf den einzelnen Inseln lebten die Vögel getrennt voneinander und konnten sich nicht miteinander paaren. In dieser **Isolation** entwickelten sie sich alle etwas unterschiedlich weiter. Diese Entwicklung hing auch davon ab, welche Nahrung es auf der jeweiligen Insel gab. Gab es zum Beispiel viele Insekten, entwickelte sich ein Fink mit einem schmalen und spitzen Schnabel, der für das Fressen von Insekten ideal war. Insgesamt zählte Darwin 13 Finkenarten auf den Galapagos-Inseln mit unterschiedlichen Lebensweisen.

Darwin arbeitete über 22 Jahre an seiner Idee, bis er sie dann in einem Buch veröffentlichte. Damit wurde er zum berühmtesten Naturforscher seiner Zeit. Sein Buch ist bis heute grundlegend und für das Verständnis von der Entstehung der Arten.

A

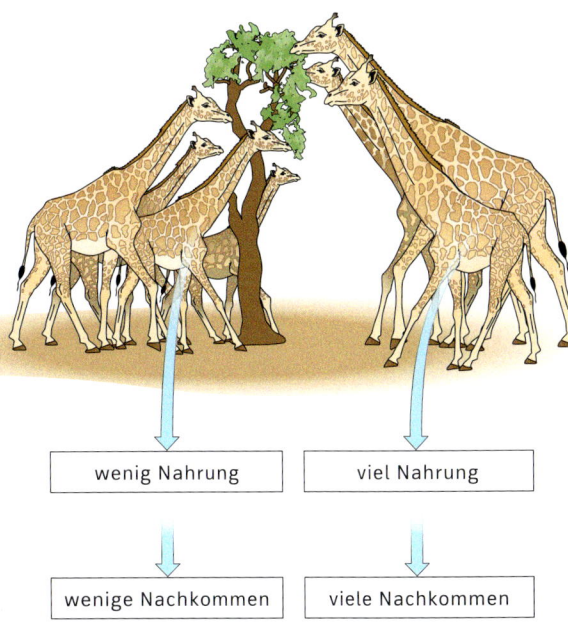

wenig Nahrung	viel Nahrung

wenige Nachkommen	viele Nachkommen

Tiere einer Art unterscheiden sich

DARWIN musste erklären, auf welche Weise aus einer Art unterschiedliche Arten entstehen können. Er beobachtete, dass in einer Art kein Tier dem anderen gleicht. Dies gilt auch für Giraffen. Wenn man genau hinschaut, sieht man, dass alle Giraffen unterschiedlich lange Hälse haben. Man sagt, sie haben eine große **Variabilität.** Wie man heute weiß, kommen solche Unterschiede durch zufällige Veränderungen des Erbgutes zustande, die **Mutationen**, und durch Neukombination der Erbanlagen durch **Sexualität.**

Wie der lange Hals der Giraffen entstand

Darwin stellte sich vor, dass die Vorfahren der Giraffen kurze Hälse hatten. Sie lebten im Wald und kamen als Laubfresser gut an die Blätter der Bäume und Büsche heran. Es gab aber immer Giraffen mit etwas längeren und andere mit kürzeren Hälsen.

Dann wurde das Klima trockener, die Büsche verschwanden und die Bäume wurden seltener und höher. Jetzt hatten die Giraffen mit einem längeren Hals einen Vorteil. Durch ihre bessere **Angepasstheit** kamen sie besser an die Blätter heran, die weiter oben waren. Weil sie besser ernährt waren, hatten sie größeren **Erfolg bei der Fortpflanzung** und ihr Nachwuchs erbte den langen Hals von ihnen. So gab es nach und nach immer mehr Giraffen mit längerem Hals. Giraffen mit kurzem Hals starben dagegen aus.

So ein Prozess, bei dem durch bessere Angepasstheit sich ein Merkmal durchsetzt, heißt **Selektion.**

Die Entstehung neuer Arten durch Variabilität, Isolation und Selektion ist die **Evolutionstheorie** nach DARWIN.

Du kannst erklären, wie Variabilität zu unterschiedlichen Merkmalen bei Lebewesen derselben Art führt.
Du kannst erklären, wie Selektion und Isolation zur Veränderung und Neubildung von Arten führen können.

B

1 Giraffen: **A** Entstehung des langen Halses,
B Giraffen in Afrika mit unterschiedlich langen Hälsen

Basiskonzepte S. 207

Die Rolle der Sexualität

1.
Vergleiche in einer Tabelle die ungeschlechtliche und die sexuelle Fortpflanzung.

2. ≡ Q ▸
Recherchiere, was Parthenogenese bedeutet. Suche ein interessantes Beispiel und berichte.

3. ≡ A
Beschreibe das Familienbild in Hinblick auf Familienähnlichkeiten und Unterschiede. Erkläre mithilfe des Textes.

Ungeschlechtliche Fortpflanzung

Das Brutblatt kann sich ungeschlechtlich vermehren. Am Blattrand bildet die Pflanze viele kleine Pflänzchen, die erbgleich mit der Mutterpflanze sind. Die kleinen Pflanzen fallen einfach ab und verankern sich dort im Boden, wo sie geeigneten Untergrund finden.

Durch diese Art der ungeschlechtlichen Fortpflanzung kann das Brutblatt sich schnell vermehren. Da die Nachkommen den Eltern gleichen, sind sie ebenso gut an die herrschenden Umweltbedingungen angepasst wie die Eltern. Dies ist von Vorteil, solange sich die Umweltbedingungen nicht ändern.

Bedeutung der Sexualität

Das Brutblatt kann sich aber auch sexuell vermehren. Dazu bildet es Blüten. Nach der Befruchtung entsteht eine Frucht mit vielen Samen. Diese haben nicht das gleiche Erbmaterial wie die Mutterpflanze, sondern sind alle etwas unterschiedlich. Ändern sich die Umweltbedingungen, so ist diese größere **Variabilität** vorteilhaft. Damit ist die Wahrscheinlichkeit groß, dass einige Nachkommen gut an die neuen

A

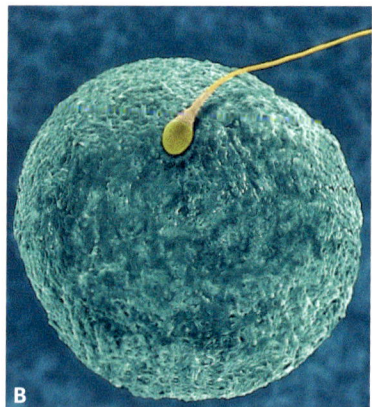

B

1 Fortpflanzung: **A** Brutblatt, **B** Spermium und Eizelle

Du kannst geschlechtliche und ungeschlechtliche Fortpflanzung unterscheiden.
Du kannst die Bedeutung der Sexualität für die Evolution erklären.

Umweltbedingungen angepasst sind. Große Variabilität ist durch Sexualität gewährleistet.

Voraussetzung für die hohe Variabilität ist die Neukombination der Erbanlagen. Jedes Mal, wenn ein Spermium und eine Eizelle entstehen und bei der Befruchtung verschmelzen, wird Erbmaterial neu kombiniert. Diese Neukombination wird auch **Rekombination** genannt.

Durch Rekombination entstehen die Unterschiede zwischen Familienmitgliedern und den Mitgliedern einer Art, sodass kein Individuum vollständig dem anderen gleicht.

Vielfalt durch Mutation und Rekombination

Außer der Rekombination sorgen auch zufällig auftretende Änderung im Erbgut, die Mutationen, für eine günstige Variabilität. Rekombination und **Mutation** gemeinsam erhöhen die Variabilität und damit die Wahrscheinlichkeit, dass Lebewesen gut an eine sich verändernde Umwelt angepasst sind. Sie schaffen so die Voraussetzungen dafür, dass sich Arten im Lauf der Erdgeschichte verändern können.

Sexuelle Selektion

Laubenvogel

Die Männchen der Laubenvögel bauen für ihr Weibchen eine große Laube. Sie wird mit möglichst vielen bunten Dingen bestückt, die das Männchen in der Umgebung findet. Die Weibchen wählen das Männchen mit der größten und prächtigsten Laube aus. Sie ist ein Zeichen für einen einsatzbereiten Partner bei der Brut.

Pfau

Die Pfauenmännchen haben ein so ausgefallenes Gefieder, dass es schon gefährlich ist. Mit so langen und bunten Federn kann kein Pfauenmännchen lange fliegen oder sich in einem Gebüsch vor Feinden verstecken. Andererseits wählen die Weibchen für die Fortpflanzung das Männchen aus, das das größte Rad schlagen kann und die meisten bunten Augenflecken besitzt. Es ist ein Zeichen für Gesundheit und wenig Parasiten.

PINNWAND

1. Ⓐ
Erkläre, warum bei der sexuellen Selektion beide Partner einen Vorteil haben.

Sexuelle Selektion ist ein Begriff dafür, dass bestimmte Merkmale die Chance erhöhen, vom anderen Geschlecht als Partner ausgewählt zu werden und damit in der Fortpflanzung erfolgreich zu sein.

Seeelefanten

Bei den Seeelefanten können die Männchen bis zu 3500 kg schwer werden, die Weibchen bis zu 900 kg. In der Paarungszeit kämpfen die Männchen um die Weibchen. Schwache und kleine Seeelefanten stehen sehr stark unter Stress. Am Rand der Kolonie haben sie nur sehr ungünstige Bedingungen und kaum Chancen, sich mit einem Weibchen zu paaren. Der größte und stärkste Bulle ist der Vater der meisten Jungtiere in seiner Kolonie.

Großes Artensterben am Ende der Eiszeit

PINNWAND

Riesenhirsch
Zeit: lebte vor 400 000 – 9 500 Jahren
Größe: Schulterhöhe 2,1 m · Geweih bis 50 kg und 4 m breit
Lebensraum und Lebensweise: Steppe, Buschlandschaft und Tundra · Leben im Wald unmöglich
Nahrung: Pflanzenfresser · Gräser und Büsche

Höhlenlöwe
Zeit: lebte vor 900 000 – 10 000 Jahre
Größe: bis 3,2 m lang · Schulterhöhe 1,5 m
Lebensraum und Lebensweise: Steppe, Buschlandschaft und Tundra
Nahrung: größere Pflanzenfresser

Wollnashorn
Zeit: lebte vor 500 000 bis 10 000 Jahren
Größe: 2 m Schulterhöhe
Lebensraum und Lebensweise: Einzelgänger oder kleine Gruppen · dickes Fell als Schutz vor der Kälte · angewiesen auf baumlose Steppen
Nahrung: Pflanzenfresser · vor allem Gras

Der Mensch am Ende der Eiszeit
Lebensweise: lebten und jagten in Gruppen · lebten mit Hunden zusammen, die bei der Jagd halfen
Nahrung und Jagd: Mischkost · im Winter vor allem Fleisch · jagten unter anderen Mammuts, Riesenhirsche und Wollnashörner · nutzen alle Teile eines erlegten Tieres
Werkzeug: Speere und Steinwerkzeuge

Klima und Vegetation

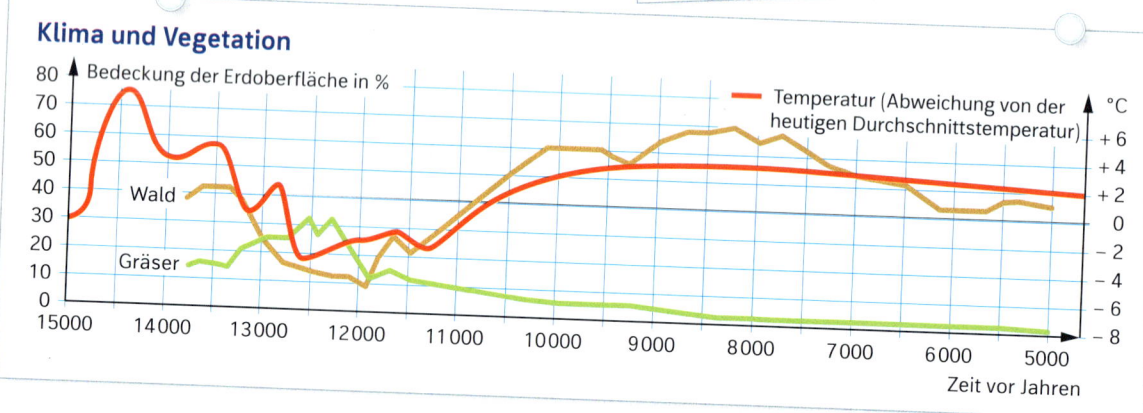

Bedeckung der Erdoberfläche in %

Temperatur (Abweichung von der heutigen Durchschnittstemperatur)

°C

Wald

Gräser

Zeit vor Jahren

Gruppenpuzzle

Eine Form des Gruppenunterrichtes ist das Gruppenpuzzle. Ein solcher Gruppenunterricht verläuft in folgenden Schritten:

❶ Stammgruppen bilden

Bildet Dreiergruppen. Wenn das in euer Klasse nicht aufgeht, können auch vier Schüler in einer Gruppe sein. Zweiergruppen sind nicht möglich. Verteilt in der Stammgruppe die folgenden Themen an die Schüler. Jeder hat nun ein anderes Thema in eurer Stammgruppe. Wenn ihr vier Schüler in einer Gruppe seid, bearbeiten zwei das gleiche Thema.

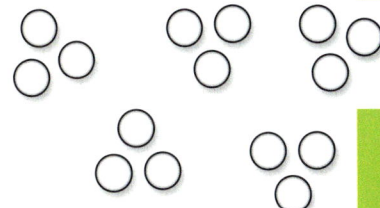

1. Stammgruppen bilden

❷ Teilthemen übernehmen und bearbeiten

Bearbeitet zu eurem Thema folgende Aufgaben in Einzelarbeit. Schreibt eure Ergebnisse auf.

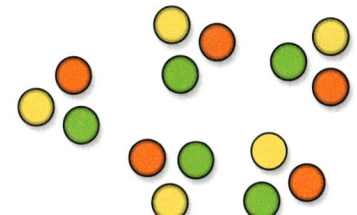

2. Themen übernehmen und bearbeiten

Thema 1: Riesenhirsche und Menschen
Schreibe kurze Texte zu den Pinnzetteln. Beschreibe, wie die beiden Arten miteinander in Beziehung standen. Stelle eine Vermutung auf, warum der Riesenhirsch ausgestorben sein könnte.

Thema 2: Wollnashorn und Höhlenlöwe
Schreibe kurze Texte zu den Pinnzetteln. Beschreibe, wie die beiden Arten miteinander in Beziehung standen. Stelle eine Vermutung an, warum das Wollnashorn und der Höhlenlöwe ausgestorben sind.

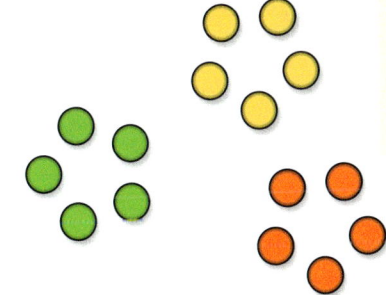

3. In Expertengruppen vertiefen und sichern

Thema 3: Klima und Vegetation
Beschreibe das Diagramm genau. Fasse dann die Aussage in einem Satz zusammen. Stelle eine Vermutung an, warum die großen Arten ausgestorben sein könnten.

❸ In der Expertenrunde vertiefen und sichern

Alle, die das gleiche Teilthema bearbeitet haben, treffen sich in der Expertenrunde und tauschen die Ergebnisse aus. Es sollten Fragen geklärt und eine gemeinsame Lösung für Probleme gefunden werden.

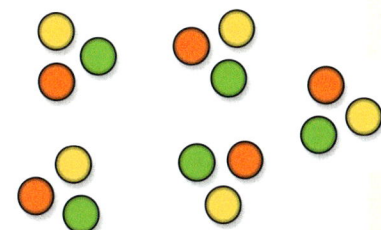

4. In Stammgruppen austauschen und das Puzzle zusammensetzen.

❹ In der Stammgruppe austauschen und das Puzzle zusammensetzen

Die Stammgruppe besteht nun aus drei unterschiedlichen Experten. Jedes Thema ist damit in der Stammgruppe vertreten. Jeder stellt sein Thema und seine Aufgaben vor. Überlegt gemeinsam, wie es zum Aussterben jeder einzelnen Art am Ende der Eiszeit kam. Tragt alle Aspekte zusammen und erstellt eine umfangreiche Mindmap dazu.

METHODE

Mensch und Menschenaffe – miteinander verwandt

A

B

C

D

2.
Jane Goodall erforschte die Schimpansen, indem sie mit ihnen lebte.
Diane Fossey erforschte auf ähnliche Weise die Gorillas und Birute Galdikas die Orang-Utans.
Recherchiert zu diesen oder anderen Primatenforschern und erstellt Plakate.

3.
Vergleiche in einer Tabelle Mensch und Schimpanse. Berücksichtige dabei Wirbelsäule, Schädel, Gebiss, Hände und Füße, Becken und Verhalten.

4.
Forme mithilfe von Draht die Wirbelsäule eines Schimpansen und eines Menschen nach. Begründe anhand dieser Modelle, warum für den aufrechten Gang des Menschen die doppelte S-Form der Wirbelsäule günstiger ist als die C-Form der Wirbelsäule des Schimpansen.

5.
Werte den Stammbaum aus.
Gib an, wann sich die Entwicklungslinien benachbarter Arten jeweils voneinander getrennt haben.

1.
Auf den Bildern oben sind einige Primaten dargestellt. Es sind ein großer Menschenaffe, ein kleiner Menschenaffe, Hundsaffen und Lemuren. Finde jeweils den Artnamen heraus und erstelle Steckbriefe.

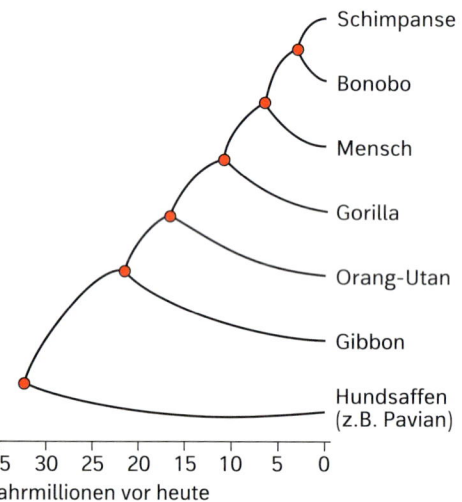

Schimpanse
Bonobo
Mensch
Gorilla
Orang-Utan
Gibbon
Hundsaffen (z.B. Pavian)

35 30 25 20 15 10 5 0
Jahrmillionen vor heute

1 Jane Goodall mit einem Schimpansen

Menschen gehören zu den Primaten

Menschen und Affen gehören zur Säugetierordnung der Primaten. Primaten haben einige Gemeinsamkeiten.
Sie zeichnen sich durch Greifhände, nach vorne gerichtete Augen und relativ große Gehirne aus.
Außerdem wachsen sie langsam, haben eine späte Geschlechtsreife und ein komplexes Sozialverhalten.
Auch ein Vergleich der DNA von Affen und Menschen bestätigt die Verwandtschaft.
Besonders Schimpanse und Bonobo sind uns sehr ähnlich.
Der Bonobo ist eine Menschenaffenart, die äußerlich sehr dem Schimpansen ähnelt. Er ist aber kleiner und hat ein ganz anderes Sozialverhalten.

Trotz der nahen Verwandtschaft sind Mensch und Schimpanse auch verschieden. Dies liegt an den unterschiedlichen Angepasstheiten und der langen Zeit, in der sie sich unabhängig voneinander entwickelt haben.

Schimpanse

Das **Skelett** des Schimpansen ist an das Leben auf dem Baum und auf dem Boden angepasst. Die Arme sind länger als die Beine. Die Wirbelsäule ist c-förmig, sodass der Körperschwerpunkt unter den Rippen liegt.

Der **Schädel** des Schimpansen hat eine ausgeprägte Schnauze. Dadurch ist sein **Gebiss** fast rechteckig und mit großen Eckzähnen ausgestattet. Der relativ kleine Gehirnschädel bildet über den Augen Überaugenwülste.

Die Handflächen des Schimpansen sind lang und die Finger vergleichsweise kurz. Auch der Daumen ist sehr kurz. Er kann aber den anderen Fingern grob gegenübergestellt werden. Damit zeigen die Hände eine starke Angepasstheit an das Klettern im Baum. Auch die Füße dienen als **Greifwerkzeuge** und haben einen großen Zeh, der von den anderen Zehen abgespreizt ist, sodass er greifen kann.

Das **Becken** ist langgestreckt wie bei den meisten Vierbeinern.

Schimpansen haben 48 **Chromosomen.**

Bei der Geburt sind junge Schimpansen sehr weit entwickelt. Sie halten sich im Fell der Mutter fest. Schimpansen verständigen sich durch Laute, Gesten und Mimik, sind aber zu einer differenzierten Lautsprache nicht fähig.

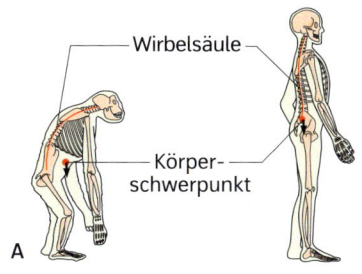

Wirbelsäule

Körper-schwerpunkt

A

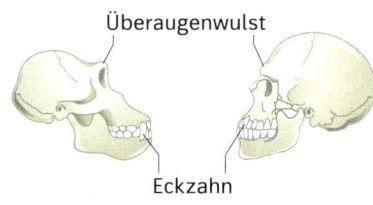

Überaugenwulst

Eckzahn

B

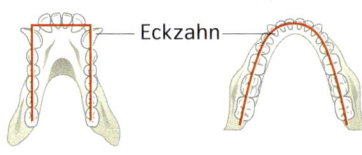

Eckzahn

C

D

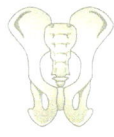 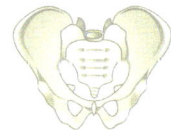

E

2 Vergleich von Schimpanse und Mensch: **A** Skelett, **B** Schädel, **C** Kiefer, **D** Hände und Füße, **E** Becken

---

Du kannst die Verwandtschaft von Mensch und Menschenaffen am Beispiel des Schimpansen erläutern.

Mensch

Das **Skelett** des Menschen ist an den aufrechten Gang angepasst. Die Wirbelsäule hat eine federnd wirkende doppelte S-Form. Das Becken ist breit und wie eine Schüssel geformt. Dadurch liegt der Körperschwerpunkt über dem Becken. Die Arme sind kürzer als die Beine und nicht so kräftig.

Der **Schädel** des Menschen hat keine vorspringende Schnauze. Das **Gebiss** ist halbrund und die großen Eckzähne fehlen. Der Gehirnschädel ist sehr groß, so dass eine ausgeprägte Stirn entstanden ist und die Überaugenwülste fehlen.

Der Mensch braucht die Hände nicht mehr zur Fortbewegung. Sie sind an den **Präzisionsgriff** angepasst. Der Daumen ist lang und lässt sich präzise jedem anderen Finger gegenüberstellen. Der Fuß ist ein Standfuß. Er hat ein Fußgewölbe entwickelt und die große Zehe liegt den anderen Zehen an.

Das **Becken** ist breit und stützt die inneren Organe wie eine Schale nach unten hin ab.

Menschen haben 46 **Chromosomen**.

Menschenbabys sind sehr unselbstständig bei der Geburt. Sie müssen getragen werden. Ihre Entwicklung dauert lange. Menschen verständigen sich durch Gesten, Mimik und eine sehr differenzierte Laut- und Schriftsprache. Damit entwickelten sie Kultur und Technik.

 Basiskonzepte S. 207

Auf dem Weg zum Menschen – Australopithecus bis Homo

1. ≡ Ⓐ ⓝ

Die sechs Bilder rechts zeigen Modelle von Schädeln und Unterkiefern von Australopithecus, Schimpanse und Mensch.

a) Ordne den Schädeln 1–3 die entsprechenden Unterkiefer A–C zu.

b) Ordne die Schädel den Arten Schimpanse, Australopithecus afarensis und Mensch zu.

c) Vergleiche Zähne, Größe des Kiefers, Gehirn- und Gesichtsschädel der drei Arten.

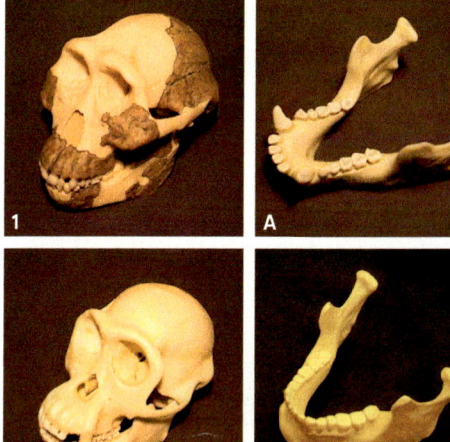

3. ≡ Ⓠ ⓝ

Die Karte zeigt Fundorte von Australopithecus, Homo habilis und Homo rudolfensis.

a) Recherchiere, wo es die ältesten Funde gab.

b) Finde heraus, welche Bedeutung es hat, dass viele Funde im Bereich des ostafrikanischen Grabens gemacht wurden.

- Australopithecus
- H. habilis und H. rudolfensis

Hadar
Omo
Ost Turk
Oldovai
Laetoli
Sterkfontein
Taung

2. ≡ Ⓐ ⓝ

Die Fußspuren, die im Bild zu sehen sind, gehören vermutlich zu Australopithecus afarensis.

a) Beschreibe die Abdrücke.

b) Begründe, warum Forscher in diesen Spuren Hinweise sahen, dass Australopithecus aufrecht ging.

c) Nenne Vermutungen zum Sozialverhalten von Australopithecus.

4. ≡ Ⓠ ⓝ

Homo rudolfensis und Homo habilis haben erste Steinwerkzeuge hergestellt.

a) Recherchiere, wie diese Werkzeugkultur genannt wird und welchen Zeitraum sie umfasst.

b) Finde heraus, wie die Werkzeuge hergestellt und wie sie genutzt wurden.

c) Vergleiche die Werkzeuge von Homo rudolfensis und Homo habilis (A, B) mit späteren Faustkeilen (C).

A

B

C

Schwierige Deutung von Funden

Weil Funde selten und oft auch unvollständig sind, sind viele Details im Stammbaum des Menschen sehr unsicher.

Sicher ist aber, dass wir unseren Ursprung bei den Affen haben. Erste aufrecht gehende Vormenschen waren die sogenannten Australopithecinen. Eine Art dieser Gattung entwickelte sich zur Gattung Homo weiter und innerhalb dieser Gattung entstand der moderne Mensch.

Proconsul – Vorfahre von Menschenaffe und Mensch

Am Ufer des Victoria Sees in Ostafrika fand man das 20 Millionen Jahre alte Skelett eines paviangroßen Affen. Man nannte ihn **Proconsul.** Die Untersuchung seiner fossilen Skelettreste ergab, dass er ein Baumbewohner war und einige Merkmale heutiger Menschenaffen hatte. Man vermutet, dass Proconsul oder einer seiner Verwandten der letzte gemeinsame Vorfahre von Menschenaffen und Menschen war.

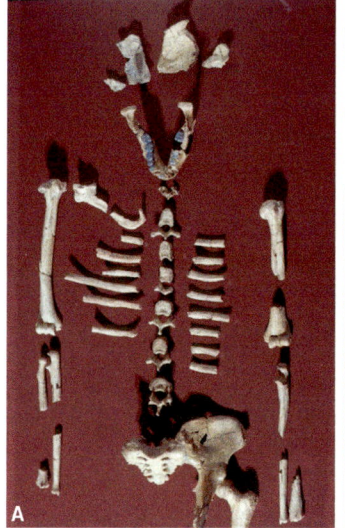

2 Australopithecus afarensis: **A** Fund von Afar („Lucy"), **B** Rekonstruktion

Die Art **Australopithecus afarensis**, zu der „Lucy" gehörte, war in Afrika entstanden, als das Klima trockener wurde und sich Grassteppen auszubreiten begannen. Bei diesen Bewohnern von Urwaldrändern und Savannen hatte sich ein Körperbau entwickelt, der sowohl das Klettern in Bäumen als auch den aufrechten Gang für die Bewegung am Boden erlaubte. Damit wurden die Hände frei zur Benutzung von Werkzeugen wie Stöcken und Knochen. Australopithecus afarensis wurden 1,2 m bis 1,5 m groß und ernährten sich von Pflanzen.

Außer Australopithecus afarensis gab es noch eine ganze Reihe anderer Arten aus der Gattung Australopithecus. Aus einer dieser Arten ist die Gattung Homo entstanden, zu der auch wir gehören.

Homo rudolfensis und Homo habilis

Vor ungefähr 2,5 Millionen Jahren entstanden **Homo rudolfensis** und **Homo habilis.** Sie gelten als die ältesten Vertreter der Gattung Homo. Sie unterschieden sich von den Australopithecinen durch ein größeres und leistungsfähigeres Gehirn. Außerdem stellten sie Hammer- und Schneidewerkzeuge aus Stein her und ernährten sich sowohl von Pflanzen als auch von Fleisch. Dieser Konsum von Fleisch gilt zusammen mit den frei gewordenen Händen als wichtiger Faktor für die weitere Entwicklung des Gehirns auf dem Weg zum modernen Menschen.

Die Australopithecinen

1974 fand eine Forschergruppe um DONALD JOHANSON in der Region von Afar in Äthiopien ein fast vollständiges Skelett, das eine Mischung von Schimpansen- und Menschenmerkmalen zeigte. Es stellte sich heraus, dass es mehr als drei Millionen Jahre alt war. JOHANSON und sein Team nannten es „Lucy."

Du kannst beschreiben, wie sich aus Menschenaffen über die Australopithecinen die Gattung Homo entwickelte.

Auf dem Weg zum Menschen – die Gattung Homo

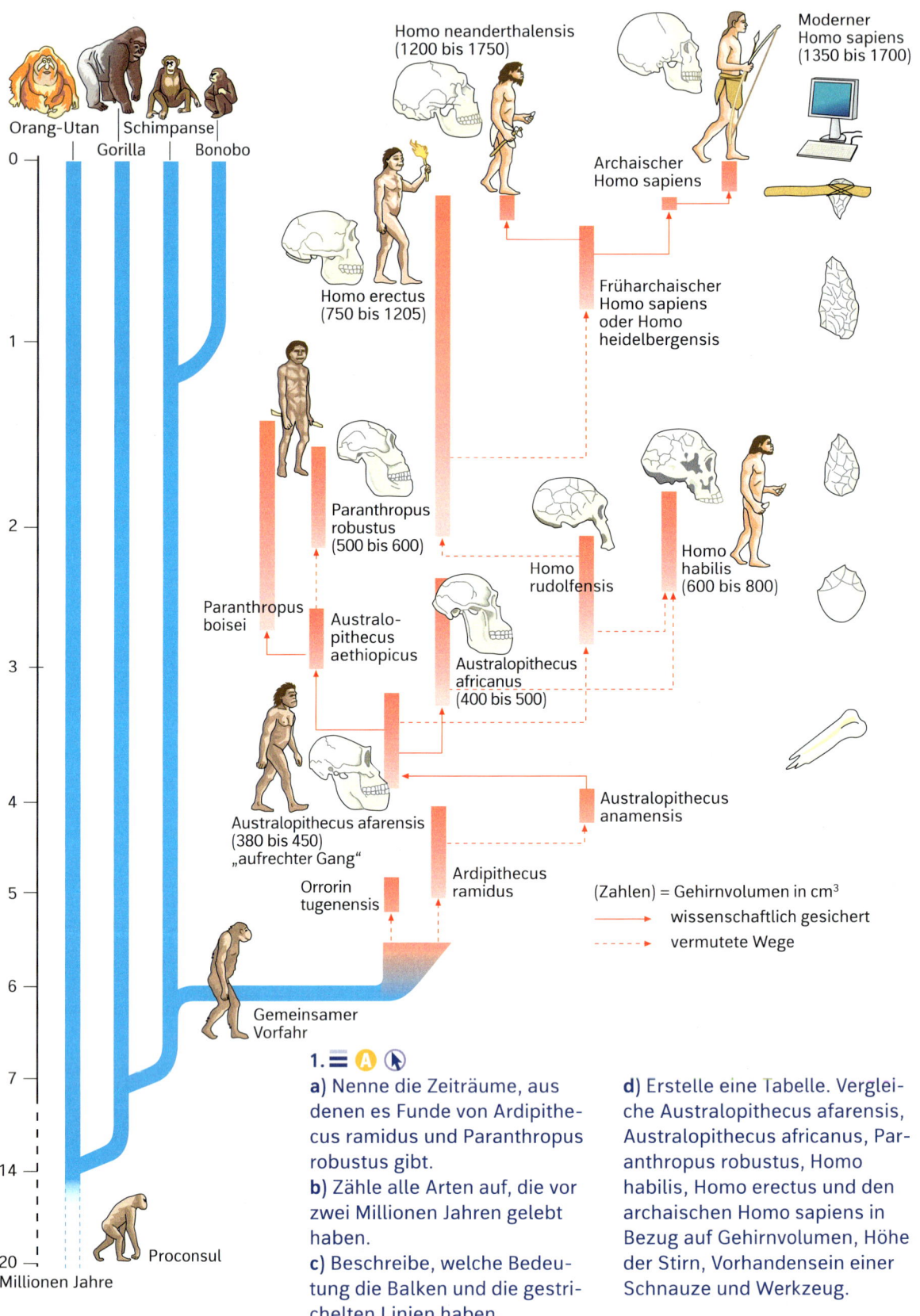

Orang-Utan
Gorilla
Schimpanse
Bonobo

Homo neanderthalensis
(1200 bis 1750)

Moderner
Homo sapiens
(1350 bis 1700)

Archaischer
Homo sapiens

Homo erectus
(750 bis 1205)

Früharchaischer
Homo sapiens
oder Homo
heidelbergensis

Paranthropus
robustus
(500 bis 600)

Homo
habilis
(600 bis 800)

Paranthropus
boisei

Homo
rudolfensis

Australo-
pithecus
aethiopicus

Australopithecus
africanus
(400 bis 500)

Australopithecus
anamensis

Australopithecus afarensis
(380 bis 450)
„aufrechter Gang"

Ardipithecus
ramidus

Orrorin
tugenensis

(Zahlen) = Gehirnvolumen in cm^3

→ wissenschaftlich gesichert

⇢ vermutete Wege

Gemeinsamer
Vorfahr

Proconsul

0
1
2
3
4
5
6
7
14
20
Millionen Jahre

1. ≡ Ⓐ ◑

a) Nenne die Zeiträume, aus
denen es Funde von Ardipithecus ramidus und Paranthropus
robustus gibt.
b) Zähle alle Arten auf, die vor
zwei Millionen Jahren gelebt
haben.
c) Beschreibe, welche Bedeutung die Balken und die gestri-
chelten Linien haben.

d) Erstelle eine Tabelle. Vergleiche Australopithecus afarensis,
Australopithecus africanus, Paranthropus robustus, Homo
habilis, Homo erectus und den
archaischen Homo sapiens in
Bezug auf Gehirnvolumen, Höhe
der Stirn, Vorhandensein einer
Schnauze und Werkzeug.

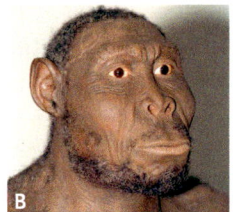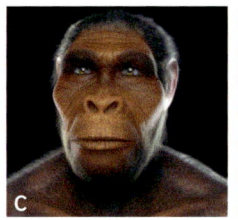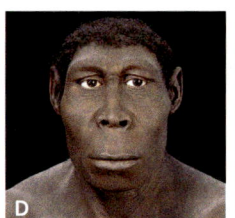

2 Vor- und Frühmenschen: **A** Australopithecus afarensis, **B** Homo rudolfensis, **C** Homo habilis, **D** Homo erectus, **E** Homo neanderthalensis

Homo erectus

In der Art Homo erectus werden eine ganze Reihe von Formen zusammengefasst, die in Afrika entstanden sind und sich von dort nach Europa, Asien und in den mittleren Osten ausgebreitet haben.

Homo erectus stellte Werkzeuge aus Holz und Stein her, mit denen er Wildtiere töten und zerlegen konnte. Neue Waffen, wie hölzerne Speere, erlaubten es, Tiere aus größerer Entfernung zu erlegen. Diese Menschen waren die ersten Lebewesen, die das Feuer beherrschten. Sie legten damit wichtige Grundpfeiler für jede weitere technische Entwicklung.

Mit dem Feuer war es möglich, gezielter zu jagen, eine Wärmequelle zu nutzen und sich vor wilden Tieren zu schützen. Das Feuer ermöglichte die Auswanderung in kältere Gebiete und damit die Auswanderung aus Afrika nach Europa und Asien. Es ermöglichte eine bessere Aufschließung der Nährstoffe aus dem Fleisch. Alle diese Faktoren bewirkten, dass auch das Gehirn sich nach und nach vergrößerte.

3 Homo erectus beherrschte das Feuer

Homo neanderthalensis

Der Neandertaler, wie Homo neanderthalensis auch genannt wird, entwickelte sich vermutlich vor mehr als 250 000 Jahren aus Formen des Homo erectus. Sie lebten in Europa und im mittleren Osten.

Die Neandertaler waren sehr kräftig und robust gebaut, hatten einen großen Schädel, eine flache Stirn, Überaugenwülste und ein flaches Kinn. Spuren an Zähnen des kräftigen Gebisses lassen vermuten, dass sie auch als Werkzeug genutzt wurden, etwa beim Weichkauen von Leder.
Neandertaler verfügten über geistige, handwerkliche und kulturelle Eigenschaften, die denen des modernen Menschen ähneln. Manche von ihnen waren zeitweise sesshaft und bauten Behausungen aus Fellen, Holz und Knochen. Von einigen Neandertalergruppen ist bekannt, dass sie ihre Toten bestatteten.

Homo sapiens

Der moderne Mensch wird als Homo sapiens bezeichnet. Das bedeutet „wissender Mensch". Er ist nicht der Nachfahre des Neandertalers, sondern hat sich unabhängig von ihm vermutlich aus dem Homo erectus in Afrika entwickelt. Allerdings gibt es Hinweise, dass sich Neandertaler und heutiger Mensch miteinander gepaart haben und dieses Erbe heute noch in der DNA nachgewiesen werden kann. Älteste Funde des Homo sapiens sind 130 000 Jahre alt. Von Afrika aus hat er sich auf der ganzen Welt verbreitet und vermutlich alle anderen Menschenarten, die gleichzeitig lebten, verdrängt.

Du kannst einige Vertreter der Gattung Homo nennen und ihre Eigenschaften beschreiben.

Das Beil des Ötzi

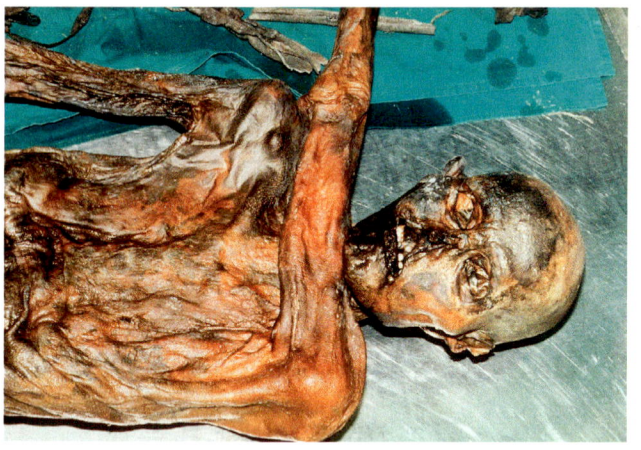

1 Mumie des Ötzi

Der Körper wird untersucht

Ötzis Körper wurde von vielen Wissenschaftlern genau erforscht. Bei der Untersuchung seines Magens fand man heraus, dass er kurz vor seinem Tod eine reichhaltige Mahlzeit mit viel Fleisch gegessen hatte.

Aber auch auf Krankheiten wurde der Körper untersucht. Man stellte bei ihm Karies, Bandscheibenverschleiß und Arteriosklerose, eine Verengung der Blutgefäße, fest. Außerdem litt er an Borreliose, einer Krankheit, die von Zecken übertragen wird.

Der Mann aus dem Eis

Am 19. September 1991 entdeckten Bergwanderer in den Ötztaler Alpen eine leblose Gestalt, die im Gletschereis eingebettet war. Nach der Bergung wurde klar, dass es sich um die Mumie eines Mannes handelte, der vor über 5000 Jahren gelebt hatte.

Es setzte eine ganze Welle von wissenschaftlichen Untersuchungen mit Forschern aus vielen verschiedenen Fachrichtungen ein. Die Forschungsergebnisse geben wichtige Einblicke in das Leben der Steinzeit. Zur weiteren Erforschung wurde ein eigenes wissenschaftliches Institut gegründet.

Die Ausrüstung

Der Mann aus dem Eis war gut ausgerüstet. Seine Kleidung war aus Leder und Tierfellen gefertigt, er besaß zwei Umhänge, einen aus Fell gegen Kälte und einen aus Gras gegen Feuchtigkeit.

Er besaß auch Waffen und Werkzeuge. Ein Dolch mit einer sieben Zentimeter langen Feuersteinklinge steckte in einer Bastscheide. Man fand auch einen Bogen von 182,5 cm Länge und 14 Pfeile in einem Köcher aus Leder. Der Bogen war eine sehr gefährliche Waffe. Damit konnte Ötzi auf eine Distanz von 30 – 50 Metern ein Tier erlegen.

Besonders interessant war aber das Beil, weil die Klinge aus Kupfer gefertigt war. Dies war eine Überraschung, da man bislang gedacht hatte, dass Kupfer erst tausend Jahre später gewonnen und verarbeitet werden konnte.

A

2 Ötzi: **A** Rekonstruktion, **B** Steinklinge, **C** Kupferklinge

So starb Ötzi

Ötzi starb mit ungefähr 45 Jahren. Röntgenuntersuchungen ergaben, dass er von hinten mit einem Pfeil erschossen wurde. Die Pfeilspitze aus Stein war noch auf dem Röntgenbild zu sehen. Außerdem fand man eine Ansammlung von Blut im Gewebe des Toten. Ob er von einem oder mehreren Menschen angegriffen wurde, hofft man bei weiteren Nachforschungen herauszufinden.

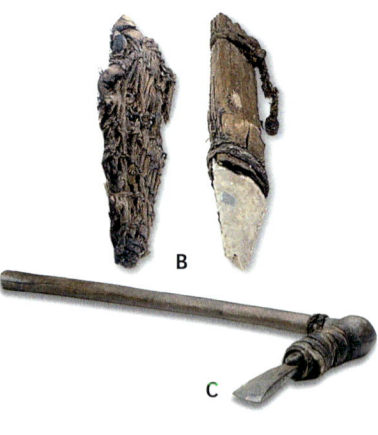

B

C

1. ≡ Ⓐ

Beschreibe, welche Erkenntnisse über das Leben in der Steinzeit sich aus der Erforschung von Ötzi ergeben.

Arbeitsweisen von Evolutionsbiologen

1. **A**
Nenne die wissenschaftlichen Fachgebiete, die bei der Erforschung der Evolution zusammenarbeiten und erläutere jeweils, welchen Beitrag jedes Fachgebiet leistet.

2. **Q**
Recherchiere nähere Informationen zu einem hier aufgeführten Beispiel und halte einen Vortrag.

Verhalten beobachten

FRANS DE WAAL ist Verhaltensforscher. Er erforscht das Sozialverhalten von Schimpansen und Bonobos im Zoo. Dabei stellte er fest, dass auch Schimpansen Freundschaften haben, Kriege führen und Frieden schließen. FRANS DE WAAL hat mit seinen Forschungen eine Diskussion über die Herkunft der Moral des Menschen angestoßen. Seine Forschungen lassen den Schluss zu, dass Moral und moralisches Verhalten ganz tief in der Evolution des Menschen verankert sind und sich ähnlich wie körperliche Merkmale entwickelt haben.

PINNWAND

Genome entschlüsselt

SVANTE PÄÄBO erforscht die Evolution des Menschen als Genetiker. Als erster Forscher entschlüsselte er die komplette DNA-Sequenz einer ausgestorbenen Menschenart, des Neandertalers. Das Ergebnis seiner Forschung: Neandertaler und moderner Mensch haben sich gepaart und gemeinsame Nachkommen gehabt. Manche Menschen tragen noch heute dieses genetische Erbe.
Die Schwierigkeiten, mit denen die Arbeitsgruppe von SVANTE PÄÄBO zu kämpfen hatten, lagen vor allem in der Verunreinigung der DNA mit Fremd-DNA. Die Forscher mussten Verfahren entwickeln, mit denen sie Neandertaler-DNA von der DNA heutiger Menschen und von Bakterien-DNA, die die Proben verunreinigt hatten, unterscheiden konnten.

Chemische Analysen

Wie findet man heraus, was in den Höhlen der Neandertaler auf dem Feuer lag? Man sucht nach versteinertem Neandertalerkot und wertet ihn mit chemischen Analysemethoden aus. So hat die Gaschromatographie ergeben, dass Neandertaler vorwiegend Fleisch, aber auch Pflanzennahrung zu sich nahmen.

Kulturelle Evolution

Werkzeug

Werkzeuggebrauch gab es schon bei Menschenaffen. Auch die Australopithecinen nutzten Knochen und Stöcke als Werkzeuge. Frühe Menschen bearbeiteten Steine und Holz, um daraus bessere Werkzeuge herzustellen. Erst vor 10 000 Jahren lernten die Menschen die Metallgewinnung und -bearbeitung. Heute gibt es Roboter und Lasertechnologie.

Kunst und Musik

Die ältesten Kunstwerke des Menschen sind ungefähr 50 000 Jahre alt. Man fand an Höhlenwänden Gemälde von Jagdszenen und Tieren. 25 000 Jahre alt sind erste Skulpturen von Menschen und Tieren. Auch Flöten aus Knochen fand man aus dieser Zeit.

Sprache

Die komplexe Sprache gilt als ein wesentliches Merkmal des Menschen. Vermutlich waren schon Homo erectus und der Neandertaler zu einer einfachen Sprache fähig. Sprache dient der sozialen Kommunikation, ist nötig für Planungen in die Zukunft und Rückblick auf Vergangenes. Wissenschaftler schätzen, dass es heute ca. 6500 verschiedene Sprachen weltweit gibt.

1. Ⓐ
Nenne die Vorteile, die die einzelnen kulturellen Errungenschaften in der Evolution des Menschen hatten.

2. Ⓐ
Erstelle eine Mindmap zur kulturellen Evolution des Menschen.

Schrift

Lange nach der Sprache entwickelte sich die Schrift, mit der Inhalte auf Dauer festgehalten werden konnten. Von ersten in Stein gehauenen Schriftzeichen ging der Weg über die Erfindung des Buchdruckes bis hin zur elektronisch übermittelten Nachricht per Computer. Damit steht heute fast das gesamte Wissen der Welt vielen Menschen jederzeit zur Verfügung.

Religion 🖱

Vom Neandertaler wurden Grabstätten mit Grabbeigaben gefunden. Eventuell ist dies ein Hinweis auf eine frühe Religiosität und die Hoffnung auf ein Weiterleben nach dem Tod. Auch bei den Höhlenmalereien wird eine religiöse Funktion vermutet. Zum Menschen gehören von Anfang an die Fragen nach dem Sinn, religiöse Rituale und die Hoffnung auf ein Weiterleben nach dem Tod. Zu allen Zeiten waren Religionen Antrieb für Kunst und Kultur; allzu oft aber auch für Krieg und Tod.

Evolutionsfaktoren heute

1.
Nenne die Kennzeichen des Anthropozän.

2.
Erkläre anhand von Beispielen aus Medizin und Technik, wie der Mensch Einfluss auf seine eigene Evolution nimmt.

3.
Erkläre anhand von Beispielen, wie der Mensch Einfluss auf die Biodiversität nimmt.

4.
Beschreibe die Karikatur. Erläutere die Aussage und beschreibe oder zeichne, wie der nächste Schritt dieser „Evolution" aussehen könnte.

1 Medizinische Forschung

Medizin und Technik als Evolutionsfaktoren

Auch heute noch wirken **Evolutionsfaktoren** auf den Menschen ein. Dabei sind mit dem Begriff Evolutionsfaktoren alle Einflüsse gemeint, die die Entwicklung einer Art, in der Evolution beeinflussen.

Mit Medizin und technischem Fortschritt beeinflusst der Mensch jedoch selbst die Faktoren seiner Evolution. Deshalb wirkt natürliche Selektion oft nicht mehr ungebremst auf den Menschen ein. So ist es möglich, viele Krankheiten zu heilen, die früher zum Tode geführt haben. Menschen mit Einschränkungen bekommen technische Hilfen, mit denen sie ein ganz normales Leben führen können.
Wissenschaftler bezeichnen dieses Zeitalter, in dem der Mensch Einfluss auf seine eigene Evolution und die Evolution der übrigen Natur nimmt, auch als **Anthropozän.**

Folgen des technischen Fortschritts

Technischer Fortschritt und Wohlstand im Anthropozän haben auch ihre Schattenseiten. Das Überangebot an Nahrung mit hohem Fett- und Zuckergehalt und die fehlende Bewegung des modernen Menschen erzeugen **Zivilisationskrankheiten.**
Menschen leiden an Herz- und Kreislauferkrankungen, Überbeanspruchung von Knochen oder Gelenken durch Übergewicht oder auch an Diabetes Typ II. Verunreinigungen der Luft durch Abgase, Lärm von Autos belasten die Gesundheit des Menschen und führen zu **Stress.**
Durch ständigen Flugverkehr zwischen allen Kontinenten der Erde können sich Infektionskrankheiten überall schnell verbreiten und damit zu sogenannten **Pandemien** werden.

Umweltzerstörung vernichtet Vielfalt

Fortschritt und Wachstum verändern nicht nur den Menschen, sondern auch seine Umwelt. Wälder werden abgeholzt oder Moore trocken gelegt. Flüsse werden begradigt und Pflanzen in großen Monokulturen angebaut. Die vom Menschen verursachte Klimaerwärmung bewirkt das Ansteigen des Meeresspiegels und die Ausbreitung von Wüsten.
Damit zerstört der Mensch die Lebensgrundlage vieler Tiere und Pflanzen. So wird durch den Menschen die Vielfalt der Lebewesen zerstört und damit **Biodiversität** vernichtet. So greift der Mensch massiv in die Evolution der Lebewesen ein.

Du kannst an Beispielen erklären, wie der Mensch Einfluss auf die Evolution nimmt.

Evolution des Verhaltens

1. ≡ Ⓐ
Beschreibe die Karikatur. Formuliere die Aussage und gib Beispiele, die sie erläutern.

2. ≡ Ⓐ
Beschreibe den Zusammenhang zwischen dem Hormon Oxytocin und dem Verhalten von Mutter und Kind bei Schimpansen und Menschen.

3. ≡ Ⓐ
Betrachte die Fotos unten und beschreibe sie. Erläutere die abgebildeten Verhaltensweisen mithilfe des Informationstextes.

1 Verhalten von Schimpanse und Mensch:
A Schimpansin mit Jungtier, **B** Mutter mit Kleindkind

Schimpansen und Menschen haben ähnliche Verhaltensweisen

Beobachtet man Schimpansinnen mit ihrem Säugling, findet man viele Parallelen zum Verhalten von menschlichen Müttern. Schimpansinnen spielen mit ihrem Jungen, streicheln und küssen es. Auch in anderen Bereichen des Sozialverhaltens kann man menschliches Verhalten wiedererkennen. Schimpansen gehen Freundschaften ein, festigen sie mit einer gemeinsamen Mahlzeit, geteiltem Futter und engem Körperkontakt. Bei frei lebenden Schimpansen wurde beobachtet, dass sie verwaiste Kinder adoptieren, sie auf dem Rücken tragen, mit ihnen das Schlafnest und das Futter teilen und sie jahrelang versorgen.

„Kuschelhormon" Oxytocin

Wenn Schimpansen solche engen sozialen Bindungen eingehen, kann man in ihrem Urin einen erhöhten Gehalt an Oxytocin feststellen. Bei der gegenseitigen Fellpflege oder bei gemeinsamen Mahlzeiten und dem Teilen von Futter wird dieses Hormon ausgeschüttet.
Oxytocin ist auch beim Menschen als so genanntes „Kuschelhormon" bekannt. Es bewirkt, dass weniger Stresshormone freigesetzt werden, das Belohnungssystem angeregt und Angst gemindert wird. Damit stärkt es die soziale Bindungsfähigkeit und unterstützt die Bindung zwischen Mutter und Kind.
Schimpansen und Menschen haben also nicht nur körperliche Merkmale gemeinsam. Auch Verhaltensmerkmale und deren hormonelle Auslöser teilen sie als evolutionäres Erbe.

4. ≡ Ⓐ
Erkläre den Zusammenhang zwischen Körpergeruch, HLA-Molekülen und Partnerwahl.

5. ≡ Ⓐ ⓦ
Erläutere mithilfe der Evolutionstheorie, welchen Einfluss Körpergeruch auf die Partnerwahl hat.

6. ≡ Ⓐ
Beziehe Stellung zu dem Satz: Krieg und Gewalt liegen in der Natur des Menschen. Beachte dabei auch die Verantwortung des Menschen.

2 Drohender Schimpanse

Gerüche beeinflussen die Partnerwahl

Wir glauben, dass unsere Partnerwahl auf dem attraktiven Aussehen oder der witzigen Ausstrahlung eines Menschen beruht. Dies ist aber nur ein kleiner Teil der Wahrheit. Eine große Rolle bei der Partnerwahl spielen Gerüche. Dazu machten Verhaltensforscher folgendes Experiment:
Sie ließen Männer drei Tage ohne Unterbrechung das gleiche T-Shirt tragen. So entwickelten sie ihren ganz eigenen Körpergeruch. Dann wurden die T-Shirts in Plastiktüten verpackt und verschiedenen Frauen zur Geruchsprobe vorgelegt. Dabei sollten die Testerinnen beurteilen, welches T-Shirt am besten riecht und welcher Geruch am wenigsten angenehm ist. Dabei stellte jede Testerin eine andere Rangfolge auf.

HLA-Moleküle sorgen für Körpergeruch und Immunabwehr

Weitere Untersuchungen ergaben, dass der Geruch als attraktiv wahrgenommen wurde, wenn sogenannte HLA-Moleküle bei den Männern und Frauen deutlich unterschiedlich waren. Diese Moleküle beeinflussen den individuellen Körpergeruch eines Menschen. Außerdem sind sie an der Immunabwehr beteiligt, indem sie Krankheitserreger identifizieren. Kinder, deren Eltern sehr unterschiedliche HLA-Varianten tragen, sind besser gegen Krankheitserreger geschützt als Kinder von Eltern mit stark ähnlichen HLA-Molekülen. Viele unterschiedliche HLA-Varianten sorgen für eine breite Immunabwehr.
Der Körpergeruch eines möglichen Partners gibt uns also unbewusst Auskunft über die Immunabwehr möglicher gemeinsamer Kinder.

Aggression und Krieg

Genauso wie Bindungsfähigkeit und Partnerwahl haben auch die Bereitschaft zu Aggression und Gewalt beim Menschen evolutionäre Wurzeln. Die meisten Ähnlichkeiten im Aggressionsverhalten finden wir wieder bei den Schimpansen. Anders als andere Primaten kooperieren männliche Schimpansen sehr stark bei der Kriegsführung gegen andere Schimpansen-Gruppen. Wenn sie eine Gruppe besiegt haben, kann es sein, dass sie die Weibchen der Gegner entführen. Andererseits riskieren Schimpansen mitunter ihr Leben, um Mitglieder der eigenen Gruppe zu befreien.

Verantwortung für den Frieden

Zwar liegen die Wurzeln von Krieg und Gewalt in der Evolution, Krieg und Gewalt können damit aber nicht gerechtfertigt werden. Im Unterschied zu den Schimpansen können Menschen die Probleme von Aggression erkennen und sie kontrollieren. Damit sind sie für Frieden und gewaltfreie Kommunikation verantwortlich.

Du kannst an Beispielen erläutern, wie menschliches Verhalten sich in der Evolution entwickelt hat.

Stress – überlebenswichtig

1. ≡ Ⓐ
a) Nenne Situationen, die dich persönlich belasten. Beschreibe genau, was den Stress verursacht.
b) Gib weitere Beispiele für Stressauslöser anhand der Abbildung unten.

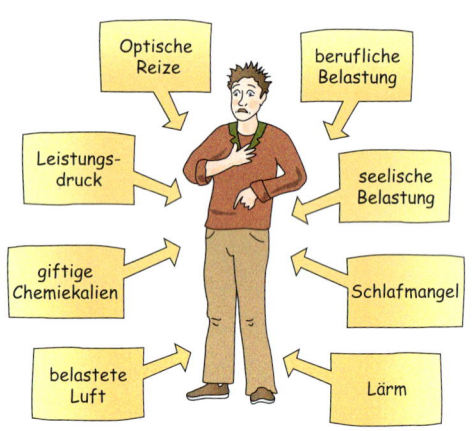

3. ≡ Ⓠ
Das Mädchen oben auf dem Bild leidet unter Schulstress.
a) Liste auf, was zu Schulstress beiträgt.
b) Erstelle eine zweite Liste mit Maßnahmen, die gegen Schulstress helfen können.
c) Begründe, warum die Stressreaktion unseres Körpers nicht günstig für die Bewältigung von Schulstress ist.

2. ≡ Ⓐ ⊙
a) Beschreibe die beiden Grafiken A und B.
b) Erkläre, unter welchen Bedingungen Stress zu gesundheitlichen Problemen führen kann.

4. ≡ Ⓐ
Erläutere, wie die Hormone Adrenalin und Cortisol eine schnelle Mobilisierung von Kraft und Energie bewirken.

5. Ⓠ ⊙
Recherchiere, welche Maßnahmen gut gegen zu viel Stress helfen. Erstelle ein Faltblatt mit entsprechenden Tipps.

Lebenswichtige Reaktion Stress

Für einen Menschen in der Steinzeit war es lebenswichtig, Gefahren schnell zu erkennen, einzuschätzen und angemessen auf sie zu reagieren. Ein Knacken im Unterholz, eine unbekannte Bewegung im Augenwinkel konnte die Stressreaktion auslösen, die den Menschen in der Steinzeit in die Lage versetzte, blitzschnell die Flucht zu ergreifen oder der Gefahr entgegenzutreten.

Stress stellt den Körper auf Hochleistung ein

Um bei einer drohenden Gefahr reaktionsschnell zu handeln, wegzulaufen oder anzugreifen, muss der Körper auf Höchstleistung eingestellt sein. Dazu gehört eine erhöhte Durchblutung der Muskulatur, eine verbesserte Sinnesleistung, sowie die Bereitstellung hoher Mengen an Energie. Ebenso die Vorbereitung auf mögliche Verletzungen, indem die Fähigkeit zur Blutgerinnung gesteigert wird. Was nicht unmittelbar dem Überleben dient, wird für den Moment abgeschaltet, wie etwa komplizierte Denkleistungen oder Appetit und Verdauung.

Zusammenarbeit der Organe bei einer Stressreaktion

Bei einer Stressreaktion arbeiten viele Organe des Körpers zusammen. Die drohende Gefahr wird von einem oder mehreren Sinnesorganen wahrgenommen und die Information an das Gehirn weitergeleitet. Vom Hypothalamus, einem Teil des Gehirns, werden die Nebennieren über Nervenimpulse dazu angeregt, die Hormone **Adrenalin** und **Noradrenalin** freizusetzen.

In einer zweiten Reaktion schüttet das Gehirn selbst auch Hormone aus. Diese Freisetzungshormone wirken auf die Hypophyse, die daraufhin Steuerungshormone ausschüttet, die über die Blutbahn ebenfalls zu den Nebennieren gelangen. Diese gibt daraufhin das „Aktivitätshormons" **Cortisol** ins Blut ab.

Die Stresshormone, die so gemeinsam auf die Organe Leber, Herz und Lunge einwirken, bewirken einen Anstieg des Blutzuckerspiegels, eine Aktivierung der Atmung, des Herzschlages und des Blutkreislaufs. Der gesamte Stoffwechsel beschleunigt sich. Dadurch werden die Skelettmuskeln gut durchblutet und der ganze Körper ist auf Leistung eingestellt. Logisches Denken hingegen wird gehemmt. Die Wirkung der Stresshormone hält nach der Reaktion noch etwas länger an und ist als flaues Gefühl bemerkbar. Erst wenn nach dem Stress die Hormone wieder abgebaut sind, normalisieren sich in der Erholungsphase Kreislauf und Stoffwechsel.

Dauerstress ist schädlich

Die Stressreaktion ist ein lebensrettender Mechanismus, der uns in lebensgefährlichen Situationen in die Lage versetzt, schnell aktiv zu werden. Auch heute kann uns diese Reaktion noch helfen, in gefährlichen Situationen ohne lange zu überlegen schnell zu handeln.

Leistungsstress in der Schule oder durch andere moderne Stressoren ist allerdings schlecht mit einer Flucht oder einem Angriff zu beantworten. Da durch Stress auch noch das logische Denken gehemmt wird, ist die normale körperliche Reaktion hier eher hinderlich.

Dauerhafter Stress kann für den Körper negative gesundheitliche Folgen wie zunehmende Aggressivität, Magen- und Darmprobleme, Bluthochdruck oder sogar Herzinfarkt haben. Durch ausreichenden Schlaf, regelmäßige Bewegung im Freien, Spaß und Erholung bei Hobbys und eine richtige Zeitplanung kann man sich schützen.

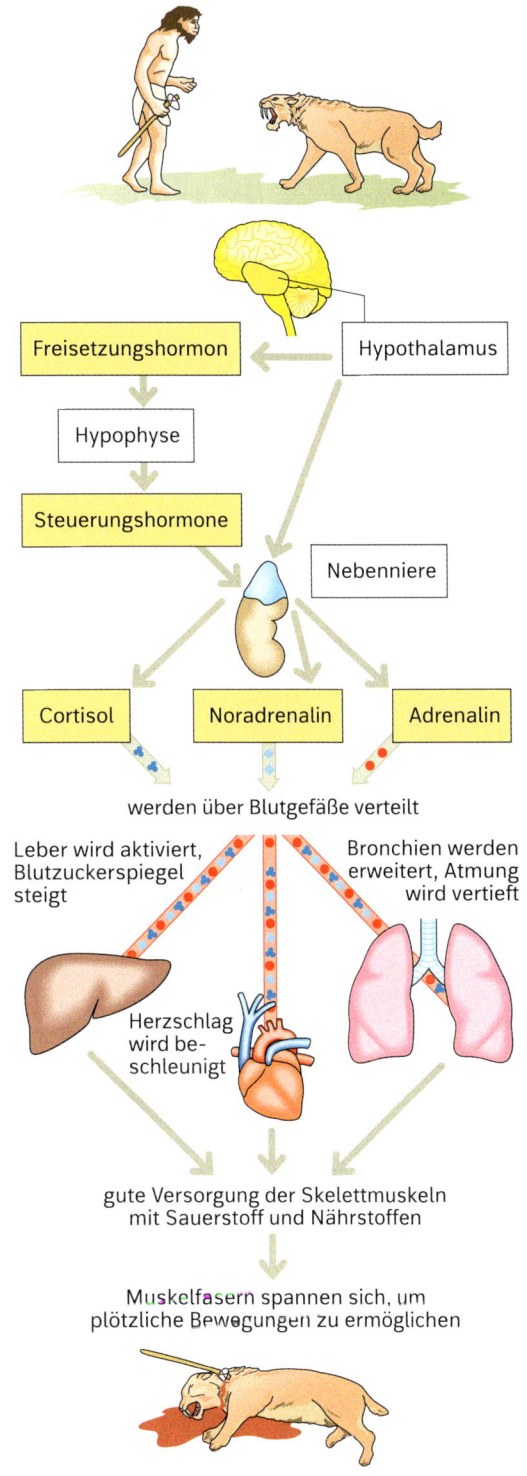

1 Stressreaktion des Körpers

Du kannst erklären, was Stress ist. Du kannst den Ablauf einer Stressreaktion beschreiben und erläutern, wie es zu Dauerstress kommt.

Menschen – frei und gleich an Rechten und Pflichten

1.
Die Generalversammlung der Vereinten Nationen verkündete 1948 die Allgemeine Erklärung der Menschenrechte.
a) Recherchiere im Internet die Erklärung im Wortlaut.
b) Schreibe vier Artikel der Erklärung heraus, die dir am wichtigsten erscheinen.
c) Stelle aktuelle Situationen aus der Zeitung oder den Nachrichten zusammen, die Menschenrechtsverletzungen zeigen.

2.
Stelle Argumente zusammen, warum der Begriff der Rasse für Menschen nicht angebracht ist.

3.
Formuliere eine oder mehrere Aussagen dieses Bildes.

4.
Beschreibe die wesentlichen Aussagen der beiden Karten A und B.
a) Nenne die Zusammenhänge zwischen Hautfarbe und Intensität der UV-Strahlung.
b) Erläutere den Zusammenhang mithilfe des Informationstextes.
c) Erläutere, wie sich in der Evolution der Menschen helle und dunkle Hautfarben entwickelt haben.

5.
In dem Projekt „Schule ohne Rassismus, Schule mit Courage" sind inzwischen viele Schulen vertreten.
a) Informiert euch auf der Internetseite zu dem Projekt und erstellt ein Werbe-Plakat.
b) Stellt Aktionen und Projekte von eurer eigenen Schule gegen Rassismus und Gewalt vor.

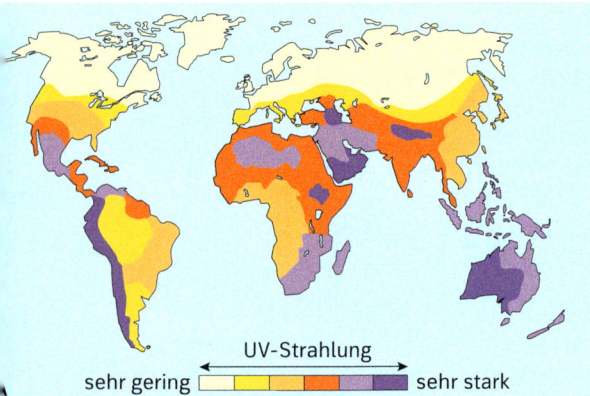

UV-Strahlung
sehr gering ◄────────► sehr stark

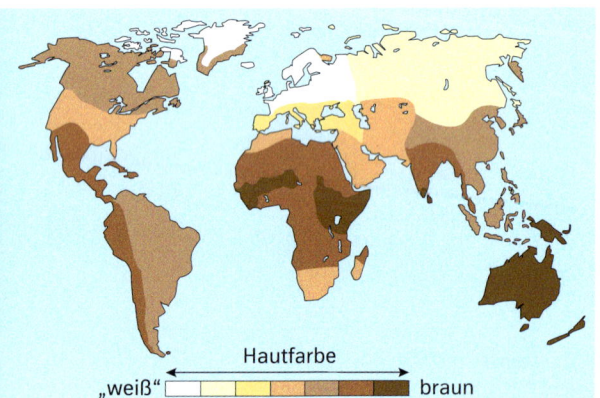

Hautfarbe
„weiß" ◄────────► braun

Alle Menschen haben die gleiche Würde

Alle Menschen gehören gemeinsam einer Art an. Menschen verschiedener Hautfarben und Kulturen gründen gemeinsam Familien und ziehen ihre Kinder groß. Menschen aller Kulturen haben viele Gemeinsamkeiten. Ausdrucksformen menschlichen Verhaltens wie Trauer, Wut, Zorn, Ekel oder Freude sind in allen Kulturen ähnlich. Dieser prinzipiellen Gleichheit aller Menschen trägt die **Erklärung der Menschenrechte** Rechnung: Menschen sind gleich an Würde und Rechten.

Daher besitzt jeder Mensch unabhängig von seinen Eigenschaften, seinem körperlichen und geistigen Zustand, seinen Leistungen und sozialem Status aufgrund seiner bloßen Existenz als Mensch einen Wert.
Daher ist aus biologischer, aus kultureller und aus historischer Sicht der Begriff der Rasse in Bezug auf den Menschen nicht angebracht.

Evolution der Hautfarben

Menschen unterscheiden sich aber auch in Haut- und Haarfarbe, Sprache und Kultur.
Diese Unterschiede lassen sich mit der Entwicklung des Menschen erklären. Die Vorfahren aller heutigen Menschen waren dunkelhäutige Afrikaner. Bei der Auswanderung aus Afrika in die anderen Teile der Welt entstanden Menschengruppen, die durch Meere, Gebirge oder Eis von einander isoliert waren. Sie entwickelten sich unabhängig voneinander weiter.

1 Variabilität beim Menschen:
A Australier (Ureinwohner), **B** Peruaner, **C** Norwegerin, **D** Chinesin,
E Polynesierm, **F** Westafrikanerin

Es entstanden aber keine unterschiedlichen Arten, weil die Zeit der Isolation nicht lang genug war.

Allerdings veränderte sich in Anpassung an die jeweilige UV-Einstrahlung zum Beispiel die Hautfarbe. Dunkle Hautpigmente schützen die Zellen vor schädlichen UV-Strahlen. Diese können Mutationen in der DNA verursachen. UV-Licht bewirkt aber andererseits auch die Bildung von VItamin D, das wichtig für Wachstum und Gesundheit ist. So entstanden in Angepasstheit an weniger starke UV-Strahlung hellere Hautfarben.

Aber auch Sprachen, Kulturen und Religionen entwickelten sich, sodass sie heute in unterschiedlichen Menschengruppen sehr verschieden sein können.

Unterschiedlichkeit respektieren

Unterschiedliche Kulturen, Religionen und Wertvorstellungen stoßen an vielen Orten der Welt scheinbar unvereinbar aufeinander. Das kann zu Krieg, Verfolgung oder sogar Völkermord führen. Daher ist es wichtig überall auf der Welt für Verständigung und Akzeptanz zu werben, wo verschiedene Menschen aufeinander treffen, sich Kulturen und Religionen begegnen.
Dies geht vor allem, wenn man einander kennen lernt und mit Respekt begegnet.

Du kannst erklären, wie es zur Variabilität des Menschen kam und erläutern, warum alle Menschen gleichwertig sind.

Evolution der Lebewesen

Evolution

Evolution ist die Veränderung von Lebewesen über viele Generationen hinweg. Im Verlauf der Erdgeschichte haben sich aus einfachen Formen immer komplexere Lebewesen entwickelt.

Fossilien – Spuren vergangenen Lebens

Fossilien sind die Überreste verstorbener Lebewesen. Sie geben ein Bild davon ab, wie die Lebewesen vergangener Zeiten ausgesehen haben. Mithilfe von Fossilien lassen sich Verwandtschaften feststellen und Entwicklungsreihen nachvollziehen. Anhand von Leitfossilien kann man andere Funde zeitlich einordnen.

Homolog oder analog?

Homologe Organe sind Hinweise auf gemeinsame Abstammung. Sie können unterschiedliche Funktionen haben, sind aber im Grundbauplan gleich. Analoge Organe haben sich unabhängig voneinander in Anpassung an ähnliche Umweltbedingungen entwickelt.

Entstehung neuer Arten

Variabilität, Isolation und Selektion sind für die Entwicklung neuer Arten verantwortlich. Variabilität entsteht durch Veränderungen des Erbmaterials. Diese Veränderungen sind Folgen von Mutation und Rekombination.
Erweisen sich so neu entstandene Merkmale als vorteilhaft, haben auch die Lebewesen einen Vorteil und können sich so stärker vermehren. Über lange Zeiträume können so neue Arten entstehen.

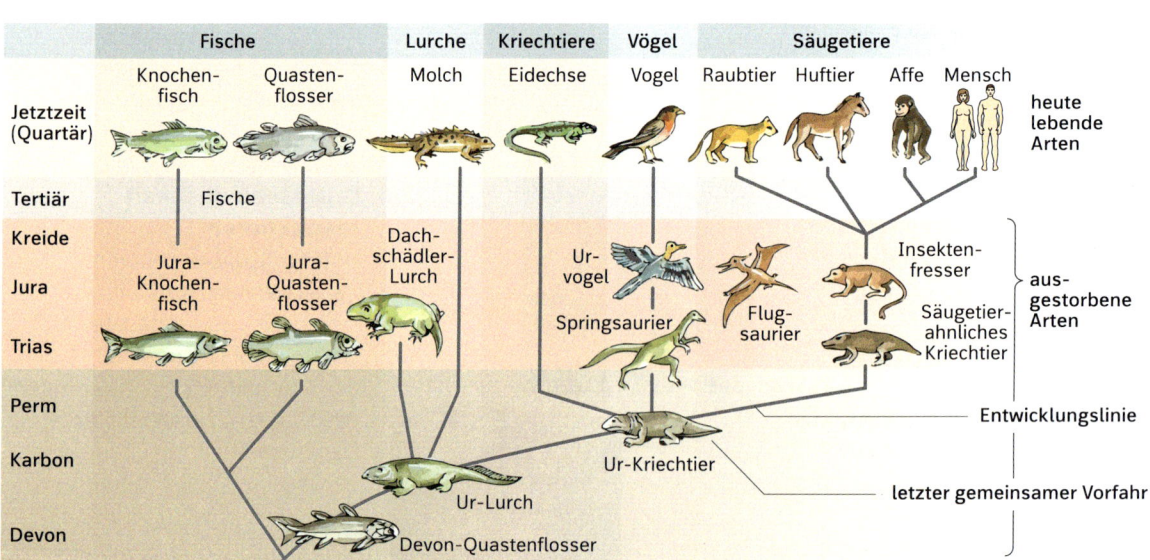

Evolution des Menschen

Menschen sind das Ergebnis der natürlichen Evolution. Vor 6 Millionen Jahren haben sich die Entwicklungslinien von Schimpanse und Mensch getrennt. Menschen und Schimpansen haben sich bis heute viele Ähnlichkeiten im Körperbau und Verhalten bewahrt. Die Unterschiede im Körperbau beruhen besonders auf der Entwicklung des aufrechten Ganges und der Vergrößerung des Gehirns. Im Verhalten hat der Mensch eine unvergleichliche kulturelle Evolution vollzogen, die ihn von allen anderen Lebewesen unterscheidet.

Vorfahren des Menschen

Fossilfunde des frühen Menschen lassen sich in zwei Gattungen einteilen. Die Australopithecinen hatten noch starke Ähnlichkeit mit Affen. Die Gattung Homo hatte schon größere Gehirne und die Fähigkeit zur Werkzeugherstellung entwickelt. Homo erectus nutzte schon das Feuer, Homo neanterthalensis und Homo sapiens entwickelten weitere technische und kulturelle Fähigkeiten.

**Struktur –
und
Funktion**

System

Entwicklung

Entwicklung

1. ≡ Ⓐ
Beschreibe, wie die Graffen zu ihrem langen Hals kamen.

→ S. 184–185

System

2. ≡ Ⓐ
Bei der Entwicklung zum heutigen Pferd veränderte sich nicht nur der Fuß. Beschreibe, welche Veränderungen die Pferde als Angepasstheit an den Lebensraum „Grassteppe" noch entwickelten.

→ S. 176–177

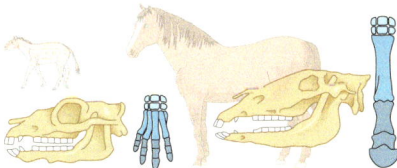

vor 50 Mio. Jahren   vor 1 Mio. Jahren bis heute

Struktur und Funktion

3. ≡ Ⓐ
Geparden schleichen sich an ihre Beute an und erreichen beim Angriff im Sprint sehr hohe Geschwindigkeiten. Dabei ist es günstig, wenn sie von der Beute nicht zu früh gesehen werden.
a) Beschreibe die Angepasstheiten des Geparden anhand des Bildes.
b) Begründe, warum diese Angepasstheiten Vorteile für den Geparden darstellen.
c) Stelle Vermutungen an, wie diese Angepasstheiten entstanden sein könnten.

→ S. 184–185

Entwicklung

4. ≡ Ⓐ
Beschreibe die wesentlichen körperlichen Veränderungen bei der Entwicklung vom Affen zum Menschen.

→ S. 191

Evolution der Lebewesen

Fossilien und die Geschichte des Lebens

Kannst du schon ...

... erklären, was ein Fossil ist? (S. 171)

... unterschiedliche Typen von Fossilien benennen und Beispiele geben? (S. 180)

... die Veränderung der Lebewesen bei der Eroberung des Landes beschreiben? (S. 174-175)

Zeig, was du kannst!

1.

Benenne die drei abgebildeten Fossilientypen und beschreibe ihre Kennzeichen.

A   B   C

2.

a) Ordne die Namen mithilfe der Leitfossilien den Erdschichten zu.

b) Finde heraus, wie alt ungefähr die einzelnen Schichten der Abbildung sind.

c) Bestimme das ungefähre Alter des Dinosauriers.

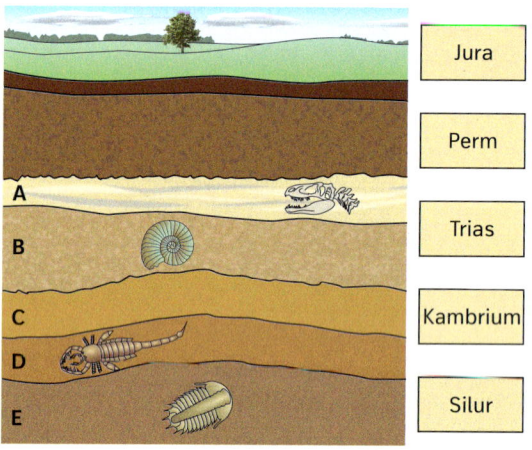

	Jura
	Perm
A	Trias
B	
C	Kambrium
D	
E	Silur

3.

Beschreibe, welche Angepasstheiten Pflanzen bei der Besiedlung des Landes entwickelten.

Belege für die Evolution

Kannst du schon ...

... beschreiben, wie die Wirbeltierextremitäten von einem gemeinsamen Grundbauplan immer wieder abgewandelt wurden? (S. 178-179)

... Homologien von Analogien unterscheiden? (S. 178-179)

... einen Stammbaum beschreiben? (S. 176-177)

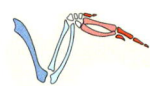

Zeig, was du kannst!

4.

Erläutere am Beispiel der Wirbeltierextremitäten, was homologe Organe sind.

5.

Entscheide, ob die gemeinsame Stromlinienform von Hai, Pinguin und Delfin analog oder homolog ist.

Begründe deine Entscheidung.

6.

Erläutere anhand der Abbildung unten, was ein Brückentier ist.

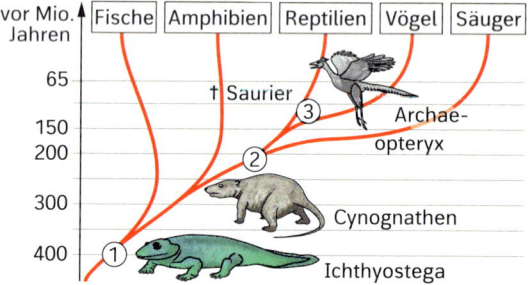

Entstehung neuer Arten

Kannst du schon ...

... erklären, wie durch Evolution neue Arten entstehen? (S. 184-185)
... Mutation und Rekombination, Isolation und Selektion als Evolutionsfaktoren erklären? (S. 184-185)

Zeig, was du kannst!

7. ≡ Ⓐ

Die Kerguelen sind weit vom Festland entfernte Inseln. Obwohl es dort sehr windig ist, kann die Kerguelen-Fliege hier überleben.
a) Erkläre an diesem Beispiel, was mit Isolation gemeint ist.
b) Erkläre, warum Fliegen mit sehr kleinen Flügeln einen größeren Fortpflanzungserfolg haben.

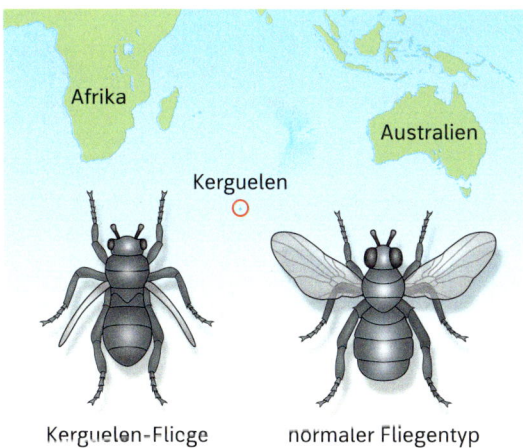

Afrika

Australien

Kerguelen

Kerguelen-Fliege   normaler Fliegentyp

8. ≡ Ⓐ

Stelle Vermutungen an, wie es durch Evolution zu der flugunfähigen Fliegenart auf den Kerguelen gekommen sein kann. Nutze die Begriffe Isolation, Selektion, Variabilität, Mutation und Rekombination.

Evolution des Menschen

Kannst du schon ...

... Gemeinsamkeiten und Unterschiede zwischen Schimpanse und Mensch benennen? (S. 189-190, 200)
... einige Vorfahren des heutigen Menschen nennen? (S. 191-194)
... die kulturelle Evolution des Menschen beschreiben und Chancen und Grenzen erläutern? (S. 197, 198, 202-203)

Zeig, was du kannst!

9. ≡ Ⓐ

Vergleiche Schimpanse und Menschen hinsichtlich ihres Körperbaus und des Verhaltens.

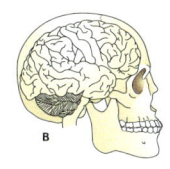
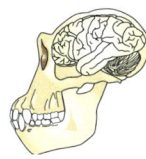

B

10. ≡ Ⓐ

Die Abbildung links zeigt einen Ausschnitt aus dem Stammbaum des Menschen.
a) Benenne die Arten 1-9.
b) Erkläre die Bedeutung der Balken und der durchgezogenen und gepunkteten Linien.

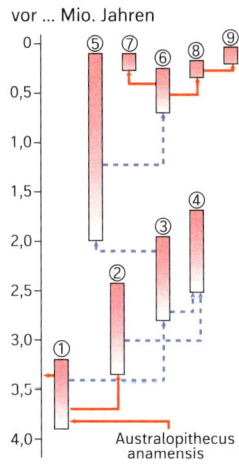

vor ... Mio. Jahren

Australopithecus anamensis

Wichtige Begriffe

- Evolution
- Fossilien
- Variabilität, Angepasstheit, Mutation, Rekombination
- Homologie – Analogie
- Stammbaum, Verwandtschaft
- Isolation, Selektion, Sexuelle Selektion
- Evolution des Menschen
- Australopithecus, Homo

LERNCHECK

Stichwortverzeichnis

Übersicht ◉

Bildquellenverzeichnis

|A1PIX - Your Photo Today, Ottobrunn: 105.1; HSC 183.1; Rug 151.3. |action press, Hamburg: Tony Gough/Newspix Titel, 1.1. |action press - die bildstelle, Hamburg: die bildstelle/REX FEATURES LTD. 208.6. |adpic Bildagentur, Köln: Koschek, D. 149.1; Thorn, B. 113.2. |Advantage Media Services, Vechta: M. Niehues 83.1. |akg-images GmbH, Berlin: 58.3, 198.3; Hessisches Landesmuseum 195.4; Lessing, Erich 198.5; Science Photo Library 195.1. |Aktion Mensch e.V., Bonn: Kajetan Kandler 39.1. |Alamy Stock Photo (RMB), Abingdon/Oxfordshire: Ben-Ari, Rafael 118.1; Bolton, Ryan M. 184.1; INSADCO Photography 131.1; Magnon, Cro 195.5; PRISMA ARCHIVO 192.8, 192.9; Prisma Archivo 192.10; The Science Picture Company 195.3; Wildlife 73.4; Yemelyanov, Maksym 161.3. |alimdi.net, Deisenhofen: Michael Krabs 50.1. |Arco Images GmbH, Iserlohn: De Meester, J. 50.7; P. Wegner 190.3; Wegner, P. 50.2. |Automation W+R GmbH, München: 170.2. |Avenue Images GmbH, Hamburg: Clément Philippe/agefotostock 188.1, 188.4. |BASF Bilddienst, Ludwigshafen: 199.1. |Behrens, H., Lehrte - Arpke: 98.1. |Bildagentur Geduldig, Maulbronn: 108.3. |bildagentur-online GmbH, Burgkunstadt: 142.3. |Blickwinkel, Witten: euroluftbild.de/bsf swissphoto 162.1; euroluftbild.de/ Gerhard Launer 4.3, 145.1, 147.4; McPHOTO 156.3, 158.3. |Boeing-Reicher, Andrea Alyza, Seattle, WA: Deutscher Slogan: Claire Boeing-Reicher, Kiel, Seattle; Slogan Design: Anna Langsch, Kiel; Design: A. Alyza Boeing-Reicher, Kiel, Seattle 75.2. |Bulls Pressedienst GmbH, Frankfurt am Main: 52.1. |Bundeskoordination Schule ohne Rassismus - Schule mit Courage, Berlin: 204.2. |Caro Fotoagentur, Berlin: Sanchez 180.4; Schulz 156.2. |ddp images GmbH, Hamburg: 25.3. |Deutsche AIDS-Stiftung, Bonn: 104.1. |Deutsche Stiftung Weltbevölkerung (DSW), Hannover: Brenda and Simon. Ein Film von Andrea Horakh und Ulrike Plesser, Hannover 2006, im Auftrag der Stiftung Weltbevölkerung 104.4. |Deutsches Historisches Museum, Berlin: Inv.-Nr.: 1988/1284 61.1. |Deutsches Museum, München: 44.1, 91.2. |dreamstime.com, Brentwood: Dariya64 151.1. |Ehls, Irmgard, Hofgeismar: 106.4. |epd-bild, Frankfurt/M.: Bredehöft, Axel 83.3. |F1online, Frankfurt/M.: Aflo 73.1; BSIP/doc-stock 89.3; Johnér RF 52.2. |Fabian, Michael, Hannover: 96.1. |Focus Photo- u. Presseagentur GmbH, Hamburg: eye of science 10.2, 75.3, 106.6; eye of science/Dr. Wanner 3.1, 7.1; eye of science/Meckes 106.1; Photo Researchers/Bruce Brander 205.4; Photo Researchers/D. R. Frazier 205.5. |FOTODESIGN - HEINZ HEFELE, Darmstadt: 92.2. |fotolia.com, New York: absolutimages 76.1; arsdigital 129.1; Benicce 149.4; bubesie 181.2; ChriSes 106.2; contrastwerkstatt 32.4, 108.5; Creativa 128.1; decade3d 126.3; DeVIce 144.1; digitalstock 163.2; duncanandison 124.3; Govel, Marco 128.2; Greatstockimages 76.2; hriana 138.2; Ideenkoch 109.1; industrieblick 164.2; Kacpura 180.3; Kitty 200.4; Klingebiel, Jens 190.1; kristall 124.2; lochstampfer 107.1; loraks 16.1; Luis 144.2; Marco Wydmuch 36.1; mattiaath 185.1; Monkey Business 130.2; Mossop, Abe 29.1; PhotoSG 110.2; pressmaster 198.1; psdesign1 155.3; Rebai, Silvano 119.1, 119.2; Rehorst, Bernd 162.3; Reim, Harry 162.4; Rob 131.2; Sanders, Gina 164.3; Simmerl, Stefan 216.2; Viktorija 134.2; Wiarda, Knut 126.2. |fotosearch.com, Waukesha: csp_Kobyakov 141.1. |Freundner-Huneke, Imme, Neckargemünd: 14.1, 14.2. |Getty Images, München: Corbis/Scott, Denis 179.1; Kerstitch, Alex 142.4; National Geographic Image Collection/Garrett, Kenneth 192.7; Vitting, Andreas 147.2. |Getty Images (RF), München: Design Pics/Westmorland, Stuart 151.2. |Groth, Horst, Ibbenbühren: 57.1. |Hessisches Landesmuseum Darmstadt, Darmstadt: © Hessisches Landesmuseum Darmstadt/Foto: Wolfgang Fuhrmannek 198.2. |Imago, Berlin: blickwinkel 93.3; imagebroker 144.3; Independent Photo Agency 33.2; INSADCO 30.3; Rubra 37.1; Rust 161.1; Weisflog, Rainer 163.3. |Institut für Humangenetik, Universitätsklinikum, RWTH Aachen/Dr. rer.nat. Herdit M. Schüler, Aachen: 41.1, 54.1, 54.2. |Interfoto, München: imageBROKER/Tack, Jochen 125.1; Natural History Museum/Mary Evans 188.2. |iStockphoto.com, Calgary: bitis73 6.3; BlackJack3D 3.2, 31.1; DianaHirsch 163.4; Gibson, Matt 198.4; iLexx 82.1; Ilgaz, G. 108.1; JamesReillyWilson 146.2; kerriekerr 205.1; Lister-Kaye, Warwick 207.3; Mac99 25.2; MarkHatfield 110.1; monkeybusinessimages 204.1; Musat 169.2; ryonouske 190.5; SbytovaMN 32.1; tiero 148.1. |Jaenicke, Joachim Dr., Rodenberg: 18.1. |Jochen Tack Fotografie, Essen: 17.2. |Johannes Lieder GmbH & Co. KG, Ludwigsburg: 15.1, 18.3, 18.4, 18.5, 19.1, 19.2, 19.3, 28.1, 28.2, 28.3, 28.4, 42.4, 60.1, 75.4, 125.3. |juniors@wildlife Bildagentur GmbH, Hamburg: 207.1; Biosphoto 187.3; Giel, O. 134.1; Harms, D. 73.2, 186.2; JBS 177.2; Layer, W. 190.4; Schoeberl, Stefanie 166.2. |KAGE Mikrofotografie GbR, Lauterstein: 78.1, 93.1. |Keystone Pressedienst, Hamburg: 87.1. |Köcher, Ulrike, Hannover: 205.3. |laif, Köln: Burkert, Christian 69.1; Hollandse Hoogte 197.1; Zuidema/Hollandse Hoogte 122.2. |Lüdecke, Matthias, Berlin: 156.1. |Luftbild Hans Blossey, Hamm: 164.1. |Lyß, Dr. Guido, Wolfenbüttel: 148.3. |Mathias, Erhard, Reutlingen: 208.1. |mauritius images GmbH, Mittenwald: Alamy/Lang, Thom 116.2; Alamy/ Reitmeier, Klaus 147.3; Cash 92.4; Frank, Roland T. 50.8; Hubatka 92.1; imageBROKER/Schoenen, Daniel 128.3; imageBROKER/ Tack, Jochen 78.2; Kugler, Jean 187.2; Lehn 91.1; Phototake 6.2, 186.3; Science Source/Biophoto Associates 13.1; Science Source/ Phillips, David M. 116.1; Thonig 149.5; United Archives 176.2; Wittek, Ronald 181.4. |Max Planck Institut für evolutionäre Anthropologie, Leipzig: 166.3. |Max-Delbrück-Centrum für Molekulare Medizin in der Helmholtz-Gemeinschaft (MDC), Berlin: Hakan Toka 52.3. |Minkus Images Fotodesignagentur, Isernhagen: 8.1, 8.2, 8.3, 8.4, 33.1, 40.1, 40.2, 40.3, 40.4, 40.5, 40.6, 40.7, 40.8, 48.1, 55.1, 55.2, 55.3, 55.4, 58.1, 58.2, 70.1, 76.3, 100.1, 101.1, 101.2, 106.3, 108.4, 113.1, 124.1, 130.3, 161.2, 202.1. |National Geographic Creative, USA-Washington, DC: Brian J. Skerry 208.4. |Naturaliter snc, Capannoli (Pi): Model by Naturaliter, Italy 193.3. |Nussinger, Prof. Drs. Bernd, Nürnberg: 11.1. |OKAPIA KG - Michael Grzimek & Co., Frankfurt/M.: Arndt 181.1; Biophoto Associates/Science Source 12.1; Birke 118.2; CNRI/Institut Pasteur 89.2; Grapes & Michaud 94.1; ISM/Curge, Herve 9.2; Kage, Manfred & Christina 95.1; Kent 208.2; Kerstitch 180.1; Kneer, B. L. 180.2; Michler 9.1; NAS/Carlson, Gary 122.1; NAS/Cartier, Jim 193.1; NAS/ Longcore, Bill 12.2; NAS/Omikron 75.1; NAS/Phillips, Mark D. 57.2; NAS/Porter, K.R. 13.2; NAS/Scimat 88.1; P. Arnold, Inc/Scharf, David 89.1; Sauer, Frieder 178.2; SAVE/Kunz, Bernd 160.1; TH Foto/Tschanz-Hofmann 47.2; Visual & Written/Williams, J.H. 193.2. |PantherMedia GmbH (panthermedia.net), München: Kneschke, Robert 53.2; Monkeybusiness Images 186.1; Paolo Gallo Modena 177.1; Pravdica, Viktor 200.2; Reimann, Herbert 93.2; totalpics 160.2; Trautmann, Arne 90.1. |Philipp, Dr. Eckhard, Berlin: 149.3. |phototek, Radevormwald: Thomas Koehler 32.3. |Phytowelt Green Technologies GmbH, Nettetal: 70.2. |Picture-Alliance GmbH, Frankfurt a.M.: AA 126.1; AP Photo 97.2; AP/Texas A&M University 58.4; Bildagentur-online/McPhoto 85.1; blickwinkel/fotototo 166.1; blickwinkel/Koenig, R. 169.1; blickwinkel/Layer, W. 200.3; chromorange 162.2; dieKLEINERT.de/Privitzer, Wolfgang 195.6; dpa 4.2, 80.1, 97.1, 97.3, 104.3, 117.1, 134.4, 196.1; dpa Themendienst 130.1; dpa-Grafik 84.2; dpa-infografik 146.1; dpa/ADN 84.3; dpa/Airio, Lehtikuva Marja 103.1; dpa/Beytekin, Benjamin 142.5; dpa/Cat 62.1, 62.2; dpa/Hahn, Abaca Lionel 53.1; dpa/ Hollemann, Holger 180.5; dpa/Lehtikuva, Marja Airio 116.3; dpa/Lenz, Katja 195.2; dpa/Multhaup, Oliver 85.2; dpa/PA Natural History Museum 209.1; dpa/Roessler, Boris 4.1, 79.1; dpa/Stratmann, Oliver 68.1; dpa/vidiphoto.nl 200.1; dpa/Wüstneck, Bernd 208.3; dpa/Zucchi, Uwe 155.2; EPA/ASAHI SHIMBUN 25.1; Hase, Tobias 197.2; Imaginechina 84.1; Mary Evans Picture Library 171.1; Okapia 134.3; Okapia/Gaugler, Dr. Gary 142.2; Photoshot 85.3, 190.2; Rose, K. 38.1; SZ Photo/Schunk, Claus 125.2; WaterFrame 5.1, 167.1; Wildlife/Graner, F. 216.1; Wildlife/Harms, D. 73.3; Wildlife/Harvey, M. 183.2; Wildlife/Mallwitz, J. 188.3;